发现李庄 第二卷

岱峻 著

一张中国大书桌

四川人民出版社

李庄坐落长江源
悠悠历史朔秦汉
山顶曾经开僰道
山腹奇险置悬棺

1940年代长江边上的李庄（台北"中研院"史语所供图）

Contents 目录

序 / 001

板栗坳的北大文研所 / 002
一、战时复学 / 002
二、学在乡野 / 013
三、无一废品 / 028

李庄姑娘与外地姑爷 / 031
一、第一个成功的逯卓亭 / 032
二、素萱光涛成婚礼 / 039
三、十六岁的先生娘子 / 041
四、老好姐夫王志维 / 046
五、"羊街八号"的悲欣 / 048
六、杨志玖与马可·波罗 / 052
七、爬山豆，叶叶长 / 054
八、布衣疏食著青史 / 058

傅斯年与他的两只"水母" / 063
一、喜筑爱巢 / 063
二、生下三年，走了一万多里 / 067
三、桂花坳：至味是清欢 / 071
四、归骨台湾岛 / 081
五、抱愧仁轨先生 / 088

董作宾携女友田野调查风波 / 092

傅斯年与李济 / 103

陈寅恪与李庄 / 115
  一、史语所的台柱 / 117
  二、与李庄擦肩而过 / 120
  三、遥领贵在"领" / 134

梁思永：我不奋斗啦 / 143

李庄的"太太客厅" / 162

游寿：龙性难驯归东海 / 188
  一、剪不断、理还乱，是离愁 / 188
  二、栗峰四载　防微杜渐 / 193
  三、兰芷当门　锄而去之 / 204
  四、流年如云　故人入梦 / 209

曾昭燏：梦中悲喜沧桑泪 / 213
  一、英伦求学　明珠自怜 / 214
  二、洱海发掘团 / 225
  三、考察彭山汉墓 / 228
  四、坐镇李庄 / 230
  五、"此亦怪事也" / 234
  六、迎接新生 / 240

庞薰琹与贵州苗艺考察 / 247
  一、战时转身 / 247
  二、入职中博院 / 250
  三、贵州苗艺调查 / 252
  四、他们都是我的老师 / 260

尹焕章：七载安谷守藏吏 / 267
    一、战火催迫 文物抢运 / 267
    二、徘徊去复回 / 271
    三、安谷七载护文物 / 274
    四、有水井处有炊烟 / 280
    五、才为所用留清名 / 283

居延汉简的劳榦时代 / 288
    一、离迷雾里一灯明 / 288
    二、吾心安处是故乡 / 291
    三、柴门口劳家 / 293
    四、居延汉简考释 / 300

向达：壮行西北 屈栖李庄 / 304
    一、由滇迁川 / 304
    二、首次赴西北 / 307
    三、狭路相逢张大千 / 311
    四、向家李庄遭困 / 319
    五、第二次西北考察 / 325

罗尔纲与太平天国史研究 / 330
    一、《师门辱教记》 / 330
    二、太平天国与清代兵制研究 / 334
    三、清代人口问题研究 / 336
    四、殊途同归 / 340

栗峰老人王献唐 / 344
    一、流寓渝州 客居栗峰 / 346
    二、焚膏继晷"钱考""志稿" / 351
    三、往来鸿儒 相濡以沫 / 356
    四、异乡休戚 家国恩仇 / 359

  五、丹青妙手 信笔点染 /361
  六、无愧乡邦 已乎献唐 /363

空谷出幽兰 深山闻俊鸟 /366
  一、古镇有庠序 /367
  二、栗峰一群熊孩子 /373
  三、大师办小学 /378
  四、一只丢失的小黑羊 /387
  五、要看新制度怎样诞生的 /390

李约瑟的李庄之行 /399
  一、写一本旷古未见的中国书 /399
  二、李庄十日 /403
  三、谨以本书献给—— /411

迁台前后 /417
  一、盛会闻惊雷 /418
  二、沧茫去乡情 相见渺无期 /420
  三、时局如此 谁走死路 /428
  四、服务新政权 建设新中国 /435
  五、江山如此 痛切招魂 /445

序

读了岱峻先生的大作，既感亲切，又多感慨。

我是"中研院"在台湾录用的第三代；在南港的前辈，都是我的师长，对我教诲之恩，终生不忘。后来回到大陆，拜见留在大陆的前辈，他们也都厚待如子弟。这本书中的故事，在我而言，犹如家乘。

至于感慨，缅怀"中研院"创业之时初，人才鼎盛，风云际会，不过数年，就成绩沛然。如果没有后来几十年的变故，中国学术界的发展，可达何等境界。

本书一章，讨论胡适与李济二位对于学术发展观点的歧义，也值得我们深思。胡先生乐见中国在学术上有人（例如杨振宁、李政道）崭露头角。李先生则关心，如何在中国有一个发展学术的良好环境，他尤其盼望，中国人的学术工作，不受任何教条的约束和干涉。李先生的意见，应当是我们努力寻索的理想境界。

许倬云 于匹兹堡

板栗坳的北大文研所

"栗峰文史集英才，北大愚生老大回。故旧重逢惊岁月，暂时谈宴亦心开。"海外校雠学大家王叔岷以这首小诗，纪念1992年6月26日在京的一次同学会。"栗峰"，指1941年至1946年间，北大文科研究所办事处迁至四川南溪县李庄镇栗峰山庄，这群人在此完成学业。因海峡阻隔，同学暌别，白发聚首竟在45年后。相聚者任继愈、张政烺、马学良、王叔岷等，分别在哲学、史学、语言学、文学等领域，已著作等身，粲然可观。

桑榆为霞，白首共聚，犹有奇葩：王叔岷想去看看梦寐已久的北大校园，当驱车来到北大，发现校门有人职守，查验证件，"遂不愿进入，摄影而去"。夫子叹曰："岷为北大生，未进入北大校门一步，既可笑，亦可怪也！"[1]

1991年原栗峰书院的北大文科研究生几位同学北京聚会，王叔岷（左）任继愈（右）（采自网络）

一、战时复学

北大文科研究所草创于1918年，时称北大国文门（还有英文门和哲学门），导师有陈独秀、胡适、刘半农、周作人、陈汉章、田北湖、

---

[1] 李静采写："才性超逸，校雠人家——任继愈谈王叔岷"，载《中华读书报》，2007年8月22日。

黄侃、钱玄同、沈尹默、沈谦士等，学生有傅斯年、冯友兰、范文澜、陈锺凡、孙本文、顾名、袁振英、崔龙文等约40人。办学主要形式是集会（讲演、讨论）、办刊、调查，既似英美现代高校的Seminar（研讨班），又有中国传统书院的意味。

1921年11月，北京大学研究所国学门正式成立，设立委员会，委员长蔡元培，委员顾孟余、沈谦士、李大钊、马裕藻、朱希祖、胡适、钱玄同、周作人等。研究范围有文字学、文学、哲学、史学及考古学等五类，并以此建五个研究室。导师有沈谦士、刘半农、钱玄同、周作人、胡适、陈独秀、陈万里、林语堂、马衡、顾颉刚、常维钧、单不庵等，诚盛极一时；学生有魏建功、罗庸、张煦、郑天挺、容庚、冯淑兰、董作宾、李正奋等32人，皆一时之选。

胡适与傅斯年是北大治校的智囊。校长蒋梦麟曾说，"事无大小，都就商于两位。他们两位代北大请了好多位国内著名教授。北大在北伐成功以后之复兴，他们两位的功劳，实在太大了。"[1]

1925年北大国学门派陈万里协助哈佛大学赴甘肃考察送行合影。左起叶浩吾、沈尹默、马衡、林语堂、徐炳昶、陈垣、钱稻孙、陈万里、容庚、李玄伯、袁复礼、朱家骅、沈兼士、常惠、张凤举、郑天挺、胡适（李光谟供图）

---

[1] 蒋梦麟：《西潮·新潮：蒋梦麟回忆录》，新星出版社，2016，299。

1932年胡适担任北大文学院院长，兼中文系主任，主持北大研究院文史部。经他提议，1934年北大研究院文史部易名为北大文科研究所（以下简称"北大文研所"）。那时，中研院史语所办公地北海静心斋环境优美，与北海西岸文津街上的北平图书馆近在咫尺，距离北京大学文科所在的沙滩红楼，步行也不过一二十分钟路程。自1929年秋季始，傅斯年打破原定的"所外工作，一致取消"之规定，以史语所所长身份，兼北大史学系讲师（名誉教授），在文研所开课。他讲授史学方法导论，介绍中国及欧洲的史观、自然科学与史学之关系、史料的整理方法等；讲授中国上古史单题研究，"大致以近年考古学在中国古代史范围中所贡献者为限，并以新获知识与经典遗文比核，如地理与历史，古代部落与种姓，封建，东夷，考古学上之夏、周与西土，春秋战国间社会之变更，战国之大统一思想，由部落至帝国、秦汉大统一之因素"等[1]。傅斯年高屋建瓴、汪洋恣肆，让学生眼界大开。此外，他还推荐了一批史语所研究员到北大兼课。原北大史学系学生胡厚宣回忆：

> 新成立的中央研究院历史语言研究所刚由广州迁到北京，办公在北海公园。史语所所长傅斯年请所内研究员、专家来北大兼课。胡适先生开中古思想史，接着他的《中国哲学史大纲》上卷讲中古的哲学思想；傅先生开中国上古史择题研究，不是专题研究，是择题研究，从上古史中选择一些重要问题来做研究；李济、梁思永两先生合开考古学、人类学导论，在北海蚕堂上课；董作宾先生开甲骨文字研究，董先生去安阳殷墟，则由唐兰先生代课；徐中舒先生开殷周史料考订。[2]

执教北大，傅斯年自有心思：为史语所选才。他在一封致胡适的信中，明确提出，应"充分收容北大国文、史学两系毕业生"[3]。对此，钱穆曾有言："凡北大历史系毕业成绩较优者，彼必网罗以去。"[4]

---

[1] 徐玲：《留学生与中国考古学》，南开大学出版社，2009，156。
[2] 张世林编著：《学林春秋》（初编上册），朝华出版社，1999，278—279。
[3] 耿云志主编：《胡适遗稿及秘藏书信》23册，黄山书社，1994，421。
[4] 钱穆：《师友杂忆》，生活·读书·新知三联书店，1998，168。

卢沟桥事变爆发后，北大、清华、南开相继南迁，在湖南长沙筹组"临时大学"。不久，长沙遭轰炸，学校再迁昆明，经傅斯年建议，北大、清华、南开合组"西南联大"。昆明复校，按其商议，研究所由三校分设，导师、研究生各行其是。

1939年董作宾拍摄并题字的昆明滇池（董敏供图）

1939年5月春,傅斯年提议恢复北大文科研究所,由史语所与北大文学院联办。为筹措款项,5月17日,傅斯年致信中英庚款董事会总干事杭立武:"北大本有此一研究所。……五六年前适之先生发愤整顿,弟亦大有兴趣,弟曾为北大借聘半年,即为此事。当时适之先生为主任,弟为其秘书,弟只任半年即南迁,(陈)受颐继之。卢沟桥事起而一切休矣。""目下,北大拟恢复此物,孟邻(蒋梦麟)先生与北大诸位托弟主持,以便与敝所合作。……两俱有利。就北大论,可延续此事之生命,以便将来待机发展。就敝所论,可以免去管理研究生之一切麻烦而得到研究生之实惠。虽所造就者,未必多数为敝所任用,但为此一学问、此一风气造人才,即皆有利也。"信中,还谈到与蒋梦麟商定的北大文研所组织架构:"主任由弟代理。(照章由北大文学院院长兼。北大文学院院长系适之先生,不在国内,故由弟任之,名曰代理者,以为代适之先生也。)副主任郑天挺先生。(或名秘书,未定。郑先生虽刊布之著作不多,然任事精干,弟知之深,故推其任此事,亦因弟事不专此一件也。)委员已定者有汤用彤、罗莘田、姚从吾、叶公超、钱端升(法学院无研究所,故暂入此,此一研究范围,兼括经济及制度史,端升列入,亦当时枚荪之例也。)诸位,其他尚有二人待与孟邻先生商定。"[1]

郑天挺日记(5月27日):"孟真来北京大学,文科研究所决恢复,由孟真任主任。孟真意增置副主任一人,由余承乏,谢之。以学以德,以齿以才,皆非余所敢僭窃也。"(31日)"五时至孟邻师寓,商谈北京大学文科研究所恢复事。到孟真、今甫、锡予、公超、莘田、从吾,仍议以余任副主任……今后研究生之生活拟采取书院精神,于学术外注重人格训练,余拟与学生同住。"[2]

6月13日《申报》报道新闻《北大文科研究所招研究生七、八月两次举行》:

---

[1] 王汎森、潘光哲、吴政上主编:《傅斯年遗札》卷2,社会科学文献出版社,2015,第692函。
[2] 郑天挺著,俞国林点校:《郑天挺西南联大日记》(上册),中华书局,2018,154—155。

（昆明十二日电）北京大学文科研究所，自七七事变后，即行停顿，现定下年度起恢复工作，并开始招考研究生十名，科目分史学、语学、中国文学、考古、人类学五部分，修业期限两年。待遇月给生活费五十元。考试分两次举行，第一次考试接收论文于七月十五日截止，八月五日考试；第二次考试接收论文于八月三十日截止，九月十五日考试。应试者于证件论文，初审合格后，即分别通知在昆明或重庆应试。报名地点为昆明才盛巷二号。[1]

北大文研所初设史语所租用的靛花巷3号一幢三层楼宿舍内，分设文籍校订、中国文学史、中国语言、英国语言、宋史、明史、中国哲学与宗教等7个工作室，[2]导师语言组有罗常培、李方桂、丁声树、魏建功等，文字组唐兰，文学组罗庸、杨振声等，哲学组汤用彤，史学组有傅斯年、陈寅恪、姚从吾、向达、郑天挺等。

当年秋季招生，从全国各大学优秀毕业生中遴选，最后取录10人。报考条件——凡30岁以下有论文者；论文通过再行笔试；笔试之外还有口试。考试科目及内容——史学部分：通史中各段、哲学宗教史、经济史属之；语学部分：汉语学各科、边地语言、英吉利语言学属之；中国文学部分：中国文学史及文籍校订属之；考古部分：考古学及金石学属之；人类学部

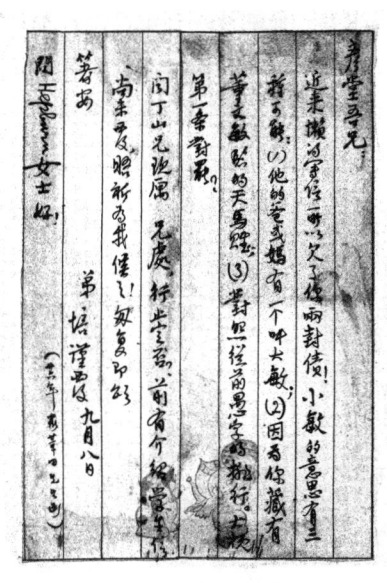

1937年9月8日罗常培致董作宾信（董敏供图）

---

[1] 张思敬等主编，北京大学等编：《国立西南联合大学史料》三（教学、科研卷），云南教育出版社，1998，431。

[2] 张思敬等主编，北京大学等编：《国立西南联合大学史料》三（教学、科研卷），云南教育出版社，1998，574。

分：物质及文化人类学属之。录取入学后由政府按月发给助学金。

乱世之中，读书种子闻讯如得佳音，只是战火阻隔，道路迢递，要来昆明，也非易事。1939年2月4日，王明致函傅斯年："闻历史语言研究所已徙昆明，生以前考取之研究生资格，请求入所研究，可否？敬乞核示。"彼时，文研所还在筹办，但傅斯年很快回信谈到大好前景。6月12日，得到入学通知的王明再函恩师："生本拟即日离桂，奈何忽患疟疾缠身未痊，俟病愈则倔装入滇。"[1]

周法高在中央大学（简称中大，下同）中文系上大三时，卢沟桥事变爆发。他随校迁到重庆沙坪坝。大学毕业，投考北大文研所。那时大学四年级要写一篇毕业论文才能毕业。他利用《经典释文》部分资料，使用陈澧《切韵考》系联反切上下字的方法，写了一篇《经典释文反切考》。他将论文寄往昆明，取得考试资格。[2]笔试过后，在重庆上清寺中研院总办事处傅斯年寓所口试。周法高答辩时间很长，也放得开。外国人喜欢在会间吃茶点，据说周法高就是一边吃着包子，一边回答老师问题。傅斯年对他相当满意，最后对他说："你的研究属于历史音韵学的范畴，将来可以从事汉语历史语言学的研究。"一句话铸定一个未来语言学家的型范。

青年学者杨志玖（张伯森供图）

南开历史系学生杨志玖随校南迁，先在云南蒙自县读西南联大分校，1938年暑期毕业后到达昆明。据他回忆：

学校推荐我和同班同学余文豪（行迈）及清华大学历史系毕业生汪籛到史语所。傅先生对我们说史语所暂不招研究生，但所里有一笔中英庚款，你们可从中每月领取三十元，自己看书学习。那时三十元已可供每月的房租、伙食、买书和零用。中间先生还召集

---

[1] 台北"中研院"史语所档案：昆 14-66、67。
[2] 王世儒、闻笛编：《我与北大——"老北大"话北大》，北京大学出版社，1998，515。

我们座谈，询问我们学习情况并予指导。这一年，我写了一篇《元代回回初考稿》。1939年秋，北大文科研究所恢复招生，由先生任所长，郑天挺先生任副所长。先生劝我们报考。先生对这次考试非常重视，亲自主持了一些口试，并检阅每个人的英文试卷。[1]

招生口试情况，郑天挺日记有载：

> 8月6日，研究生口试。面试官有郑天挺、傅斯年、杨振声、周炳琳（枚荪）、罗常培、罗庸（膺中）、姚从吾，日记曰："口试情形较严重，均各别举行，一人毕，更试一人。文学及语言部分由孟真、莘田、金甫、膺中发问。历史部分由孟真、从吾、枚荪及余发问。所问大都专门较深之说，能悉答者无一人。此不过觇其造诣，及平时注意力、治学方法，不必全能答也。"[2]

闯关夺隘，最终有10人脱颖而出，成为首批录取的北大文研所研究生。语言组有马学良、周法高、刘念和，文学组有阴法鲁、逯钦立，哲学组有任继愈、王明，史学组有杨志玖、汪籛、阎文儒等。

10月9日，文研所正式开学。郑天挺日记："七时起。督工友拾掇客室。今日文科研究所于寓中举行始业式也。九时孟邻师、孟真、今甫、逯羽先后至寓中，莘田、从吾、建功、元胎、立庵、雪屏均出席，研究生到八人。孟邻师、孟真、今甫、莘田、从吾均有演说。十一时半散会。共摄一影。"[3]

师生同灶吃饭，比邻而居，教学相长。陈寅恪称靛花巷三号这座三层木构楼房为"青园学舍"。郑天挺日记：（10月24日）"四时移行李箱椸至靛花巷三号北京大学文科研究所二楼西屋中间。孟真居吾之北，学生读书室居吾之南，莘田居吾对面，锡予、从吾、寅恪则居楼上。

---

[1] 杜正胜、王汎森主编：《新学术之路："中央研究院"历史语言研究所七十周年纪念文集》，台北，"中央研究院"历史语言研究所，1998，783。
[2] 郑天挺著，俞国林点校，《郑天挺西南联大日记》（上册），中华书局，2018，175—176。
[3] 郑天挺著，俞国林点校：《郑天挺西南联大日记》（上册），197。

郑天挺的"及时学人"闲章
（采自网络）

但锡予、从吾尚未至。布置室中木器书籍，多赖郁泰然之力，可感也。室中面西有窗一，临空院，院中有修竹一丛，正当窗际，举头可见。日对清节，益吾心神当不少也。晚饭后同寓多出门，独坐读书，惟远处蟋蟀微鸣，别无音响，静极。"[1]

哲学组研究生任继愈回忆：

研究所刚成立时，这里住的都是北大文科研究所的师生。这一间房间原是陈寅恪先生的住室。陈先生身体素弱，冬天用纸条把窗户封死。砖木结构的楼房不隔音，难免互相干扰，但大家对陈先生都很尊重，晚上九时以后，他要休息（左右邻居，楼上楼下，研究生的导师如罗常培、郑天挺、姚从吾、汤用彤诸先生都住在这里），大家都不敢高声说笑。有一天，楼下傅斯年、罗常培、郑天挺几位正高谈阔论，陈先生正好在楼上房间，用手杖把楼板捣得咚咚响。傅、罗、郑几位连忙停止了议论，一时变得"四壁悄然"。[2]

语言学组研究生周法高认为，在昆明恢复后的北大文研所，其导师阵容之强大，远过于当时国内任何大学的研究所，"助教邓广铭先生，长于宋史研究，著有辛稼轩的词注，颇为有名。昆明北大文科研究所的阵容，连助教都有两手，真是所谓'谈笑有鸿儒，往来无白丁'了。"[3]文研所傅斯年和郑天挺的姓氏与正副所长音同质悖。周法高编过一副对联："郑所长，副所长，傅所长，正所长，正副所长；甄宝玉，假宝玉，贾宝玉，真宝玉，真假宝玉。"对仗虽不工稳，同学喊起有趣。后来传到周法高的导师罗常培耳中，他把周法高叫来，要他勿逞歪才，要把心思用在正道上。

---

[1] 郑天挺著，俞国林点校：《郑天挺西南联大日记》（上册），202。
[2] 任继愈：《中国的文化与文人》，现代出版社，2017，188。
[3] 王世儒、闻笛编：《我与北大——"老北大"话北大》，514、520。

敌机轰炸，北大文研所很快结束在昆明城里的日子，随史语所迁到龙泉镇。阎文儒回忆说，作为文研所所长，傅斯年对苦读的同学极有爱心，"予在昆明读书时，文研所负责人学术权威人士，对下乡攻读之研究生，必招入其宅，享以盛餐。"[1]史语所所长，又兼北大文研所所长，傅斯年必然两头受累。1940年8月14日他在给胡适的信中诉："北大文科研究所去年恢复，向中英庚款会捐了点小款，除教授兼导师外，请了向觉明（向达）作专任导师，邓广铭作助教，考了十个学生，

青年学者周法高（石磊供图）

皆极用功，有绝佳者，以学生论，前无如此之盛。汤公（汤用彤）公道尽职，指导有方；莘田（罗常培）大卖气力，知无不为，皆极可佩。此外如毅生（郑天挺）、公超（叶公超）、膺中（罗庸）皆热心，只有从吾（姚从吾）胡闹。此人近办青年团，自以为得意。其人外似忠厚，实多忌猜，绝不肯请胜己之教员，寅恪断为'愚而诈'，盖知人之言也。……我自求代理此事，一年中为此进城不少，又由史语所借出一大批书，弄得史语所中颇有怨言，真不值得。"[2]

傅斯年数度萌发辞掉北大文研所所长职的念头，除了患高血压的身体不争气，还有"与从吾为史学系事议不谐"，尤其是昆明屡遭轰炸，史语所拟迁四川……他就想借坡下驴，一走了之。郑天挺当然知道他的想法，1940年9月7日致信傅斯年："此外尚有一事，即北大研究所所址，非随史语所不可，此事已数向兄言之，而兄皆是不甚以为然。但细思之，北大无一本书，联大无一本书，若与史语所分离，其结果必养成一般浅陋的学者。千百年后探究学术史者，若发现此辈浅陋学者，盖我曹之高徒，而此浅陋学风为北大所韧始，岂不大

---

[1] 封越健、孙卫国编：《郑天挺先生学行录》，中华书局，2009，35。
[2] 欧阳哲生编：《傅斯年全集》卷7，湖南教育出版社，2000，222。

糟!"[1]郑天挺是比傅斯年低一届的北大国学门研究生,他知道傅斯年的性格,劝解不如激将。

1940年年底史语所迁川,因导师各有所属,刚恢复一年的北大文研所不得不一分为二。11月27日,"三时附汽车入城,至西仓坡开迁校委员会。四时举行茶会,招待赴川教职员。……九时一刻归。开文科研究所委员会,讨论迁川问题,考虑甚久,不无辩难。至夜十二时三刻,始决定仍迁李庄。"[2]研究生阴法鲁、王明、汪篯与阎文儒留昆明;马学良、周法高、刘念和、逯钦立、任继愈、杨志玖等随同史语所前往四川。此时,第二届招收20名研究生刚发录取通知,魏明经、李埏、程溯洛、王永兴、王玉哲、王达津、殷焕先、董庶、高华年等前往昆明求学;李孝定、王叔岷、王利器、胡庆钧诸生也直接赶赴李庄板栗坳史语所。

1939年4月12日,李霖灿画速写《龙泉镇》(李在中供图)

---

[1] 台北"中研院"史语所档案:I1248。
[2] 郑天挺著,俞国林点校:《郑天挺西南联大日记》(上册),342。

二、学在乡野

史语所迁至距离李庄镇七八里地的板栗坳。当地还有几位老人记得，栗峰书院的一户农舍门前曾挂过"北大文科研究所办事处"的牌子。那是一块柏木牌匾，字是毛笔书甲骨文，出自董作宾手迹。

1941年6月，西南联大常委会主席梅贻琦、北大文研所副所长郑天挺和教授罗常培从昆明来到李庄，参加研究生的论文答辩，也顺道看望别后半载的老友。罗常培写道：

> 二十八日下午四点，方桂领我们到田边上参观西文书库，第二组办公室和北京大学文科研究所办事处。北京大学文科研究所的学生留在李庄的有任继愈、马学良、刘念和、李孝定四个人。
>
> 马刘两君受李方桂、丁梧梓两先生指导，李君受董彦堂先生指导，李董丁三位先生对他们都很恳切热心。据马君告诉我说，李先生常常因为和他讨论撒尼语里面的问题竟致忘记了吃饭，这真当得起"诲人不倦"四个字。任君研究的题目是"理学探源"，他在这里虽然没有指定的导师，可是治学风气的熏陶，参考图书的方便，都使他受了很大的益处。
>
> 这一天听说有空袭警报，但是史语所同人仍然照常工作没受影响，专从这一点来说，就比住在都市里强得多。天还是照样闷热，汗不断地在淌，中午太阳晒在背上好像火烤一样。[1]

1941年秋，四川大学中文系毕业生王叔岷，喜获北大文研所录取通知书，背一包书、负一张琴，兴冲冲赴南溪县李庄板栗坳。

王家祖居洛带，"镇右一弯绿水，水名洛溪，形如带，故镇名洛带。"王叔岷之父王增荣（1876-1950），字耀卿，早年自四川绅法班法政专门学堂别科卒业，任四川高等法院书记官，曾在成都女子高师教授国文，后与人创办成都女子私立高中。王叔岷三四岁时即在父亲教诲

---

[1] 罗常培：《蜀道难》，《罗常培文集》卷10，山东教育出版社，2008，134—135。

1940年代板栗坳田边上的史语所图书馆（台北"中研院"史语所供图）

下背诵古诗，少时熟读"四书五经"并操习古琴。十三岁起，父亲开始系统讲授《诗经》及汉魏六朝和唐代诗歌，担心过早被格律音律束缚才情，特意让他先学写古体诗。因此，王叔岷的诗作不过分追求格律的整饬，别有一种天真、灵动的韵味。父亲还花重金为王叔岷购得一张明代连珠式古琴，请名师课其弹奏。吟诗抚琴成为王叔岷一生之性灵。

自成都买舟东下，过眉州嘉州戎州，山光水色，倍感欣忻。抵李庄栗峰山庄，第一次见到傅斯年，王叔岷立刻明白遇到又一位良师。据他回忆：

  我将写的诗文呈上，向他请教，他说说笑笑，学识之渊博，言谈之风趣，气度之高昂，我震惊而敬慕；我又奇怪，傅先生并不老，怎么头发都花白了！（那时傅先生才四十六岁。）既而傅先生问我："你将研究何书？"答云："《庄子》。"傅先生笑笑，就背诵《齐物论》最后"昔者庄周梦为胡蝶"章，一副怡然自得的样子。傅先生忽又严肃地说："研究《庄子》当从校勘训诂入手，才切实。"怎么研究空灵超脱的《庄子》，要从校勘训诂入手？我怀疑有这个必要吗？傅先生继续翻翻我写的诗，又说："要把才子气洗干净，三年之内不许发表文章。"我当时很不自在，又无可奈何，既然来到研究所，只得决心下苦工，从基础功夫研究《庄子》。[1]

春风才子笔，秋实学人功。傅斯年并非不赏识他的性灵，而指望他走得更远，私底下夸他"有才性"。"才性"指有史才、史识，悟性好，那正是傅斯年本人的写照，比如讲《左传》先背一段《左传》，讲《国语》先背一段《国语》，无不烂熟于心。王叔岷回忆：

> 随后傅先生赠我《四部丛刊》影印明世德堂本《南华真经》一部五册，卷末附有孙毓修《庄子札记》即校勘记一卷。傅先生虽叫我洗净才子气，却又赠我《四部备要》本王士禛《古诗选》一部六册，及姚鼐《今体诗钞》一部两册。傅先生函请在昆明北大教书的汤用彤（字锡予）先生挂名为我的导师，我写信去请教，言及研究《庄子·齐物论》，参考章太炎先生《齐物论释》。《齐物论释》贯通道、释，学术界莫不称道。不料汤先生回信说："参考章先生《齐物论释》要小心，他在乱扯。"真使我惊心动魄！汤先生信中又谈到研究学问，只有痛下功夫。

王叔岷的论文选题"庄子研究"，傅斯年和汤用彤分别担任正副导师。傅斯年在研究方法上为王叔岷指路，在资料上为他无私帮助。彼时，史语所经费有限，傅斯年用一根金条买了一部《庄子》专供王叔岷研究使用[2]。在得到友人所赠日本高山寺旧钞卷子本《庄子》七卷影印

---

[1] 王叔岷：《慕庐忆往——王叔岷回忆录》，中华书局，2007，47—49。
[2] 李静：《才性超逸，校雠人家——任继愈谈王叔岷》，载《中华读书报》，2007年8月22日。

本后，立即转送给他，希望能对《庄子》研究有助益。

从傅斯年、汤用彤教诲，受史语所缜密学风影响，王叔岷开始由义理转向考据。小学所得虽为细碎知识，距离宁静大道尚远，但他明白"宁静的大道，须得从笃实的工夫入手，才不致于浮泛"。他广泛参阅前人及近人的庄学研究成果，学习王念孙父子校勘古书的方法，博览群书，广辑资料，逐渐入门。王叔岷在《庄子通论》篇，叙述"游"字在《庄子》一书中的作用：

> 《天下篇》庄子自述，言其"上与造物者游"，其书第一篇，又以逍遥游名，审此游字，义殊鸿洞。详读各篇涉及游字之文，尤复不少，其一切议论譬喻，似皆本此字发挥之。故《天下篇》自述，归结亦在此字，则庄子辞虽参差，而此游字，实可以应无穷之义而归于大通之旨也。明大通之旨，以见庄子之大全，聊据心之所得，为吾子发其复焉。[1]

1943年，王叔岷毕业论文通过评审。由汤用彤、罗庸两先生自昆明寄题笔试，成绩优异，获准毕业。此时，他面临选择，到名牌大学教书还是继续留在史语所治学。王增荣在回信中谈道："傅孟真师既器重吾儿，聘书两类，吾儿择处，良禽择木而栖，矧人也乎。前函所云大学教师，自当不预闻矣。""吾儿所处地位不同，趁父母俱无恙，正好作前途事业，不必为家间牵挂。至世乱不可为时，归家静养，叙天伦之乐，未为晚也。""吾儿《庄子校释》付印……将来盛行，洛阳纸贵，意中事耳。以此书慰父心，父亦以二句慰儿意，'十年苦志研庄老，一旦书成铄

1940年代负琴而立的王叔岷（王国简供图）

---

[1] 王叔岷：《庄学管窥》，中华书局，2007，181。

古今'……吾儿所著，海甸有名，书田无税。阐圣哲之奥义，作庄老之功臣，中有命焉，非偶然也。"[1]

"一字之微，征及万卷"是时为北大教授刘文典的治学格言。1931年，商务印书馆出版他的《淮南鸿烈集解》，胡适作序言推崇道："叔雅治此书，最精严有法。"1939年在西南联大，他出版《庄子补正》，史语所历史组主任、西南联大教授陈寅恪为之序，云：

> 先生之作，可谓天下之至慎矣。其著书之例，虽能确证其有所脱，然无书本可依者，则不之补。虽能确证其有所误，然不详其所以致误之由者，亦不之正。故先生于庄子一书，所持胜义犹多蕴而未出，此书殊不足以尽之也。或问曰，先生此书，谨严若是，将无矫枉过正乎？寅恪应之曰，先生之为是，非得已也。……然则先生此书之刊布，盖将一匡当世之学风，示人以准则，岂仅供治庄子者之所必读而已哉？[2]

陈寅恪治学严谨，对刘氏《庄子补正》如此评价，实属不易。

殊不知，江山代有才人出。史语所历史组助理研究员王叔岷，历时三载，于1944年8月20日完成《庄子校释》[3]，全书凡五卷，以条举方式对《庄子》三十三篇进行校勘、补遗和考订，凡1569条。是书以《续古逸丛书》宋刊本为底本，注重对版本的校勘和考据，旁稽群籍，博引文献，考订诸家讹误，辑佚前人疏失。在训释庄子的同时，也展示出独到的学术见解和深厚的学识涵养。

师辈刘文典的《庄子补正》，以及陈寅恪的序，作为治庄子的后学者，自不能假装无视。王叔岷在《庄子校释附录·评刘文典庄子补正》中，详备挑拣刘著失当之处，认为"其于《庄子》唐钞、宋刊、元明翻刻各本，并未遍加涉猎；征引类书，亦仅《御览》稍备，即其所已收采

---

[1] 胡开全："王叔岷先生的'勤志服知'精神"，载《中共成都市委党校学报》2014年3期。
[2] 陈寅恪："刘叔雅庄子补正序"，陈寅恪著，陈美延编：《陈寅恪集·金明馆丛稿二编》，生活·读书·新知三联书店，2015，258—259。
[3] 王叔岷：《庄子校释》，国立中央研究院历史语言研究所专刊之二十六，商务印书馆，1947。

之各条，又复讹误层出，先生持是以为正，似未能复先秦之旧也。庄书中疑义，先生所未发正者尚多"。"《补正》中引书之疏漏，尤不可胜举。所引而无关校勘或义理者，又不知剪裁，且多徒事钞录不下断语，貌似谨严。其一下断语，便决然无疑，貌似正确。故说者多称先生治书精严有法，不知其可商榷之处甚多也，此稿所论，已可窥其大略，非敢有意攻先生之短，治学不得不求真耳"。王叔岷评具列约50余条，认为"《补正》中所引之书或引他人之说，因失慎而致误之例甚多，说者或称'先生之作，可谓天下之至慎'，盖不然矣"。[1]内中"精严有法"出自胡适的序，最后一句讥刺陈寅恪，且不假辞色。

刘文典的《庄子补正》，本是王叔岷重要的参考读本，不幸却成为靶子，他批评刘著"校勘考据皆甚糟糕"。据说，此为1947年刘文典参选中研院首届院士被淘汰的主因。此是后话。

同学任继愈回忆："王叔岷的《庄子校释》刚完成的时候，傅斯年要给他写个序推荐，他不用，这不只是表明他很傲气。北大的学生有独创性，有人说北大的学生是一盘散沙。胡适做北大校长的时候说，老虎狮子都是单独作战，只有狼才一群一群的。"[2]

王利器四川大学中文系毕业，恰逢首届全国大学生会考，他的毕业

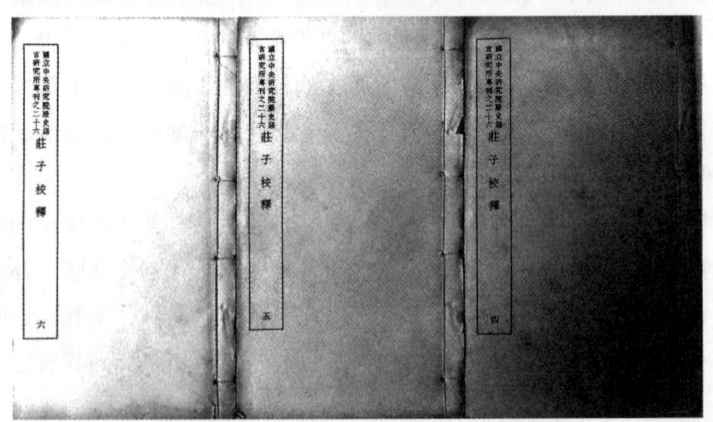

1947年商务印书馆出版王叔岷著《庄子校释》（王国简供图）

---

[1] 王叔岷：《庄子校释》引言，《中央研究院历史语言研究所专刊》之二十六，商务印书馆，1947。
[2] 任继愈：《念旧企新：任继愈自述》，人民日报出版社，2011，157—159。

论文《风俗通义校注》得了满分，就等于取得了北大文研所笔试的"准考证"。当时，他家住江津县永丰场塘湾，由县城递送到乡间的邮件，每周一次，当接到去重庆参考的通知时，已水过三秋。但他还是决定去碰碰运气。他到聚兴村中央研究院总办事处找到傅斯年。王利器回忆：

> 傅先生说："你来了很好。试卷还在我这里，你就在我的办公桌上答卷吧。"傅先生把试卷交给我，打开一看，第一场考试英文，试题是从英文杂志上摘录的有关经济问题的文章，首先翻译成中文，然后，就其中摘取一句作为题目，写成英语作文。我刚坐下来要写答题，警报就拉响了。傅先生连忙来说："走，进防空洞躲警报。"不一会，警报解除了，我出来又趴在桌子上做答题。那时，正碰上敌机疲劳轰炸重庆，整日价倏来倏去，闹得重庆市民寝食不安。那天，我就上下试场七次，翻译才写了几行，已经中午12点钟了。
>
> 傅先生来叫我去吃饭，桌上已经有两人，一位是前任川大校长任鸿隽先生，一位好像是在报上见到过照片，傅先生跟我介绍："这位是朱家骅院长。"我说："久仰，久仰。""这位是任叔永先生。"我说："我的校长，我认得。"任先生听说我考北大研究所，很高兴，勉励有加。于是我们四个人各据一方，就吃起来了。席上，傅先生对我说："你明天回江津去吧，敌机滥炸重庆，很危险。不要考了。我告诉你，你早就取了。还准备给中英庚款奖学金。你去昆明，还是去李庄，由你选择。昆明有老师；李庄，中央研究院历史语言研究所在那里，有书。"[1]

毫不犹豫，王利器选择书，跟定良师傅斯年。回忆那段岁月：

> 我的导师则由傅先生担任，后来听说，西南联大某教授自荐担任我的导师，傅先生严词拒绝了。在傅先生指导下，我于是选定

---

[1] 聊城师范学院历史系、聊城地区政协工委、山东省政协文史委合编，《傅斯年》，山东人民出版社，1991，12—13。

《吕氏春秋》为研究题目，采用注疏体来写论文，并取高诱序意，定名为《吕氏春秋比义》。我拿半天来写论文，半天来读书，主要是读我尚未读过的书。史语所藏书丰富，因得纵观群碧楼藏书，并通读了《大藏》和《道藏》。所里定期举行学术报告会，傅先生指定我作一次报告，我遵命作了《"家"、"人"对文》的报告，颇获得傅先生和其他先生的赞许。

先是，当我还搬迁到峨眉山的四川大学上学时，成都为疏散避敌机轰炸，拆除城墙，发现了古文石碑残石，正反两面各有文字二十余，四川博物馆把拓片寄给我，让我审定。我认为是晁公武刻《古文尚书·多方》残石，写了一篇跋文，我以之向傅先生请益，并说明《郡斋读书志》是晁子止在荣州任上写的，所据之书，当有不少蜀刻本，想仿王国维《两浙古刊本考》撰写《蜀本考》，并指出《两浙古刊本考》一些错误，如把高阅《高氏春秋集解》误认为是高诱《吕氏春秋集解》之类。傅先生听了很高兴，希望我把《蜀本考》写出来，并为《晁公石经》拓片写了题识（这个拓片和所附题识，后来交与王重民先生赠送给北京图书馆了）。由于我所见宋蜀本书不多，至今尚未敢着笔，实有负师门厚望也。

在板栗坳时，我和任继愈、马学良、李孝定同住一屋，是书斋和寝室合为一体的，傅先生时常下来检查我们的工作，遂事加以具体指导。我因深入研讨高诱《吕氏春秋》注，除了纵览《淮南子》高注外，还旁及汉人著作，如陆贾《新语》，桓宽《盐铁论》，亦所究心。在繙帑[1]《盐铁论》时，对文学之往返论辩，颇注意其学术渊源，且稔知所谓"文学"，与魏晋以还所谓"文学"内涵截然不同。于是我向傅先生表达了我的看法，并陈述了我想规模[2]傅先生的《性命古训辨证》写《文学古训辨证》，傅先生听了很高兴，鼓励我把这篇文章写出来。[3]

---

[1] 繙帑（fān yuān）：乱取。
[2] 规模亦作"规摹"，亦作"规橅"，此为模仿借鉴意。
[3] 聊城师范学院历史系、聊城地区政协工委、山东省政协文史委合编：《傅斯年》，12—13。

"此情可待成追忆，只是当时已惘然"，四十多年后，王利器借鉴《性命古训辨证》，并向老师致敬的《文学古训辨证》终于成稿，并结集出版[1]，可惜傅斯年已看不到了。

研究古文字学的李孝定在板栗坳开始学业，跟随董作宾研究甲骨文。他回忆：

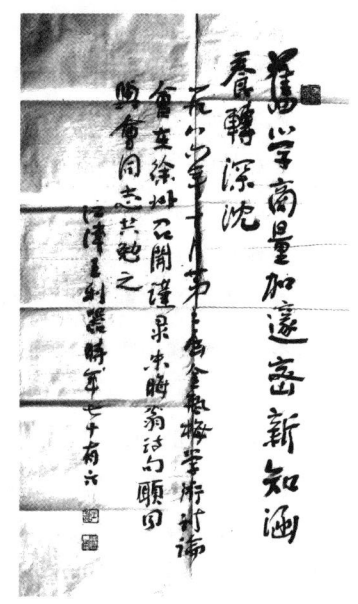

晚年王利器的墨迹（采自拍卖公司网页）

> 民国三十年的春天，我就到重庆拜见傅先生。傅先生听我说明来由之后，哈哈大笑曰："此北京大学之所以为北京大学也。"然后傅先生说："如果你愿意上课，就去昆明；如果你愿意自修，现在史语所搬到四川李庄，那儿的参考书及第一手资料最为丰富，你就到那儿看书好了。"当时我选择了自修，以北大文科研究所研究生的身份，到史语所借读。[2]

1941年，罗常培写道："李君孝定今年春天才到李庄，他的研究范围是古文字学，彦堂教他先把甲骨文现有的资料编成一部字典，等完成后，再定论文题目。他能够跟着董先生看到外边罕见的资料，受到踏实谨严的训练，将来的成就应该很可观的。"[3]研究生毕业后，李孝定留在史语所做助理研究员，在一个叫戏楼台的小院里，做董作宾的学术"配角"。他回忆：

---

[1] 王利器：《文学古训辨证》，见王利器著：《晓传书斋集》，华东师范大学出版社，1998。
[2] 杜正胜、王汎森主编：《新学术之路："中央研究院"历史语言研究所七十周年纪念文集》，909。
[3] 罗常培："蜀道难"，见《罗常培文集》卷10，134—135。

彦堂将自藏朱芳圃《甲骨学文字篇》借我，我将研治诸家考释甲骨文字之作，以毛边纸录成笺条，尽行粘贴其上，天地图中，也朱墨灿然，批注殆满。如此又一年，那本《文字篇》，成了胖胖厚厚的一大本，第三年才开始撰写《甲骨文字集释》，又一年而成书。这三年中，师徒二人，据大门板摆成桌子的两边，猫在戏楼院的戏楼上，唱了三年戏。我是跑龙套的，戏码就是这本《集释》，彦堂先生是京朝名角，唱的是大轴，戏码是《殷历谱》。这可算学术界的一段小掌故。[1]

从学生到助理研究员，变了角色，也换了心情。他向史语所学术"集刊"投了一篇文稿，不久就被退回。他猛然悟到这是违背了傅所长"进所三年内不得撰文的明训"。李孝定说："这是我生平所受最严重的打击，因此造成的自卑感，压抑了我至少十五年。"学者必先立其大，源不浚而欲流之远，其可得乎？经此"一劫"，李孝定继续坐"冷板凳"，终成甲骨研究的大家，所撰专著《甲骨文字集释》《汉字的起

1940年代李孝定跟随董作宾在戏楼台整理甲骨文，图为戏楼台石雕（董敏供图）

---

[1] 杜正胜、王汎森主编：《新学术之路："中央研究院"历史语言研究所七十周年纪念文集》，909。

源与演变论丛》，被誉为甲骨文研究的"拓荒者"之一。

马学良师从李方桂攻读"非汉语语言学"，前期学业是在田野中完成的。1939年底，他随老师至云南路南调查㑩㑩。㑩㑩，也写作"罗罗"，即今之彝族，是中国最古老的民族之一，人口多，支脉杂，有独特宗教信仰、社会制度和文化形态。[1]

师生俩到了路南县不足百户的尾则村，这里偏僻贫困，对外交流少，类似语言岛。李方桂选中这里，意在调查㑩㑩中的撒尼语。他们请村里一位初通汉语的小学老师做发音人，以随机方式实指现问，从身体器官、室内陈设，到门外花鸟虫鱼、飞禽走兽、瓜果蔬菜、山川人物等，边问答边用国际音标记音。当晚，把抄下来的卡片请发音人核查一次。

尾则村住宅，是干栏式建筑，下边养牲口堆柴草，上边住人。阁楼仅半人高，进出要弯腰，臭气弥漫，做饭时浓烟呛人。当地缺盐少菜，只有干胡豆和干辣椒就饭。艰难环境，人们不泯天性的快乐。李方桂发现，房东每晚都要把他那十六七岁的女儿撵出去，原来村外有一共房，晚上青年男女到那里唱歌跳舞，调情欢闹，寻找配偶。这也是地广人稀地区的风俗。李方桂托熟人把他们偷偷领进去，藏在漆黑的角落里。欢喜莫名地听着篝火边男女歌手的对歌唱和。女歌手嫣然一笑，朱唇方启，俯首而歌，女伴则为之应和。一阕唱罢，男歌手酬答，其他男人也随之应和。歌词随手拈来，清新可人……

路南一月，师生俩瘦了十多斤。撒尼词汇记录完毕，还整理出语音系统。囿于时间和经费，没有再记录语法系统。回到昆明后，在李方桂的安排下，找了一个撒尼中学生，马学良日积月累记录下四五十个故事。

1940年秋，马学良随李方桂转移到李庄板栗坳，"在板栗坳这段时间，我在李先生指导下继续整理撒尼语资料，并着手撰写毕业论文。"1941年5月，西南联大教授罗常培等人到李庄参加北大文科研究所的研究生毕业答辩，他在《蜀道难》一书中写道：

三日上午约马学良君来，评订他所作的《撒尼㑩㑩语语

---

[1] 1949年后，"罗罗"改称"彝族"，本书所写的"㑩"或"罗"等词汇，沿用旧称。

法》。……李先生对我说,他这篇论文在已经出版的关于倮倮语的著作里算是顶好的。这虽然含着奖掖后学的意思。但是我看过论文初稿后,也觉得李先生的话不算是十分阿好或过誉。我一方面佩服马君钻研的辛勤,一方面更感谢李先生指导的得法。[1]

经过几年的补充和完善,《撒尼倮倮语语法》一书在李庄完成。新中国成立后,倮倮改称彝族。1950年,马学良的著作以《撒尼彝语》为书名,由中国科学院出版社出版。这是我国第一部用现代语音学理论,描写实地语料的少数民族语言学著作,通过对撒尼彝语的研究,揭示了藏缅语的重大语音和语言特征。至今仍是学习彝族语文的津梁。

撒尼语只是倮倮语的一支。自19世纪末,法国亲王奥尔良曾深入金沙江西岸的大小凉山和云南的楚雄、思茅、蒙自一带,搜集大批倮文手稿,送给巴黎东方语言学会图书馆;以"考察"为名的保尔·博厄尔,也将在云南曲靖、宜良一带搜集到的倮倮经文交给巴黎东方人学会;法国人沙尔雅也曾到云南武定、禄劝一带复制倮文碑文,收购古籍刻本……

1941年9月,北大文研所毕业的马学良,以史语所助理研究员身份,离开李庄独自去云南,搜集和购洽有价值的倮文经典,包括祭经、占卜、天文历法、谱谍、神话诗文、译述、语言文字等。那是用一种称为爨文、韪书、罗文的单音节表意文字写成的。实物最早见于明成化二十一年(公元1485年)的"成化钟",只囿于狭小的圈子中,在少数土司和毕摩(经师)中流行。据倮倮传说,经书是毕摩从"天宫"带来的"天书"。毕摩把经书藏之木匣,置之高阁,焚香供奉。行祭祀之日,必先祭经书,方显灵验。

马学良虽通撒尼倮语,但到武定、禄劝与当地人交流仍十分困难。经过两个月的语言训练,基本消除语言障碍。他走村串寨,遍访毕摩,考察各地风俗习惯,收集民歌民谣和神话传说,行程千里,终于在金沙江边找到一个叫张文元的老经师。他向张经师求教,历经寒暑,学得经文上百篇,读完老毕摩的大部分藏书。有一天,他从张经师处得知武定

---

[1] 罗常培:"蜀道难",见《罗常培文集》卷10,134—135。

云南武定的彝族妇女（采自网络）

一土司家藏有大量经书。

　　武定土司凤氏，笃信宗教，延聘老毕摩，招徒授业，著书立说，还建有藏经楼，贮藏经书，鸠工雕版，印刷典籍。笃学家风，代代相传。虽经战乱，仍有大量遗存。在经师张文元、张自新带领下，马学良前往凤氏家，求见那安和清土司，要求参观藏经楼。那氏是土司夫人，因避战乱改为那姓，仍执土司职。事前，马学良与两位经师反复进行过谈判技巧的演练。那氏到底是妇道人家，经师和她交涉良久，她偷眼观察马学良一脸诚恳，终于允许他们踏上藏经楼的独木梯。

　　土司家道衰败，藏经楼早已颓圮，无人问津，满是积尘，霉气逼人。架上经书已是页黄纸脆。但匆匆过眼，马学良如步山阴道上，内心一阵狂喜。室内经书尚有几百部。既有手抄本，又有木刻本，如明代刻本《太上感应篇》已是绝版。

　　当晚，他把这一重要情报函告傅斯年："购夷族祖像约计千余元，又夷文经典已购得一部分，又访得禄劝一土司珍藏古书经书甚多，足可校正流传来之秕谬，惟索价每部约需百余元，预计可购得二三十部，伏乞斟酌情形，速为拨汇四五千元以便商购。"丁声树代复函："目录已收到。已另向渝请款四千元作购夷祖像及写本用；价目需商至最低廉，整批作数，勿单册计算；资料需完整。"[1]

---

[1] 台北"中研院"史语所档案：李10-14-3、5。

几天后，马学良再向傅斯年去一信：

> 抵达茂连乡夷区，前函此间有一室藏夷文经史盛多，时下正与该土司接洽观，以是经典为明本，弥足珍贵，最好由所方出一公事，请其低价出售或捐赠。并乞吾师示之所方最多出价若干，又该土司藏关于民俗标本甚多，不知所中有无此项购置费，究应如何，乞速示知。[1]

夙兴夜寐，手不释卷，马学良在两位经师的协助下整理出藏经楼的藏书目录。在蛛网和尘灰中，经过十多天紧张工作，终于清理完藏书，并与女土司建立了良好的信誉。原藏土署的经籍已有相当部分散落民间，是一批曾在土署当过毕摩的带出去的。马学良与土司商量，开一次毕摩大会，动员他们捐献经卷。

此时，他收到傅斯年1943年1月16日来信："关于你之留滇事，兹为给兴罗先生明了我办事之困难，不得不详说所中经费之困难，而在三十二年因为经费更困难，你必须返所了。实是总办处付不出来，研究所早已欠账累累矣。"[2]

癸未年正月十八（1943年2月22日），献经大会在茂连乡土署中如期举行。多地毕摩不顾年老多病，负经携卷，爬涉而来。到会毕摩数十人，民众数百计，土司发烟酒，杀猪煮"坨坨肉"，款待客人。入夜，土司官衙灯火辉煌，人声鼎沸，客堂内毕摩两排列座，按倮倮惯例，饮酒吟诗，答疑解难。这次大会成了当地的一次文化盛会。其影响是在茂连乡办起第一所倮倮学校，一批老毕摩开始登坛讲经。马学良则教授边疆史和国际音标，当地人称他为汉人毕摩。一批散落民间的经书也源源不断地送至马学良手上。但这已进入高潮戏的尾声。几十年后马学良回忆：

> 正在我拜师习经的过程中，史语所召我回四川，原因是经费缺乏，难以为继。我将进度情况汇报后，李先生觉得中途停止，十

---

[1] 台北"中研院"史语所档案：李 14-8-22。
[2] 台北"中研院"史语所档案：李 14-8-7。

分可惜，便与傅斯年所长商议筹措经费。傅先生表示如何怎样困难，也要筹措经费，继续调查，傅先生说："实在没有办法，我只好把我的几架子书卖了作调查经费。"令人十分感动。[1]

1943年10月15日，马学良历经千难万险，押运经卷到了昆明。他请示傅斯年："昆明觅车无望，本拟随马帮去叙府转李庄，惟闻途中匪炽，万一出事，则所购之标本及经书堪虑，伏乞速为想法。"[2]傅斯年四处斡旋，请托关系。翌年2月4日，马学良再禀傅斯年："过渝时曾将尊函面致袁馆长，彼极愿将全部夷文经典运李庄供生研究，并嘱函请师座想法将此批资料运川，至于津贴，彼云俟请示教育部批准后再发。"[3]也就是说那批夷文经典由傅斯年致信时在重庆的北平图书馆馆长袁同礼，允应入藏备案，转借史语所供马学良专事研究整理。

1980年代的马学良
（采自网络）

那批经马学良运回的经书共有2000多册，最终在北京图书馆（后来的国家图书馆）妥善存藏。20世纪50年代初，国家文物局局长郑振铎约请马学良为收藏在北京图书馆的这批彝文经书编目。经马学良之手，经典共分九类，包括祭祀、占卜、律历、谱牒、诗文、伦理、历史、神话、译著等。这种分类法成了我国后来彝经编目的基础。"雾失楼台，月迷津渡"，摩挲那一部部经典，马学良会不会古井无波？

任继愈读北大文研所的导师是汤用彤，副导师是贺麟。他做的论文是《理学探源》。理学盛于宋朝，但源自隋唐，涉及佛教，尤其是禅宗，故需查考《大藏经》。当时遍访昆明找不到《大藏经》，只有史语所有一部，于是任继愈随史语所到了李庄。1941年7月4日，罗常培参加任继愈的毕业答辩，他后来写道：

---

[1] 瞿蔼堂、劲松整理：《马学良学述》，浙江人民出版社，2000，28。
[2] 台北"中研院"史语所档案：李14-8-26。
[3] 台北"中研院"史语所档案：李14-8-12。

四日上午，约任君继愈来评订他的《理学探源》。他在论文节要里自述宗旨："治哲学史首在辨其异同。同者何？心也，理也。异者何？象也，迹也。凡人同具此心则同具此理，语其真际东圣西圣若合符节。万民虽众，即是一人之心；百世虽久，即是当下之理。万象森然不碍其为一本，此即所谓同。理诚一矣，然其表诠之际，其语言文字之习惯，当前所受之尘境，问题之结症，则各民族不尽同，各人亦异，故西洋印度各有其精彩面貌，则所谓象也，迹也，此其所以异也。"任君在汤锡予、贺自昭两位先生指导下，两年工夫居然深造自得，穷源竟委地作出这样一篇论文来，足见他很能沉潜努力。论文全稿虽然还没抄完，看过旨要和纲目也约略可以窥见一斑了。我和他谈完话觉得很满意，只对于全文结构上表示几点意见。[1]

青年学者任继愈（采自网络）

年轻的任继愈，是在板栗坳的田坎茅屋间开始哲学思考，也是从泡史语所的图书馆而最终走到国家图书馆馆长的位置。

三、无一废品

晚年周法高回忆在北大文研所，"我接触了好多第一流的学者，增广了不少的见闻，读了不少的书，从此我才踏进了研究之门，为以后的研究工作铺（了）路"，"我深深地感觉到：早期的研究有时会超过后来的研究……而我在以后的四十余年中竟然没有写出一篇比《广韵重纽的研究》一文更好的文章，真是使我觉得颓丧得很。后来虽然有充足的功力，绵密的组织，可是在创见方面却缺少了一点冲劲"。[2]

根据1950年7月《国立北京大学周刊》第七卷第一号，自1941年至

---

[1] 罗常培："蜀道难"，见《罗常培文集》卷10，134—135。
[2] 王世儒、闻笛编：《我与北大——"老北大"话北大》，539—540。

1941年3月31日，徐旭生在板栗坳史语所礼堂讲《中国古史问题》后合影。左起一排陈槃、潘悫、汪和宗；二排董作宾、郭宝钧、某某某、凌纯声、徐旭生（中）等（董敏供图）

1945年，北大文研所共有21位研究生毕业。其中在李庄完成学业，通过论文答辩，或与史语所有千丝万缕关系的，多达11人。其中，1941年度：马学良《撒尼倮语语法》，刘念和《史记汉书文选旧音辑证》，周法高《中古音三篇》，杨志玖《元世祖时代汉法与回回法之冲突》，任继愈《理学探源》；1942年度：逯钦立《诗纪补正》；1943年度：王利器《吕氏春秋比义》，王叔岷《读庄论从》；1945年度：李孝定《甲骨文字集释》，胡庆钧《叙永苗族调查报告》，阎文儒：《唐代西京考》等。[1]

1946年，北大文科研究所迁回北平。同年，傅斯年代理北大校长。三年后的大变局中，这批研究生绝大部分留在大陆，少部分随傅斯年去了台湾，如周法高、李孝定、王叔岷等。

史语所后辈研究员王汎森回忆去了台湾的王叔岷："他早年深受傅斯年的器重，所以傅斯年对他的生命有很高的意义。因为王先生的研究

---

[1]《国立北京大学周刊》，卷7，第一号，1950年7月；转引自《国立西南联合大学史料》卷3教学科研卷 574—576 页。

室是在傅斯年图书馆里面，我记得有一次，去傅斯年图书馆，看到王老先生对着傅斯年的雕像三鞠躬，再进去读书。后来我才知道这是他每天去研究室读书定要做的事情：鞠躬，顺便向老师汇报他最近在研究什么以及有些什么成绩。这样的感情持续这么久，非常令人佩服。因为各位知道，傅孟真傅斯年先生1950年就已经过世了，那这样的事情持续到王叔岷先生退休。"[1]

1952年，办了33年的北大文科研究所停办。1978年，当年陈寅恪指导的隋唐史研究生王永兴调回北大任教，他去天津南开大学拜谒昔日的北大文研所副所长郑天挺。回首当年，师生感慨人事凋零。最后，郑天挺语重心长地说："我们培养的二十余名研究生无一废品。你现在培养研究生，不要忘了在昆明时北大文科研究所办学的方向和精神"。囿于情势，郑天挺未提及跟随所长傅斯年在李庄完成学业的那11位毕业生。他当然清楚，那批人无一不是学术精英。

---

[1] 四川省人民政府文史研究馆，蜀学研究中心主办，《蜀学》第9辑，巴蜀书社，2015，273。

李庄姑娘与外地姑爷

> 香樟豆，圆又圆。研究学问不值钱。
> 来到李庄四年整，没人问俺热和冷。
> 光身汉，下决心，娶个太太待俺亲！[1]

这首《香樟豆谣》的作者是董作宾，写的是1940年代一群年轻书生流寓李庄，在当地婚娶的故事。那时，中研院史语所与社会所、中博院、中国营造学社以及同济大学有数以千计的年轻人，多已到老大不小的婚龄。在那孤寂沉闷的环境，男女青年如涸辙之鱼，心灵的呼唤是一泓清泉。

1944年中秋，李庄张家四妹问贤（左六）与张松华（左五，穿黑西装）婚礼在大房山庄举办。二排大人左起张问郯（官周）、蔡翼公、李济，右一张官周夫人袁继誉（张仲杰提供图片及说明）

---

[1] 董作宾《香樟豆谣》手抄本，由董敏提供。

"满目山河空念远，落花风雨更伤春。不如怜取眼前人。"（晏殊《浣溪沙》）尽管是战时他乡，还是有人把情丝系于这块土地，也有本地姑娘敢把绣球抛向那些外乡书生。从1942年史语所事务员汪和宗娶镇上姑娘王友兰开始，次第成为当地姑爷的有营造学社的陈明达，史语所的杨志久、王志维、逯钦立、李光涛等若干人。考古组石璋如回忆："南溪原是四川的米仓，张家靠着粮食生意，家业逐渐兴旺，在明末清初盖了这些房子。张家的后裔在民国三十年还住在那边，像李光涛、王志维二位先生就娶了张家的后人。王太太娘家就住在田边上、柴门口附近的张家，李太太娘家就住在上板栗坳的半山一带。汪和宗太太的娘家住在李庄街上。我们有不少同人就是这时在四川结婚的。"[1]

一、第一个成功的逯卓亭

> 山茶花，朵朵红。三院学士最多情。
> 折一把茶花求婚去，第一个成功是逯卓亭。

所谓"三院"，即史语所第三办公区历史组办公地。因房舍尚新，当地人又叫"新房子"。院内有两株大红山茶，茶花从秋冬一直开到暮春，又名"茶花院"。

故事主角"卓亭"，是史语所助理研究员逯钦立的字。他是山东巨野人，1939年毕业于西南联大中文系，随即考入北大文科研究所。在同学何兹全夫人郭良玉的叙述中，这位同乡"木讷质朴，但聪明过人"。1940年，他去李庄完成研究生学业，9月25日在给傅斯年的信中谈道：

> 生于九月十二日离滇，十八日到达李庄，沿途托庇，顺利异常。抵此后，承董代所长及丁、汪等先生之照顾，食宿诸问题均已解决，敬祈吾师释念为幸。……此地气候近已凉爽，生之工作即可顺利开始，吾师存藏陶靖节各集，生极须用，闻师将于十月中莅

---

[1] 陈存恭、陈仲玉、任育德：《石璋如先生访问记录》，台北："中研院"近代史研究所，2002，242。

此，希届时能以此种书赐闻也。

又生离滇之时，曾与杨志玖、周法高二兄深谈一次，杨兄处数接齐大延聘之信，许以该校讲师职并研究所编辑员，而文研所则欲留作研究助教，杨兄念吾师擢披之心，极愿来此继续所业，仅以薪遇和路费问题，稍涉踌躇耳！而周兄之离校或来此，所犹豫者也不外乎斯节。近不知彼等有信呈吾师未？⋯⋯[1]

逯钦立的去向，如信中所举的同学杨志玖，有多种选择，他自愿到李庄，是冲着史语所做学问的条件。无负导师傅斯年的栽培，逯钦立到李庄两年后，北大文科研究所修业毕业，留在史语所任助理研究员。除了业务上的收获，还成功俘虏了美女小学教员罗筱蕖的芳心。

罗筱蕖（荷芬）人称罗九姐，是乡绅罗南陔的九女，"生得很健壮，也很漂亮，嘴不小，两个嘴角向上挑着，好像总在笑。"[2]她在晚年给弟弟罗萼芬的信中回忆儿时：那时家境尚好，每到年底，打炒米糖、蒸黄粑、杀年猪。大年三十是祖父的生日，全家去石板田扫墓，抬着大猪头。这时祖父坟地两边的红梅、绿梅已经开了，坟前石桌石凳上摆满了上供祭品⋯⋯[3]抗战期间，罗南陔出任国民党李庄区党部书记，参与了对外地迁入者的接待安置，治安维护，矛盾化解等工作。他有十个子女，有的加入国民党，有的加入中共。罗筱蕖曾回忆五哥莼芬（叔谐）对她的影响：

在兄弟中我最敬佩爱戴五哥，他有教养有深度，是咱兄妹中出类拔萃的。在我懂事起，从1937—1945年这段时间里，看见他对父亲很孝顺，对兄妹的影响教育比较深。他天资聪慧，用功读书，有眼光，有才干。如出生在富有人家能大学毕业，会是个了不起的学者。要不受家庭拖累，能成为出色的政治家。他是被吃人的社会被家庭埋没了的。

---

[1] 杜正胜、王汎森主编：《新学术之路："中央研究院"历史语言研究所七十周年纪念文集》，777。
[2] 郭良玉：《平庸人生》，北京：中华书局，2006，206。
[3] 1991年3月4日罗筱蕖给罗萼芬的信，罗萼芬提供。

记得当年，五哥在智育小学教书（当时宜宾智育小学就是地下党的活动中心、集中重点），我跟他在一起有一年半，他帮助我读书，领我参加民先队抗战剧团、晨呼队，共产党员金汉民、严亮绸等就在这时认识的。在这段时期我学了很多知识，懂得许多道理，能演剧、跳舞、唱歌，能宣传、讲演。第二年就被抗战剧团介绍到南溪县政府管的战时民训督察室工作。这组织完全是宣传抗日、组织民众的领导机构，我刚到16岁（并不是县政府科员）就能同另一位女同事池梦渔把一个县城的抗战民训组织起来，搞下去，这本领是君绿九哥和五哥培养支持得来的。当时抗战剧团是武汉郭沫若领导的第三厅直接领导的，抗战宣传工作与县党部有矛盾有斗争，发生的一件件紊乱的情况和事件都是由五哥沉着应付过来的。

1943年，逯钦立给董作宾的孩子画画题词（董敏供图）

后我到宜宾县政府战时军粮管理处工作快一年时间，这期间才有七姐到宜宾战训团受军训半年之事。继后我到成都上学两年，都全是五哥支持帮助的。这几年中许多事就叙述不完的。1941年我回家，就到板栗坳栗峰小学任教导主任，主持一个小学也有五哥的帮助。[1]

罗筱蕖从李庄去成都读书，先读华中会计专科学校，后读西川无线电专科学校。1939年学校遭日机轰炸没毕业，又回到李庄。

板栗坳本弹丸之地，过去过来就那么几副面孔。此时，一个娇美活泼的女子闯入逯钦立的眼帘，很快他那狂热跳动的心就不属于自己了。六十多年后，我曾听当事人细数落花：

那时牌坊头有个大礼堂，单身汉在那里吃饭，我们在旁边上课。逯钦立也天天在那里吃饭。他住在老房子，属第一组历史组。他时常在我们教室外转悠，我也明白他的心思。他有时就在教室的黑板上画画，画马还画得很好。他在黑板上画屈原，我问是谁画的，梁柏有（梁思永的女儿）说是逯先生画的。我每天到校早，其他老师多是家属太太，事多。一次他画我的像有意放在黑板上，我把画收起来，后来就有了第一封信。梁柏有也给我转过他的信。[2]

一来二去，彼此眉目间泛出春意。但要迈那道坎尚须父母之命媒妁之言。罗筱蕖的小弟罗萼芬告诉我："傅斯年跟我父亲熟，当时他们迁来，人些说研究院吃人，搞得人人自危。是我父亲提出举办展览、开启愚昧的方法。傅斯年多次夸父亲'南陔不愧川南才子'。他们迁来板栗坳一晃就是几年，很多男光棍择偶安家，成了老大难问题。李庄的姑娘就是想也不敢嫁给他们，他们说来就来，说走就走。这件事成了傅斯年、陶孟和几个头头的心事。当时我家恰好有两个姐姐未出阁。"于是，"傅斯年为弟子逯钦立作伐提亲。"[3]

---

[1] 1990年10月3日罗筱蕖致罗萼芬信，罗萼芬提供。
[2] 罗筱蕖讲述，岱峻专访，2004年6月25日，宜宾上江北红丰路17号。
[3] 罗萼芬讲述，岱峻专访，2003年10月10日，李庄罗宅。

撮合信是写给罗南陔的族侄罗伯希的。罗伯希战前曾任"三军"[1]成都办事处参谋，解甲归田，在当地仍有余威。傅斯年在信中介绍逯钦立的身份："助理研究员之资格，依法律所规定，等于大学之专任讲师。然中央研究院之标准，远比各大学平均之程度为高，此时敝所助理研究员就业大学者，至少为副教授。此一职业，在战前颇为舒服，今日所入几夷为皂隶，弟亦如此也。若在战事结束后，固不宜如此，惟值此遽变之世，一切未可测耳。"[2]皂隶是黑衣差役，虽是自嘲，亦近实情。学者多"夫子"，远离经济仕途，战时尤为窘困。只有说到学养及潜力，傅斯年才对弟子信心满满："彼于八代文字之学，造诣甚深，曾重辑《全汉晋六朝诗》百卷，用力之勤，考订之密，近日不易得之巨篇也。惜此时无法在后方付印耳。一俟抗战结束，此书刊就，逯君必为国内文学界中知名之士无疑也。"

罗伯希复信，唯一担心逯钦立在故乡山东巨野是否有妻室。傅斯年就此答复。

1944年逯钦立罗筱蕖结婚照（罗莩芬供图）

---

[1] 川军首领刘文辉、邓锡侯和潘文华在四川各有驻地防区，在成都共同商议设立的联合办事处。
[2] 杜正胜，王汎森主编：《新学术之路："中央研究院"历史语言研究所七十周年纪念文集》，777。

伯希先生左右：

　　惠书敬启，此点正为弟所注意而不敢苟者，故前信发出之前，已经查照逯君并未婚娶。先是逯君友人托弟写信，弟即对之云，此点最重要，须证明。其同事友人遂共来一信，证明其事，故弟乃敢着笔也。

　　彼时又查其入此填表及在北大填表，均未婚娶。当时办法，家人多一口即多一口之米，故未有有家室而无填者。逯君平时笃实，不闻其说不实之话，故几经调查而后以前书相呈也。先是彼在昆明时，其父曾来信嘱其在外完婚，事隔三年，又经迁动，原书不存。彼最近又向其家说明一切，当有回信。惟彼家在沦陷共产党区交错之处，信每不达，回信当在半年以上耳。

傅斯年谨启 二月二十一日[1]

　　这封信后面附有史语所研究人员的"保证书"，保证逯钦立"年逾三十，尚无家室，以上所具，确系实情"。具保者有张政烺、傅乐焕、王明、劳榦等。

　　得到准信，罗家一块石头落了地，开始张罗婚事。这桩喜事，多少有些让代理所务的董作宾准备不及。1944年4月25日，他给傅斯年写信："均一住家[2]房子誊出后，济之兄要为三组同人作宿舍，逯钦立拟亦要此房作结婚新房，如何之处，请决定？"[3]这难题如何处理，已不得而知。

　　5月27日，是逯钦立罗筱蕖结篱之日，良缘佳期，34岁的才郎牵手22岁的佳人。大喜之日，红烛之下，逯钦立把傅斯年代为说项的那封信，用小楷抄录珍藏，信末有"弟子钦立录副"一语。

　　傅斯年迟到的大礼让这对新人更是感激不尽。鉴于史语所书记员白鹏请假离所，8月14日，傅斯年致函中研院总办事处："拟任罗筱蕖

---

[1] 杜正胜、王汎森主编：《新学术之路："中央研究院"历史语言研究所七十周年纪念文集》，777。
[2] "均一"，吴定良的字。此时中研院体质人类学筹备处从史语所中析出，迁至镇上。他任该所主任。
[3] 台北"中研院"史语所档案：李13-5-31。

女士为书记，以管理子弟小学之事务，又本所书记白鹏君请假离所，大约不再返回，罗女士即以之递补白君之名额，请转呈院长鉴核。（附罗筱蕖略历二份）"总办事处回函"业经院长批准"，已寄出"奉任函"。[1]战乱之中，一份薪俸及米贴殊不容易。

六年之间，逯钦立在《历史语言研究所集刊》上发表《说文笔》《形影神诗与东晋之佛道思想》《述酒诗题注释疑》《陶渊明年谱稿》等十几篇论文。但用功最勤，仍是傅斯年所言的那部"诗史"。

逯钦立深感明人冯惟讷所辑《诗纪》、近人丁福保所辑《全汉三国晋南北朝诗》，"搜括靡遗"，有功于世，却仍有缺失，遂在前书基础上重新掊撅上古迄隋末的歌谣，另谋新编。傅斯年将史语所珍藏的杨守敬的《古诗存目》抄本交他比勘。红袖添香，焚膏继晷，几度寒暑，逯钦立完成了《先秦汉魏南北朝诗》的资料收集和前期准备工作。此项工程，除了时间、毅力，还需要多方面知识储备。如浏览前后《汉书》《三国志》等书，了解彼时的历史地理；校勘诗家之作，精熟传记及生平；熟知乐府诗之组织及内容；熟识那个时代的风物；了解汉魏别体字；熟知汉魏韵部分合等。[2]

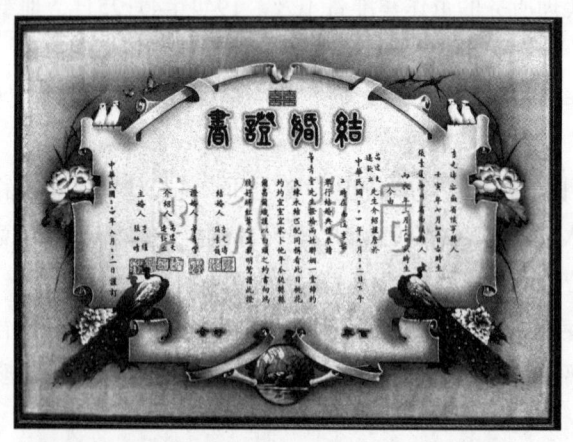

1945年9月21日李光涛张素萱结婚证（李幼萱供图）

---

[1] 台北"中研院"史语所档案：李5-1-37、5-1-38a。
[2] 郭良玉：《平庸人生》，206。

二、素萱光涛成婚礼

山茶花，年年开。戴一朵茶花下山来。
自从大桥会一会，李光涛相思苦难捱！
拿起笔，写封信，要给小姐通音讯。
情书一来送上去，果然打动了小姐的心。
风吹竹叶颤簌簌，小姐在门前望情哥。
嫂问姑："你在那儿看啥子？"
"我看那，长丰轮客人恁样多。"
张打铁，李打铁，买点礼物送小姐。
几次下山等长丰，又怕人说"是把衣料接"。
月亮光光，打水洗衣裳；
洗得干干净净，穿着上仓房。
仓房头，有高楼；楼下歇，遇到张三姐。

1945年10月26日（农历九月二十一），李光涛与张素萱的婚礼在板栗坳牌坊头举行，董作宾以证婚人的身份朗诵了这首"新乐府"。诗中的"长丰轮"，是卢作孚的民生航运公司往返于宜宾与重庆的长江客轮。在码头上接衣料的细节，传神地描绘出特定时期李庄姑娘对山外世界的渴望。

李光涛1902年7月5日生于安徽怀宁。父亲早逝，母亲矢志守节，家故寒素。光涛姐弟三人常随母亲到家族清节堂寄食。清节堂为抚恤孤寡，办有塾教。李光涛在清节堂读到13岁，不愿看人冷眼，遂泣别母亲，独自到外面闯荡。他一边打工补贴家用，一边膏火自给，苦读书本，考入安庆省立第一师范学校，1921年毕业后任职于安庆海关。

1928年，史语所由广州迁北平，接手了8000麻袋明清内库档案，移存于午门楼上，以待整理。1929年9月，李光涛经怀宁同乡、师范校校友徐中舒推荐，进史语所任临时书记员，负责明清档案的清理。1931年，《明清史料甲编》出版，这是内阁大库残余档案大规模刊行问世的开端，主要工作多出自李光涛之手。1935年，在傅斯年鼓励下，李光涛为《明清史料乙编》增写补例。在清理档案，编辑出版的同时，李光涛也开始史料的分析研究，撰写论文。

学术上的鹰扬奋进，填不满午夜时分的空寂。李光涛原配夫人蔡氏因风寒染病身亡。1940年12月31日，李光涛向时在重庆的傅斯年请假，信中语气异常："此次奉命押运书物百余件，已于本月七日到达板栗坳，经请假三星期来江津，兹光涛之意，不再回李庄，伏乞鉴核。"未读到傅斯年回信。但从1941年1月13日李光涛致傅斯年的信中，完全看得出傅的态度。李光涛信中写道："不敢再说不回李庄，但须请长期事假一年，以治私务。今押运事已竣，想可获蒙批准？又应赔书一批，俟得通知其价，必设法偿还。"先生面前，弟子还有些叽叽咕咕，但已打消去意。2月17日旧历年中，傅斯年函李光涛："未知府上有何事待一年料理？看来想不至费时许多，仍乞早日摒挡返李庄。目下图书将开箱，工作仍可继续。"[1]

来到李庄，李光涛一晃就四十多岁，个矮小头秃顶，本打算鳏居一身。焉知千里良缘一线牵，经史语所汪和宗介绍，在栗峰山庄攀上了一门亲事，乡土中国多是盘根错节的"竹根亲"。罗萼芬告诉我："我喊张素萱张三姐，她大姐是我的大嫂。张三姐在南溪女中读书，毕业回来。住在江边仓房头。我九姐罗筱蕖已在栗峰小学教书。结了婚，做栗峰小学教务主任，学校聘老师聘了张素萱。我姐夫逯钦立与李光涛要好。就通过九姐把张素萱介绍给李光涛。研究院的两个光棍一前一后娶了一对表姊妹。"[2]

李光涛著作手稿（李幼萱供图）

---

[1] 台北"中研院"史语所档案：李14-2-1, 14-2-2, 14-2-3。
[2] 罗萼芬讲述，岱峻专访，2003年10月10日，李庄罗宅。

四十三岁的李光涛，娶了十七岁的小美女张素萱，铁枝柔朵，好不羡人。董作宾写道：

三姐咪咪笑，喜得光涛双脚跳。
一跳跳到板栗坳，三天三夜睡不着觉。
八月十五桂花香，十六月亮明光光。
素萱光涛成婚礼。他们俩：花好月圆乐未央！

1966年，古稀之龄的李光涛重抄《香樟集》序云：

香樟集，一称栗峰谣，凡一卷，共五叶。董彦堂先生撰于民国34年9月21日，是日乃光涛与内子张素萱结婚之日，特请彦堂先生为证婚人，故先生撰成是集，以志喜庆也。兹者先生逝世已三年，追维风范，不仅感概系之。爰将其旧作转录一次，以当纪念之意云尔。

1947年李光涛张素萱夫妇与儿子（李幼萱供图）

三、十六岁的先生娘子

2002年10月，我在李庄采撷口述史料。板栗坳张家后人多已星散，近处只有张远甫与张伯森两位。论辈份，前者是后者的叔伯；论年龄，后者要长好几岁。10月12日一早，我在宜宾找到张远甫。他是李庄糖厂供销科退休职工，前些年胃癌做了切除手术，当年在外地读书，对板栗坳的事知之不多。为我大老远来访而不能提供更多资料，他不断自责，决定抱病带我去找张伯森。他说："伯森一定知情，一是他老者（父亲）当过团总，研究院住的牌坊头就是他家的院子；二是他妹妹张锦云就嫁了研究院的杨志玖。" 这条线索像鱼饵，我似一条上了钩的鱼，

2003年10月10日采访杨志玖的内兄张伯森（岱峻拍摄）

悠悠然地顺着渔线游走。

有些事仿佛心灵感应。此刻，75岁的宜宾工商银行退休人员张伯森，正独坐家中，静候我们的到来。进屋，落座。张伯森待客不是沏茶，而是拎出一个酒瓶，我们一人面前摆一个酒杯。张远甫是病人不能喝。我不推辞，任他斟个满。他说，喝酒说话才打得开话匣子。我们谁也不动杯子，他就径直往嘴里连倾了两杯。

当时研究院住在板栗坳，新房子、田边上、桂花坳都是。我们家只住了一间，其余都腾出来让给他们住。董作宾的办公室在戏园子，他有个助手叫刘渊临，是李庄人，后来跟着去了台湾。当时刘渊临帮董作宾整理甲骨文，敲敲打打，修修补补。也在一台打字机上打字。我常去看，董作宾也教我，后来我还学会了打字。[1]

我听来最动情的故事，还是当他说起妹妹锦云。几杯酒下肚，老人脸上的毛细血管像悄然爬出的红线虫又细又密。他的父亲当过团总，在地方上是说得起话的人物。一天，十二岁的张伯森放学，在一个大堰塘游泳，只会"狗刨骚"，多刨几下手脚就有些僵直。父亲正巧经过这里，闭口气栽下水，把儿子顶上岸，自己挣扎了几下，脚下被杂草缠住，又挣扎几下，再无动静。"我老汉儿是我害了的。"张伯森喝着酒，涕泗纵横。

父亲一死，天垮了。家里妈妈、我和一个妹妹。妹妹在南溪女中读书。有人提亲，是我堂妹张素萱，她已经和李光涛结婚，她

---

[1] 张伯森讲述，岱峻专访，2002年10月12日，宜宾正气巷宿舍。

的介绍人又是我们张家亲戚栗峰小学的教务长罗筱蕖,听素萱介绍,妈妈一口就回绝了。长兄当父,我同意这门亲事。其实我也没多想,就定下来了,妹妹初中还没毕业就嫁给研究院的杨志玖[1]。

杨志玖1915年生于山东长山县周村镇一个回族家庭。幼年丧父,家境贫寒,依靠母亲和兄长劳作和借贷,读完了小学、初中。1931年考入山东省济南高级中学,获得县教育局贷金。高中毕业,全省会考第三名,获得奖金,考入北京大学史学系。卢沟桥事变后,随校迁往长沙、昆明。

张伯森搬出一堆证物。最早的照片是妹妹锦云和杨志玖1947年在天津照的。杨先生意气风发,西服笔挺;张锦云头发烫过,小鸟依人。那时他们都年轻,杨志玖三十七八岁,张锦云十八九岁,谁都不知道未来命运。

1947年杨志玖张锦云夫妇于天津(张伯森供图)

板栗坳每个先生的来龙去脉一清二楚。惟独杨志玖与史语所的关系似觉暧昧。问起这一点,张伯森说:"他不是研究院的人,研究院请他帮忙编一本书,《朔方备乘》。"[2]这一段经历,杨志玖如此道来:

> 1939年9月,我考进北京大学文科研究所。……1941年秋季我毕业之前,傅先生给我来信,问我毕业后的去向。他说,最好留在北大或到史语所来。我那时好幼稚,对个人的前途抱无所谓的态度,竟听从导师姚从吾先生的推荐,到南开大学历史系去,真是太轻率了。

---

[1] 张伯森讲述,岱峻专访,2002年10月12日,宜宾正气巷宿舍。
[2] 讲述或有误,《朔方备乘》系古书,抑或是校注整理。

> 1944年2、3月间，傅先生给我信说。"太平洋学会"接到"条子"（指蒋介石手谕），要他们写一部《中国边疆史》，该学会又将此任务推给史语所。先生要我去帮他修这部书。我应命前往李庄。因南开不放我，只算借调。我从重庆溯大江而到李庄，又从李庄步行至板栗坳。……
>
> 我虽以借调名义来所，但到所不久即接到重庆中央研究院的聘书，作为史语所的助理研究员。史语所发我工资，南开大学则每月给我寄生活补贴，其数目大于正式工资若干倍，使我记住自己仍是南开的教员。[1]

板栗坳两年半的光阴，杨志玖做了李庄女婿。1944年6月，他与史语所房东女儿张锦云结婚。也许是因为特殊的家庭背景，张家特别在意这场婚礼。据历史组研究员何兹全太太郭良玉回忆：

> 在板栗坳的另外一件热闹事，就是史语所的研究人员杨志玖和板栗坳的绅粮家，也就是史语所的房东的姑娘张锦云喜结良缘。那天牌坊头的屏门大开，张灯结彩，新房设在牌坊头的正院里。院中左手厢房中摆了酒宴，大约是流水席，一拨人吃过，又一拨人来吃……

我听李庄镇文化乡二保——现在的李庄镇永胜六村村民张汉青讲述过那次婚礼的不寻常场面：板栗坳从牌坊头到田边上也就不过百米。而锦云和杨先生的婚礼却融合了新旧两种形式。先坐轿子，从田边上抬到牌坊头，包含了搭盖头、上轿、起轿、拦轿、颠轿、哭轿、下轿。完成了这个过程，山乡少女张锦云，一脱童子军校服，就成了"先生娘子"。然后在上厅房行新式婚礼。张锦云穿婚纱，杨先生穿西服，主婚人宣布，证婚人讲话，新郎新娘行点头礼。在研究院同人和当地贺喜者的祝福中，两人的肩靠在一起，16岁的锦云比35岁的杨先生要高出一截。

---

[1] 杜正胜、王汎森主编：《新学术之路："中央研究院"历史语言研究所七十周年纪念文集》，783。

我婚后不久，南开大学文学院院长冯文潜先生来信说，南开大学将于本年下学期在天津开学，要我回去上课。我以本系借调而来，理应回去，便写信告诉傅先生，哪想很使先生恼火。他未复我信，欲令史语所停发我的工资。事后我才醒悟，先生把我借调，本有意把我留在史语所，借调本是名义或手法，好比刘备借荆州，一借不还。至今思之，犹有遗憾！有一次，南开大学历史系开的思想检讨会上，郑天挺先生说，听说傅先生本有意送我到美国进修，因我结婚而罢。[1]

傅斯年显然不赞成这桩婚姻。杨志玖回忆：

我写信告诉傅先生。先生来信不赞成这桩婚事。他说，那和某同事不同，不应忙着结婚，而且"今后天下将大乱，日子更难过也"。他劝我退婚或订婚而暂不结婚。我以已答应同人家结婚，如反悔，道义上过不去，未听从先生的规劝。我结婚后，先生来信祝贺说，南宋时北方将士与江南妇女结婚者甚多。不知是否有委婉讽喻之意。在我结婚之前，已有两位山东同事与当地人结婚。先生对此不以为然，说，你们山东人就爱干这种事！[2]

傅斯年自己是山东人，傅太太俞大綵是江南人。山东人逯钦立娶罗筱蕖，也是他做的媒。他讲那些话显然有特地的针对性。

那天，在张伯森家里，他拿出来一本订得整整齐齐的信。是前些年妹妹锦云从南开校园写来的。我翻开第一封信，是锦云劝哥哥戒酒，并说起父亲淹没在堰塘里也有喝酒过量的原因。透过这些信，我仿佛看到当初板栗坳两兄妹相依为命掩面而泣的背影。

---

[1] 杜正胜、王汎森主编：《新学术之路："中央研究院"历史语言研究所七十周年纪念文集》，783。
[2] 同上引。

四、老好姐夫王志维

2002年10月12日，我刚从李庄返家。第二天，李庄友人左照环打电话告诉我，张彦云的妹妹彦遐刚陪台湾客人到过李庄。他已向彦遐介绍了我，并代我提出访谈要求。他把彦遐在南溪的家庭电话也告诉了我。

电话那端，终于传来彦遐年轻的声音。称之彦遐，这种感觉很滑稽：这些天我总是沉浸在过去的幻影中，仿佛自己也成了其中一个角色。展开六十年的重彩工笔画卷，我窥看她们晨起懒梳妆的剪影；

1939年王志维于昆明龙头村（石磊供图）

眺望她们款款走过秋水田的倒影；凝视她们把手交给异乡男子，红烛前的叠影；码头送别，追踪她们泪湿鲛绡，渐远渐小的帆影……闭目一想，她们纵是健在，已是七老八十的母亲或祖母，那时我的父母也还是年轻人，我尚不在人世。

张彦遐那年71岁，往事已退进记忆深处，岁月的湖面已不见涟漪——

父亲张九一出生那年，正好他的奶奶、我的老祖母满91岁。所以爷爷为他取名"九一"。父亲知书识墨，解放后一直在李庄中学教书，1964年病逝。现在南溪县党史上有他的记载。他曾参加过地下党，还任过板栗坳的书记，领导过1928年的李庄农民暴动。暴动失败后，他与党失去了联系。先是跑到邻水县一个叔叔家躲起来，后来风平浪静了，又回到李庄。一惊一吓意志消沉，染上了鸦片，精神颓靡，从此家业不振。姊妹又多，记忆中他总是佝偻着身子，坐守愁城。[1]

---

[1] 张彦遐讲述，岱峻专访，2002年11月2日电话记录。

革命和暴动如烈火烹油，有时会加速燃烧自己。半成灰烬的人生，有时就把未来寄托到女儿身上。

张家姑娘素萱是我们堂姐，她和研究院的李光涛结婚算是个很大的新闻。李先生是外地人，在李庄待得了几年是个未知数。但是看到他们和和美美的情形也让很多人心动。况且，先生们有学问，收入稳定，跟上他们一辈子不愁吃穿。我和姐姐在南溪上学，从李庄进进出出，蹦蹦跳跳。研究院的太太就上门向我妈提亲。起初妈不同意，后来再三撮合，妈妈心动了。下面还有好几个弟妹，要读书已成问题。再说研究院也来了好几年了，天天照面，这些先生的品行是信得过的。介绍的是图书管理员王志维。王大哥家在北平王府井大街。没有一点人们说的"京油子"的油滑世故，人高大帅气，又本本分分，见人很礼貌和颜悦色。妈妈同意了。

王志维1940年7月23日被聘为史语所书记员。此前，他是从北平流落昆明的青年学生。书记员是文员的最低等，当时月薪80元，另有一点生活补贴，仅为研究员收入的五分之一。我查过史语所档案，他留在发黄的纸片上的印迹，既频繁又琐碎：

1942年12月31日，史语所派他前往民生公司提运肥皂三百块，望军警关卡查照放行；

1943年2月8日，史语所开证明，王志维因公由李庄经泸县前往重庆，公毕后仍循原路返回李庄，希沿途运警关卡查照；7月22日，前往李济处取回所存书籍予以登记；8月30日，前去合众轮船公司面洽，为傅所长赴渝购买船票；

1944年7月26日送上印度研究生狄克锡君血液二件，请代为检验，并面奉检验费用；10月5日，代为丁声树收领集刊第十一本第三、四分合刊；……

档案里的办事员，与姨妹的讲述吻合。1942年10月初，傅斯年搞民意测验，推荐房舍管理员。丁声树回函傅斯年："声树以为那廉君先生王志维先生堪受此职，敬祈鉴核决定"。[1]后来，那廉君与王志维一个做了傅斯年秘书，一个做了胡适秘书。

张彦遐谈起姐姐的婚事，仿若昨日：

> 王大哥人忠厚，定了婚就开始帮补家里。离开李庄，一直到去台湾前，从不间断。他们从结婚到离开李庄，时间不长，好像不到一年。结婚是在板栗坳牌坊头的上厅房，来了很多人。傅斯年、董作宾，还有当地士绅张官周、罗南陔。父亲出面，母亲则躲在柴房里哭成一个泪人。当时姐姐还小，王大哥不到30岁，姐姐16岁。妈妈总觉得对姐姐有愧。我们不懂事，觉得是一件好玩又奇怪的事情。[2]

半个世纪后，电话那端的张彦遐老人仍不平静。当初姐姐出嫁后，她才感觉到经历了一次生作死别的撕裂。

五、"羊街八号"的悲欣

1946年4月30日，国民政府颁布"还都令"。这年10月，流寓李庄的"下江人"终于盼来东归还乡的日子。停在李庄码头的"长远"轮，天天都在装行李。"羊街八号"罗南陔的女儿罗筱蕖女婿逯钦立以及襁褓中婴孩，外甥女张素萱外甥女婿李光涛，他们盖的垫的穿的用的，箱桄行囊已经装船。换言之，他们的家已在船上。饯别宴，端起的酒杯愈来愈沉，话到嘴边声音越来越暗。眷恋、彷徨、无奈、茫然诸种情绪，像磐石重压在这一家每个人的心上。

在儿女面前，罗南陔或许依然是一副父道尊严的样子。从罗萼芬的讲述及他提供给我的家书中，没能看到罗南陔的态度。倒是众兄弟对小妹离去颇感伤悲，"归舟天际常回首，从此频书慰断肠"，题诗作赋，竞相留别。

长兄罗荫芬《送九妹随院之南京》诗，道不尽离愁别绪与殷殷牵挂：

---

[1] 台北"中研院"史语所档案：李43-3-1。
[2] 张彦遐讲述，岱峻专访，2002年11月2日电话记录。

1946年羊街八号罗南陔家为罗筱蕖张素萱两对夫妇赴南京饯行合影

从左到右：一排逯钦立、罗筱蕖、罗南陔、罗二娘（张素萱的姑妈）、张素萱、李光涛；二排洪尉德（张素萱小学老师芯芬的丈夫）、罗芯芬、罗叔楷（五表叔。楷，一作谐，待查。）、李子谷（罗兰芬三表姐的丈夫）、罗莩芬（十表弟）、李适芝（五表嫂）、马鸿志、吴敏文（六表嫂）、张沛芬（张钜武二女）（说明系李光涛所写，李幼萱供图。）

> 阿娘逝世万缘枯，姊妹依依聚一庐。
> 若遇旌轮飘远道，休将离泪洒征途。
> ……

五哥罗莼芬对罗筱蕖影响最大，别离的感情也最复杂：

> ……
> 逯子廉隅重，渊娅宿士通，
> 静好吟书幌，峥嵘获狱聪，
> 复原何太速，翰苑还故宫，
> 京华隔巫峡，相逢梦寐中，
> 相期梦寐诎千首，珍重临歧酒一盅，

幸有家山能作证，桂轮斜照半江枫。

中央研究院明日还都，九妹小蘵携甥偕行夫子。汽笛机声，顷刻万里，手足分离，百感交集，相对无言，忍泪书此，用系情惆于万一，前途珍重，吾妹勉之。

卅五年十月五日 五哥叔谐涂鸦[1]

"烽火连三月，家书抵万金"。1992年3月2日，罗筱蕖在给小弟罗尊芬的信中写道："以上诗已保存几十年，从箱底翻出，读后心情酸楚之极，今抄与吾弟。"这些诗跟随罗筱蕖走南闯北，出生入死，如影随形，视为生命。那是故土家园，那是乡音亲情，生命中什么都可以割舍，唯独不能断根。

2004年夏天，我见到八十多岁的罗筱蕖老人，她向我讲起后事：

> 1946年回南京后，傅斯年介绍我到成贤街的教育部会计科工作。那时中央大学刚复课，学潮很厉害，学生的口号是"反内战、反饥饿"。"沈崇事件"后又加上"反美帝"。一次学生冲进教育部，我正在三楼办公。学生找朱家骅质询，骂他，还把鸡蛋砸在他的身上，他始终克制隐忍地回答学生的问题。从始至终我没看到有警察抓学生或保镖保护朱家骅。[2]

1948年底，逯钦立罗筱蕖夫妇离开史语所。12月9日，广西大学校长陈剑修致电傅斯年："自本月起聘逯钦立兄为副教授，月薪380元，提前两月送薪为旅费。希电复。"[3]罗尊芬告诉我：

> 他们原在南京，临解放又到广西大学教书。广西大学校长陈剑修是北大老教授，傅斯年的同事。当时我五哥罗蕴芬是地下党员，写信给九姐，说盼了那么久的解放，临到解放你们又要离开

---

[1] 书信、诗词均由罗尊芬提供。
[2] 罗筱蕖讲述，岱峻专访，2004年6月25日，宜宾上江北红丰路17号。
[3] 台北"中研院"史语所档案：京36-23。

大陆。若真去了台湾，你们会后悔……九姐夫逯钦立本来犹豫。看大家态度如此，也坚定了留在大陆的想法。逯钦立解放后调到东北师大。我九姐现还健在，比我大四岁。[1]

其后的几十年，像这样的家庭多是噤若寒蝉，纵是姐弟间也音信稀疏。罗萼芬给我提供了一封九十年代初罗筱蕖写给他的信，信中谈到了逯钦立一辈子呕心沥血校辑的那套书《先秦汉魏晋南北朝诗》，由于种种原因，一直拖了近20年，到1963年，才交给出版社。紧接着就是"文革"，直到1983年，才由北京中华书局出版。据罗筱蕖讲述：

1964年，逯钦立罗筱蕖结婚二十周年纪念（罗筱蕖供图）

> 关于《先秦汉魏晋南北朝诗》《陶渊明集》两书，中华书局已再版四次，去年又出一次，台湾、香港、日本、新加坡等地区和国家都翻印了，美国有的大学教中国诗歌时也引用了这两本书。逯旸（逯罗夫妇的孙女）来电话说，他们大学的美国教授专门向她提起这书的价值。1984年中华书局在香港办中国图书展时，《先秦汉魏晋南北朝诗》很受欢迎，带去参展的书卖完了。1992年此书被评为"全国首届古籍整理图书奖一等奖"。

这是一份迟到的殊荣，比当年傅斯年向逯钦立的岳父罗南陔的预言——"一俟抗战结束，此书刊就，逯君必为国内文学界知名之士无疑也"足足晚了四十年。当事人都已看不到这个结果。罗南陔与傅斯年死于1950年，一个在南溪，一个在台湾。而逯钦立也死于1973年。死得都不轻松。

---

[1] 罗萼芬讲述，岱峻专访，2002年10月6日，罗宅。

六、杨志玖与马可·波罗

李庄前后，杨志玖写出《阿保机继位考辨》《〈新元史·阿剌浅传〉证误》《回回法考》《元代的阿儿浑人》等学术文章，分别刊登在《历史语言研究所集刊》《文史杂志》、南开《边疆人文》和天津《民国日报》等，学术有成。但后来自己反思，除第二篇较满意外，"其他三篇都有观点和史实上的错误"。1955年，杨志玖在《南开大学学报》上发表了一篇《批判胡适的反动的唯心史观》长文，既批判胡适、傅斯年的反动思想，也清算自己唯心主义的史学观。

杨志玖学在李庄娶在李庄，但他对那一时期的状况并不满意，他写道："在李庄两年半，由于工作和我本来学的衔接不上，觉得不顺手，无兴趣，虽然把清代边疆变迁情况写出交卷，但算不得研究工作。"其实，他一辈子的研究也没离那期间开始的课题。

《马可·波罗游记》自1298年问世以来即风靡欧洲，吸引了很多西方人对遥远东方心生向往。但是，海内外对马可·波罗是否到过中国存在争议，质疑之声不绝。杨志玖写道：

> 1941年夏天，在准备写毕业论文之前，我从《永乐大典·站赤》中发现一段与马可·波罗离开祖国有关的资料，写出《关于马可波罗离华的一段汉文记载》寄给重庆《文史杂志》，主编顾颉刚先生在刊出的"编辑后记"上给予较高评价。1942年傅先生从四川给我来信，对该文的内容和写法表示赞许；并说，他已把该文推荐给中央研究院的学术评议会参加评奖。其后该文获得名誉奖。先生又委托中央大学教授何永佶把它译为英文，投寄美国《哈佛大学亚洲学报》。但在1945年该学报发表时，却仅仅登了一页的摘要。[1]

杨志玖找到的那条"兀鲁得、阿必失和火者取道马二八往阿鲁浑大王位下"的记载，与《马可·波罗游记》相吻合，证明了马可·波罗到

---

[1] 杜正胜、王汎森主编：《新学术之路："中央研究院"历史语言研究所七十周年纪念文集》，783。

1994年杨志玖偕夫人张锦云与博士生、硕士生弟子合影（张伯森供图）

过中国。这条"确凿证据"是他批驳"怀疑论者"的武器。

1979年以后，中国的学术研究在经历"文化大革命"的蛰伏后，呈现出鹰扬奋发之态。南开大学历史系教授杨志玖连续发表《关于马可·波罗的研究》《关于马可·波罗在中国的几个问题》《马可·波罗足迹走遍中国》《马可·波罗与中国》《再论马可·波罗书的真伪问题》《百年来我国对〈马可·波罗游记〉的介绍与研究》《马可·波罗问题争论的焦点何在？》《马可·波罗书中的长老约翰——附论伍德博士的看法》等一系列论文。他全力应对海内外的质疑之声。

质疑者认为，《马可·波罗游记》的内容是在重述一些尽人皆知的故事，如元朝远征日本、王著叛乱、襄阳回回炮、波斯使臣护送阔阔真公主等。1995年，英国历史学家弗朗西斯·伍德著书称，马可·波罗事实上没有到过黑海以外地区，当时在中国很常见的一些东西，如四大发明、筷子、裹脚布和长城等，马可·波罗都没有提到过。伍德最近还表示，威尼斯的档案中也根本没有提到波罗家族同中国有直接接触。1999年美国组成一个科学考察队，重走当年马可·波罗走过的道路。考察结束后，10位考察队员和22位提供后援的专家们一致认为，马可·波罗通过这条路来中国"简直是难以想象的"。

2002年,元史专家、国际公认的马可·波罗研究权威杨志玖去世。但这场争论并未止息。据2011年8月11日出版的《环球时报》报道,英国媒体10日引述意大利一组考古学家的调查结果称,大探险家马可·波罗事实上从来没有真正到过中国,《马可·波罗游记》是道听途说的汇集。……

据说钱穆对待这场论战的回答是:我"宁愿"相信他真的到过中国,因对马可·波罗怀有一种"温情的敬意"。

七、爬山豆,叶叶长

"爬山豆,叶叶长,爬山爬岭去看娘。娘又远,路又长,想起想起哭一场。"这是流行于川南一带的民歌。1947年,时在天津南开校园的张锦云设法与嫁在南京史语所的堂妹张彦云联系,两姐妹心一横,在离乡连年后,背着一岁的小儿,重回梦里河山。张彦遐谈起姐姐彦云此次返乡:

> 从李庄走后,到南京就生了老大王大庆。姐姐写信说是为了纪念抗战胜利,国民政府还都。但很快国共战争又打起来了。在南京人心惶惶。姐姐想家,想父母亲人,就找张锦云商量。锦云是我们堂姐,嫁给杨志玖先生。两姐妹决定回乡探亲。兵荒马乱,人心不宁,又都拖着一个刚一岁的孩子,两家的丈夫都不放心。这个念头一冒出来,就像勾走了魂,茶饭不思,精神恍惚。王大哥只好同意放行,再三叮嘱。
>
> 她们怎样回来的,我当时在读书,不十分清楚。到重庆后,她们住在一个亲戚家,又坐上木船到宜宾。那是上水,木船上漂了三天才到宜宾。码头上是我妈妈和叔叔去接的。才一年多不见,十八岁的姐姐就是大人,给娃娃大人缝衣服、做饭、打毛衣,样样会。姐姐在家里待了几个月。王大哥几天一封信地催。锦云堂姐先走,姐姐也只好启程。那次是妈妈送到重庆。凭直觉,妈妈晓得,

这一去或许是天壤之别。[1]

1949年11月1日，共产党军队的"西南战役"打响。第二、四野战军各一部由湖南常德、湖北宜昌向西逼进，30日攻占重庆。三天前（11月27日）的一段往事，秘书胡颂平曾向胡适讲述：

> 这年十月十一日，我由广州飞到了重庆，不久，……重庆对外的交通完全断绝了。……朱（家骅）先生是中央研究院的院长，又是中英文教基金董事会的董事长。这时他又兼了行政院的副院长，总算在万分困难的情形之下，包到民航队的几架飞机之中的一架，可以直飞香港的，把中研院和中基会的东西搬出了。我还记得包机是由行政院、国防部和特种调查处三个机关会同核定的。坐飞机的人员的身份，也要这三个机构审核的。每人的照片上都须盖上审查合格的印戳。那天晚上，在曾家岩行政楼上一个房间里盖印时，电灯突然停了，我用火柴一根接一根的亮光照着盖印的人盖的。一切手续办好之后，已是十一月二十七日了。这天重庆已是非常紧张，下午六时起就宣布戒严。办总务的出了高价雇到一辆破旧不堪的大卡车，车前的两只照路灯都坏了，是一辆瞎眼的车子，怎么办呢？幸亏特种调查处介绍来几位够资格搭我们飞机的撤退人员，他们有车子，大家商定他们的车在前面走，我们的瞎眼车跟在后面，勉强可以开动。这个问题解决了，但六时戒严之后，交通断绝了。于是朱先生打电话给重庆卫戍总司令杨森，他马上派人送来一张"特准通行证"，贴在车上。……到了白市驿，已是二十八日的清晨四点了，天还没有亮。我们在机场等到下午五时，才等到一架民航队的飞机……
>
> 在快撤退的几天之前，总办事处一位自请遣散的同事罗传宓跑来问我，说这里有一位年轻的太太，带一个喂奶的小孩，能否把她们带去。我问他这位太太是什么人？他说是史语所同事的太太，他的先生在台湾。我说，既然是中央研究院同人的眷属，当然可以

---

[1] 张彦遐讲述，岱峻专访，2002年11月2日电话记录。

带她们出来。这位年轻的少妇，原来就是王志维太太张彦云女士。那时我和王志维不认识，也不晓得他是怎样的一个人呢。[1]

这就是那个"爬山爬岭去看娘"的李庄女儿张彦云，奶着那个叫"王大庆"的儿子。当初在接听张彦遐的电话时，总觉得那头有些语焉不详欲言又止。在胡颂平的《胡适之先生晚年谈话录》里，我终于找到了原因。原来王志维夫人张彦云，是在最后一刻走的。要不是机缘巧合，她和儿子就永远留在大陆，而丈夫王志维早已去了台湾。这个家就再也无法团圆。胡适听了胡颂平的讲述大为感动，他对胡颂平说："你今晚说的事，应该记下来。"胡颂平说："我觉得太渺小了，从来没有写过我自己的经过。"胡适说："这是真正的历史。真正的历史都是靠私人记载下来的。"[2]

巧的是胡颂平和张彦云的先生王志维后来成了同事。

在台湾，王志维仍在史语所服务，因老所长傅斯年的关系，王志维跟胡适交往甚多。胡适1958年就任"中研院"院长后，经常出国。他在南港住宅里的私人物件交由王志维管理。胡适的小脚太太还在美国，王太太张彦云就常替胡适缝补衣扣。1961年，"中研院"总务主任薛世平患病请辞，胡适想把王志维从史语所调出，接替薛的位置，他给代理"中研院"院务的李济写了一封信：

济之兄：

　　昨天薛世平兄有辞去总务主任工作的信给我，我想调王志维兄为总办事处秘书，代理总务主任。我盼望老兄能同意这办法。我观察了志维兄三年之久，觉得他有才干，有操守，又有好学的热心。所以我想请他担任这件很麻烦的工作。倘蒙老兄同意，以后他可以改用总办事处的名额。

　　匆匆敬颂双安

　　　　　　　　　　　　　　　弟适敬上 五十，十一，十八

---

[1] 胡颂平编著：《胡适之先生晚年谈话录》，新星出版社，2006，165—166。
[2] 同上引。

胡适选人标准，决非仅为忠诚和办事能力。史语所档案里，有王志维的借书记录：1946/05/16借Man一书；1952/08/26借《自由与组织》；1953/09/06借The Government of the United States、Of civil Government；1953/09/08借《和平的代价》《社会心理之分析》……涉及心理学、政治学、国际关系学，等等。读一个人的读书目录，也是了解其心路历程及治学路径。

1961年年底，王志维由史语所上调"中研院"，先做院务秘书，后任总务主任。据胡适说："我太太最好。她去做她的，我做我的。"又说："王志维招拂我，比我太太更周到。"胡

1980年代，台湾胡适纪念馆馆长王志维与夫人张彦云（罗萼芬供图）

适逝世后，王志维又做胡适纪念馆馆长。在他与夫人张彦云的苦心经营下，胡适纪念馆初具规模。有时由于经费不足，他们还自掏腰包。作家陈漱渝访台湾，在《冬季到台北来看雨》一书中介绍了王志维的一些情况：

　　胡适是1958年4月8日只身从美国飞抵台湾就任"中央研究院"院长职务的。直到临死前四个月，他那位以麻将为唯一特长的小脚太太才携带一张笨重而破烂的旧床到台湾来陪伴他。胡适临终前两天曾嘱咐王志维先生替他物色一所房子。他说："我太太打麻将的朋友多。我在南港住的是公家宿舍，傅孟真（斯年）先生给"中央研究院"留下来的好传统之一，就是不准在宿舍打牌。我也不应该不遵守傅先生留下的规矩。"这番话的弦外之音，令人感慨不已。

　　现在，胡适在南港的这所故居已改建成纪念馆。胡适生前生活起居的地方一律保持原状；又在故居右侧添建了一座82.5平米的陈列室，展出胡适的中西文著作30余种，以及他的部分手稿、信札、照片、衣物。纪念馆基金有5万余美金，系由美国美亚保险公

司负责人史带先生捐赠。馆长王志维先生，是胡适生前的秘书，善调酒。王馆长为胡适所作的最后一次服务，是在胡适入殓时将他平日喜爱戴的那副玳瑁架眼镜重新给他戴上。[1]

王志维1981年退休。八十年代初，张彦云在大陆的亲人通过香港的关系，找到张素萱在美国的儿子，与彦云建立了联系。彦云的妹妹张彦遐讲述：

> 1988年姐姐回来，带着儿子大庆。也就是说大庆这是第二次回外婆家。第一次还在吃奶。这一回回来已是美国一家中型企业的老板。他在美国读大学，入了美国籍。姐姐在宜宾的弟弟和姐姐家住了十多天。她还在台湾上班，返程票已买好了。这以后她又回来过两次，都是一个人回来。王大哥已经很老了，身体也不怎么好，1999年去世，活了81岁。[2]

彦云有一年回乡，还见到过李庄糖厂退休职工张远甫。他们原是李庄栗峰小学的同学。2003年，张远甫告诉我："十几年前，我就在宜宾街上一下子认出了彦云。她也认出了我，拉着我的手，眼泪簌簌地就掉下来了，全不顾身边还有儿子和亲戚。"

八、布衣疏食著青史

真正的爱情能经受平淡的流年。李光涛张素萱琴瑟和谐，史语所上下深许之。有文章夸赞素萱女士："温恭淑静，内外无闲言。持家俭约，每亲市蔬果。先生谓，有豆蔬已足，何必水果？呜呼，盖亦欧阳永叔《泷冈阡表》之遗意也。"李光涛1975年8月退休后，每日照常撰述不辍。他与张素萱育下两男两女。大儿康成，毕业于辅仁大学历史系；次子宁成，毕业于台湾大学化学系，后赴美国攻习高分子化学，获俄亥

---

[1] 陈漱渝："侧影——参观台北胡适故居"，载《作家文摘》，2005-3-10。
[2] 张彦遐讲述，岱峻专访，2002年11月2日电话记录。

1950年代台湾，李光涛张素萱一家（李幼萱供图）

俄州立大学博士；女儿小萱卒业于台湾大学中国文学研究所；小女幼萱专习护理。[1]

1984年12月31日，李光涛在台北"中研院"院前交叉路口因车祸不幸逝世。好友王叔岷哭之以诗：

纯儒治史擅明清，何意飞车惨丧生，
卅载知交悲永诀，满园风雨泪纵横！
衰迈残年尚著书，布衣疏食乐于于，
生前寂寞无人问，死后虚称丧巨儒！

李光涛学历不高，功底匪浅。一辈子都在明清档案中寻寻觅觅。他纂辑的史料，除《明清史料》外，还有《朝鲜壬辰倭祸史料》《明清档案存真选辑》等；有专著《明季流寇始末》《朝鲜壬辰倭祸研究》《万

---

[1] 杜正胜、王汎森主编：《新学术之路："中央研究院"历史语言研究所七十周年纪念文集》，475。

1960年代，左起张彦云王志维夫妇与张素萱（李幼萱供图）

历三十三年封日本国王丰臣秀吉考》《多儿衮征女朝鲜史事》《熊廷弼与辽东》等；还在《历史语言研究所集刊》《"中研院"院刊》，以及《大陆杂志》《东方杂志》《学原》《学术季刊》等刊物上发表论文上百篇。这些论文汇编成《明清史论集》，1971年由台北商务印书馆正式出版。

笔者在羊街八号罗萼芬家看过那部大书，足有两寸多厚，重达两公斤。罗萼芬将它视为拱璧，不轻易示人。据说在李庄唯一看过此书的是区公安员。这部书是罗萼芬的表姐张素萱1984年从台湾寄过来的。那时被海峡阻断的民间交流才解禁不久，包裹皮上的"台湾"字样如针尖麦芒。几十年的政治风云，罗萼芬已成候鸟，不敢擅自启封，而是小心翼翼地捧着包裹到区派出所，请公安员检查后才敢翻阅。这部书的扉页上只有几行字："这是亡夫李光涛的遗作，送给萼芬表弟。素萱。"那是一部在李庄很少有人看得懂的大书。

治史，从细节考证，不厌其烦，披沙拣金。四十多年的岁月，李光涛完成了由档案管理员到专任研究员、明清史学家的角色转变。据清史专家何龄修谈，在清史史料的研究和运用上，大致可分三派：一是以孟森为代表的"正史派"；二是以朱希祖为代表的"野史派"；三是以李光涛为代表，运用档案、契约文书进行研究的"档案派"，档案派在明清史的研究中起步较晚，但贡献卓著。

2016年4月24日，我在台湾，专程访问南港"中研院"史语所。李光涛小女李幼萱女士知道我的到来，早早就在胡适纪念馆迎候。见面时，她给了我一封父亲李光涛给她哥哥李宁成的家书，写道：

> 我曾经出版一本《明季流寇始末》，此书原稿于民国37年冬交上海商务印书馆付印。史语所撤退来台后，后来听说此一稿件已被□□所毁。今之书册是我来台湾后凭记忆大概执笔重写的。这本书册由台湾读者言之，评为在当前作者专攻流寇史事之一群，无出此书之右者。其为人之重视，即此可知。
> 本年5月内，韩国新成立了一个研究院，我曾经接到他们的通知，约我去参加会议，日期是5月30日。当时得到此一知会，我本拟不予回信，后来还是周宗瑶先生说，此一来函，不可不复。于是，我便将著作中有关韩国问题开了一张目录，由周先生译成英文寄去，周先生愿意为此效劳。今天韩国又寄了一函，大致是说今年12月17—19日，该院举行学会学术会议，是世界性的，也是研究韩国的一般的学术。只因我写了若干有关韩国的问题，实际在台湾言之，数来数去也仅只我一人而已。条件是来回机票和一般招待和游览，宣读论文还会赠给学位。在一般来说是很优厚的，不过经我深思还是不便接受。盖因会场宣读论文主要的是英文，其次是韩文，凡此□□□□□□，还是以藏拙为是。其中，文虽不至被拒用，然我的国语又不擅长，读来也是不会叫人听懂的，还有我的毛笔字也不能出手，更是一短处，假若我能有杨时逢先生写的毛笔字，至少也可以出手应急，还有即是像你所写的毛笔字，任何场面也是一样可以应付的，诸如此类我无一擅长，我的擅长只是写文章而已，有如《跋汪楫的〈崇祯长编〉》，便是一篇好文章，还有《明人援韩与陈璘建功》，更是三百年来最有价值的翻案佳作。我的优点皆此之类。[1]

---

[1] 原信68年6月14日李光涛致儿子李宁成信，为台湾"民国"纪年，即1979年。

2015年9月21日，李幼萱在李庄板栗坳留别栗峰碑前（岱峻拍摄）

信中洋溢着先生的自负与自知。

2015年9月20日，笔者曾在李庄与李幼萱相识。当时，宜宾翠屏区举办抗战胜利70周年纪念活动，邀请海内外文化人。那次座谈会上，李幼萱讲述，父亲去世后，母亲张素萱晚年思乡，忧郁成疾。一次，为了满足她，我们把她带到台北的淡水河边。她扶着栏杆，看着奔流的河水，蜿蜒的河岸，又是哭又是笑，那是李庄的长江，是家乡的水啊……

1946年，中研院史语所东归时，在李庄板栗坳立了一块"留别李庄栗峰碑"，碑上，刻着全所人员的名字，一些名字成了李庄人无尽的话题与长久的牵挂。他们是李庄的女儿罗筱蕖、张素萱、张锦云、张彦云、王友兰；史语所的姑爷逯钦立、李光涛、杨志玖、王志维、汪和宗等。2015年9月21日，李幼萱在那块碑上找到了她父亲的名字，她用手指着"李光涛"三个字，激动得高声喊叫："这是我爸爸，这是我爸爸……"幼萱说话带着台湾腔，又带李庄乡音。

傅斯年与他的两只"水母"

傅斯年（1896—1950）的公信力，为学界熟知，甚至已为大众话题，比如组建与世"争豪"的史语学派，赢得盛誉；刚直不阿，敢于犯上，弹劾两任行政院长，拒不"入彀"，等等。笔者更关注宏大叙事与公众视野之外的那个傅斯年。在他那豪雄的外表之下，藏着一颗柔韧的心，有着近乎赤子般的童真，其如胡适所言："他的感情是最有热力，往往带有爆炸性的；同时他又是最温柔，最富于理智，最有条理的一个可爱可亲的人。"1950年，傅斯年弃世。"死并非死者的不幸，而是生者的不幸。"（罗曼·罗兰）哀大恸深，历久难泯，莫过在逝者生前游动的两只"水母"……

一、喜筑爱巢

1934年，38岁的傅斯年挣脱旧樊篱，营筑新爱巢。

那道旧樊篱是祖父傅淦在1911年送他的成人礼。那年腊月，在鞭炮唢呐声中，傅斯年与聊城丁馥萃女士拜堂成亲。彼时他16岁，还在读天津府立一中；夫人长他3岁，是县绅丁理臣的长女。丁傅两家是街坊也是世交。一对红绣球，宛如无形镣铐，锁住少年青春梦。

山东聊城傅家，有过钟鸣鼎食的前尘旧梦：先祖傅以渐是清朝第一个状元。有清一代，傅家科考高中者不计其数。傅斯年的曾祖傅继勋曾在安徽为官多年，李鸿章、丁宝桢都出自其门下。傅继勋之后，子孙远仕途，多以教书为生。傅斯年的父亲傅旭安，清末举人，任山东东平龙山书院院长，39岁殁于任所。其时，傅斯年9岁，弟弟斯岩出生才7个月。一门老小，全靠老祖父和傅斯年的母亲李太夫人照顾。一次闲聊，学生何兹全请教老师傅斯年,何以懂得人情世故,淡然道:"吾少也贱,故能多鄙事。"

同乡同学聂湘溪曾介绍他的少年事:"孟真四岁即和其祖父同床共寝,每天破晓,尚未起床,便口授以历史故事,从盘古开天辟地,系统地讲到明朝,历时四年,一部二十四史就口授完毕了,在他幼小的心灵里就埋下了研究历史的兴趣,其后能成为历史学家,委以历史研究所所长的职务而有所成就,是与其家学渊源分不开的。"[1]

1919年3月傅斯年在《新潮》杂志上发表过一首新诗:

1913年傅斯年寄侯雪舫的照片(台北"中研院"史语所供图)

三月的雨,接着一日的晴。
到处的蛙鸣,野外的绿烟儿蒙蒙腾腾。
远远树上的"知了"声;
近旁草底的"蛐蛐"声;
溪边的流水花浪花浪;
柳叶上的风声辟呖辟呖;
高粱叶上的风声吵喇吵喇;
一组天然的音乐,到人身上,化成一阵浅凉。
野草儿的香,野花儿的香,水儿的香,
团团的钻进鼻去,顿觉得此身也在空中荡漾。

这一幅水接天连,晴霭照映的画图里,
只见得一个六七十岁的老头子,
和一个八九岁的孩子,

---

[1] 程方、马亮宽:《傅斯年》,陕西师范大学出版社,2017,5。

立在河崖堤上。

仿佛这世界是他俩人的模样。[1]

诗前小序："这是十五年前的经历，现在想起，恰似梦景一般。"那时，他还没走出梦魇。数月前（1918年11月4日），他发表过一篇题为《万恶之原》的随笔，断言中国家庭是"破坏个性的最大势力"，是"万恶之源"，因其家庭教育孩子"服从社会，好来赚钱"，"戕贱人性"，"奴隶生活"，他开出的处方："独身主义是最高尚、最自由的生活，是最大事业的根本。"

婚后，丁夫人陪侍傅母家居。1913年傅斯年考入北大，六年后留学欧美，一去七年，直到1926年才回聊城省亲，那以后一直在外，再也没有跨进家门。他与丁夫人相处日短，文化不同，何来感情？但要休妻离异，对方贤淑孝道无过错，一场要取得胜利，又不能伤及对方的战斗持续多年，直到双方身心疲惫。1934年夏天，他终于拿到离婚契约。

1920年傅斯年留学英国伦敦大学时之留影（台北"中研院"史语所供图）

离异后的丁馥萃，一生未再嫁，身后无子女，极似大先生鲁迅的"朱安夫人"。

同年8月5日，傅斯年与俞大綵女士在北平结婚。牵线搭桥者俞大维，他是傅斯年留学德国的至交、俞大綵的长兄。绍兴俞家望族，祖父俞明云，即《鲁迅日记》中多处提及的"恪士师"，曾任南京江南水师学堂督办，甲午战争中曾协助唐景崧据守台湾。母亲曾广珊，是曾国藩的嫡亲孙女。俞大綵兄妹八人，有后来的农学家俞大绂，英语教育家翻译家俞大纲、俞大缜，剧作家俞大纲。生于1907年的俞大綵回忆："父母亲非常注重儿女的教育，长兄大维出国深造时，大纲与我才十一二

---

[1] 岳玉玺、李泉、马亮宽：《傅斯年：大气磅礴的一代学人》，天津人民出版社，1994，6。

岁,其他诸兄姐们,到十二三岁,均被送入学校住读。因大纲与我最幼,留在家中,延师先读国文,另有一位陈女士教英算。"[1] 俞大綵毕业于沪江大学外文系,性格活泼,兴趣广泛,骑马、溜冰、打网球样样出众。也静如秋水,自幼熟读诗词曲赋,小品文写得婉约细腻。傅斯年曾津津有味地向朋友夸赞而毫不掩饰。选择伴侣即选择生活,俞大綵自我定位:如果比学问,我真不敢在他面前抬起头,所以我愿意牺牲自己一切的嗜好和享受,追随他,陪伴他,帮助他。结婚之后他没有阻止我任何社交活动,但我完全自动放弃了……

新家稍一安定,傅斯年即从济南接母亲来北平。傅母姓李,有蒙古人血统。他侍奉母亲十分熨帖,俞大綵眼中:"太夫人体胖,因患高血

1934年傅斯年与新婚夫人俞大綵在北平寓所(台北"中研院"史语所供图)

---

[1] 俞大綵:"弟弟:你去得太突然了",载《联合报》,1977-06-02。另外,关于俞大綵生年版,多说1904年,据此文中述她比大纲长一岁,大纲生年为1908年,故应为1907年生人。

压症,不宜吃肥肉。记得有几次,因我不敢进肥肉而触怒阿姑。太夫人发怒时,孟真辄长跪不起。……他窃语我云:'我不是责备你,但念及母亲,茹苦含辛,抚育我兄弟二人,我只是想让老人家高兴,尽孝道而已。'"[1]家有贤母,榻有良妻,胖乎乎的傅斯年乐于这边长跪,那边作揖。罗家伦评价他:"这几年可以为他高兴的就是他能和俞家八小姐大綵女士结婚,使他得到许多精神的安慰和鼓励。"

1935年,俞大綵诞下一子。按班辈排,"斯"以下应为"乐"字辈,傅斯年为儿子取名"仁轨"。罗家伦解释:"说到聪明的孩子仁轨的命名,确有一件可纪念的事,有一天孟真对我说,我的太太快要生孩子了,若生的是一个男孩,我要叫他作仁轨。我一时脑筋转不过来,问他说,为什么?他说,你枉费学历史,你忘了中国第一个能在朝鲜对日本兵打歼灭战的,就是唐朝的刘仁轨吗?"[2]《旧唐书》中的刘仁轨出身寒微,"恭谨好学",历仕高祖、太宗、高宗、则天皇后四世,古稀之年白江口海战,大败倭国水军,百济诸城,皆复归顺。此后900多年,倭军再未踏步朝鲜半岛。借古喻今,也是祈愿国运。

二、生下三年,走了一万多里

1936年1月28日,傅斯年移家南京。不久,中研院总干事丁文江(字在君)去世,代理院长朱家骅赴任浙江省省主席。卢沟桥事变爆发后,傅斯年受命代理中研院总干事。他让俞大綵携两岁幼子,去江西庐山牯岭投奔岳父。又转托史语所一位职员,护送母亲前往安徽暂居。留守金陵的傅斯年开始忙碌于组织搬迁,转运文物图书等万千头绪。曾侍奉傅斯年母亲一路逃难的朱仲辉写道:

> 当南京空袭日频之下,傅先生忙于公务无法陪侍老太太避难同行,遂托专人护送老太太至安徽歙县暂住。南京沦陷后,才辗转

---

[1] 聊城师范学院历史系、聊城地区政协工委、山东省政协文史委合编,《傅斯年》,317。
[2] 罗家伦:"元气淋漓的傅孟真",载台北《"中央"日报》,1950-12-31。

由陆路逃至汉口，历时廿余日，备极劳累，沿途辛苦，老太太每谈及，必感谢护送人之殷勤劳苦。斯时老太太年已七十以上，虽长途劳累，终能平安健康地住在了长沙。傅先生每言老母逃难之事心实不安，说幸能平安至后方，否则将何以对祖先。[1]

1938年春，史语所迁徙昆明，分住城里拓东路和靛花巷两处。9月28日，昆明再遭轰炸，史语所搬迁至龙泉镇。傅斯年在棕皮营村长赵崇义的西院租了块种竹笋的地，盖了五间房。落成后，傅家喜迁新居。1939年1月20日，傅斯年为幼子画了一张旅程图，他要年仅四岁的仁轨记住逃难经历。他在图上题记："小宝的一个生日，是在牯岭外公外婆家过的。爸爸在南京看空袭。生下三年，走了一万多里路了！"回忆那段日子，俞大綵也溢满温馨：

1938年10月史语所同人在昆明龙头村，傅斯年（左二）俞大綵（右四）（台北"中研院"史语所供图）

---

[1] 聊城师范学院历史系、聊城地区政协工委、山东省政协文史委合编：《傅斯年》，42—44。

我们初到昆明时，友人送给仁轨一只很漂亮的大黑狗。一日孟真午睡方酣，那只狗走近床边，用舌轻舐他的手，他被惊醒，便伸手猛打，没有打中，他怒气冲天地拾起拖鞋再打，狗已远去，他却把自己的眼镜从几上打落到地上，镜片碎了。在他盛怒之下，我只得戏言，虐待动物是一罪，要遭监禁的，不料他竟"恼羞成怒"，整整三日，不与我交一言。这场冷战，延续了三天之后，第四日清晨，他起床，长揖到地，面有愧色地笑向我说："我无条件地投降了，做了三天哑巴，闷煞我也。"[1]

1940年10月13日，日机轰炸昆明，西南联大的文化巷住宅被毁，有师生被炸死。傅斯年再度兼任中研院总干事，指挥搬迁准备。年底，中研院史语所、社会所，中博院和中国营造学社迁至四川南溪县李庄。坐镇重庆的傅斯年，遥领指挥，如下盲棋，积劳成疾，猝然病倒。1941年3月，傅斯年被送进重庆歌乐山下的中央医院。稍稍安稳后，他给时在美国的胡适在信上谈道："去年初冬，敝所奉命自昆明迁川南，其时甚为忙碌，又以兼任敝院总干事长之故，更感生活之不安定。今年在二、三月中，五十天内，一连开会五次，长者如参政会之十日，短者不过一日，但属于敝院者，须弟事先准备，又以有各种不如意事，时有暴怒。"[2]住院四个月后，傅斯年回家养病，在致胡适的信中说："出中央医院时，血压是低了。以后高高下下几个月，我在歌乐山养病，以离中央医院近也。出院时为7月7日，直到9月中，才可以说能走点路。一夏大轰炸，只是听着它在头上过，任之而已。"[3]那是一段穷愁的日子，俞大綵写道：

孟真重病在身，幼儿食不果腹。晴时，天空常有成群的敌机，投下无数的炸弹；廊外偶而细雨纷霏，又怕看远树含烟，愁云惨淡，我不敢独自凭栏。

---

[1] 聊城师范学院历史系、聊城地区政协工委、山东省政协文史委合编：《傅斯年》，319。
[2] 岳玉玺、李泉、马亮宽：《傅斯年：大气磅礴的一代学人》，66。
[3] 欧阳哲生编：《傅斯年全集》卷7，233。

记得有一次，三五好友，不顾路途遥远，上山探疾，孟真嘱我留客便餐，但厨房中除存半缸米外，只有一把空心菜。我急忙下楼，向水利会韩先生借到一百元，沽肴待客（我与韩君，素不相识，只知他曾在北京大学与孟真同学，但不熟）。那是我生平唯一的一次向人借钱。

事隔一月，我已还清债务，漫不经心地将此事当笑话说与孟真听。不料他长叹一声，苦笑着说："这真所谓贫贱夫妻百事哀了。等我病愈，要拼命写文章，多赚些稿费，决不让你再腼颜向人借钱了。我好惭愧。"我很后悔失言，不料一句戏言，竟引起他的感慨万千，因为他常为国家多难而担忧，但他于个人生活事，从不措意！[1]

1930年代，傅斯年母亲李叔音
（台北"中研院"史语所供图）

母亲逃难重庆，他无暇顾及，安排弟弟傅斯岩（孟博）照顾母亲，自己负担费用。冷月空悬，萱花霜萎，这年10月，傅母不幸去世。朱仲辉写道：

傅先生母丧后，悲恸之情自不待言，但以国难当头，丧事一切从简，不发讣告，不开吊，寿衣老太太早已自做好，仅购置优质棺木，并请俞大维派人料理安葬事宜，墓地经选在歌乐山附近，地名已记不清楚。仅记得是在当时水利部后山，大概是中研院数学研究所办公处旁一小山顶上。下葬时在岩石中钻一洞穴，用吊车将棺木放入，再用水泥制成约七八寸厚之水泥板三块，用吊车吊起盖上，极为坚固，是日参加葬礼者除傅先生兄弟二人外，仅有我与中研院高先生及数学所部分人员，另有工程人员

---

[1] 聊城师范学院历史系、聊城地区政协工委、山东省政协文史委合编：《傅斯年》，319。

不过十数人而已,人虽不多,但极隆重。[1]

办完母亲丧事,傅斯年身心两伤,高血压再度复发。

三、桂花坳:至味是清欢

1941年年底,大病初愈的傅斯年将妇携雏,来到冬雾弥漫的南溪李庄板栗坳。山居静谧,"短短横墙,矮矮疏窗,忔楂儿小小池塘。高低叠嶂,绿水边傍。也有些风,有些月,有些凉。日用家常,竹几藤床,尽眼前,水色山光。"(元 释中峰词《行香子》)

桂花坳傅宅,被董作宾戏称"所长官邸",史语所何兹全、黄彰健等,都在文章中写过,笔者也征引过。美国东卡罗来纳大学环境健康科学系教授劳延炯,当年随父亲劳榦在李庄生活过五六年,在致笔者信中指出:"我找我们的小伙伴傅仁轨,从来都是在栗峰山庄牌坊头附近,

1940年代,李庄板栗坳桂花坳。傅斯年驻地,左边为杨时逢家(台北"中研院"史语所供图)

---

[1] 聊城师范学院历史系、聊城地区政协工委、山东省政协文史委合编:《傅斯年》,42—44。

绝不是去桂花坳。"他还提供细节，比如傅家有一些子弹壳，尤其是有一个笔筒是半截炮弹壳做成，那是仁轨的舅舅俞大维送他的玩具。劳先生专门指正："当时桂花坳也不叫桂花院，那个'坳'字四川话很难发音。那时，我们的四川话差不多就是母语。"[1]

傅家最先的确住在牌坊头，桂花坳是以陈寅恪和李济两家名义租赁预留的。直到陈寅恪率家人去了成都华西坝，就聘燕京大学；李济一家搬到李庄张家祠堂中博院，1944年1月傅斯年家才从牌坊头搬到桂花坳。难怪劳延炯要说找小伙伴傅仁轨是在牌坊头傅家，而多人回忆说是傅斯年住桂花坳。

六十多年后，我到李庄寻访前贤旧迹。找到李庄镇永胜村88岁的四婆婆邓素华，她家所住的桂花坳当时就转佃给傅斯年家。她告诉我："傅斯年家三块人（川南土语人称块），傅太太个头不高，瘦精精的，话不好懂，有个儿子。柴门口的李（方桂）先生有个女儿。傅太太大门不出二门不迈，就在屋头教两个细娃读书。"[2]她领着我去看那个小院。前面一块水田，中间一块晒坝。

桂花坳建于清道光初年，房架高大，木作全用楠木，工艺精细。正厅后板壁里面作镜面式，外面作格门式，左右耳房向天井的装修也作一色格门式样，与正厅格门式样相同，因此天井整齐美观。天井用石板铺地。正房所用的合口窗及挑下的撑拱全很精细。宅右外侧有围房八间，是灶房及猪圈等杂役部分。宅大门向东南已经毁坏不堪。宅正厅正房则向西南，它们不注意向正南的。[3]

"人间有味是清欢"。在俞大綵的记忆中，桂花坳岁月有如桃源仙境般迷离：

> 那是一个水秀山明，风景宜人的世外桃源，我们结庐山半，俯瞰长江，过了一段悠闲的日子……在那段难得的清闲的日子里，（他）不是给儿子讲几段三国、水浒，便是看书写作；有时背着双

---

[1] 2015年6月10日劳延炯致笔者信。
[2] 邓素华讲述，岱峻专访，2003年5月12日，李庄桂花坳。
[3] 刘致平：《中国居住建筑简史：城市、住宅、园林》（第二版），中国建筑工业出版社，2000，312。

手，环绕室中，摇头晃脑，不断的用满口山东腔调，哼唱诗词，怡然自得。年幼好奇的儿子只在一旁瞠目相视。[1]

春秋两季，傅斯年要离开李庄，乘船去重庆"参政议政"。妻子当然知道横亘在丈夫前路的蒺藜，更了解他那"虽千万人吾往矣"的性格。1945年8月1日，傅斯年给夫人写信："国库局案，我只嚷嚷题目，不说内容，不意地方法院竟向中央银行函询，最高法院总检察署又给公函给我，要内容'以凭参考'（最近的事），闭会后孔祥熙连着免了两职：一、中央银行总裁；二、四行联合办事处副主席。老孔可谓连根拔去（根是中央银行），据说，事前并未告他。老孔这次弄得很狼狈。闹老孔闹了八年，不大生效，这次算被我击中了。国家已如此了，可叹可叹。这一件官司（国库局）我不能作为密告，只能在参政会辩，此事我大有斟酌，人证物证齐全，你千万不要担心。把老孔闹掉，我甚为满意。以后的事在政府与法院，我不作主动了。上星期一见蒋先生，他对此表示极好。"[2]其实，傅斯年已得到一份关于蒋欲为孔祥熙（中央银行国库局案）说情的绝密抄件，还在上面勾出要害处，并在"委座"的名侧大笔一挥批道"不成话"。给夫人的信不过是宽她的心。

敢在"委员长"面前跷二郎腿的傅斯年，在乡下却十分谦抑。板栗坳到李庄镇有七八里之遥，且要上下一道陡坡，地方曾多次提出修公路的动议。傅斯年一直推拒。1944年6月16日，他致函南溪县政府第三区（李庄）区长张官周：

1940年代的傅斯年（台北"中研院"史语所供图）

---

[1] 聊城师范学院历史系、聊城地区政协工委、山东省政协文史委合编：《傅斯年》，319。
[2] 王汎森、杜正胜编：《傅斯年文物资料选辑》，台北"中研院"史语所，1995，120。

官周吾兄左右：

　　前李仲阳县长在任时，曾闻其有修筑公路一条由李庄镇直达板栗坳之议，弟以本所由板栗坳赴李庄原有山路可通，并无此需要，曾劝其勿作此举，盖本所自迁李庄后，叨光地方者甚多，不敢对民间有所骚扰也。弟日前由渝返李，始悉此路业已动工，并闻占用民田甚多，详情若何，弟虽未深悉，然已感不安矣。如本县修筑此路，另有其用途，则本所自不便有所建议，倘专为本所而修，则本所既绝无此提议，更无此需要，何妨还田归民，就此终止。敬希我兄将此意转达地方经画此事诸公，是所感荷。专此，敬颂

　　大安！

弟傅斯年 谨启 六月十六日[1]

　　滑竿是傅胖子上下山依赖的交通工具。张海洲抬过滑竿，儿子张汉青至今记得："傅所长胖得很，恐怕有一百七八，只有我老者张海洲和李伯周抬得起他。傅所长去镇上办事，抬滑竿的只要身体侧一下，他马上就喊停，自己下来走。到李庄，有时区长张官周、镇长杨君惠请吃饭。饭碗摆好，他一坐下来，刚捏起筷子又站起来，看轿夫桌子上的菜是不是一样。要是不一样，他站起来就喊走。"[2]

　　1944年夏秋，日军为实现"一号作战计划"围困衡阳，国民党军队方先觉部全军覆没，部分日军窜犯贵州，占领黔东南重镇独山。一时间人心惶惶。傅斯年在桂花坳的土屋中，展纸研墨，为儿子仁轨书写文天祥的《正气歌》《衣带赞》诸诗。题跋云："其日习数行，期以成诵，今所不解，稍长必求其解。念兹在兹，做人之道，发轫于是，立基于是。若不能看破生死，则必为生死所困，所以异于禽兽者几希矣。"南宋将领文天祥被俘前，曾在衣带中藏有诗文，被后人称为《衣带赞》，开篇即说"孔曰成仁，孟曰取义"。傅斯年示儿亦为自励。

　　桂花坳附近的乡民邓素华告诉笔者："傅所长家门口有块晒坝，水竹儿编了个栏栏，圈得宽宽的，外人不能随便进去。他家请了个烧锅的

---

[1] 王汎森、潘光哲、吴政上主编：《傅斯年遗札》卷3，第1046函。
[2] 张汉青讲述，岱峻专访，2002年10月7日，李庄。

（保姆），叫龙嫂，四十多岁。龙嫂的女都打发（出嫁）出去了。我们跟龙嫂进傅家耍过。屋里头书多得很，山一样地码起。"

抗战结束，朱家骅推荐傅斯年出任北大校长，傅氏坚决不从，1945年8月17日上书蒋介石，"以狷介之性，值不讳之时，每以越分之言，上尘清闻。"他说出拒绝的三个理由：一是初心不改，"三十年来，读书述作之志，迄不可改。徒以国家艰难，未敢自逸，故时作谬论"；二是身体不支，"恶性血压高，于兹五年，危险逐年迫切。医生告诫，谓如再不听，必生事故"；三是，礼当让贤，"适之先生经师人师，士林所宗，在国内既负盛名，在英美则声誉之隆，尤为前所未有。"[1]最后蒋氏只好接受他的请求，任命胡适为北大校长。因胡适还在美国，傅斯年暂时代理北大校长。

1940年代，从牌坊头到新房子路上，傅仁轨（左三）与梁柏有（左一）、劳延煊（左二）、劳延炯（左四）（梁柏有供图）

8月底，俞大綵暂离李庄坐船去重庆探亲，同船人有哲学家金岳霖带着梁思成林徽因的女儿梁再冰。人们相信，国难过后，是团聚的日子。但傅斯年绝少享受天伦之乐，受师友胡适之托，他出任北京大学代理校长。10月5日，他在重庆给已上归途的夫人写信：

Dora Darling：

你走的第三天，便是中秋，是日月色极佳，我在总处院子里走去走来，直到十一时半。想到一家三口，分在三处，（你在船上，嘉宝在李庄，我在此。）深感凄然。"但愿人长久，千里共婵娟"，想了又想，当时便想写一信给你，谁知一至于今天。[2]

---

[1] 欧阳哲生主编：《傅斯年全集》卷7，312—313。
[2] 王汎森、潘光哲、吴政上主编：《傅斯年遗札》卷3，第1128函。

"寒眼乱空阔,客意不胜秋"。这胜利后的第一轮圆月,不知给船上的俞大綵、李庄的傅仁轨、重庆的傅斯年带来什么样的感伤。同一封信中,傅斯年向夫人抱怨:

> 你走时,教育部为筹备"教育善后复员会议",已在筹备会把我累死,上月廿日正式开会,全天在那里,直到二十五日,发言至第二多。真正累死我。不得不帮骝先忙,结果我捱许多骂。开完之后,不曾休息,又是国共谈判,陪吃两次。而家中客人之多,真不成话。于是伤风了,于是头痛,连睡三日。起来,又闹"香港脚",直到今天。这三天,教育部出来之Crisis,又累我出去跑,弄得名誉极坏,蒋廷黻综合之曰:"太上教育部长、太上中央研究院总干事、太上北大校长",我说我只做"太上善后救济总署署长",他方无言。事实是,骝先好与我商量,而十之七八不听,他要大整顿教育,我主张妥协,骝先骂我妥协坏事。然而外人不知也,以为他的一切事由我负责,一次教育会,弄得我成众矢之的。重庆再不可久居矣。[1]

1945年11月25日,昆明多所学校师生六千多人在西南联大举行"要求和平,反对内战;要求民主,反对独裁"的主题晚会时,遭到军警镇压,引发学潮,傅斯年以西南联大校务委员身份前往处理。他在给俞大綵的信中说:"地方当局荒谬绝伦,李宗黄该杀,邱清泉该杀。""此次惨案,

1946年傅斯年由重庆巴县寄往南京的托运收据(原件岱峻收藏)

---

[1] 王汎森、潘光哲、吴政上主编:《傅斯年遗札》卷3,第1128函。

居然告一段落，太不容易。我所办的，除了若干共党及CC外，尚未有责备我者，而称颂我者甚多。"学生运动平息后，美国驻昆明总领事馆在给国务院的报告中也说："幸好有这样一个人出面，他不是当官的，但有直接的权力处理局势。"[1]

天命之年的傅斯年代理北大校长。当时俞平伯曾给胡适写信，为日伪时期出任过伪职的周作人等说情。傅斯年不为所动。他认为，如果那些人不受谴责，作为大学校长，那就对不起无数的死难者，对不起那些跋山涉水的流浪者。他在给夫人俞大綵的信中表示："大批伪教职员进来，这是暑假后北大开办的大障碍，但我决心扫荡之，决不为北大留此劣迹。实在说在这样局面之下，胡先生办远不如我，我在这几个月给他打平天下，他好办下去。"俞大綵反对他代理北大校长，更担心他的健康，"由李庄跑来，一连教训三天，最后付之一叹而已。"饱受诟骂劳累的傅斯年，戏称自己是北大的"功狗"。

1946年3月，蒋介石与幕僚陈布雷商议，拟请傅斯年出任国府委员。27日，傅斯年再致信蒋，称"如在政府，于政府一无裨益，若在社会，或可偶为一介之用"。解释此前之所以任职参政员，"亦缘国家抗

2007年11月14日，"中研院"史语所第十任所长王汎森院士访桂花坳傅斯年故居，与现住户张家友交谈（岱峻拍摄）

---

[1] 王汎森、杜正胜编：《傅斯年文物资料选辑》，130—131。

战，义等于征兵，故未敢不来。今战事结束，当随以结束。"其时，他面对史语所同人的猜疑，坦然表示，自己"一不会做官，也不会背着大家到外面去享受"。

3月5日，傅斯年给俞大綵信，解释关于自己做官的传闻：

> 我知道你们在李庄闷死，因我在北大事，弄得这样，可恨可恨！已电适之速返，他太舒服了。假如五月里我在上海见到他，一切交代好，也许回李庄搬研究所，我很怕当时一切困难。……
>
> 说我做官的话，是这样的。谣言归谣言，内容也有原因。中共向我说"我们拥护你做教育部长"。我说："我要言论自由，向来骂人的，今不为人所骂。且我如果要自尽，更有较好的法子。"C.C.也有此一说！二者皆非好意，前者欲打破国民党员做教育部长之例，后者欲赶去骝先！这是如何世界。
>
> "国民政府委员"是这样。蒋先生与（陈）布雷谈，布雷说："北方人不易找到可做国府委员者，党内外皆如此。"蒋先生说："找傅孟真最相宜。"布雷说："他怕不干吧。"蒋先生说："大家劝他。"因此我向布雷写了一次信，请他千万不要开这玩笑。我半月前写的那篇《中国与东北共存亡》（想已看见，为此，有人请我吃饭），有个附带目的，即既发这样言论，即不可再入政府了，落得少麻烦（人家来劝）。
>
> 经过如此，我并未向人说。报上所传，皆揣摩，或亦有所闻而言之也。
>
> 你想，我骂人惯的，一做官即为人骂，这是保持言论自由。做个"一品大员"（国府委员），与那些下流同一起，实受拘束，这是行动自由。你放心，我不会没出息做官去。我不是说做官没出息，做官而不能办事，乃没出息。我如何能以做官"行其道"呢？
>
> 但是那些凄凄皇皇想趁此谋一国府委员者，谋一政务委员者多着呢，关托百出。我把这个道理说给王云五，他大为不解，其一例也。王极想做国府委员，非无望（因为我和胡政之等皆不干，适之也不会干），他还托我帮他。我说："己所不欲，勿施于人。"他做教育部长是没有希望的。我看骝先要连续下去。（行首

傅斯年自注：宋子文的行政院长不会动。此人真糟，与孔同工异曲。）……嘉子的信，已登《大公晚报》，附上，问好。[1]

"嘉子的信"，乃10岁儿子傅仁轨于2月6日自李庄写给他的信，此信或经他之手，交《大公晚报》于1946年3月5日登出——

爸爸：

又已很久没有写信了。前几天我生了一个痄腮，颈子肿得又粗又大，见了肉类的食物就想吐。不但如此，并且一点儿硬的东西都不能吃，一吃颈子就痛得要命。所以只能吃流质的东西。妈说我颈子肿得太大了，简直和您一样胖。我笑着说："人家都是越病越瘦，而我反倒越病越胖了！"

山下王天木先生送给我两个水母（俗称海蛰），是同济大学新在淡水中发现的，但很少。时常爱游到水面上来玩，游水的姿势就同跳舞一样，所以妈教我学它游水。

水母大约有〇（按：此处为一大如纽扣之圈）这样大，最奇怪的就是它从来不休息，我问妈妈道："为什么它不休息？"妈开着玩笑说："因为它名字里有一个'母'字（水母），你看一个母亲不是一天到晚都忙来忙去从不休息吗？你如果不信，我就是一个例子。"我说："妈夜里要睡的，可是水母夜里也不曾见它睡过啊！"妈无话可说了。

方才妈对我说："大约六月里我们可以到美国去，你高兴吗？"我说："我又高兴又不高兴，可是为什么缘故，我却说不出来。"可是我觉得我们家庭经济已经很困难了。我和妈可以不去，但爸爸的病是需要治好的，所以您一定得去，只要您的病好了，我和妈一切都肯舍弃。我们生活很好，请勿念。

祝快乐！健康！

儿仁轨 二月六日晚[2]

---

[1] 王汎森、潘光哲、吴政上主编：《傅斯年遗札》卷3，第1151函。
[2] 同上引。

傅斯年的身体已极不健康，亟需出国彻底治疗。而无论刚接掌的北大代校长，还是史语所搬迁都兹事体大，千头万绪，扭结搅缠，急得他焦头烂额。但唯一的安慰，一定是眼前游动着的那两只水母，一只是"一天到晚都忙来忙去从不休息"的妻，一只是调皮可爱又懂事的儿，什么时候才能化作一只大的玻璃鱼缸，将他们揽在怀里，看着他们自由自在地游动。

1946年3月21日，他在致夫人的信中写道：

> 出洋是（事），已由政府核准，钱数尚不知（只闻核准，未闻其详），总想法一家走的，不过沿路大家省着用，便好了，不至于回不来的……
>
> 我的书，此时水路不通，只好待下月。兵工署运书是不可靠的，我的书可以留在李庄一时。请你一查，我们一家，公家可为我们带多少行李（大约是每人百公斤）？我记不清，可一查，总办事处有通知也。在此范围内，交公家运，与大家同。此范围外者，如先运此，固无不可，但恐麻烦，私人剩余之物，可一齐待船有空位处补入，如无，可暂留李庄山下。我的预计，研究所东西运不完的，因一次船只有数十吨，人可运完，东西运不完也。日内有详信给彦堂，可索阅。
>
> ……现在京沪比四川贵得多了。如米，彼处三万以上，肉，千二百元，恰是李庄之三倍。原以为到夏天可如此，不意来得这样快。最好是研究院今年不搬，然而决无人愿意，故只好大家去吃苦也。书箱运输事，你千万勿为之生气。[1]

俞大綵带着儿子仁轨领着保姆龙嫂，离开李庄的时间可能在1946年春季。4月7日，在重庆的傅斯年致信李庄的董作宾，交代搬迁的问题时写道：

---

[1] 王汎森、潘光哲、吴政上主编：《傅斯年遗札》卷3，第1151函。

在李（庄），上船各事。（在宜宾恐亦须有一人）如李庄同人能另推一位在京，弟自当于船定后来李。（内人已走）弟拟住处想在方桂办公室（凉爽些）或西文书库（彼时当已装箱），[1]并乞留志维在李庄，照料弟事。若接洽船顺利，可不致变更，（什一希望也没有）弟亦自愿来李一行，弟于李庄之人与地，皆甚恋恋也。[2]

恋恋李庄，自此梦别。

1946年9月，胡适与傅斯年、胡祖望（台北"中研院"史语所供图）

四、归骨台湾岛

一家三口终于团聚。1946年9月24日，傅斯年俞大綵夫妇在家宴请梅贻琦、张伯驹与胡适夫妇等。梅贻琦在日记中写："惜菜中鱼、虾、蟹皆不新鲜，客皆勉强终席。""勉强"二字，可见之窘，其情即使并非夫人典衣置酒，但谓生意萧然或亦无差？

---

[1] 行首自注："研究所的纱布为此留下点，或弟寓中者。"
[2] 王汎森、潘光哲、吴政上主编：《傅斯年遗札》卷3，第1158函。

1947年，傅斯年在妻儿陪伴下赴美就医终要成行。夫妇俩对未来或许有深一层考虑，为仁轨置备了一个留言簿，留下嘱咐——

> 做人的道理不止一条，然最要紧的一条是：不可把自己看重。凡事要考虑别人的利害，千万不可自己贪便宜；做事要为人，不是为自己。自己为众人而生存，不是众人为自己而生存。小时养成节俭的习惯，大了为劳苦众人服务。
> 父 三十六年四月
> 送给仁轨。妈妈，三十六年四月五日于南京。To Jackie darling. From Mama. Apr.5, 1947, Nanking.3.Jackie.

傅斯年还请好友同人为儿子题词——

> 趋人之急，甚己之私。（梁思成）
> 为学要如金字塔，要能博大要能高。录胡适之先生语。 卅六年五月廿一日那廉君于南京鸡鸣寺。

劳榦画了一幅钢笔画"万里长城"，画上题词：

> 我们要时刻记起，这不是中国的边疆，在过去时代与将来时代，都是中国的腹地。

历史组弟子陈槃庵作《送孟真师偕夫人暨公子赴美疗养别后奉怀二律》，诗曰：

> 江夜照离车，灯昏雨气斜，廿年唯许国，四海未宁家，
> 衰疾余身患，忧劳与鬓华，平生知遇意，极眼去程赊。
> 百年新大陆，六月远游踪，今古蟠奇抱，风潮荡此胸，
> 辞荣同腐鼠，难识故犹龙，送君情如水，后夜满吴淞。

劳榦作《和槃庵（送孟真师偕夫人暨公子赴美奉怀）原韵》，诗云：

北郭送轻车，桓灯照雨斜，天人归独抱，风雨正无家，
倦客常千里，羁身有岁华，瞬看春草绿，不信别程赊。
感激平生意，殷勤望别踪，播迁疑小梦，湖海荡余胸，
大宇平如镜，丛山郁似龙，加餐公自勉，辛苦向吴淞。[1]

6月26日，傅斯年偕夫人俞大綵与儿子傅仁轨自下关车站离开南京，史语所同人大多前往相送，人群中还有国民政府教育部部长朱家骅、交通部部长俞大维等。29日，由上海乘船，前往美国波士顿伯利罕医院医疗。

抵美后，傅斯年先在波士顿伯里罕医院治疗，四个月后移居美国康涅狄格州纽黑文休养。血压正常后，移居新港静养。傅仁轨就近入新港的义务学校。1948年夏，傅斯年稍有好转，忽然执意要回国。夫人劝他多疗养一阵。他说："国内要做的事太多，岂可偷闲而安居异国？"俞大綵自知拗不过他，只好把13岁的儿子傅仁轨留在美国读中学，托人照顾。临行前，美国医生"坚嘱勿再任行政工作，以免复发"。

1948年傅斯年俞大綵夫妇在美国（台北"中研院"史语所供图）

---

[1] 夏鼐：《夏鼐日记》卷4，华东师范大学出版社，2011，131。

1948年8月，夫妇俩回到风雨飘摇的中国。俞大綵回忆：

> 民国卅七年底，时局日趋紧急，孟真在南京忧心如焚，旧疾复发、血压猛升，加以感时忧国，情绪极劣。正在那几天里，蒋总统命孟真前往台湾，接掌台湾大学。[1]

未及赴任，先告示安民。12月18日，傅斯年致电沈刚伯、李宗侗、陈达夫、台静农等[2]。

> 台北台湾大学文学院沈院长刚百并转玄伯、达夫、静农诸先生：
> 惠电敬悉，至感。弟奉总统命掌台湾大学，际此国家艰难，当勉为主。台大前身学术空气本是欧洲大陆之正统，当尽力保存。以后如因需要增聘教授，必以学术为标准。迁台学术机关如中央研究院等，当以台大之学术进步为出发点而合作，决不为台大累。总之，时事艰难，必须开诚心、布公道，使主客新旧同心相安，然后可图进步。一切函详。乞先以此意转告师生为荷。弟傅斯年。巧。[3]

政客只考量现实，不问理想；文人空有理想，又多半止于理想。然而，道既不行，俗亦难移，人心不古，世道浇漓，徒留下生命教训。以傅斯年的身体状况论，断不能接长台大。他在去世前几天，还对朱家骅说：你把我害了，台大的事真是多，我吃不消，恐我的命欲断送在台大了！[4]

俞大綵回忆丈夫：

> 他去世的前夕，是一个寒冷的冬夜，我为他在小书室中升炭

---

[1] 聊城师范学院历史系、聊城地区政协工委、山东省政协文史委合编：《傅斯年》，317。
[2] 王汎森、潘光哲、吴政上主编：《傅斯年遗札》卷3，第1276函。
[3] 页末收发注记："中华民国37年12月18日送发。"
[4] 王聿均、孙斌编：《朱家骅先生言论集》，台北："中央研究院"近代史研究所，1977，744。

盆取暖，他穿着一件厚棉袍伏案写作，我坐在他对面，缝补他的破袜，因为他次日要参加两个会议，我催他早些休息。他搁下笔抬头对我说，他正在为董作宾先生刊行的大陆杂志赶写文章，想急于拿到稿费，做一条棉裤。他又说："你不对我哭穷，我也深知你的困苦，稿费到手后，你快去买几尺粗布，一捆棉花，为我缝一条棉裤，我的腿怕冷，西装裤太薄，不足以御寒。"我一阵心酸，欲哭无泪。

他起身指着壁上的书架说，这些书，还有存于史语所一房间的书，死后要留给儿子，他要请董先生为他制一颗图章，上刻"孟真遗子之书"。[1]

似是谶语，1950年12月20日下午，傅斯年在列席省参议会，回答参议员质询后，以脑溢血猝发，当晚11时23分，与世长辞。

傅仁轨正在美国读中学，他的英文名叫Jackie，此时无钱回台奔丧。1951年元旦后，李田意带着仁轨去看胡适夫妇。胡适见到仁轨，心里很难过，说："啊！长得比我还高。"傅仁轨态度很老成，笑了笑。

胡适问："学习怎么样？"傅仁轨说："功课总是考第三。"

胡适点点头，想起罗家伦讲傅斯年"犬父竟有虎子"的话。

那天，胡适太太江冬秀做了很多菜，留他们吃饭，一直笑眯眯地看着仁轨。怕他伤心，大家也都不谈傅斯年。待他们走后，江冬秀说："现在俞大綵不好受了。"[2]傅斯年与俞大

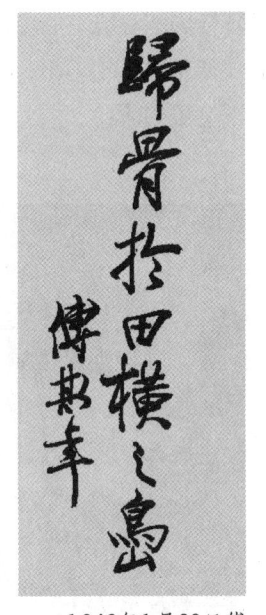

1949年1月20日傅斯年应黄得时教授之请题字"归骨于田横之岛"（台北"中研院"史语所供图）

---

[1] 聊城师范学院历史系、聊城地区政协工委、山东省政协文史委合编：《傅斯年》，323。
[2] 朱洪：《胡适大传》下，安徽人民出版社，2001，1127。

綵"鹣鲽情深"。传说中的鹣是"比翼鸟",雄鸟左翼左目,雌鸟右翼右目,雄雌相合才能飞行;"鲽"是古称比目鱼。

15岁的仁轨给悲痛中的母亲写来一封信。

> ……父亲已走完了他艰苦的旅程,现在该是他静静安息的时候了。妈妈,不要太伤心,不要流泪向人倾诉你心中的悲痛,更不要因为家境贫困,哭泣着向人乞怜。我们母子要以无比的勇气,来承受这个重大的打击,我们不需要人们的怜悯,而是要争取人们对我们的尊敬。……[1]

遗孀俞大綵,背负"故校长夫人"的牌子,仍在台湾大学教外文。环境影响心境,心境影响行为。她越来越不受学生欢迎。许倬云以为:"傅师母脾气不小,她教过我们半年英文,学生很辛苦。"作家陈若曦下笔更刻薄:

台大校园内纪念傅斯年的建筑"傅园"落成(台北"中研院"史语所供图)

---

[1] 俞大綵:《忆孟真》,见《傅斯年全集》第七册,台湾联经出版事业公司,1980,2591。

四年的大学生涯,令同学闻之色变的是俞大綵老师。……本组原有三十八位学生,第一堂上课就少了二十多位……

老师不愧体育系出身,身材保养良好,也很重视穿着打扮,永远显得光鲜亮丽。她总是穿一袭合身的旗袍,色泽华而不俗,头发烫得卷卷的,涂脂抹粉外,高跟鞋的颜色和指甲搭配,在讲台上走动时顾盼自如,宛如明星走秀。老师英文咬字清楚,口气不疾不徐,脸部表情冷漠深邃;讲课很少对着学生,头总是抬得高高的,目光不是投向窗外,就是瞪着课堂后的天花板;眼神时而冷淡,时而遥远,一副拒人千里外的神色。以前的寡妇不管如何穿着打扮,常会散发出哀怨悲苦的气息;老师却一举一动全然反传统,特立独行的外表先就让我觉得新鲜有朝气。……

两堂课下来,我就明白为什么许多学生要退选了。老师太过威严,动辄罚站,不给女生留颜面,简直公然歧视女性。……女孩子脸皮薄,不久就掩面而泣。不料这一来更激怒了老师。"出去,出去!要哭到外面哭去!"她气呼呼地喝斥着,同时高跟鞋"登登登",三步并两步地走去开了教室门,硬是把同学撵出去……这以后,我对散文课就兢兢业业,每堂课前都做考试准备……大学四年,就数这一年我最用功。为此我很感激俞老师……

下学期的最后一堂课,她一来就宣布:"今天是我们最后一堂课,不讲课了,我们玩一个游戏。"天上竟会掉下这么个礼物!大家惊喜交加,不禁面面相觑起来。"你们每人说出一项心愿,随便什么都行。来,从这边开始,陈小姐请!"

她的手像乐队指挥棒似的朝我一指。盼了一年,头一回被点到名,我激动得很,身子立即随着指挥棒弹了起来。我大声宣告:"我但愿天下的寡妇都结婚去!"只见她的鼻孔扭曲了一下,脸朝窗外瞪了两秒,随即回转来,若无其事地示意我坐下。我像死囚获得特赦,喜不自胜地坐下来。这时才注意到,右排的女同学正咬着唇皮,强忍着不敢笑出来。

我犹陶醉于自己的大胆里,这时传来老师的催促声:"郭先生……哈罗,郭先生,轮到你了!"郭松棻宛如从存在主义的甜梦里被摇醒，慌慌张张地站了起来。"我……我愿意娶个有钱的寡妇！"

我忍不住笑出声来。俞老师也笑了，但笑容一闪而过，立即又把头转向窗外。等回转脸来，依然冷若冰霜，俨然神圣不可侵犯。一年来难得这么嫣然一笑，虽然短暂，那一刹那却是美丽又温柔。[1]

1990年，俞大綵病逝台北，享年84岁，距夫君逝世整整40年。遗体火化后暂厝普导寺。

五、抱愧仁轨先生

2003年10月9日，我在李庄羊街八号罗萼芬老人家，他拿出一张照片递我看，是他表姐张素萱前些年从台湾寄来的。张素萱嫁给史语所的李光涛，1949年跟丈夫去了台湾。照片上三个女人，其中两个是张素萱和她的女儿李小萱，还有一个女人异常苍老。照片背后有张素萱的题词："送给萼芬老表。这是103岁帮傅斯年所长的佣人龙嫂，现已经110多岁了。她是河对门的农妇，先帮傅所长。后傅所长夫妇死了，又帮余大维'交通部长'。又死了。现在听说她被送进养老院了。"

在李庄，我不止一次听过龙嫂的故事。她是从山里走出去的乡下人。她与傅斯年的岁数或不相上下？历史已翻过好几页，她还活着。也许，世界都已老去，而她的长寿秘诀正在于大字不识。

当年傅斯年夫妇从美国回台湾，托付在美学者李田意作为儿子的监护人。李田意曾写道：

在傅先生夫妇由美返南京之前，他们的少爷仁轨正在新港念初中。他们让我暂时照料仁轨，等他初中毕业之后，由我同他一块儿返国。想不到中国大陆的局势起了变化，因此关系，傅先生夫妇只好决定让仁轨继续在美国读高中。仁轨在高中毕业之后，考进哈

---

[1] 符立中：《对谈白先勇：从台北人到纽约客》，现代出版社，2017，39。

1991年春，龙嫂（中，当年傅家从李庄带走的保姆，时已103岁）与张素萱母女合影（李幼萱供图）

佛大学。四年之后，他又回新港，入耶鲁医学院学医。他转攻医学是傅先生的意思，可是他并不喜欢，后来竟中途而废。为了表示不念医学的决心，他先入美国空军服兵役。期满之后，他在纽约一家公司找了一种编辑工作，从此不再在任何学校念书了。[1]

据何兹全、罗筱蕖、王汎森等人告诉我，那以后傅仁轨断了与故国文化的联系，海峡两岸都渐失音信。2004年8月，我意外地收到一封寄自美国的信，是傅仁轨读了我的《发现李庄》后写的，信的全文如下：

Dear Sir:
Thank you very much for sending me the books on Li Chuang. They are most interesting. I am grateful to you for bringing back memories from that time.
With best wishes,

---

[1] 杜正胜、王汎森主编：《新学术之路："中央研究院"历史语言研究所七十周年纪念文集》，943。

Jack Fu

14049 Bel Red Road, Apt.7

Bellevue, WA98007

August 18, 2004

傅仁轨

继后，笔者将此事写进刊发在本埠晚报的一篇文章中：

信是英语写的，只是签名用的中文。"傅仁轨"三个大字，歪歪扭扭，实在不敢恭维。我始信了人们的传言，傅斯年先生之子已不会使用中文。这件事定会让九泉之下的傅先生难以瞑目，令天下读书人不胜唏嘘！[1]

笔者上述言论缺乏对仁轨先生的同理和同情之心，也缺乏应有的尊重。事后曾通过仁轨的淄博族兄傅乐铜，台北的堂弟傅乐治等，将歉疚之意转告给仁轨先生。

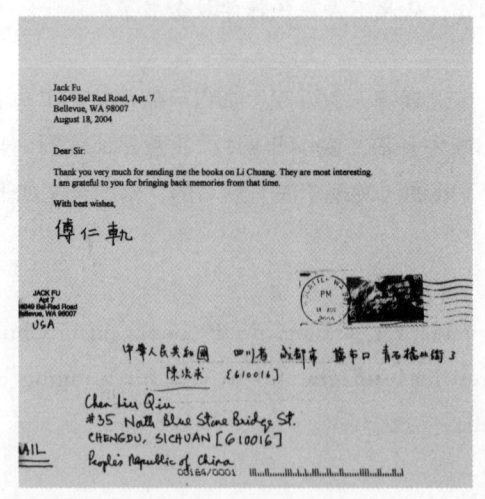

2004年8月18日傅仁轨通过陈流求转致作者岱峻的信（原件岱峻收藏）

---

[1]《成都晚报》2004年12月5日第17版。

2015年3月27日下午，笔者陪同李方桂之子、美国新泽西州罗格斯大学教授李培德与夫人徐燕生重回李庄。一路上，他向我讲了儿时小伙伴仁轨的故事：

> 傅仁轨，他跟我姐姐林德有联系。他收到《发现李庄》后，又转给我姐姐一本，说你对这本书会感兴趣。
>
> 他经济上没有问题，就业方面也没有问题，但就是不大稳定。他没有结婚，是同性恋，原来有个伴，前些年去世了。在美国每个州都有同性恋的结婚要求，不嚣张不表明，反而不正常。他常常去长途跋涉、滑雪、划艇，很会享受生活。不知他的精神生活是否一样愉快？
>
> 原来他在新泽西州一所私立学校教课，有一次他请高中毕业班学生在家里派对，那都是未成年人没满十七岁。喝酒，是被明令禁止的。这事被告到校长那里了，他被开除了。他体力又好，就改行到麦客尚电脑公司搞电脑，也从美国新泽西州搬到华盛顿去了。后来把这事辞了，又搬到科罗拉多州教滑雪。
>
> 他有一只心爱的狗，喜欢吃鸡。那狗很老了，他常常买鸡，炖得很烂给它吃。后来狗死了，他很伤感。每年那一天，他还照样的炖一只鸡放在那里。[1]

台北"中研院"得知我与仁轨先生有联系，前史语所所长王汎森写信给我说，台湾准备将傅斯年先生列入"先贤祠"，需征得家属同意，但与傅仁轨一直联系不上。我告诉他仁轨先生在美国的地址，不知他们后来是否如愿以偿。

仁轨先生也是耄耋老人，对那座往事的冰山，他自有理由不再触及。

---

[1] 2015 年 3 月 28 日在李庄，李培德讲述，岱峻专访。

董作宾携女友田野调查风波

田野调查的范式，是19世纪末到20世纪初，人类学对社会科学最大的贡献，惠及语言学、考古学、民族学、人类学、民俗学、历史学等，是一种使研究者走出传统"书斋"的"直接观察法"。早期人类学调查是"一个人的工作"。一阴一阳之谓道，男女协合或效果更佳。如以研究太平洋无文字民族而闻名的美国人类学家玛格丽特·米德（Margaret Mead 1901—1978），就曾和丈夫一同前往南太平洋上的萨摩亚群岛（Samoa）研究萨摩亚人的青春期问题。一个人知识有限，夫妻协作，配合默契，可以克服长期野外生活的孤独苦闷及种种不便。在国外，此类事屡见不鲜，甚至单身男女同事相伴做田野调查也不罕见。问题是中国有中国的国情，况且是20世纪三四十年代。

1934年夏天，丁文江（字在君）就任中研院总干事。不久，即致函中研院史语所所长傅斯年，禁止研究人员外出调查时携眷同行。此令一出，立刻招致史语所语言组主任赵元任、专任研究员李方桂等激烈反对。赵元任是哈佛大学哲学博士，是研究汉语语言学的先驱；李方桂是芝加哥大学语言学博士，研究"非汉语语言学"的开山[1]。赵太太杨步伟的祖父是佛学大师杨仁山，李太太徐樱父亲徐树铮是北洋海军将领。这两对新派夫妻一向被视为神仙眷侣。

---

[1] 在美国主要研究印第安人小语种，归国后主要研究边地民族语言，如藏缅语、马来语、倮倮语等。

赵元任、李方桂反对"禁止外出调查携眷"令，甚至递交辞呈相威胁。面对两根语言学梁柱的坚强意志，傅斯年万般为难。按说，禁令若非出自他的主意，至少丁文江事先征求过他的意见。8月4日，焦头烂额的傅斯年致电考古组主任李济："赵坚持弟须同意携眷调查原则；李（方桂）仍辞。弟毫无办法，乞兄主持。"李济自然不会接这个烫手的山芋，他回电傅所长："二组（语言）事弟不便主持，若兄有何驱使自当遵命。"[1]最好的办法是睁只眼闭只眼，可这不是傅斯年的性格和做派。

遭受如此激烈的反弹，丁文江也始料未及。最后，他只得"与元任当面细谈两次，一切已有比较满意之解决"，"允将先前致史语所之正式函撤回"。

另一涉事者李方桂，原本有赴云南调查㑩㑩语的计划，因禁令改弦易辙，取消云南之行。丁文江闻此，8月29日即致函傅斯年，表明态度：

> 云南调查事，弟始终主张。其所以中途变计者，在兄方面以为借此调停，在弟方面则完全因为兄引"法律"，一事未了，不添事之原则而放弃。目前弟未进行者，（一）仍固尊重兄意；（二）不欲再使方桂发生任何误会。故如方桂肯行，弟依然赞成。否则弟不主张。[2]

直到9月3日，丁文江还向傅斯年谈起此事的后遗症："彼允函方桂，力劝其不再辞职，望兄在平斟酌设法（元任云，适之拉方桂甚力，此恐不确）。"[3]当时，胡适为北京大学文学院院长，他力邀李方桂到北大任教，接揽刘半农病逝后遗下的"语音学讲座"教职。丁文江与胡适是朋友，越想越气，处境为难，竟"以去就争之"。后经中研院院长蔡元培斡旋劝阻胡适的行动，最后改请罗常培出任"语音学讲座"教职，事情才大体了结。

---

[1] 台北"中研院"史语所档案：元234-9。
[2] 台北"中研院"史语所档案：III：202。
[3] 台北"中研院"史语所档案：III：205。

1935年，傅斯年视察第十一次殷墟发掘工地。从右到左：董作宾、傅斯年、李济（李光谟供图）

　　李方桂的云南之行也因此延宕至1940年春，他已不会再提"携眷调查"的旧话，只带了研究生马学良同行。他们到了云南的路南县尾则村。那次调查的资料，马学良于1941年写成毕业论文《撒尼倮倮语语法》，经过几年的补充完善，最终以《撒尼彝语》为书名于1950年由中国科学院出版社出版。后来马学良成为彝族语言文化研究的权威。倘若没有那次"携眷调查风波"，李方桂云南行的伴侣会不会是夫人徐樱？若是，马学良又将是另一番命运。此后，赵元任也未曾有过携眷外出做田野调查的记录。

　　殊不知仅隔一年，史语所风波再起。

　　1935年3月10日，史语所在河南安阳[1]侯家庄西北冈开始第十一次殷墟发掘，前后发掘了四座大墓，四百一十一座小墓，出土牛鼎、鹿鼎、石盘、铜盔、戈、矛等，石器、玉器多件，以及精美的象牙碗、鸟兽形仪仗等，所获极丰，震惊世界。

　　4月初，董作宾以中央古物保管委员会代表身份前往殷墟考古工地

---

[1] 旧称彰德。

监察第十一次考古发掘。他是史语所元勋，是殷墟第一次大规模发掘的主持人，此后多次参加殷墟的系统发掘，并开始对甲骨文全面研究，提出甲骨断代的标准，主持了殷代帝王世系年谱等重大课题的研究。董作宾此次到工地，有些春风得意忘乎所以，竟携年轻女友熊海平同行，并同寓史语所安阳办事处。

4月9日，李济在得到梁思永关于此事报告后，立即回电，要求梁"维持工作站最小限度纪律"。[1]李济本意是木已成舟，只想把此事的影响控制在最小范围。可一石激起千层浪。史语所一组（历史）研究员徐中舒自安阳返北平，向傅斯年汇报了此事。傅怒不可遏，4月10日致电南京史语所，自请"革罚"，并请上报总办事处：

1935年4月熊海平在安阳冠带巷殷墟发掘团工作站（董敏供图）

> 中舒自彰返，始通知彦堂此行携女友往，并住办事处。弟汗流浃背，痛哭无已。追思本所风纪至此，皆弟之过，应即请革罚。弟今晚赴京[2]，办理交待，并候惩处。乞陈在君、元任。[3]

傅斯年下"罪己诏"，大动肝火其来有自，[4]还引起过一场风波，他当然不愿史语所再生是非，授人以柄。

看到所长的"罪己昭"，考古组主任李济也于同日致函丁文江，揽

---

[1] 台北"中研院"史语所档案：元23-32。
[2] 指民国政府首都南京。
[3] 欧阳哲生编：《傅斯年全集》卷7，145。
[4] 参看本书《傅斯年与两只水母》。

咎于己，自请处分：

> 昨得孟真兄一电，弟为之惶恐万分，已托元任兄转呈，想已早在鉴中。惟弟对此事真相现在未得任何报告，详情如何，容探明后陈报，现在严重局面之演成，弟实不能辞其咎，孟真兄殆无责任可言，其理由如下：
> （一）此时孟真如在假期中[1]，代理所长职者，弟也；
> （二）彦堂此行，孟真事先已表示反对，弟实允许之；
> （三）此事之发生又在考古组之工作站，为弟主持之事业。
> 据此，则此不幸事件之责任，一切均应由弟负，孟真兄殆无责任可言。理合陈请准予免去弟考古组主任一职，并交付惩戒，以维院纪而儆效尤。[2]

董作宾始知闯下大祸，心有戚戚，当日也向傅斯年李济致电请罪，表达愧意："宾因招待女同乡参观工作，致干本所风纪，无任惶愧，谨请即日辞职，以谢贤明。"[3]所谓"风纪"事，是4月7日午餐时的"闹酒"。夏鼐在日记中写道：

> 这次闹酒，与熊海平女士的在座有关。董先生原有糠糟之妻，这次又从北平带了女友来安阳玩，形同夫妇。可是王湘君背后说，这不是他的表嫂，他另有表嫂。徐中舒先生自谓是"萝卜干"。熊女士这时似在北平一艺术学院读书，酒量颇宏，大家闹着，想灌醉她，结果她没醉，别的人倒都喝得醉醺醺了。[4]

解铃还须系铃人。4月11日，李济致电梁思永："请敦劝彦堂实时返京。"[5]风暴眼中的梁思永是殷墟工地负责人。4月12日和13日，他

---

[1] "如"字疑为"尚"字之误。
[2] 耿云志主编：《胡适遗稿及秘藏书信》，第23册，245—246。
[3] 耿云志主编：《胡适遗稿及秘藏书信》，第23册，244。
[4] 夏鼐：《夏鼐日记》卷1，310。
[5] 台北"中研院"史语所档案：元23-33。

1934年董作宾（右一）与考古组弟兄，在安阳冠带巷工作站（董敏供图）

接连给李济回电，报告事件进展："得知孟真、中舒、彦堂三人皆因孟真认为彦堂伴女友来彰参观有伤研究所风气而辞职，事件严重已成僵局，弟对此事'真相'不可不说明"；"彦堂明早赴平，辞意坚决，决非弟力能挽留"；"彦堂与女友同行一事所引起之风波对工作站影响显著，到处都是不安与惶惑。故盼吾兄早日决定以后计划，如能提前来彰更妙。又研究所如决议挽留辞职各位，恐吾兄需亲往北平敦劝。"[1]

为安抚同人，稳住阵脚，李济4月14日再致电梁思永："彦堂事正设法转圜。"

一时间，傅斯年、李济、董作宾以及梁思永都要辞职，史语所的"新学术"大业岂不中道崩殂？

总干事丁文江闻讯后，即展开了一系列的斡旋调解。4月11日，他先通过徐中舒说项：

> 兹奉上致彦堂兄一函，乞为转交。兄致孟真书有'为彦堂终身幸福'云云，弟意，'终身幸福'云者乃即终身工作之谓，有室家之乐不过工作必需之条件，本兄前书意，望兄善为弟等解释，使彦堂勿负气求去也。去岁弟反对元任、方桂挈眷旅行事，与此似异而实同，田野工作原系苦事，甘苦须大家共之，挈眷与携女友皆足使同事有苦乐不均之感，孟真谓为'风纪'，实不如谓为'风气'

---

[1] 台北"中研院"史语所档案：考 4-6-11、12。

之为得也，一切统希兄善为说辞为荷。[1]

1934年熊海平的大学毕业照（董敏供图）

丁文江这封信点到问题的实质，"田野工作原系苦事，甘苦须大家共之，挈眷与携女友皆足使同事有苦乐不均之感"。这也就是一年前丁文江颁发"禁止外出调查携眷"令的真实原因。那时做田野，尤其是考古发掘，除了餐风宿露，生活艰苦，还得遭受地方势力官商勾结的排斥，盗墓贼的打击……所以在"前线"强调"官兵"平等，自有其合理性。

董作宾携女友的定性，"风纪"与"风气"一字之差，性质迥异。前者事关道德，后者仅涉舆情。事实上，董作宾离婚而恋上一女生已不是新闻。董原来的婚姻为父母之命，与钱氏结婚后因性情不合，双方均感痛苦，1934年12月23日即与钱氏协议离婚，共登声明于《中央日报》。

1935年1月6日，殷墟工地上的青年考古工作者潘悫给同事李光宇的信中也提到："董先生结褵大典，同人有何表示？"[2]那时，同人便以为董作宾已经或者即将"结褵"。于是，董作宾看来，携女友并非偷偷摸摸的苟且之事，但似也许有些不便言说的原因，或双方还有一些尚待解决的难题，于是对外并未声张，仅以女友处之。殊不知这一来反而引起外界猜测，引发轩然大波。

丁文江一边劝说傅斯年、李济等人，一边开导董作宾。他在4月11日致董的信里，殷殷陈词：

昨晨接孟真来电辞职，济之卧病亦有书来引咎，今晨复由所转来兄自彰德所发灰电，孟真亦自平来，略悉一切经过。兹略就弟

---

[1] 耿云志主编：《胡适遗稿及秘藏书信》，第23册，247—248。
[2] 台北"中研院"史语所档案：考4-8-5。

个人所见，为兄陈之。研究院为纯粹研究科学机关，对于其职员之私人行为无干涉之必要，且无干涉之可能。但职员行动牵设[涉]研究院时，则公私方面均应极端慎重，此原则也。持此原则以衡此次之事实，则兄招待女友赴彰德，事先当然应得孟真或济之同意；何况兄之女友又同寓彰德之办公所乎？孟真之所谓'风纪'问题当即指此。孟真、济之皆极爱兄，恐兄不谅，故不肯相责而自引咎辞职，并非欲以此逼兄，此意兄当能知之。弟意，请兄善自反省，即致孟真、济之一函，对于事前未征同意，诚意道歉，则事即了。在中国目前状况之下，研究学术非有机关不可，求一相当之机关，谈何容易，任何人皆不可轻言辞职。弟当以此意告孟真、济之及元任。兹谨以之告兄，请兄幡然改图，勿作去意，勿以良友之忠言为逆耳也。[1]

丁文江又动员胡适出面说情。董作宾1923年入北大研究所国学门做研究生，正值北大文学院院长胡适大力提倡研究国学，两人遂有师生之谊。丁文江在4月13日致胡适的信中写道：

今天给你一个电报，请劝董彦堂勿辞。想已收到。现在我把有关系的函电都抄一份送给你，请你向彦堂解释。经过之事实本很简单。彦堂新与其夫人离婚，另外追求一个女学生。事前未向孟真和济之说明，就把这位小姐带到彰德去，并且住在史语所办事处里面。孟真知道就打电报来辞职（参观原电）。

此外的事实和我个人的态度，你看了抄件自然明白。我所要函请你向彦堂说明的：

（一）孟真对于他无丝毫的恶意。他（指傅斯年）本来是容易冲动的。他去年离婚的事，至今不免内疚，所以有这次的爆发，懂得他心理的人，很容易明白。

（二）我给彦堂的信，是与孟真、彦堂两方面找台阶下台，并非要责备彦堂。目前孟真的冲动已经大体过去，只要彦堂不辞

---

[1] 耿云志主编：《胡适遗稿及秘藏书信》，第23册，249—252。

职，我想就没有什么问题。

无论你如何忙，请你务必向彦堂解释，请他打消辞意。[1]

也许见木已成舟，此时董作宾遂心如铁铸，且打定主意择枝他就。他向丁文江申辩自己的行止，还对傅斯年犹有怨言。

4月24日，丁文江再致一封长信。声声入耳，字字在理：

适之来，得奉十五日手书，适赴申开会，遂未即复，惟请适之先致一书，劝兄以工作为重，并述孟真态度，想已入览。兹请再就兄书所言各点，略为申述如下，请兄平心静气，一细思之。

孟真以"携女友在办事处"相责，弟前书已言此乃"风气"问题，与"风纪"无关，此语孟真亦以为然。故兄来书所言在彰德住宿详情，当然不成问题。弟所不能已于言者，兄以为女友"往安阳参观，此是彼自己意志之自由，宾纵是好友，不能强携之去，更不能强止其行……此次偕同友人沿途招待，并介绍其参观……当然无请示上司得其同意之必要"。又云"招待远道参观之女宾……□之住冠带巷办事处者，此为发掘团主持人思永之责。……宾此行乃是代表中央古物保管委员会监察殷墟发掘工作，亦是客人，无权支配发掘团办事处房屋"，兄草此时当系盛怒未消。此时事过多日，仔细思之，当亦觉上列各语之不能成立。假如本院同人态度皆如吾兄，则凡本院同人之男女朋友均各本其"自己意志之自由"，不经任何人之同意赴安阳（或其他工作处）参观，兄诚思之事实上有是理乎？

允许住冠带巷办事处者诚为思永，然苟无兄之介绍，思永何

---

[1] 耿云志主编：《胡适遗稿及秘藏书信》，第23册，181—182。

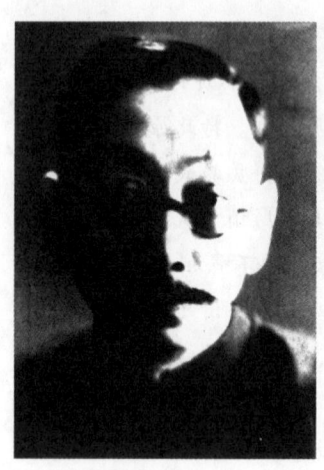

以识某女士，何以而许其住办事处乎？

兄虽为文化机关代表，同时仍系本院职员，此次不管责任若何，兄固不能卸除也。

弟上函言之，兄前信所言当系情感激刺时所发。此时当亦未必坚持此意。弟为公、为私，不能不向兄解释，并非欲以此相诘责也。

至于兄与孟真个人关系，弟尚有数言欲为兄告。

第一、孟真为人极易冲动。冲动之时如火山爆发，自己不能制止。彼对于任何人（弟亦在内）皆是如此。并非彼系兄之"上司"而欺负吾兄。

第二、此次孟真之冲动是否合理，姑不具论；而其冲动乃系实情（彼之出汗等等，中舒及莘田均亲见之）。

第三、彼不函责吾兄而自引咎辞职，正因彼与兄私交较深之故。假如系吴定良而非吾兄，则彼必不肯引咎辞职。

关于最后一点，弟还有声明。兄等与孟真私交甚厚，平日形迹极端脱略，弟常引以为忧。因遇有公务时双方反因此而易生误会。弟每见遇有"上司"观念不应完全不顾时，大家皆只知顾全友谊，反之朋友平常忠告与所谓"上司"毫无关系者，言者常有顾忌，听者不免猜疑。此次孟真及兄之举动皆不免受此种影响。兄如信弟言之不谬，则气亦可稍平也。

弟之结论如上次。在中国今日觅工作机会，谈何容易。兄对于本院、对于朋友、对于自己，皆不可求去。即以"上司"论，欲求如傅孟真其人者，亦未必十分容易。回忆弟二十年之"上司"，不禁觉得兄等皆幸运之骄子也。余托适之面陈。[1]

丁大哥动之以情晓之以理，董作宾终于回心转意。4月30日，李济致电傅斯年，"请示彦堂行期"；同日，罗常培致电李济，"请电迎彦堂南下"。[2] 5月1日，李济致电董作宾，"希即日命驾"。次日，董作

---

[1] 耿云志主编：《胡适遗稿及秘藏书信》，第23册，253—259。
[2] 台北"中研院"史语所档案：元23-35、36。

宾回电"将抵京"。5月10日,董作宾致函傅孟真,"述心情及工作状况"。[1]

春池微澜,复归于静。有情人终成眷属。这年冬天,董作宾与女友熊海平在南京结婚,董作宾刚入不惑之年。回忆此事,他后来特别感激丁文江:

> 丁先生给我印象最深的就在民国二十四年,那时为了一件不愉快的事,我在北平,他在南京,他曾一再写长信去劝我,他以摆着一副老大哥的面孔,写了许多诚诚恳恳的话语,举出许多他自己的经验,谆谆教导我。使我看了非常感动,于是放弃自己的偏见,服从在他的指示之下。[2]

1940年,避难昆明,董作宾为自家在龙头镇瓦窑村的斋号取名"平庐"。五十岁后,董作宾号"平庐老人",在书写的甲骨文书法中也常使用"平庐老人"的印章。有人臆测,董作宾夫人名海平。平庐者,爱妻之心也。

(本文参考 潘光哲:《丁文江与史语所》一文。)

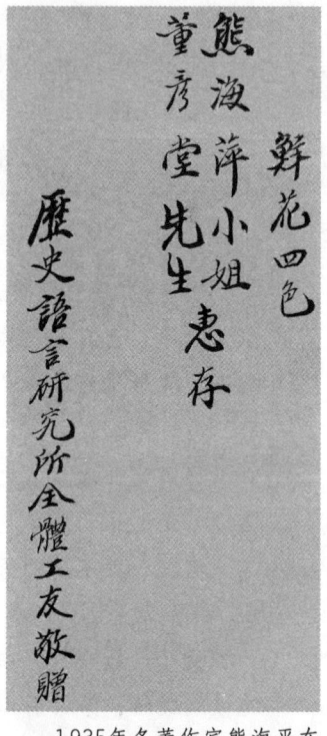

1935年冬董作宾熊海平在南京结婚,史语所工友送贺礼(董敏供图)

1936年7月27日董作宾熊海平与儿子董敏(董敏供图)

---

[1] 台北"中研院"史语所档案:元16-1。
[2] 胡适、翁文灏主编:《丁文江这个人》,台湾:传记文学出版社,1979,183。

傅斯年与李济

"道义相砥，过失相规，畏友也；缓急可共，死生可托，密友也；甘言如饴，游戏征逐，昵友也；和则相攘，患则相倾，贼友也。"明人苏竣在《鸡鸣偶记》中将朋友分为四类。傅斯年与李济同年属猴；傅的祖父是前清中期拔贡，李父是晚清拔贡；傅毕业于北大，李毕业于清华，两人都有西学背景，但李济有哈佛大学博士学位，傅斯年却是直接上司。傅斯年与李济各自都留下很多集体照，却鲜有他们两人的合影。此种关系，足见敬而不亲，两人唯道义相砥。

1931年在河南安阳洹上村小屯殷墟发掘工作站前，傅斯年与李济不即不离的合影（李光谟供图）

1928年，李济从欧洲回来路过广州，与傅斯年一见如故。其后李济评价傅："他是认识到东西方文化彼此间的不同，并具体设法使这两种文化结合的中国学者的范例。"[1]傅也笃定"想请他担任我们研究所的考古一组主任"的决心。

1930年代初，史语所迁北平北海静心斋。一次两人夜谈，安阳发掘已引起世之瞩目，而傅对自己代兼主任的历史组午门档案整理进展失望。李济询问原委，傅说"没有什么重要发现"。李济故意激他，"什么叫作重大发现？难道你希望在这批档案里找出满清没有入关的证据？"虽是戏言，字字锥心。傅斯年哈哈大笑，此话题从不再提。史料价值很大程度来源于自身可靠性，可靠性高价值愈大，反之亦然。就此而言，研究明清大内档案与研究安阳殷墟出土物意义相似。而前者披沙拣金需要更多时间和耐心。

1932年，李济完成论文《殷墟铜器五种及其相关之问题》，请傅斯年审读。傅读后回信："大文今日下午拜读一过（以前未看——原注），其中甚多深远的suggestion（建议），此文必为将来若干研究与问题之起点也，佩服佩服。其中有几处误字已改了，又有数事写下条子，乞校稿时参考。我怕掉了，故先寄上。"[2]信中附上六条校订意见，如衍字讹字、译文或外国人名拼法不确，注解缺失，文词前后不一致，等等。

1933年8月，傅斯年患肺炎住院，情绪低落，想到史语所与社会学所合并事颇为不顺，中研院同人积怨甚多，遂向院长蔡元培提出辞职，力荐李济接替。他写道：

1930年代，傅斯年在平陵调查（台北"中研院"史语所供图）

---

[1] 李济：《安阳》，上海人民出版社，2008，42。
[2] 王汎森、潘光哲、吴政上主编：《傅斯年遗札》卷1，第274函。

故思之者再，以为济之兄任史语、社会两所事，必较斯年环境为宜，而斯年自身读书著文之愿，亦得以稍遂之。然则此意固造访久矣，非一时之冲动，即设法请济之继任，亦足谋之二年以上之事。前年问计于丁在君先生，他说，如欲自己走，须先找到人慢慢代替。幸史语所有济之，他所或多无此幸运也。济之兄学问固不待说，其任事务，亦决不如斯年之忙乱焦躁，此众所共见也。故此意如斯年相机上陈，当可不有误会，而孟麟先生突然言之，漫无本末，自不免劳先生惊怪耳。[1]

蔡元培日记记录：“此君硁硁然以必信必果自勉，诚可敬可爱；然此时提出辞状，于院有妨。特致函劝止之。”故回信"劝止"傅斯年：

……兄奉月五日函申，有愿辞所长职，而荐济之自代之说，此说万万不可提出，提出则无异于拆研究院之台。在君已声明，如兄辞所长，则彼不就总干事职；元任已表示，如兄去，则彼亦随而去，其他研究员中，与元任同一态度者尚多有之；恐济之亦不免；如此则史语所必先解体，而其他各所必有随之而摇动者，岂非自杀之道？在兄以遥领为恶例，固出于爱院之诚意，然因爱院而毁院，岂兄之所愿乎？请兄再思，速取销辞意。[2]

两个同龄同道者关系亲近。1934年1月5日，李济回北平参加中研院会议，其间，傅斯年写过一首讽李济的打油诗。诗曰：

人问济之缘底事，一年一加便十斤。
我曰至德必有报，心广而体胖三分。
考古出巡过蓟门，顿时生意满苑垣。
一自高轩南去后，庭院寂寂锁萧园。[3]

---

[1] 王汎森、潘光哲、吴政上主编：《傅斯年遗札》卷1，第362函。
[2] 杜正胜、王汎森主编：《新学术之路："中央研究院"历史语言研究所七十周年纪念文集》，212—214。
[3] 王汎森、潘光哲、吴政上主编：《傅斯年遗札》卷2，第382函。

1933年2月24日上海新雅酒楼前合影，（左起）李济与杨杏佛、鲁迅（李光谟供图）

他同时还有一首写董作宾的，其中有"每过高斋闻异香，高齐逸趣似高唐。若将珠帘揭开看，东床坦腹在西厢"的句子，董作宾回复，"打油取笑，适以搔着痛处"[1]，"游戏征逐"毫无芥蒂。而题赠李济的就显得谐而不谑，亲密有间。

战时西迁，最后客居李庄，李济两个女儿相继去世。傅斯年曾找他推心置腹谈过一次，还写信劝他远去西北，移情考古，淡化伤悲。1942年3月27日，李济在羊街6号家中给傅写信，派人送到板栗坳，信中说：

> 前日所谈，感弟至深。弟亦自知最近生活有大加调整之必要，但恐西北之行（未尝不愿）未必即能生效，或将更生其他枝节。数月以来，失眠已成一习惯，中夜辗转，窃念研究所自成立以来，所成就之人才多矣，而弟愧不在其列，有负知己，诚自不安，然此亦非弟一人之咎。弟自觉今日最迫切之需要，为解脱，而非光

---

[1] 王汎森、潘光哲、吴政上主编：《傅斯年遗札》卷2，第383函。

辉。衷心所祈求者为数年安静之时间。若再不能得，或将成为一永久之废物矣。

三天后傅回信：

惠书敬悉，深感深感！大约四十为一大关，过此不能不宝爱时光矣……兄目前之事，不在博物院，而在精神之集中。博物院事，似乎办事人不比史语所少，兄可不必多操心（此人劝我语，兄或鉴于裘籽原事，然彼等事不能再有？亦不可有反常之心理也——原注）。安阳报告固为一事，此外似尚须有一大工作，方可对得起此生。弟所以劝兄一往西北者此也。总之，治学到我辈阶段，无所著述，甚为可惜。兄之一生，至少须于安阳之外再有一大事，方对得起读书三十年也。[1]

1942年3月27日、30日李济与傅斯年往来书信（李光谟供图）

---

[1] 李光谟：《从清华园到史语所——李济治学生涯琐记》，清华大学出版社，2004，314—315。

畏友坦露心迹，增进互信。但两颗高傲的头颅挨得太近，又易磕碰伤痛。人生无常，孰料几声微不足道的咳唾之音，有时竟会引发一场雪崩。

1933年4月，史语所所长傅斯年兼中博院首任主任；翌年7月，李济接任，仍兼史语所考古组主任。此时，史语所和中博院关系似父子如兄弟。战前，考古组与中博院人员大多在殷墟工地，如一块地里干活，两个东家拿钱。战时状态，田野发掘转入室内整理，考古兄弟一拨留在史语所考古组如董作宾、梁思永、石璋如等；一拨转入中博院如郭宝钧、尹焕章、赵青芳等。过去一个锅吃饭，到了李庄分灶自理，一处山上板栗坳，一处山下张家祠堂。天长日久，终生是非……

1943年，史语所与中博院等单位合组西北考察团。6月中旬，为晒印敦煌照片，考察团的中博院职员借用史语所考古组照相室药料。傅斯年本可睁只眼闭只眼，却偏要"亲兄弟明算账"。此事似有先兆。6月15日夏鼐日记写："曾君自山上来，谓傅所长近日血压又高，喜闹脾气，挑中博院之毛病，对星期日以洗照相底片事，谓中博院揩油，坚持以后不准再垫；又对借史语所藏品在重庆开展览会一事，表示异议。但过几日血压降低，也许又相安无事。"[1]

问题或出在那几天傅斯年血压一直偏高。6月20日，他约李光宇上山，询问原委。李光宇是李济远房侄子，当投鼠忌器。傅觉察后即致信李济："向兄请罪，敬乞曲谅。"李济回应："自当由弟负责偿还，拟明日亲往觅购"，语气庄严，"照相室管理事，除饬李连春赶紧造具清册呈送钧览外，并祈即派一品学较优之人严格管理，以维公物"。[2]翌日，李济在史语所所务会上指桑骂槐，向办事员汪和宗发难。傅斯年致函李济："关于阁下声称将控诉本所庶务管理员汪和宗冒领米贴损坏本所名誉一事，查此事所指皆为鄙人所授意，请即控告本人为幸。"[3]6月22日，傅呈告中研院代院长朱家骅，要求查办，又以史语所名义致函中博院。李济回复："鄙人所提出弹劾本所庶务员汪和宗一案全由鄙人

---

[1] 夏鼐：《夏鼐日记》卷3，115。
[2] 台北"中研院"史语所档案：李61-5-40、71-4-1。
[3] 台北"中研院"史语所档案：李61-5-12。

个人负责,与其他任何人或任何机关毫不相干,若钧座认为鄙人之提出此案为越权,即请执行所长职权,将鄙人交付惩戒。"[1]此事旁证见《夏鼐日记》:

> (6月22日星期二)上午曾君来,谓得游寿小姐之消息,昨日傅、李大闹,李上山后即往会计处,询问木匠米贴是否已发,然后赴傅家中,谓将告发庶务汪和宗冒领米贴,从中舞弊,以其既得史语所米贴,不应又以公函令中博院再出米贴也。二人遂发生冲突,傅摔破一瓶,经在旁者之劝解,李乃下山。

西谚道,天才与天才相处,好比火药遇到了火。6月27日,傅再致函朱家骅、叶企孙,解释"汪和宗弹劾案"缘由及冲突前因,涉及对李济性格的抱怨。措辞不失驯雅,肝火却已大盛。

> 骝先尊兄院长、企孙吾兄赐鉴:
> 　　此次开会济之先生之演"八蜡庙""全武行"(幸未"带打"),本为借题发挥之事,其不高兴处并不在于此。为两兄明了此事,不得不述其梗概如下:
> 　　一、去年教育部令博物院展览,博物院言只能专题展览,济之先生遂定好专题三四个:一为旧石器新石器之进化,此种资料取给于本所者,恐在百分之九十五以上,大部分为十四年前沈宜甲为本所代购法国穆提叶父子之收集,此为世界有名之收集。二为浚县发掘,此为本院与河南古迹会所有。三为汉代文物,此种一部分为本所与博物院合作之彭山发掘。王振铎之汉车制型,则为博物院纯有之物。此种一、二两项均为弟在重庆时移到博物院去者,原来并未有借用之公事。彦堂虽知其搬动,自亦不敢过问。弟归来后,济之要博物院买这一批石头,弟云,博物院目下情形不定,研究所似未可让出。(济之一年到头说要不干博物院了。)彦堂并闻之博物院人云,济之并欲用原价购买,此则真是一大笑话也。

---

[1] 夏鼐:《夏鼐日记》卷3,118。

先是济之于去年本所在重庆参加美展时,抱其反对之意见,弟不得不自行取消与道藩之约定,今忽以本所之物应酬教育部之长期展览,且欲于双十节行之。弟自不无诧异之处,惟以济之之意不敢违,仍允其展,但改为在雾季中,并造一清册而已。(搬往博物院物并无任何纪[记]录。)其汉代一部分,弟回来时彼已托劳榦整理,此须参考若干书籍,并在本所书库中检出若干图画,以备照像之用者。弟询劳君,需时若干?劳云至少须一个半月。劳之计划,向不清楚,彼云一个半月,至少需两月以上,此则使弟有一极为难处,盖劳正在赶写居延汉简在李庄上石(自写石印纸),迟则加价(召[招]致本所数千元之损失),弟终以济之之意不可违抗,故仍令其办。但写一信给济之,请其给劳君以比较丰裕之报酬,并说明数字为三千元,请其斟酌。劳君一家八口在此,穷困不堪,许其得一外赚,亦人情也。此数准以重庆价格及博物院自花钱之办法,决不为大。然济之置而不复,弟在本月十日左右访济之,出门时询及此事,济之起为弟曰"你不要拿教育部的差事卡着我,我并不要把这差事办好"。弟当时心中极为难过,头晕脑闷,然仍一切如常,丝毫未曾表现情感也。总之,本所对于博物院之一切事,一向皆如伺候上司一般,弟且如此,同人更不消说。积藏已久,言之慨然!假如为此等事生气,应该是弟,而不应该是济之。

二、为弟查照像室之事。原来博物院之照像,皆由本所第三组之照像室办理。在南京时即如此。以前用资料,不甚分开,但他组公家用照像,济之颇不欲此室办理。去年第四组欲照一批像,资料固须另备,即地方与人工济之亦不肯借用。遂而作罢。此时考古组照像甚少,故此时大体是为博物院用耳,弟去年以来深感物价高贵,本所困穷,曾与济之谈数次,应将两方资料分开,本所但尽人工之劳而已。(本所照像室现在甚小,而博物院之照像大多数为放大者,动须多人在院中为之,所耗人工颇不在少。)济之早经答应,去年济之在重庆带来一大批资料时,即送到照像室,弟请济之分开,济之尚不知如何分法,遂函毅侯兄查明旧账,查明何者为研究所所买,何者为博物院所买,郭主任寄来一账,似是本所出款者甚少,弟又请济之去问,则两处之数恰反过来,即本所一万九千余，博物院四千余，遂成定案。

此室之管理员为第三组标本管理员李光宇（此人甚老实，久为济之调下山去！来山上时甚稀）。此室之照像者为技佐李连春，人亦老实，弟当即请济之告他们俩人分开使用，并直告他们每次照像登记，分别存放，或更用一记号，此去冬事也。大约本月十日或十一日，弟忽因本所同人服务证照像事，第四组冲像事，想起照像室内博物院与本所分用之实在情形，遂约李光宇上山一谈，当即同其往照像室一看，登记甚详，然资料仍是放在一起，所谓分用，仅系事后之分算，而非事前之分用。弟当即责李连春，为何不事前分用，李则以何物属于何方仅在李光宇处有记录对。弟又问李光宇何以不先分开，李则诺诺不能言。弟当言曰："两方分用，本为与李先生约好之办法，今情形如此，你们二位应该格外注意些。"弟亦未之深责也。济之为此事写一发怒之信来。弟立即回信解释（两信均抄奉），并深切道歉。其实弟自忖毫无过失：一、弟是否无权看研究所任何部分，且此部分又为弟所常去者。二、在弟与济之已经约定之原则上，弟是否有权督责相关之职员之执行。三、济之上山稀少，而弟于各部分事常欢喜自己看看，此习惯多年于此。然而弟总为息事宁人计，屈为之道歉，不意此日派轿子下山接来，仍演此一出"八蜡庙"也。

三、夏鼐事，去年骝先兄与济之合电致夏鼐，弟事前固全然不知，终以夏鼐为可请之人，故于今年院务会议中提出通过。初言由本所任其为副研究员，仍由中博院借调付薪，济之愤然曰："你们的院长，既然打电报请人家来，还不付路费？"弟觉此话有点不像话了，遂于此次夏鼐到后，决定爽性连薪水均由我们出。

四、Needham（李约瑟）在此之前一日，济之上山，自说笑话曰："我看我办之博物院，只有一个意义，就是维持若干朋友之亲戚饭碗，连我的亲戚在内。"我也连说笑话曰："只要是人才或者可靠，此亦用人之一道。"此时说说笑笑，毫无不快，然于演八蜡庙后，彼对人曰我责备他用亲戚。其实这种微妙之处，弟又何敢置词也。

以上各件，大约以第二项为济之生气之主因，然弟既已解释

与自抑道歉矣,总计自裘氏原事件以来,平均两年之中来大闹三次,然未有如此次之暴烈者也。今述详情,诸希鉴察。敬颂

　　日安

炎暑戾气,还搅动那个家庭。6月30日,李权给傅斯年写信:"闻小儿济近与足下似有互相龃龉之处,伏惟小儿随侍左右十余年矣,尚恳俯念旧交,详予指导。"傅斯年回函:"既蒙老伯如此见顾,理应披陈其详,惟连日因病为苦,一俟少愈,当即悉以上闻,诸希鉴原。"[1]

当是时,李家又发生自羊街6号被迫搬家的伤心事。7月14日,中研院总干事叶企孙回函傅斯年:"关于向博物院索回木匠之米代金事,兄及汪君毫无作弊之事实嫌疑及动机至为明显。济之兄随意诬人,殊属失当。但亦只能假设此因心绪不佳所致而原谅之。"[2]

1930年代李济的父亲李权老人（李光谟供图）

经多方劝解,李济于7月22日致函傅斯年,先谈公事:"前函商董代所长彦堂先生将本所所藏之大批法国石器运往山下由济整理,现整理工作已暂作结束,所有石器仍由李光宇押送上山,归所保管,敬祈查收。"随即致信所务会请求撤销动议。傅斯年也就驴下坡,8月2日新的一周开始:

　　晨间国民月会时,傅孟真先生特别提出与李济之主任以米贴纠缠事已告结束。午间李主任上山,应傅所长之邀,二人释嫌言和。曾君在旁目睹二人见面时之情形,李主任一见面便说:"My old man, I'm sorry for it.（我的老伙计,我为那事很对不起——原注）"傅所长说:"没有什么,没有什么。"二人相谈甚欢,傅即

---

[1] 台北"中研院"史语所档案:李13-3-17、18。
[2] 台北"中研院"史语所档案:杂23-11-10。

留李午餐。[1]

8月16日，李济函傅斯年："舍妹事多承垂注，曷胜感谢。何时能下山，祈示知。宜宾中校闻不再招考，纯声兄之大小姐在宜中想必有人，可托或可一询？"[2]是真佛乃说家常。李济信里提到的舍妹叫李葆华，毕业于北平女师大外语系，傅斯年曾有心调她进史语所。闻讯省立宜宾中学事，则是考虑儿子李光谟。畏友与密友，此之谓也。

11月4日，林徽因在给友人陈岱孙的信中谈到这类事：

> 近一年来李庄风气崇尚打架，所闻所见莫不是打架；同事与同事，朋友与朋友，职员与上司，教授与校长，inter-institute（机构之间），inter-family（家庭之间）。胖子（即傅）之脾气尤可观，初与本所各组，后与（陶）孟和公，近与济之公，颇似当年老金所玩之蟋蟀，好勇斗狠之处令人钦佩！！！……[3]

"逝者如斯夫"。2005年9月4日，从江北眺望李庄（岱峻拍摄）

---

[1] 夏鼐：《夏鼐日记》卷3，126。
[2] 台北"中研院"史语所档案：李13-3-18。
[3] 本报编辑部编撰：《岂曰无衣与子同袍——梁思成林徽因致陈岱孙的六封书信》，载《文汇报》，2016-03-15。

她在给费慰梅信中也写道：

1943年春天，在逃难来李庄的研究人员中间包括他们的妻子们在内，染上了一种最终导致争吵、愤怒、谩骂和友谊破裂的煽动性流言蜚语。这是一个思想偏狭的小城镇居民群。最近，一些快乐的或者滑稽形式的争吵已在受过高等教育的人群中发展到一种完全不相称的程度。我很怀疑，是不是人们在一个孤岛上靠十分菲薄的供应生活，最终就会以这种小孩子的方式相互打起来。[1]

---

[1] [美]费慰梅著，曲莹璞、关超等译：《林徽因与梁思成——一对探索中国建筑史的伴侣》，中国文联出版社，1997，157。

陈寅恪与李庄

陈寅恪没到过李庄，但自从史语所迁去那里后，也一直牵心挂肠，念兹在兹，尤其是1943年以前，始终在为去与不去纠结。傅斯年一直在做争取陈寅恪来李庄回史语所的努力，甚至一度还有失和气。李庄的史语所同人，尤其是历史组，一直视陈寅恪为灵魂人物。板栗坳有个叫桂花坳的小院，后来的傅斯年"官衙"，最早的考虑是为陈寅恪一家预留的。

1943年6月20日，为中博院李光宇借用史语所考古组药料，晒印赴西北敦煌考察的照片事，李济与傅斯年发生纠葛。这场争执惊动李济的父亲李权，他给傅斯年写信，"伏惟小儿随侍左右十余年矣，尚恳俯念旧交详予指导。"[1]傅斯年回函解释道：

> 尊府羊街之租房自当时看来，今夏必难解决，故于去冬往重庆于万难中请总办事处津贴万五千元，为兵盖房，俾可自桂花坳搬出而修理之，（此事实用万二千元左右）当时虽云为寅恪、济之二人之用，但寅恪之不来，人皆知之。当时告济之云："我绝不勉强你上山来住，然若山下房子问题不能解决时，此可为后备之计。（此房现在所中公论为本所各住房之第一）"如此为朋友打算，似无负于济之先生也。[2]

原来"本所各住房之第一"的桂花坳，是傅斯年为陈寅恪及李济两

---

[1] 见本书前文《傅斯年与李济》。
[2] 王汎森、潘光哲、吴政上主编：《傅斯年遗札》卷3，第1017函。

家预留的。这段故实，笔者曾给陈寅恪先生女公子陈流求讲过，也触动了流求老师的寻访之思。傅太太俞大綵是陈寅恪的嫡亲表妹，陈流求喊八表姑。在美国的傅仁轨，是陈流求儿时的玩伴，几十年音讯不绝。而桂花坳，板栗坳和李庄，也差点成为自家的生活场景。

流求老师详细咨询我关于李庄的相关信息后，在没惊动任何当地人的情况下，与家人一起，到了李庄，找到傅斯年住过的桂花院，现为永胜村6组村民张家友家。归来后赠送我一张照片，背后有流求老师亲笔题词："'中央研究院'史语所原研究员陈寅恪长女陈流求及女儿董景宜董景同董晓红到桂花坳，寻访抗战期间史语所旧址与所长傅斯年曾经住所，与现房主张家友夫妇合影，二零一七年四月二十一日"。

照片上，他们捧着一本书——《傅斯年文物资料选辑》，里面有陈寅恪与傅斯年手札数帧，陈家赠送傅斯年夫妇的照片多幅。2007年11月14日，我陪台湾"中研院"史语所第十任所长王汎森、王明珂研究员来过这里。王汎森说，他是史语所离开后再到李庄的第一位所长。他的前

2017年4月21日陈流求偕女儿董景宜、董景同、董晓红到李庄桂花坳傅斯年旧居，与现房主张家友夫妇合影（陈流求供图）

任杜正胜本也想来，因意识形态的原因来不了。后来，张家友讲起当时每一个细节，如数家珍，他甚至知道王汎森已升为"中研院"副院长。回台后，王汎森将那本《傅斯年先生文物资料选集》寄赠这位未必识文断字的村民，亲笔题写"家友先生惠存　'中央研究院'历史语言研究所所长王汎森赠　二〇〇七年十一月"。王先生是海峡两岸公认的历史学家，学问好，善待人，注重小事。张家友也无负君子之谊，他将此物视为拱璧，决不轻易示人。有人闻说，欲出价2000元收藏，他坚决不卖。当年，他的哥哥张汉青曾在红苕地里向我讲述父亲张海洲给傅斯年抬滑竿的故事。而今，他哥哥墓已拱矣。2020年张家友也已病逝了。这段历史，已"长沟流月去无声"……

一、史语所的台柱

傅斯年与陈寅恪，是游学欧洲的同学。1927年，陈寅恪写《致傅斯年》：

不伤春去不论文，北海南溟对夕曛。
正始遗音真绝响，元和新脚未成军。
今生事业余田舍，天下英雄独使君。
解识玉珰缄札意，梅花亭畔吊朝云。[1]

诗无达诂，或说对傅斯年有极高期许，或说是明褒暗贬，两种解读皆说明二人关系很近。

1928年10月22日，傅斯年在广州创办史语所。11月14日，傅氏致函陈寅恪，告知史语所拟在北平设立分所，同人推举陈寅恪为北平分所主任。史语所成立之际，即启动以两万元巨款购买内阁大库档案计划，历半年终获成功，是史语所仅次于河南安阳考古的重要项目，陈寅恪在其中起了主导作用。他同时也为史语所迁移北平奔走尽力。他相中位于北

---

[1] 陈寅恪著，陈美延编：《陈寅恪集·诗集》，生活·读书·新知三联书店，2001，18。

海公园后门的静心斋。此地幽静，且毗连北海图书馆、北平图书馆。史语所迁北平后，把原设立的八个组改为四组，历史组（一组）[1]，由陈寅恪任主任。这一连串的大事，陈寅恪都曾深度参与。而史语所建立的过程，也是傅斯年与陈寅恪友谊发展，而矛盾逐渐产生的过程。

史语所创办之初，按中研院章程，将研究人员定为专任、兼任、特约、通信四种。1928年制定的史语所章程第十四条规定："专任研究员应常在研究所从事研究。兼任研究员应于特定时间内到所工作。特约研究员于有特殊调查或研究事项时临时委托到所或在外工作。"当初，搭建史语所的几大台柱，原本就是大学教授，两边兼职不显山不露水。而史语所迁址北平，开始大规模运作后，主任不到史语所坐班，各个组群龙无首，此一矛盾就凸显出来。傅斯年决定取消兼任研究员设置，促使他们驻所专任。天机巧和，就在史语所迁移北平的当月，清华国学研究院停办。语言组（二组）主任赵元任、考古组（三组）主任李济都回史语所，作专职研究员。只有清华陈寅恪和北大刘半农悬而未决。

1929年7月29日，傅氏致信蔡元培："兼任研究员之制最易发生流弊，故今年拟在史语所中尽废之。济之不成问题，寅恪情形须待与清

1929年秋，史语所同人在北平静心斋所址合影。前排左二陈寅恪、右二吴亚农、右一陈钝；二排左一李济、左二朱希祖、左三傅斯年、右三赵元任、右二罗常培（立）、右一丁正（立）；三排左二容庚、左三徐中舒（李光谟供图）

---

[1] 为阅读之便，笔者将史语所原序号分组，以研究内容对象，径称历史、语言、考古和人类学等组。

华商之。无论名词如何结束，要以专任其实为法。最困难者为半农先生……"[1]8月20日，刘半农回复傅斯年："辞去专任研究员职务，改为特约，不支薪。"[2]这是傅氏希望的结果。

1929年下半年，清华国学研究院正式撤销，陈寅恪改就清华大学中国文学系与历史学系合聘教授，孰料他也提出取刘半农同样的态度。这下子傅斯年不干了，他当然清楚，陈寅恪作为新史学领军者的能力与影响，擎起历史学科这面大旗，舍此无他。于是，傅斯年调整策略，做出让步：一是薪金400元，1930年8月前由清华和史语所两家各出一半，这以后按陈寅恪要求改在清华支领全薪；二是人事关系，在1929年前兼任研究员担任组主任尚不违规，1931年制定的《历史语言研究所章程》改为："每组设主任一人，由属于该组之专任研究员兼任之。"[3]这样，组主任陈寅恪本身是兼任研究员，就得改称专任研究员，只是不享受专任研究员薪津，只发100元补贴。[4]傅斯年把这类行为称为"狼狈为善"。

1937年5月27日，傅斯年对于北京大学"借"罗常培三年不归致信胡适，其中谈到陈寅恪与史语所的关系：

> 若以寅恪事为例，则寅恪之职务，大事仍由其主持，小事则我代其办理。莘田兄之研究工作，因不能请元任兄代也。且寅恪能在清华闭门，故文章源源而至（其文章数目在所中一切同人之上）。莘田较"近人情"，寅恪之生活非其所能。故在寅恪可用之办法，在莘田本不适用，况一为事务，一为研究，本不同乎？暑假后不特加莘田以主任之任，即如现在情形，亦非可以继续有益者。盖寅恪能"关门闭户，拒人于千里之外"，莘田不能也。[5]

其时，清华园与静心斋史语所近若比邻，傅斯年对与陈寅恪的关系，允称满意。

---

[1] 王汎森、潘光哲、吴政上主编：《傅斯年遗札》卷1，第80函。
[2] 台北"中研院"史语所档案：元29—12。
[3] 欧阳哲生编：《傅斯年全集》卷6，69。
[4] 台北"中研院"史语所档案：元47—11。
[5] 欧阳哲生编：《傅斯年全集》卷7，132。

1925年冬，摄于清华国学研究院。前排右起：赵元任、梁启超、王国维、李济（李光谟供图）

二、与李庄擦肩而过

陈寅恪曾作过一副对联："见机而为；入土为安。"说的是1938年夏，史语所与西南联大流寓昆明，他和傅斯年同住靛花巷史语所宿舍。每有轰炸警报，傅斯年怕他行动不便，总是跑到三楼把他搀扶下来，送进防空洞。所以，上联称颂傅斯年，下联"吾心安处即为故乡"。

此时的陈寅恪，读书治学稳若磐石。他在《历史语言研究所集刊》发表的《天师道与滨海地域之关系》《支愍度学说考》《东晋南朝之吴语》等论文，受到域外汉学界推崇。1939年初春，英国皇家学会授予陈寅恪研究员职称，牛津大学聘他为汉学教授，邀他来校作特别讲座，并监督英译《唐书》工作。2月9日，陈寅恪致信傅斯年，表达去英国，尚有犹豫：从税率上看，全家同去基本不缴税，只身前往须付20%的税；但前者须增加旅费和行装费。希望傅氏帮他向中英庚款委员会申请300英镑经费。

陈寅恪一家到了香港，天拂人愿。先是等中英庚款委员会补助，而后是妻子唐篔生病，船票不好订。1939年9月1日，德国入侵波兰，引爆第二次世界大战，战火阻隔海途。陈寅恪致函牛津，此时此刻，我已经不可能也不必要前往牛津。他寄望一年后能够成行，于是独返昆明，继续在西南联大授课。

1940年春，陈寅恪的《隋唐制度渊源略论稿》书稿在昆明完成。

他在"附论"里写道:"年末复遭际艰危,仓皇转徙,昔日读史笔记及鸠集之资料等悉已散失,然今以随顺世缘故,不能不有所撰述,乃勉强于忧患疾病之中,姑就一时理解记忆之所及,草率写成此书。"忧患之书,不失为一部重要史著。

暑假,再到香港,他寄望侥幸碰上海轮举家赴英。香港居,大不易。"既然今年仍不能赴英,便打算开学又回西南联大。但滇越路断,回滇益难。后来幸得杭立武与香港大学商洽,并得许地山周旋,聘为Visiting Professor(客座教授)每周约两节课。每月薪水港币三百元,曾欲月俸五百元,无法办到,全由中英庚款会支付。这样全家暂留香港。"[1] 8月28日,陈寅恪在致傅斯年的信中云:"弟返港后月用三百元,因有小孩学费及药费在内,每饭几无肉食,只食鸡蛋而已。一室有床三张,较之在靛花巷时饮食起居尚不能及,盖港地物价较去年高一倍以上……其中别有一种精神上不愉快之感觉,即无人可谈无书可读……前请那廉君先生代寄钞稿(原手写者)至港,想已寄出,如尚未寄,则

1936年1月28日,北海静心斋。左二傅斯年,左三陈寅恪(李光谟供图)

---

[1] 陈流求等:《也同欢乐也同愁》,生活·读书·新知三联书店,2010,158。

求为一催,至感。弟近日心绪不宁,起居饮食不适,故又略有心跳不寐之症。"[1]唐筼婚前患有心膜炎,1929年生产长女时诱发心脏病,九死一生。此际,心脏病再度发作,多亏香港大学教授许地山及时帮助,送进医院,方才化险为夷。

1941年12月8日,太平洋战争爆发,日军占领香港,陈寅恪辞职闲居。日当局持日金四十万元委任他办东方文学院,遭到断然回绝。12月13日晚,他在给史语所历史组助理研究员邓广铭信中表示陷进退维谷之境,一是缺钱:"全家大小五人,若坐飞机,至少须三张半票,其价约合国币万元,且无运输行李之可能,衣被等物需全部弃置。内地重购亦非数千元不可";二是染疾:"在港愁闷不堪,病仍时发,以贫故,不能常常就医服药,只得与内子少略就诊服药"。[2]唯可告慰者,是"于万国兵戈饥寒疾病之中",1941年12月14日,校读完《新唐书》第二遍;1942年4月13日校读完《新唐书》第三遍。

1942年春,有人奉命请他到沦陷区上海授课。他再次拒绝。4月14日,一个叫"陈汉"的人转中英庚款会负责人杭立武的电报给傅斯年,诉陈寅恪在港亟需接济。傅氏即复函:

> 关于接济陈寅恪兄一事,以兄与陈汉君既不相识,弟又不知其人,似未便遽尔托其转去大数。兹拟将寅恪兄在本所之本年一月至六月份薪俸共六百元先行转去;倘无问题,弟再向友好集凑,续转较大数目。顷已函托王毅侯兄将款送上,即烦我兄代汇陈汉君是感。(如需急汇,乞兄处先为一垫。)又,寅恪兄在港,终非长久之计,弟亟拟接其来内地,亦正在设法中,未知可托陈君一询其本人意见否?[3]

傅斯年将此函附后,专门致函中研院总办事处王敬礼,"乞设法将寅恪兄本年一月至六月份薪俸共六百元派人送交立武兄,以便转去";

---

[1] 陈寅恪著、陈美延编:《陈寅恪集·诗集》,生活·读书·新知三联书店,2001,70。
[2] 陈寅恪著、陈美延编:《陈寅恪集·书信集》,生活·读书·新知三联书店,2001,82—83。
[3] 王汎森、潘光哲、吴政上主编:《傅斯年遗札》卷3,第908函。

同时致西南联大教务长郑天挺："顷接杭立武兄来电，谓有陈汉者来函，据称离港时，寅恪兄曾口托转请国内接济云"。[1]

4月底，陈寅恪"忽得朱家骅营救之秘密电报"，一场接济和营救的秘密行动开始。中研院、中英文化协会、西南联大等单位筹集了三万多元作陈寅恪一家的回程旅费，朱家骅派专人到香港迎护，其间过程险象环生。

5月5日，陈寅恪一家五口终于登上从香港开往广州湾的海轮。抵达湛江后，又马不停蹄地踏上去广西的旅途。脱险而归，陈寅恪赋诗《壬午五月发香港至广州湾舟中作 用义山无题韵》：

> 万国兵戈一叶舟，故邱归死不夷犹。
> 袖间缩手嗟空老，纸上刳肝或少留。
> 此日中原真一发，当时遗恨已千秋。
> 读书久识人生苦，未待崩离早白头。[2]

营救过程，作为中研院代院长，朱家骅出力最大；史语所所长，傅斯年操心最多。于是都巴望陈寅恪即往四川南溪李庄史语所。5月12日，朱家骅致电陈寅恪："本院历史语言研究所工作正加紧进行，务须即日首途来渝。"[3]那也是陈寅恪原初的考虑。1941年2月28日，他在致傅斯年信中言，入川参加重庆中研院评议会期间，"如有暇则赴李庄，一看情形，以为迁居之预备。"[4]12月13日："弟到李庄之可能甚多，便中乞告以地方情形，即何物最需带，何物不必带之类，以便有所预备也。"[5]

事到临头却动弹不得。6月18、19两日，也即抵达桂林的二三天，陈寅恪两次向朱家骅、叶企孙、王敬礼与傅斯年等报告行止，诉说在港

---

[1] 台北"中研院"史语所档案：III：57A、III：57B、III：55。
[2] 陈寅恪著，陈美延编：《陈寅恪集·诗集》，85。
[3] 郭长城："陈寅恪抗日时期文物编年事辑"，周言主编：《陈寅恪研究——新史料与新问题》，九州出版社，2014，25。
[4] 陈寅恪著，陈美延编：《陈寅恪集·书信集》，76。
[5] 陈寅恪著，陈美延编：《陈寅恪集·书信集》，83。

之窘境：为保证家人安全，有两个月没有脱鞋睡觉。那时已有三个女儿，为了躲避"日兵索'花姑娘'，迁居四次"。生活十分艰苦，"数月食不饱"，"已不食肉食数月之久"，偶然有一个鸭蛋，"五人分食，视为奇珍"。信中有"何可言喻，九死一生"等语。[1]此时，杭立武与广西大学商定，陈寅恪以清华大学教授名义暂在广西大学任教一年。

1942年8月1日，陈寅恪致信傅斯年，告知目前状况，"疲倦不堪，旧病如心跳不眠之症，渐次复发"；"半年或数月之内，弟个人及全家皆不能旅行"，"旅费亦将无所出"，等等。是不是还有未能言说的原因，妻子唐篔是广西人，留在桂林，或可多得些照顾；再者，一些大学、研究机关都在力邀陈寅恪前往，如原清华大学、迁到成都的燕京大学和迁到四川乐山的武汉大学等。陈寅恪的信中，还问询了李庄故人梁思永、李济、董作宾、李方桂等，专门提及"恭三（邓广铭）及（那）廉君二兄想仍在李庄，将来弟有琐事尚须奉烦"。唯谈起学问，仍信心满满："弟前年交与商务之隋唐制度论，商务坚执要在沪印，故至今未出版，亦不知其原稿下落如何？""弟近日忙于誊清拙著唐代政治史略，意颇欲在内地付印，以免盖棺有期，杀青无日之苦。"[2]

此时，傅斯年对陈寅恪的抉择或有不快。8月6日他在致中研院总干事叶企孙的信中，认为陈寅恪领"专任研究员薪留桂"，不合规定，必须让他退还专任研究员聘书；如果要支领"专任研究员全薪，须以在李庄为前提"。

陈寅恪岂会如此糊涂。他在11日致傅斯年的信中写道："弟病体一时不能乘公路车到所，已详前书，谅蒙垂察。是以中央研究院总办事处寄来之专任聘书，已寄还王毅侯先生。而广西大学送来与中英庚款会约定之聘书则已接受。（此点已于前书言之。）顷接杭立武先生电谓：'广大已洽定，惟闻中央研究院奉聘专任研究'，意恐弟接受专任聘者与中英庚款及西大聘约有所冲突。弟即复函告以早将专任研究员聘书

---

[1] 陈寅恪著，陈美延编：《陈寅恪集·书信集》，85。
[2] 陈寅恪著，陈美延编：《陈寅恪集·书信集》，89—90。

寄送，自与庚款会之约不生冲突也。"[1]

傅斯年倘若及时读到陈寅恪11日来信，他就不会急着写8月14日那封长信，即使要写，内容和语气也许不会那么生硬。那封信一劝陈寅恪尽早动身，"以寒假或明年春（至迟）来川为宜"；否则，久拖被动，"兄昔之住港，及今之停桂，皆是一'拖'字，然而一误不容再误也"。二谈著作，"大著可在内地印，且可较速"，"《集刊》

1940年代的陈寅恪（陈流求供图）

第十本在此重排，其第一分已出……目下图版、刻字、音标，皆无法子办，然兄之著作，固不受此影响耳。前之《隋唐制度考源》，如尚有清稿，亦可在内地印。成后随时寄弟可也。"接下来就出言不逊，领"专任研究员全薪，须以在李庄为前提"，因有组织通则规定；"兄向为重视法规之人，企孙所提办法在本所之办不通，兄知之必详。本所诸君子，皆自命为大贤，一有例外，即为常例矣。如思永大病一事，医费甚多，弟初亦料不到，舆论之不谓弟然也。"[2]

同日，傅斯年还有一封回复乐山武汉大学校长张颐（真如），请求史语所"奉让"陈寅恪的信。傅氏言，"历年来此等事，皆由寅恪自己决定"，"寅恪历年住港，本非其自愿，乃以其夫人不便入内地，而寅恪伦常甚笃，故去年几遭危险"，"至于明年寅恪入川（亦要看他夫人身体如何）"。明人不做暗事，他将"此信及惠书均抄寄寅恪矣"。[3] 傅大炮高估了自己的道德优势，以及与陈寅恪的情感基础。虽口不择言，他对友人依然柔情似水。如8月19日他致朱家骅的那通电文："寅

---

[1] 陈寅恪著，陈美延编：《陈寅恪集·书信集》，91。
[2] 王汎森、潘光哲、吴政上主编：《傅斯年遗札》卷3，第946函。
[3] 王汎森、潘光哲、吴政上主编：《傅斯年遗札》卷3，第947函。

恪之脾气，一切事须彼自定，彼目下主要住桂林，一如当年之要住香港，其夫人之故也。亦只有随其所欲耳。其实彼在任何处，工作一样，只是广西大学无书耳。本所第一组事，彼仍可通信指导，一如当年在港时也。"[1]

读到傅斯年那封长信，以及随附回复张颐的信，陈寅恪定然不悦。8月30日的回信恍若绵意拳，先略一收回，又轻轻拨出，"弟尚未得尊电之前，已接到总办事寄来专任研究员聘书，即于两小时内冒暑下山，将其寄回。……弟当时之意，虽欲暂留桂，而不愿在桂遥领专任之职。院章有专任驻所之规定，弟所夙知，岂有故达之理？今日我辈尚不守法，何人更肯守法耶？此点正与兄同意者也。"[2]然后力斥"惧内"说，"内人前在港，极愿内渡；现在桂林，极欲入川。而弟却与之相反，取拖延主义，时时因此争辩。"且索性摊牌，"弟之生性非得安眠饱食（弟患不消化病，能饱而消化亦是难事）不能作文，非足既富且乐，不能作诗。平生偶有安眠饱食之时，故偶可为文。而一生从无既富且乐之日，故总做不好诗。古人云诗穷而后工，此精神胜遇物质之说，弟有志而未逮者也。"与此前后，陈寅恪向傅斯年多次坦陈爱钱之因：寅吃卯粮，早已"挪用"，只乞"薪俸"中扣除；眼疾困顿需额外的营养品疗治，甚或请蒋"特批"。他不讳言，自承之业是"富贵职业"，必须靠健康身体。信中，主动提到去李庄可能性小："现弟在桂林西大，月薪不过八九百元之间，而弟月费仍在两千以上，并躬任薪水之劳，亲屑琐之务，扫地焚香，尤工作之至轻者，诚不可奢泰。若复到物价更高之地，则生活标准必愈降低，卧床不起乃意中之事，故得过且过，在生活能勉强维持不至极苦之时，乃利用之，以为构思写稿之机会。前之愿留香港，今之且住桂林，即是此意。若本意不许毕吾工作，则亦只有任其自然。以大局趋势、个人兴趣言之，迟早必须入蜀，惟恐在半年以后也。"作为学者，"未曾侮食自矜，曲学阿世"，坚持著书立说。他写道：

---

[1] 王汎森、潘光哲、吴政上主编：《傅斯年遗札》卷3，第949函。
[2] 陈寅恪著，陈美延编：《陈寅恪集·书信集》，92—93。

拙著唐代政治史数日内可写校完工，隋唐制度论原稿已携出，意欲在此间令人重钞清本或油印，即钞写之费亦不赀，西大如能代出固佳；不能，则将唐代政治史寄呈削正付刊。隋唐制度论则非弟亲钞过不可，恐需半年时日也。又弟撰有魏书司马叙传释证一篇供集刊稿者，俟写清呈教。又有一事奉托那廉君兄或他位，即请代查一本所集刊中有周一良论南朝疆域内民族及其对待政策之文，其题目如何？在何本何分？均求从速示知为感。[1]

1942年8月31日，傅斯年收到中研院总干事叶企孙的信，始知抢先给"寅恪发聘书事，原恐后于清华"。于是回信："若当时兄嘱毅侯兄去信时末了写上一笔'盼大驾早来李庄，为荷'，弟亦不至着急矣。此事寅恪尚未复弟，此固以寅恪就广西大学之聘而解决，然弟或有得罪寅恪太太之可能也。大约本院各部分当年在一处办事，必无此事，此时分在各处，乃有此耳。"建议陈寅恪目下当享"专任研究员暂适用兼任研究员之待遇"，"月薪一百元外，暂加薪四十元"，而"他明年来川（恐广西大学非久居之地），川资如何出，此大是难事也。"[2]

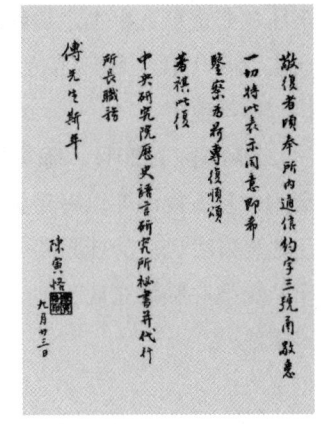

1930年代，陈寅恪致傅斯年信（采自拍卖公司网页）

迁驻四川乐山的武汉大学文学院院长刘永济（弘度）是陈寅恪的好友，他征得校长王星拱、教务长朱光潜同意后，还约请陈寅恪五弟陈登恪教授一起去函，邀他至武汉大学。刘永济填词一阕《喜迁莺》：

香港陷落数月，始闻寅恪脱自贼中，将取道桂、黔入蜀。已约乃弟致书，劝其来乐山讲学，词以坚之。

鲛尘掀户。又惊起乍宿，南云双羽。委地蛮花，飐空腥浪，

---

[1] 陈寅恪著，陈美延编：《陈寅恪集·书信集》，92—93页。
[2] 王汎森、潘光哲、吴政上主编：《傅斯年遗札》卷3，第955函。

轻换翠歌珠舞。漫省荡愁山海，曾是谁家丸土！断肠事，剩闲鸥三两，苍波无语。 知否？人正在，野水荒湾，灯底相思苦。万驿千程，乱烽残戍，归梦去来何处？未了十洲零劫，休问寒灰今古。雁绳远、怕玉珰俊约，欲成还阻。[1]

9月23日，陈寅恪致信刘永济，解释将入川但不能来武大的原因，还将与傅的矛盾隐隐说出："弟之暂留桂林，其原因非面谈不能详，除病体不耐旅行，为兄所深悉外，尚有其他种种。若此行遽入川，而不至李庄，必遭至人事上之纷纭。（因其他气候及环境甚不易，弟已相知。而主其事（者）深讳言之。）当此世界国家危乱之际，惹此无谓之争执，殊不值得。"[2]

1943年1月20日，陈寅恪再致信傅斯年："已与广西大学订了一年契约，且所授课亦以一年为终结，故非至暑假不能成行，除非有不得不走之事发生也。又桂黔路七月间修至都匀，此亦弟欲待其成后可少坐汽车，免发心脏跳之病，他人或觉可笑，弟则最怕坐公路车也。"这封信末附注：

每月家用在三千元上下，前月因女工（用工人甚费，其食米及工钱无不关系）去，本欲减省，邀家人全体劳作，弟亦躬亲提水劈柴，内子则终日做菜煮饭，小孩子不入学而做丫头，但不到数日，弟与内子心脏病俱发，结果服药打针用去千余元。仍须雇工，桂林物价尚低于四川，如来示所云，弟到李庄薪津约月千七百元，不识何以了之也。……说来说去总是一句话：薪津不足以敷日用，又无积蓄及其他收入可以补助，且身病家口多，过俭则死亡也。[3]

大唐盛世，影响千年，世界各地的华人聚集地叫唐人街。唐代存续大约三个世纪，以安史之乱为转折点，其中一个值得思考的问题是，中

---

[1] 李剑亮："抗战时期高校迁徙与教授的词创作——以刘永济《诵帚词》为例"，载《新文学评论》，2012（3）。
[2] 陈寅恪著，陈美延编：《陈寅恪集·书信集》，244。
[3] 陈寅恪著，陈美延编：《陈寅恪集·书信集》，95。

晚唐的历史比初唐更久。一个朝代遭遇过都城被叛军占领的大打击，为何还可以复活，甚至存活时间超过此前？这段历史，颇具战时中国的现实针对性。故史语所的唐史研究，也受到蒋介石重视。

1943年9月1日，傅斯年在回复蒋的问询中，表示"唐代史事之研究，迄未间歇"，例举"已往成绩可言者，例如陈寅恪氏之《隋唐制度渊源略论》，[1]在香港付印二年未成，今已设法在国内重印。""陈寅恪氏之考证李唐世系，证明其为赵郡李氏，并非胡种，如自宋以来学人所疑者；陈君之《唐代政治史论》，[2]可为读《通鉴》者之一助"；"论文有关唐事者，均为数不少，均在《历史语言研究所集刊》发表"。表示"今后自当遵钧座指示，特别加重唐代之研究"。[3]历国乱家难之时，处忧患流离之中，陈寅恪为人为学，不坠不辍，敢不肃然生敬。

李庄是长江边南溪县属的一个小镇，史语所在离镇还有七八里的山坳里，夏天燠热，冬天寒冷，缺医少药，被"疾病劳顿九死一生"的陈家视为畏途。笔者曾求教陈流求："老先生在给友人的信中谈到'看来碍于人情，李庄是非去不可了'，为何最后也没去李庄而到了成都？"陈流求回告：

> 我们一到广西良丰就借住在中央研究院物理所宿舍，当时良丰还驻有心理所（所长汪敬熙）、地质所（所长李四光）好几个所。中研院各个所之间是相通的，知道彼此情况。时局不稳，研究院家属常聚在一起议论，听说史语所李济先生的大女儿在李庄得急性病去世，无药可治，女眷们觉得很可怕，都劝我妈妈不要去。从当时的形势看，广西不保，下一个撤退的目标就是四川。昆明海拔高，妈妈有心脏病不能去，重庆爬坡上坎，父母又感到吃力。父母身体都不好，母亲有严重心脏病，小妹妹美延身子很弱。妈妈一咬牙，说无论如何，就是不能去李庄。[4]

---

[1] 陈寅恪：《隋唐制度渊源略论稿》，重庆：商务印书馆，1944。
[2] 陈寅恪：《唐代政治史述论稿》，重庆：商务印书馆，1943。
[3] 王汎森、潘光哲、吴政上主编：《傅斯年遗札》卷3，第1022函。
[4] 陈流求口述，岱峻专访，2004年6月17日，成都青石桥四川省储备局宿舍。

2005年9月31日，岱峻冯志夫妇采访陈流求后，与李光谟和陈流求老师餐聚

如果此前尚还犹疑，从此即下决心。1943年8月，日军调集兵力，战火逼近湖南，形势危急。时在广西大学的部聘教授陈寅恪，接到成都燕京大学校长梅贻宝的聘书。他给成都华西协合大学中文系主任闻在宥去信："弟拟于八月末由桂启程，抵成都时想在九月中矣。弟久有游蓉之愿，今幸得遂。然而今日物价已非囊时，恐无数年前先生初到锦城之日，尤略有吾辈游赏风景之余地也……"[1]

8月中旬，陈家搭乘货车离桂。途中唐筼染疾，在贵阳治病月余才乘车抵重庆，暂住兵工署署长俞大维家。一天，在北碚夏坝复旦大学任教的蒋天枢、蓝孟博专程进城看望老师，他们是清华国学研究院毕业生。推门而入，陈寅恪全家都病倒在床。陈寅恪夫妇虽然稍好，但见弟子竟只能拥被倚在床。陈寅恪看着他们赠送的奶粉说："我就是缺乏这个，才会病成这样！"

俞大维找到运军火的大卡车，把陈家捎往成都。驾驶室勉强挤下陈寅恪夫妇，三个女儿蹲坐在车厢里。到内江宿一晚，到龙泉驿车又出毛病，第三天上午才到成都九眼桥，此时已近1943年岁杪。

---

[1] 陈寅恪著，陈美延编：《陈寅恪集·书信集》，215。

聘任陈寅恪事，成都燕京大学事先与傅斯年有过磋商。傅斯年也认同陈寅恪不来李庄的事实，认为条件太差，难以安置。他在1943年11月26日回复梅贻宝的信中表示"寅恪暂在贵校，似乎两得之。然一经抗战结束，我们还是要立时请寅恪回住研究所所在之地，此权决不放弃"。[1] 12月下旬，史语所致函燕大："部聘研究教授陈寅恪先生拟改领本所专任研究员之全部待遇，惟其既在贵校任课，仍可援引本院定章在贵校领取兼课四小时不兼行政职务之各项待遇。"[2] 这样，陈寅恪的人事关系仍在史语所，其公职人员补贴、救济，以及后来的家属复员路费、抗战胜利勋章等都是史语所为其报领。

1944年1月25日是农历春节，陈寅恪致信傅斯年："到此一月，尚未授课，因所居吵闹，夜间不能安眠，倦极苦极。身体仍未恢复，家人大半以御寒之具不足生病。所谓'饥寒'之'寒'，其滋味今领略到矣。到此安置一新家，数万元一瞬便完，大约每月非过万之收入，无以生存。燕大所付不足尚多，以后不知以何术设法弥补？思之愁闷，古人谓著述穷而后工，徒欺人耳……"[3]

受聘燕大，陈寅恪同时为流寓成都的教会五大学中文和历史两系的学生上课。1944年2月，他给傅斯年的一封信中写道：

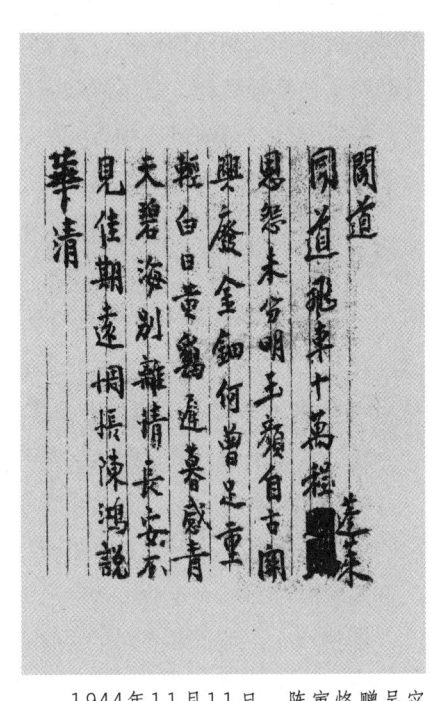

1944年11月11日，陈寅恪赠吴宓《闻道》诗稿（陈流求供图）

---

[1] 王汎森、潘光哲、吴政上主编：《傅斯年遗札》卷3，第1027函。
[2] 台北"中研院"史语所档案：李67-3-1。
[3] 陈寅恪著，陈美延编：《陈寅恪集·书信集》，215。

> 惟有一事异常歉疚者，即总办事处所汇来之（中央研究院评议会）出席旅费七千零六十元到蓉后，适以两小女入初中交学费，及幼女治肺病疾挪扯移用，急刻不能归还，现拟归还之法有二……请转商骝先生，并致歉意为感，弟全家无一不病，乃今日应即沙汰之人，幸赖亲朋知友维护至今，然物价日高，精力益困，虽蒙诸方之善意，亦恐终不免于死亡也……[1]

"日食万钱难下箸，月支双俸尚忧贫"，陈寅恪曾公开标示润格："除史语所外，作文须酬金，现在润格以一篇一万元为平均之价目（已通告朋友，兹以借省麻烦），而守和[2]兄只复以三百字一千为酬（本为千字一百五十元破格加倍），弟实不敢应命，因近日补治牙齿（不能请补助费），甚须费钱，且不能贱卖以坏信用。如守和尚在渝，希为弟解释，免生误会。弟演讲亦须万元一次，四川大学之贱卖，亦不能承命，因弟只能演讲学术问题，须预备稿子，乃与作文无异也。"[3]

收入颇丰，依然穷愁，究何原因，我请教过陈先生的女公子陈流求：

> 这类事父母不会跟我们说很多。我小时候从不觉得家里需要存钱。抗战前教授的工资很高，我父亲供养着祖父、大伯母，还有几个堂兄在读书。城里一个家，城外一个家。抗战以后，通货膨胀，母亲多病，药瓶瓶、药罐罐。小妹妹也是"病秧子"。我到成都读金陵附中，也是因为学费低，住宿也便宜，其他学校学费高，还要做制服。当时成都也有好学校，像华英、华美，但都读不起。父亲有时想吃点东西，比如一只鸡，父亲胃不好，母亲想给父亲吃得精一点，母亲就要到寄卖行去卖衣服。卖出去的衣服，一般是长袍。教授兼职是常事，为的是入不敷出。母亲治心脏病，医药费花

---

[1] 陈寅恪著，陈美延编：《陈寅恪集·书信集》，生活·读书·新知三联书店，2001，98。

[2] 袁同礼（1895~1965），字守和，河北徐水人，著名图书馆学家与目录学家。原北平图书馆馆长。

[3] 陈寅恪著，陈美延编：《陈寅恪集·书信集》，生活·读书·新知三联书店，2001，99。

得吓人。美延没有上小学一二三年级，也有这个原因，反正交了钱也是白交。[1]

陈寅恪在燕京大学为国文和历史系学生授课，以史解诗，以诗证史。"史诗互证取其两意：一是以诗文论证史料或补证史书，相互引发，即以诗证史；二是以史事解释诗歌，以通解诗歌原意，即以史释诗。"若非熟读唐诗，否则一头雾水。1943年3月30日，陈寅恪在写给李庄史语所历史组副研究员陈槃的信中谈到："近草成一书，名曰《元白诗笺证》，意在阐述唐代社会史事，非敢说诗也。弟前作两书，一论唐代制度，一论唐代政治，此书则言唐代社会风俗耳。"[2]制度、政治和社会风俗，是陈寅恪治中古史的三根辫子，彼此交织，清晰可辨。

1944年12月13日，陈寅恪在家忽觉眼前一黑，周遭世界倾刻消失。他本有课，忙叫长女陈流求通知校方请假。次日住进陕西街存仁医院

2005年6月11日四川大学华西幼儿园，原陈寅恪上课与住家的华西坝广益学舍旧址（岱峻拍摄）

---

[1] 陈流求口述，岱峻专访，2004年6月17日，成都青石桥四川省储备局宿舍。
[2] 1943年3月30日致陈槃庵，见陈寅恪著、陈美延编：《陈寅恪集·书信集》，231。

三楼73室。燕大极为重视，找到眼科专家陈耀真、教授毛文书等共同会诊，决定对陈寅恪的左眼实施视网膜剥离手术。手术及术后情况，唐筼代笔、陈寅恪12月27日致信傅斯年：

> 寅恪已于十八日左眼动手术，情形严重，将来之结果现在尚不知……寅恪经手术后，今日为第九天，内部视网膜究竟粘合成功否？尚看不清楚，又因须平睡，不许稍动，极苦。而胃口大伤，虽预备鸡汤滋补之类，而终日闹不消化，所食极少，体力难恢复，于眼膜之长合有大关系也，余再告……[1]

结果极不理想，失明的陈寅恪，痛不欲生："鬼乡人世两伤情，万古书虫有叹声。泪眼已枯心已碎，莫将文字误他生。"[2]

三、遥领贵在"领"

学术无国界，当然只能移用于有国际影响的大学者，比如陈寅恪。以傅斯年对他的了解，当然明白，若要陈氏"专任"史语所，当初不可能，越到后来越不可能；退一步说即或可能，与自己能否很好合作，也是问题；陈寅恪谓，"弟好利而不好名，此公所夙知者也"[3]，史语所也没有实力供养这样一个知名学者。于是，他也认了，只要陈寅恪名义上属于史语所，"遥领"历史组主任职，具体事务管多管少都无所谓。

1942年8月31日，他在致叶企孙的信中对陈寅恪发牢骚："其实彼在任何处一样，即是自己念书，而不肯指导人（本所几个老年助理，他还肯说说，因此辈常受他指派查书，亦交换方便也。一笑）。但求为国家保存一读书种子耳。"[4] 傅斯年对"读书种子"陈寅恪素来尊敬。1926年11月9日，傅斯年谋思回国，设想去清华，在给罗家伦的信中谈："到清华本无不可……但我很想先自己整理一年再去，因彼

---

[1] 陈寅恪著，陈美延编：《陈寅恪集·书信集》，100。
[2] 陈寅恪著，陈美延编：《陈寅恪集·诗集》，42。
[3] 欧阳哲生编：《傅斯年全集》卷7，132。
[4] 王汎森、潘光哲、吴政上主编：《傅斯年遗札》卷3，第955函。

处我畏王静庵君。梁（启超）非我所畏，陈（寅恪）我所敬，亦非所畏。……陈处因他老本是不管闲事的，最不宜奉扰。"[1]1934年5月27日，傅斯年在致胡适信中也提到："且寅恪能在清华闭门，故文章源源而至（其文章数目在所中一切同人之上）。"[2]据统计，"从一九三〇到一九四八年，共在《历史语言研究所集刊》发表二十六篇论文，另有三篇文章刊登在该所其他出版物，是一九四九年以前在该所发表最多论文的学者之一"。[3]

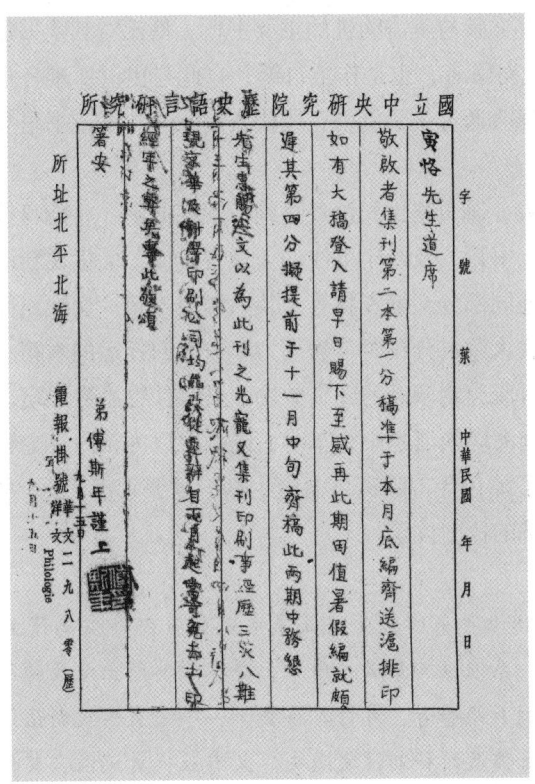

1930年代傅斯年致陈寅恪的约稿信（台北"中研院"史语所供图）

---

[1] 王汎森、潘光哲、吴政上主编：《傅斯年遗札》卷1，第21函。
[2] 欧阳哲生编：《傅斯年全集》第7册，132。
[3] 同上引。另有一说：1929到1948年，陈寅恪在《集刊》上发表文章31篇。见王戆勤：《史语所研究人员著作目录》，载1968年《"中央研究院"历史语言研究所四十周年纪念特刊》。

1944年，陈寅恪"得过且过，在生活能勉强维持不至极苦之时，乃利用之，以为构思写稿之机会"，写定《唐代政治史述论稿》和《隋唐制度渊源略论稿》，史语所以专刊形式出版。顾颉刚认为"二书对于唐代政治的来源及其演变均有独到的见解，为近年史学上的两本巨著"。[1]《唐代政治史述论稿》获教育部第三届"著作发明、美术作品奖"社会科学类一等奖。[2]

史语所甫一成立，陈寅恪即对推进图书资料建设不遗余力，他频频致函傅斯年和史语所图书员杨樾亭、邓广铭、那廉君等，请购藏可能流失国外的重要文献与亟需购进的重要书籍。傅氏对其购书建议，基本照单批准。[3]这对学者，也是作茧自缚，自此与史语所难舍难分。他无论何时何地，都会通过弟子借书，或代查阅某一本书或书里某个观点某句话的出处。

1938年春，陈寅恪由长沙经香港、安南赴滇，将随身携带的文稿、拓本、照片、书籍，及经年批注的《蒙古源流》《世说新语》《新五代史》多册，连同部分文献资料等，装入两只木箱，交铁路部门托运。待他赶往西南联大蒙自分校时，雇人力车夫取回托运的木箱。回到住地，发现箱内只有废弃物塞满的砖头数块，书籍什物悉数失窃。据分析，极可能是在越南海防换滇越小火车时，内贼误以为箱内有金银珠宝等贵重物品，遂用了掉包计。陈寅恪七窍生烟，欲哭无泪。据1942年9月23日他在致刘永济的信中披露：

> 弟廿十年来所拟著述而未成之稿，悉在安南遗失。中有蒙古源流注。系依据其蒙满文诸本，并参稽其所出之西藏原书四库提要所谓咖喇卜经等者，考订其得失。……又有世说新语注，主旨在考释魏晋清谈及纠补刘注之疏失。又有五代史记注，其体裁与彭、刘旧注不同，宗趣亦别，意在考释永叔议论之根据，北宋思想史之一片断也。又凡佛经与之存于梵文者，与藏译及中译合校，凡译匠之

---

[1] 顾颉刚：《当代中国史学》，上海世纪出版集团，2006，89、90。
[2] 刘明："论民国时期的学术研究审查与激励办法"，载《社会科学论坛》，2005（11）。
[3] 刘经富："陈寅恪未刊信札整理笺释"，载《文史》2012（2）。

得失。……又钢和泰逝后，弟复苦其烦琐，亦不敢涉及此事。但有巴利文普老尼诗偈一部，中文无今译本，间散见于阿舍经。[1]

陈寅恪立即写信向昆明史语所门人求援。1938年5月1日致劳榦、陈述二人信云："弟到蒙已将十日矣，欲授课而无书。不知史语所之三国志、晋书、南北史、魏书、隋书、通典等在昆明否？如在昆明，无论何种版本（即开明廿五史本亦可），请借出，邮寄或托友人带下均可。如昆明史语所无此类书，则朋友中能辗转借得否？此次来蒙，只是求食，不敢妄称讲学也。"[2]一周后再致一函，谓："三国志、晋书已在此间借得，可以不寄。通典如一时未能借得，亦可从缓。近中央研究院史语所有书箱运到蒙自，借与联大。以无目录，又无人到此点交，故不知其中有无大藏经、四部丛刊、三通在内，请两兄代弟一查，并速示以在何号书箱内为感。此间联大已催史语所派人来蒙自点交，愈速愈好，因有许多功课皆视书籍之有无以为开班与否之决定也。弟俟孟真先生到昆明后当来昆一行，大约在五月底或六月初也。"[3]

5月5日，劳榦与陈述接信后即寄出第一批书。陈寅恪一周后复信："南北史收到，感荷感荷。北史为百衲本，然则百衲本未运到耶？（五日寄南北史，八日即收到。）来示谓本月六日已寄魏书，今尚未收到，乞一查为感。"信末补充道："蒙自已入雨季，起居饮食尤感不便，疾病亦多，吾侪侨寄于此者，皆叫苦连天，想昆明或较此略胜？"[4]5月15日，当陈寅恪得知《大藏经》不在昆明而在重庆时，再发快信："大藏经弟急需用，因弟在此所授课有'佛经翻译'一课，若无大藏则征引无从矣。乞速航空信请重庆速径寄蒙自，不胜感盼之至。魏书今日已收到，谢谢！那（廉君）君信已收到，所以急盼那君者，为大藏耳。今大藏既在重庆，不知昆明方面尚有哪位可卖或可借否？前云南省长王九龄

---

[1] 陈寅恪著，陈美延编：《陈寅恪集·书信集》，244—245。信中乙庵，是沈曾植号，著有《蒙古源流笺证》等著作；伯希和，法国汉学家；钢和泰，俄罗斯人，汉学家，历任彼得格勒大学助理梵文教授、北京大学梵文与宗教学教授、哈佛大学燕京学社教授并长期担任哈佛—燕京学社驻燕京大学的中印研究所所长。
[2] 陈寅恪著，陈美延编：《陈寅恪集·书信集》，202。
[3] 陈寅恪著，陈美延编：《陈寅恪集·书信集》，205—206。
[4] 陈寅恪著，陈美延编：《陈寅恪集·书信集》，202。

提倡佛教，曾请欧阳竟无讲经。疑昆明或尚有可借处也。"[1]收到劳、陈二人寄送昆明佛经流通处所刊佛经目录后，知道可买者不多，陈寅恪遂于5月21日回复："兹将目录寄上，乞查收，并希将右列六种购就寄下……屡次烦渎，心感不已，所费邮资谅已不少（如航空信），希示知，以便弟照数奉还。又，高去寻君文稿亦交那君带回，并附一复书，乞转交为荷。"[2]6月17日，陈寅恪给劳榦、陈述二人再发一函："研究所无书，实不能工作。弟近日亦草短文两篇，竟无书可查，可称"杜撰"，好在今日即有著作，亦不能出版，可谓国亡有期而汗青无日矣。大局如斯，悲愤之至。"[3]

一路漂泊，备历艰困，陈寅恪始终以文化自肩，河汾自承，奖掖后学，孜孜不倦。如1944年4月30日致函那廉君："寄来之隋唐制度渊源论稿未见兵制一章，请先在李庄一查，如查出在李庄重钞时即未见此

2014年1月23日，岱峻冯志夫妇探望陈流求老师

---

[1] 陈寅恪著，陈美延编：《陈寅恪集·书信集》，206。
[2] 陈寅恪著，陈美延编：《陈寅恪集·书信集》，207。
[3] 陈寅恪著，陈美延编：《陈寅恪集·书信集》，208。

章，则求公从集刊中抄出此文一份寄弟，以便增改寄商务刊印。"5月19日，陈寅恪函劳榦、那廉君："拙稿元微之悼亡诗及艳诗有一节须删去，请务向商务设法，不得已亦请在文后作一更正。"[1]这类傅斯年讥刺为"此辈常受他指派查书，亦交换方便也"——其实就是书院式的老师带徒的方式，老师得些方便，弟子学到本领，各有所获。

史语所历史组原在在北平、昆明时，陈寅恪对史语所的人才聘用、研究人员职务升迁诸事宜，都有话语权。如徐中舒晋升研究员，资助于道泉出国深造，推荐周一良进史语所等。他在史语所的弟子门人各有所专，如徐中舒、陈槃治上古史，劳榦治汉史，余逊、周一良治魏晋南北朝史，陈述治辽金史，全汉昇治宋代经济史，邓广铭治宋史等。

陈槃自1943年后，经陈寅恪授权，暂时代理历史组组务。在史语所迁台后，他每与学生言及恩师陈寅恪，必端坐肃然。他代史语所历史组主任，直到1969年1月陈寅恪逝世，才去掉"代"字真除。[2]

"史语所的有关历史部分在陈寅恪先生以历史学先进、以谨严渊博的方法领导之下，影响尤深"[3]，劳榦回忆：

> 等到我到中央研究院史语所做研究工作，陈先生是第一组主任，不过陈先生只担任一个名义，并不管实际上的事，一切事务都由傅孟真先生亲自处理。遇到学术上的问题，以及升迁的问题，才去特别找陈先生，请陈先生发表意见，这件事在史语所当然是一个很少被谈到的事。等到傅孟真先生逝世以后，我在参加傅先生遗集整理工作之中，在傅先生的一本书中，看到夹着陈先生一张回复傅先生的信，对我加以郑重的推荐，这件事陈先生从来未曾直接和间接表示过的，使我万分的感动。……
>
> 寅恪先生在北平时，住在清华大学的教员宿舍，因为潜心治学，进城的时候很少。我曾经去看过一两次，他住的宿舍是单层平

---

[1] 台北"中研院"史语所档案：李8-10-2。
[2] 杜正胜、王汎森主编：《新学术之路："中央研究院"历史语言研究所七十周年纪念文集》，458。
[3] 劳榦："傅孟真先生与近二十年来中国历史学的发展"，载台北《大陆杂志》1951年2卷1期。

房,相当质朴,和南港"中央研究院"的宿舍大致差不多。因为太远,谈话的机会便很少。到了一九三九年,寅恪先生来到昆明,住在中央研究院租到靛花巷的楼房上,才有机会朝夕晤对。那时寅恪先生已患目疾,需要时常休息。他吃得不多,可是烟酒都不沾的,他曾经和我谈到民国初年长沙的事,并说看到过和我父亲同曾祖的两位伯父,神情和我还多少有些像。可惜我生长在陕西,对于湖南的情形相当隔膜,因而接触到的问题也就不多,不然这也是近代史上很有用的资料。[1]

陈述治学受陈垣影响大;进史语所,得陈寅恪沾溉启沃亦深。"历史研究,数据范围要尽可能扩大,结论则要尽可能缩小,考证要求合实际。一屋的人穿蓝的,也许有一个人穿黑的,除有一定前提,类推不宜常用。"[2] 陈述在完成论文《曳落河考释及其相关诸问题》后,在附注中写道:"本文属稿,承陈寅恪先生驰书启诲者再,几数千言,谆谆不厌烦琐。"[3]

周一良最初是旁听生,他曾回忆:

> 我从燕京到清华去旁听(实际是偷听,因为不需办任何手续)陈先生的课,感到与以往所听的中外历史课大不相同,犹如目前猛放异彩,佩服无已。那时一起去听课的,有在当时的中央研究院历史研究所工作的余逊、俞大纲(都已逝世)和劳榦(现任教美国加州大学洛杉矶分校)三位先生。我们这几个青年都很喜欢京剧,下课之后,常常议论说:真过瘾!好像又听了一场杨小楼的拿手戏!

1936年秋,陈寅恪推荐周一良进史语所历史组。赴南京前,周一良到清华园西院晋谒先生。陈寅恪说,自己"虽是历史组主任,但是遥

---

[1] 沈云龙:《再见大师》,岳麓书社,2015,98—101。
[2] 王永兴编:《纪念陈寅恪先生百年诞辰学术论文集》,江西教育出版社,1994,1。
[3] 陈寅恪著,陈美延编:《陈寅恪集·书信集》,180—185。

领，组中一切事务均由所长处理，但参预决策，研究工作中的问题归他负责，以通信联系"。[1]周一良曾忆从师函授的经历：

> 关于溪人曾通函请教陈先生。陈先生喜欢用明信片。想到一点就寄一张明信片，有时我一天收到好几张。他说自己"胸无定见，殊可笑也"，实际反映陈先生思想之敏锐与活跃。后来陈先生在关于《魏书·司马叡传》江东民族条文章中，回忆当时研讨之乐，有一段颇富感情的话。我在美国，胡适之先生举以见示，我读后深为感动。领民酋长与六州都督，都是北朝史中习见之称而不得其解者，我的文章初次做了解释，遂成定论。[2]

北大文科研究所研究生王明回忆："陈先生通多国文字，对佛、道两教都有深湛研究。每遇什么学术问题，朝夕求教，他无不认真解答，仿佛有古代书院教学的亲切感。"[3]

史语所迁到李庄板栗坳，所办公室仍存有数张盖有陈寅恪私章的公文纸，另在会计萧纶徽处存有一枚私章，以预留为推荐升等及其他不时之需，前提是得到授权。如1945年2月3日，陈寅恪致函傅斯年："李光涛先生升副研究员一事，可照办。弟有图章一枚在萧纶徽兄处，可用。即请代办是幸。"[4]10月4日，陈夫人唐篔致函傅斯年："寅恪临行匆忙，未得亲自致函告知一切，……陈槃、劳榦两先生事，即请先生代寅

1949年，陈寅恪与陈序经在广州岭南大学（采自网络）

---

[1] 杜正胜、王汎森主编：《新学术之路："中央研究院"历史语言研究所七十周年纪念文集》，555。
[2] 杜正胜、王汎森主编：《新学术之路："中央研究院"历史语言研究所七十周年纪念文集》，556。
[3] 卞僧慧：《陈寅恪先生年谱长编》，北京：中华书局，2010，197。
[4] 陈寅恪著，陈美延编：《陈寅恪集·书信集》，110。

作一提案，寅恪无不同意，此一向为先生所知也。今附上空白盖章信纸一张，乞为代办为感。"[1]1946年8月，陈寅恪还以通信方式推荐韩儒林为史语所兼任研究员。

"遥领"不拘"远近"，贵在"领"。

陈寅恪一天没到过李庄，镇上二等邮局的职工没少为李庄5号信箱分拣收发一个叫"陈寅恪"先生的信函电文及书刊，只是他们不明此举对中国文化的意义。

本章节参考文章：

刘经富，陈新宇，陈寅恪与"中研院"史语所，2017年第3期，福建师范大学学报（哲学社会科学版）。

王晴佳，陈寅恪傅斯年之关系及其他——以台湾中研院所见档案为中心，《学术研究》2005年第11期。

张旭东，从亲密到生分：陈寅恪与傅斯年的友谊，《东方早报·上海书评》2016年11月20日；11月27日《东方早报·上海书评》。

---

[1] 陈寅恪著，陈美延编：《陈寅恪集·书信集》，47。

梁思永：我不奋斗啦

梁思成林徽因的珠联璧合，多少有些遮蔽梁氏其他兄妹的辉光；也许由于梁思永早在1954年就因病去世，世上已很少有人知道这个名字。而在当时，他是父亲梁启超最看重的一个儿子。1948年，他与兄长梁思成同被国民政府选为首届院士。后来，他又是共和国的考古学掌门人……

梁启超一生娶过两位夫人：李蕙仙和王桂荃。光绪十七年（1891），梁启超19岁入京时与长他四岁的李蕙仙成婚。李蕙仙嫁给梁启超，带了两位随身丫环，其中一位叫王桂荃，聪明伶俐，深得梁氏夫妇喜欢。清光绪二十九年（1903），她成为梁启超的侧室。梁的九个子女中，思顺、思成、思庄为李夫人所生，思永、思忠、思达、思懿、思宁、思礼为王夫人所生。

梁思永1904年生于澳门，曾在日本念小学，回国后进清华学校留美班，后赴美国哈佛大学攻读考古

1920年代的梁启超（梁柏有供图）

学。彼地学风注重地质学、人类学、古生物学、社会学、化学、物理学的综合运用；注重田野调查，把地下实物分析与人类社会史研究结合起来。梁思永获得学士学位后，转入哈佛大学研究院，受业于美国文化历

史学派主将之一、著名考古学家基德（A.V.Kidder），主攻东亚考古，曾在美国参加印第安人古代遗址的发掘研究。

1927年初，梁思永给父亲写信，表示想回国实习并搜集一些中国田野考古资料，准备毕业论文。父亲回信，从当天参加清华学堂欢迎李济、袁复礼自山西西阴村考古发掘归来的感想谈起，建议儿子快些回国，"跟着李、袁二人做工作，一定很有益。"

1930年代留学美国的梁思永（梁柏有供图）

父亲的信，是一圈圈缓缓收拢的风筝线。1927年梁思永回国，在国内工作近一年，担任清华研究院助教，兼任古物陈列所审查员，故宫博物院审查员。他利用在美国所学的考古学知识，对李济在山西西阴村发掘的一万多个陶片分类，通过与国内外新石器时代遗址进行对比研究，肯定了西阴村与仰韶村是同时代的文化遗存。他将研究成果用英文写成论文《山西西阴村史前遗址之新石器时代之陶器》，获得哈佛大学研究院考古专业硕士学位，成了第一位受过正规现代考古学训练的中国人。

那是中国现代考古学的起步阶段，李济继山西西阴村发掘后，应邀加盟中研院史语所，出任考古组主任，接替董作宾主持河南安阳殷墟发掘。"上穷碧落下黄泉，动手动脚找东西"，史语所所长傅斯年希望以考古学重建中国上古史，"果然我们动手动脚得有结果，因而更改了'读书就是学问'的风气，虽然比不上自然科学上的贡献较有益于民生国计，也或者可以免于妄自生事之讥诮罢？"[1]

梁思永1930年回国后，正式进入史语所考古组。这年8月，地质学家丁文江从来华考察的法国传教士、古生物学家德日进神父处得知，中

---

[1] 傅斯年著; 刘梦溪主编, 雷颐编校:《中国现代学术经典 傅斯年卷》, 河北教育出版社, 1996, 350。

东铁路俄籍雇员路卡徐金在东北中东铁路一线，发现黑龙江昂昂溪附近有一处新石器时代遗址。此前，日本学者对东北进行过考古活动，但限于辽东半岛及松花江以南地区。

这一消息传到蔡元培、傅斯年耳中，他们意识到此处遗址在历史和现实政治中可能潜在的意义。9月19日，派梁思永与助手王文林从北平出发，前往黑龙江，此时该地区正在流行鼠疫。昂昂溪位于东北平原北部中心。他们进入五福遗址开始调查和试掘。沙冈距江边七八公里，离昂昂溪火车站约六公里，他们每天徒步往返两地之间，共挖掘4个沙冈，在黑沙层发掘出陶片约200块，在第三沙冈挖掘到一座墓葬，获骨器10多件，从地面采集石器100多件，陶器一个，加上路卡徐金先前采集的石器、骨器、陶片等700多件，在昂昂溪一共出土标本1000多件。

"胡天八月即飞雪"，而此时黑龙江已冰天雪地。10月29日，梁思永收到董作宾代发的电报，"盼速结束回平，赴济工作。"[1]那时，山东济南附近的城子崖发掘已拉开大幕，于是他们于11月27日回到北平。此次调查成果，梁思永在1932年10月的《历史语言研究所集刊》第四本第一分册，发表了长达44页的大型考古发掘报告《昂昂溪史前遗址》。从此，松嫩平原嫩江中下游沿岸分布广泛的以细小压琢石器为主的原始文化类型，被称作"昂昂溪文化"。"九一八"事变，日寇侵占东三省，这地区刚开始的考古发掘，只好像一粒深埋在冻土中的种子。

1931年1月，梁思永与北平协和医院社会服务部工作的李福曼结婚。李是梁思成母亲李蕙仙的侄女，比思永小三岁，毕业于燕京大学教育系。

这年3月，27岁的思永完婚仅三个月，即告别新婚燕尔中的爱人，赶赴安阳工地，参加殷墟第四次发掘。此次发掘范围向东扩展到后冈，向西扩展到四盘磨，李济的意图是"由外求内"，先发掘四境，再探求小屯。后冈与四盘磨的发掘分别由梁思永和吴金鼎主持。此时，中国第一部《古物保存法》正式生效，田野考古发掘有了凭执照才能进行的法规。梁思永以"侯家庄西北冈发掘领队"身份领到我国"第一号采取古物执照"。

---

[1] 台北"中研院"史语所档案：元181-9。

1931年在颐和园，右起傅斯年、梁思永、董作宾
（董敏供图）

后冈遗址，北临洹河，位于小河湾南岸的一处台地之上，西北面是傍河而立的十几米高的黄土壁，东北是一片河水沉积的沙滩，东南两面地势平坦。李济曾经写过，1929年发掘小屯时，天天走过后冈，看它那隆然高出四周的形势，遍布绳纹陶片，那时就动了掘它的念头。

1931年3月21日，是辛未年的春分时节，梁思永叫人吹响了动工的哨子。他主持后岗发掘，采用"整个的翻"的分区翻土全面揭露法，后由于经费有限依然采用"掘纵横沟"的探坑（沟）法，达到解剖地层以窥其文化面貌的目的。他提出科学的地层划分方法：以土质土色及包含物的不同来划分地层，为科学而准确地认识古代文化遗存打下了基础。他倡导并践行在发掘工地附近建立工作站制度，吃住俱在工地，仅在星期天回城休息和做下一周准备，工作效率得到提高，并由此形成中国田野考古工作站制度。

此前，中国境内无论是外国人还是中国人进行的考古挖掘，遗址发掘都采用按照深度来划分地层的方法。董作宾主持的殷墟的首次发掘，目标在于探求甲骨。他提出"殷墟淹没说"的成因。李济主持第二三次殷墟发掘，也赞同董作宾的观点，误判地上文化层是由洪水淤积而成。此后，李济有过反思，夏鼐在1937年2月22日的日记中写道："下午至李先生处。……谈话中，我露出不满意小屯发掘的方法，李先生仰卧着，两眼直瞪着天花板，说：'小屯发掘的时候，我们什么都不知道，只好乱挖。'又叹气说：'后世知我者其小屯乎！罪我者其小屯乎！'"[1]其实，这在当时情有可原，无可厚非。张光直曾指出，1928年的时候，全世界田野考古的水平都不够高。当时英国人在印度搞发掘，仍是一大堆人站在探方里。梁思永在美国西南部搞过发掘，受基德（A.V.Kidder）指导，又有当地特殊地貌的启发，因此掌握了"很大一片整个挖的概念"。科技进步如同接力赛，每个人要紧的是跑好他执棒的那一程。

这次发掘，梁思永突然意识到，如果彩陶文化代表安特生所发现的仰韶文化，黑陶文化是否代表城子崖龙山文化？果如是，则意味着龙山文化可能不局限于城子崖一地，所涉范围或更为广阔，甚至代表一种普遍的史前文化。这一科学洞见，找到了解开中国史前文化之谜的一把钥匙。为了验证这个观点，李济和傅斯年都感到城子崖遗址有再发掘细察考之必要。

1931年秋，梁思永和吴金鼎率领王湘等人由安阳转赴山东，开始城子崖第二次发掘。发掘结果证明，殷墟与城子崖两地的黑陶文化基本相同，这一文化范式，验证了梁思永此前的推断。以

梁思永与梁思成（左、右）在安阳殷墟考古工地上（梁柏有供图）

---

[1] 夏鼐：《夏鼐日记》卷2，95。

大量证据，纠正了瑞典学者安特生将仰韶与龙山两种文化混在一起，并轻率地得出"粗陶器要比着色陶器早"的错误结论。

1934年，一本命名为《城子崖》的大型田野报告，以傅斯年、李济、董作宾、梁思永、吴金鼎、郭宝钧等共同署名出版。报告内容共七章、一附录、一英文摘要，并附图版若干。每章由不同的学者负责编写，前两章总述遗址发掘经过及地层分布情况，后五章则以遗物大类为纲分别详述。这种编写体例是梁思永创立的，并成为现当代考古发掘报告惯用的编写体例和纲目。1939年，梁思永在"第六次太平洋学术会议"上提出论文，全面总结龙山文化。直至今日，对龙山文化类型的进一步划分，仍源自梁思永当时的创见。

1932年，梁思永返回河南主持后冈发掘，他在工地上凡事亲力亲为。石璋如回忆："梁先生的脾气很怪，做事很严格，每日上下工，工作袋要自己背，走起路来上身微向前倾，直向前冲，非常紧张。在田野的工作时间很认真，他主张身先士卒的。如果遇到下雨，他和工人一样地淋，虽然有测量用的大伞在一旁，他也不撑。他说这是田野工作，与工人一样，自己先撑上伞，怎样叫工人工作，更不能叫工人心服，这样形成了安阳发掘的一种好风气。""梁先生在田野忙了一天，整理记录之后还要辩论，辩论完了至少三天要写一封家信。他住的是北平的赵堂子胡同，董先生戏题四个字："神驰赵堂"。"[1]

就在后冈工地上，梁思永突发疾病，开始只当普通感冒，因田野发掘紧张，他仍在工地上坚持，未曾稍离，病情没能及时控制，高烧几日，转成烈性肋膜炎。等转到北平协和医院住院治疗时，胸肋部开始大量化脓积水。医生从他的胸腔内连续抽出四瓶黏液，经加量用药和多方救治，方保住性命。当时，妻子李福曼已怀身大肚，仍日夜在先生病床前守护，直到年底梁思永才渐渐好转。但病灶却从此蛰伏在那个寒冷的早春。

自1932年春天开始，梁思永一边在北平疗养，同时开始撰写《后冈发掘小记》，编著《城子崖》等。石璋如回忆：

---

[1] 石璋如：《殷墟发掘员工传》，台北"中研院"历史语言研究所，2017，260。

梁思永先生写《后冈发掘小记》时，接受了中国传统文化的意见，认为可能是黑陶时代祭天的一种建设。关于殷代的长方坑，打破了白灰面，在长方坑内出了一块字骨，其上有"丙辰受年"四字，董先生的判断为文丁帝乙之世，梁先生遵从了董先生的意见。可是灰坑打破白灰面，梁先生认为白灰面为黑陶时代，董先生也遵从了梁先生的意见。但是关于用途，董先生主张窖藏，梁先生主张为祭山林川泽的祭祀坑，吵得面红耳赤，各不相让，都知道辩论对于研究有莫大益处。[1]

1935年，梁思永（右一）在西北冈大墓接待前来参观的伯希和（法国）和傅斯年（梁柏有供图）

---

[1] 石璋如：《殷墟发掘员工传》，260—261。

1935年4月春天,梁思永再返安阳,主持殷墟发掘。当时跟随他参加侯家庄西北冈发掘的夏鼐回忆:

> 梁先生那时刚过30岁,肋膜炎病愈后并不很久。瘦长的身材,苍白的脸色,显然身体还没有完全恢复过来。但是在工地上,他像是生龙活虎一般的工作着。他的那种忘我的工作精神使他完全忘记了身体的脆弱。白天里,他骑着自行车在各工地到处奔跑巡视。对于各工地在发掘中所显露的新现象和产生的新问题,他随时都加以注意,加以解决。他有时下坑亲自动手,有时详细指点助理员去做。那次的工作地范围广达数万平方米,分成五六个区域,但是几乎随时到处都有梁先生在那儿。四百多个工人和十几个助理员,在他的领导之下,井然有序地工作着,像一部灵活的机器一般。晚间在油灯下,他有时和工作队助理员谈谈当天发掘中的新发现,有时查阅各人的田野记录簿,有时看着助理员们剔花骨等整理当日出土品,有时和他们讨论新问题——因之时常深宵还未入睡。[1]

经过几次连续发掘,后冈工地出土了与城子崖遗址下层文化相同的黑陶期遗物,发现了小屯(商代)、龙山、仰韶三种文化遗存上下依次堆积的"三叠层"。他观察到,后冈遗址的分布中心每次都略向东北方向移动,这大概与洹水的活动有关,因为洹水所冲积形成的三角沙洲是向东北推进的。也许,古人就是利用洹水向后冈退让的优势,完成了三种文化的依次演进。他进而推测:第一次彩陶文化的人们在西南角留下一个小土堆;第二次黑陶文化的人们在小土堆的东北方向建成一个较大的村庄,这个村庄废弃之后,后冈大致形成;第三次白陶文化的人们在黑陶的废墟上继续堆积,最后形成了现在的后冈。可见,殷墟文化与龙山文化之间有着明显的继承关系,但二者之间也显然存在缺环;龙山文化与仰韶文化之间曾发生过密切关系。

尹达后来评价:"在河南北部这三种文化的时代序列是基本上肯定

---

[1] 夏鼐:《敦煌考古漫记》,百花文艺出版社,2002,324。

了。这好像是一把钥匙,有了它,才能打开中国考古学中这样的关键问题。这是中国新石器时代考古发掘中一个极重要的转折点。这功绩应当归之于思永先生。"夏鼐曾写道:"自(梁思永)加入殷墟发掘后,对于组织上和方法上都有重要改进,提高了我国田野考古的科学水平。在野外工作中,能注意新现象,发现新问题。主持大规模发掘时,能照顾到全局,同时又不漏细节。"[1]

1936年岁杪,考古组主任李济应邀赴英讲学,梁思永受托代理主任职。翌年2月11日,日本东亚考古学会创建者、东京帝国大学考古学教授原田淑人致函李济,邀请赴东京出席"东京人类学会日本民族学会联合大会",提出"热望先生之来临,

1938年,西迁时绕道越南办护照时梁思永的全家照(梁柏有供图)

万一不能来时,望董作宾梁思永两先生之中,任来一位。"此时日本侵华战争阴云密布,学术活动与大东亚殖民理论已很难厘清。2月17日,梁思永回函:"承邀往参加东京人类学会日本民族学会之联合大会,惟李济先生现正在英国讲学,而董作宾先生及敝人奉派出发河南等处从事田野工作,届时均不能前往参与大会,尚祈见谅。"[2]6月19日,第十五次殷墟发掘结束。7月2日,潘悫在工地上写信给梁思永回报善后事宜:"石璋如先生携魏善臣已于昨晚赴平,标本起运须俟铁部公文到达。所有结束各事均经齐备,收支各款周内即可呈报,关于长工之去留亦均经石先生指示仍按去冬收工后办理。"[3]

很快,卢沟桥枪炮声响起。8月10日,值守考古工地的尹焕章致函梁思永,报告陆军64师司令部欲借发掘团的房屋。13日梁思永回函:

---

[1] 夏鼐:《夏鼐文集》(上册),社会科学文献出版社,2000,228。
[2] 台北"中研院"史语所档案:考12-4-37,考12-4-38。
[3] 台北"中研院"史语所档案:考4-10-49。

"刻值军事紧急时期，发掘团房屋至不得已可让出一部分，即请斟酌办理。"[1]

战争改变了一切。傅斯年临危受命代理中研院总干事，刚回国的李济席不暇暖即受教育部委托，去西南调查故宫文物转运庋藏情况。梁思永以史语所临时负责人身份，组织带领全所同人携带物资，自南京一路南迁。

旅途上，最犯愁的是历次考古发掘物品，那些多是埋藏地下上千年而决不能碰撞挤压的宝贝。史语所档案中，有梁思永致湖南教育厅朱经农厅长的电文，"存件劳神安置，公私极感"；朱经农的回电有些不客气，"存件无法起运，分别砌入地下室夹墙内。保管员穷极，汇生活费。"[2]梁思永领着史语所同人，带着妻女，颠沛流离。每次转移，他带领大家一齐动手，把二十多万册书籍和文物装成六百多个大箱，然后经由卡车、火车、木船、轮船，一站一站，押运到目的地。

梁思永一家在李庄羊街8号院内（梁柏有供图）

旅途劳顿，并未换来长久的清静。1940年10月底，为摆脱敌机轰炸，史语所迁到四川南溪县的李庄。

梁思永一家，租赁李庄镇羊街八号罗南陔家暂居。2003年，我从当年的羊街八号房东罗南陔的儿子罗萼芬老人处，了解当年的情景：

我父亲在当地很有影响，人称"小孟尝"。听说梁思永身体不好，父亲诚恳相邀："愚下已经叫儿子儿媳迁到乡间石板田住下了，现将自家住房腾出一半，打扫就绪，特请先生与夫人前去查看，可否满意？"梁思永遂住进我家。隔壁住的是中博院主任李济一家，他父亲是词人李郘客老先生。我家室号"植兰书屋"，院子天井里有口大青石缸，缸子周围置放有二三百盆兰花，清幽清幽

---

[1] 台北"中研院"史语所档案：考3-3-8、考3-3-9。
[2] 台北"中研院"史语所档案：昆15-77, 15-80。

的，空气好，适合梁先生养病。

父亲留一间屋自己住，好管兰花。我和父亲、继母住在一起，其余腾给梁家。书房两边开窗，一边是张老式书桌，一边是张老式梳妆台可供梁师母梳洗化妆。中间一张老式大床，一壁一个空着的大书架，可放上百册书。一边是一个旧式的食物柜和大衣橱。梁家很满意这个环境。

梁思永曾到重庆去治过一段时间的肋膜炎。那是抗战前就得下的病。那段时间，梁思成每隔几天要来弟弟家一趟，看缺不缺什么，有时也捎点菜来。思永是历史学家，在我家研究宋史。当时我父亲也爱好文史，他两个很谈得拢。常常在兰花丛中，安两个马架，或躺或坐，一谈就是好几个小时。我们亲戚多，常从乡间送来的瓜果蔬菜，都照常送两份给梁家兄弟，减少他两家上街买菜的花销。[1]

史语所在板栗坳山上，罗南陔家在镇上。梁思永遂周一早上山，周六晚上下山。山上住六天，家里住一天，那情景颇像他创立的田野工作站制度。石璋如写道：

由羊街到山上，要沿着长江南岸走约一公里的平路，然后再上一百多级石台阶的山坡，初次行走相当的吃力。如果住在山下，每日上山办公，来往于一百级石台阶上，是吃不消的。他因为赶西北冈的报告，只好住在山上，在山上搭伙，并带炸酱佐食。考古组在戏楼院，由几位爱吃面食的朋友，组织了一个小伙食团，每天早晨吃油炸馒头。梁先生也特别爱吃，可是他有胃病，油炸馒头很难消化，一吃之后就不舒服，但是他绝对不说，恐怕影响大家的兴趣。后来大家知道了，才改变早饭的样子。[2]

笔者曾拜访梁思永的独生女梁柏有，当年她仅七八岁：

---

[1] 罗尊芬口述，岱峻专访，2002年10月9日于李庄。口述梁思永研究宋史，不确。
[2] 石璋如：《殷墟发掘员工传》，289—291。

当时我们住在李庄的羊街八号罗南陔家，分前院后院。院里有桂圆树花椒树。罗家住前院，我们住后院。后来我们搬到板栗坳的茶花院。记得家里一屋子的头盖骨，很害怕。父亲成天在人头骨和各种陶罐之间敲敲打打，修修补补。我母亲李福曼，是大祖母李蕙仙的侄女，贵阳人，燕京大学教育系毕业，曾在北京协和大学工作过一段时间。抗战后没再工作，主要照顾我和父亲。我开始在李庄镇中心小学读书，后来读板栗坳的子弟校。[1]

史语所档案，留下贫病交集的梁先生一袭高贵清癯的身影：

弟不拟申请子女学校费用，谨将申请表等奉还。

弟之列名请求暂垫柴款事，确是欠斟酌，当时只注意于希望研究所能够帮助境况特别困难的同人们解决燃料问题，但始终绝对没有要研究所为自己垫款之意，特函致歉，并望能接受此项说明。[2]

1940年代梁思永像
（梁柏有供图）

当今流行一句话，"君子爱财，取之有道"。而那个物资极为匮乏的年代，梁先生为我们树立了何为高贵的道德楷模。

在板栗坳，梁思永的工作是撰写抗战前殷墟西北冈的发掘报告，这项工作自撤退到长沙时即已开始。在昆明时，他将西北冈重要出土古物摩挲过一遍，写下要点，对报告的内容组织也有大致轮廓。他先从西北冈的器物做起。据石璋如回忆：

他多半是研究西北冈的石玉器，他把残破的碎块想拼成整器。他把2H铅笔削得非常的尖，在很薄的打字纸上很细心地绘他

---

[1] 梁柏有口述，岱峻专访，2004年6月29日下午，北京。
[2] 台北"中研院"史语所档案：李5-6-2，13-10-1。

拼好的器物图。他是分类整理的，每绘好一张，上面记上页数，下面写上年月，所以他整理的东西非常有次序，不易凌乱。就是他写的字，自成一派，我们都称他为草圣，除了他自己外，外人很不容易认识。他的习惯蘸一次钢笔，一气要写成一长句，大字小字套勾形的相接连。他又不喜欢用格子纸，所以字的个体很难划分，因此梁先生的字也成了一种专门的学问。[1]

战前，梁思永的肋膜炎虽得到控制，却留下病灶，1941年7月病情突然加剧。此时，大妹梁思庄带着女儿吴荔明，躲避战乱，在亡夫吴鲁强父亲吴鼎新在广州的家中暂住，突然读到大哥思成从李庄寄来的信：

> 三哥（梁思永）到此之后，原来还算不错，但今年二月间，亦大感冒，气管炎许久不好，突然转为肺病，来势异常凶猛，据医生说是所谓galloping T.B.（奔马痨，一种肺病）。好几次医生告诉我Critical（病情危急），尤其是旧历端阳那天，医生说angthing may happen any time（随时可发生意外）。形势异常危急，把我骇得手足无措。其实也因二嫂已病了一年，医疗看护方面都有了一些经验，所以三哥占了这一点便宜。……竟渡过了这难关，至六月中竟渐渐恢复常轨……

英语写成的部分最为秘密，梁思成或许不愿让家人有更多担心。1941年10月16日，梁思永致信时在重庆出差的李济，信中说：

> 西北冈器物之整理，本预定十月底完毕。今因上月廿二日、本月八至十日弟之胃病大发了四次，八日至十日几不能饮食，下山回家调养，耽误约半个月，完工之期又展迟至十一月中旬。器物整理完毕之后，即开始继续报告之编辑。报告中统计制表、编索引等机械工作，拟请研究所指派一专人协助。[2]

---

[1] 石璋如：《殷墟发掘员工传》，289—291。
[2] 李光谟辑：《李济与友人通信选辑》抽印本，1997年5月。

梁思永胃病又引起肺病，上山下坎跑不动了，只好在家卧床休息。山下阴湿，傅斯年动员他搬到山上住，专门在茶花院历史组办公区和善本书库之间，辟出一部分给梁思永一家住。向北向东，空气流通，光线充足，适合静养。但他是天生劳累命，石璋如写道：

> 自从他搬上山之后，精神比山下好得多了。精神一好他又想起工作了，他把侯家庄西北冈的有关记录以及他做的报告文稿全都搬到他的卧房中，在病榻前放了一张低的桌子，把那些资料都放在桌子上。又让木匠给他做了一块木板，把打字纸可以钉在其上。当他精神好时，靠在桌上的时候，把木板放在腿上以撰写或校对。做做睡睡、睡睡做做，仍不肯丝毫放弃他的工作。朋友劝他休息，他也不肯。本来一个人躺在床上，当睡不着的时候，思前想后，实在无聊，做点工作也不过借此消磨时间而已。他的夫人李福曼女士，侍奉饮食，笑脸安慰，从无怨言。[1]

1940年代，梁思永与女儿梁柏有在李庄去板栗坳的高石梯（梁柏有供图）

考古组主任李济兼任中博院筹备处主任常住山下，考古组很多事项都靠梁思永担着，他甚至被傅斯年视为接班人。梁的卧病对傅是一个很大的打击。1942年4月29日，他在致朱家骅、叶企孙的信中写道：

> 思永尤有一特长，本所同人多不肯管公家事，或只注意其自己范围事，弟亦颇觉到敝所有暮气已深之感。思永身子虽不好，而全是朝气。其于公家之事，不管则已（亦不好管

---

[1] 杜正胜、王汎森主编：《新学术之路："中央研究院"历史语言研究所七十周年纪念文集》，353。

闲事），如过问，决不偏私而马虎也。其公道正直及公私之分明，素为同人所佩。弟数年以来，时思将弟之所长职让彼继任，然此事不可不先有准备。抗战时，弟在京代总干事，思永在长沙代弟，不特敝所翕然风服，即他所同在长沙者，亦均佩之也（孟和即称道不置之一人）。以后弟在重庆时，曾有若干次托彼代理，其目的在渐渐养成一种空气，俾弟一旦离职，彼可继任耳。彼于代理殊不感兴趣，强焉亦可为之。自胃病后，不肯矣。弟此次返所，见其精力甚好，前计又跃于心中，今乃遭此波折，亦弟之大打击矣。[1]

患者梁思永，除了强撑病体坚持写作，更多的时间是倚床阅读。史语所的档案里，有四十年代初他在李庄求购或借阅的一批书单，计有：日文书籍12种、《康导月刊》一卷一至四期、《康藏史地大纲》二种、《西昌县志》、刘泽荣编《俄文文法》、商承祚著《长沙古物闻见记》、东方书社出版的《现代西藏》《蒙古音史》、中华自然科学社监印的《西康科学考察团报告四——地理气象组报告》（所附各图）一份等。1943年10月31日，夏鼐"上午与高（去寻）晓梅君同往谒梁思永先生，病后已一月多未曾见面。梁先生颇注意康藏方面的史地，谈话中常提及此题目。"[2]其时，史语所与中博院等单位合组川康古迹调查团及西北史地调查。梁的阅读或为此做准备，给参加田野调查的同人补充背景知识，提供智力支持。

他的身体情况，却让所有熟悉他的人揪心。夏鼐在1944年1月2日的日记中写：

昨夜下雨，今晨雨虽停止，但路上仍泞滑，前星期已约好张大夫下山聚餐，不能不去。……张大夫昨日在梁思永先生处用午膳，梁先生说自己眼看见这肺病不能痊愈的，不过是时日的问题，想勉强起来将未完报告写毕，这是此生唯一的事业，不知值得冒险否。张大夫仍劝之休养三四年后再说，目前不能起来工作，病势一

---

[1] 欧阳哲生编：《傅斯年全集》卷7，242。
[2] 夏鼐：《夏鼐日记》卷3，141。

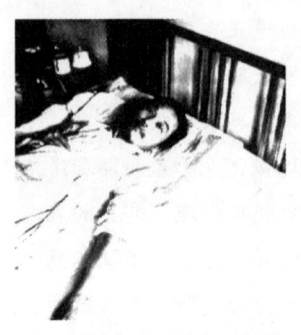

变，前功尽弃，张大夫颇为之伤心，大家听见亦均为之黯然。[1]

梁思永在李庄度过漫长的五年，留下瘦削而硬挺的背影。李庄永胜村的李婆婆至今还叫得出梁思永的名字：

病榻上的梁思永（梁柏有供图）

我们喊他硬人，他不出门，天天在家写书看书。把馒头切成片，在烀碳火上烷一下吃。后来，他得了病，把肉炖成丝丝，把馒头掰碎泡在汤里吃。有一天，梁先生说我要走了，只要一两个月就要回来。他是抬起走的，铺盖拢到头，滑竿一直平起抬，从高石梯抬到李庄街上，大船载到重庆住院。[2]

抗战胜利不久，梁思永偶然从一本外文杂志上看到一个新的医学成果，即患肺病者若去掉肋骨可使有病的一侧肺萎缩下来，健康的一侧肺担负更大作用。这个消息令他振奋。在各方关照下，他将赴重庆医治。当时，光复东迁，百川汇流，运输紧张，1945年10月22日史语所致函民生实业公司："本所专任研究员梁思永君梁君夫人及医师徐德言君，拟搭乘贵公司轮船由宜赴渝，祈惠予保留官舱铺位叁个。"两天后，四川合众轮船股份有限公司叙府分公司回函："长虹轮现正在修理何日出厂尚无消息，如该轮本月内不能到叙，梁君等势必改搭第二次下驶之舱，已照留修理后航驶第二次舱位。"[3]

李福曼陪同丈夫梁思永自李庄乘船到重庆，入住高滩岩中央医院。在胸外科专家吴英凯主持下，梁思永被切除了七根肋骨。1946年2月5日，傅斯年在致俞大綵的信中说："梁三手术甚好，但胃口太劣，前途也不大光明。"[4]3月1日，结束西北考察回到重庆的夏鼐，专程前往

---

[1] 夏鼐：《夏鼐日记》卷3，151。
[2] 李素华口述，岱峻专访，2002年10月9日，李庄。
[3] 台北"中研院"史语所档案：李18-18-7。
[4] 王汎森、潘光哲、吴政上主编：《傅斯年遗札》卷3，第1136函。

探望。梁师母李福曼告知他:"梁思永先生开刀后,经过尚佳,惟开刀二次,创口长达一公尺,取去肋骨7条,将左肺压扁后,须一年后始能痊愈。现下尚觉痛楚,不能翻身;至于温度亦已下降,但尚未完全退清。"[1]3月2日,夏鼐与吴金鼎相约,"偕往高滩,去中央医院访梁思永先生"。"进院至502号室。梁先生偃卧病床上,尚不能翻身,较在李庄时更为清瘦,惟精神尚佳。据云,昨日闻梁太太告诉之,余二人将于今日来探视,甚为兴奋,昨晚服安眠药,以便今日畅谈。……谈至4时许,始告辞而出……"[2]

1946年,傅斯年通过交通部长俞大维,让梁思永一家搭乘一架军用飞机飞往北平。当时梁躺在一张帆布担架上被抬上飞机。考虑到路途困难,傅斯年以个人的名义发电报,让在北平的内兄俞大绂帮忙接机。一到北平,梁思永即由俞大绂等四人抬下飞机,专车护送到在北平的大姐梁思顺家暂住,一个星期后搬到东厂胡同原大总统黎元洪居住的院内三间北房居住、休养。

1948年中研院举行第一届院士选举,2月20日,董作宾在致胡适的信中表明,自己愿意放弃膺选为考古学领域院士的机会,劝说胡适投梁思永和郭沫若一票,因为前者在病中,应该借此"给他一点安慰"[3]。结果,胡适、郭沫若、董作宾、梁思永都当选为首届院士。

当年年底,史语所迁往台湾,梁思永留在北京。他虽已卧床不起,但每天都抱着那台美国产的收音机收听国共战争的消

2015年9月23日,岱峻与梁柏有在李庄

---

[1] 夏鼐:《夏鼐日记》卷4,27。
[2] 夏鼐:《夏鼐日记》卷4,27—28。
[3] 耿云志主编:《胡适遗稿及秘藏书信》第37册,黄山书社,1994,699。

息。1950年8月，他被新生的共和国任命为中国科学院考古研究所副所长。所长郑振铎担任国家文物局局长一职，因此考古所的工作担子主要压在梁思永身上。尽管他的病躯已不能从事田野考古，但仍筹划着考古所的田野发掘，指导室内研究，在家中主持所里的重要会议。

据夏鼐说："他在考古所成立后初次看见我时，便很兴奋地谈着关于考古研究所的计划。他说，所中一切事情都由郑所长（郑振铎）和我来管好了。只希望你和所中具有田野工作经验的几位，带着一班年轻朋友们，在外面多跑跑，训练年轻的人才是目前最迫切的任务。这种训练是需要在当地实际工作中亲手指点的。因此，我到所后一年半中的大部分时间是在外地工作，没有多替他在所内分劳。"他在病床上，用铅笔在便条上完成《殷代陶器》和《考古报告的主要内容》两稿，对考古报告的编写有指导意义，使许多青年考古工作者大为获益。

1953年2月，梁思永心脏出现衰竭，身体更加虚弱，只得脱离工作在家休养。到了1954年春天，心脏病发作，入北京人民医院救治。3月8日，梁思永让夫人李福曼打电话叫自己的妹妹、时在北大图书馆工作的梁思庄到医院。据梁思庄的女儿吴荔明讲述，在梁思永生命垂危的最后阶段，一直没有为自己的病情和痛苦哼一声，一直默默坚持。突然有一天，"三舅（梁思永）对着和他相厮相守二十二年的三舅妈（李福曼）平静地说：'我不奋斗了，我奋斗不了啦，我们永别了！'"4月2日，梁思永逝世，年仅50岁。

2004年9月11日，笔者去北京，到八宝山公墓凭吊先生。梁思永墓地在八宝山东侧，为兄长梁思成所设计。汉白玉的边界，汉白玉的台阶，汉白玉的墓碑，造型庄严简洁。墓碑呈斜面，刻着郭沫若字迹："中国科学院考古研究所副所长梁思永之墓"。在他的近旁，是他的嫂子林徽因的墓地。也许是因为梁思永职务缘故，没有安葬在梁启超墓园，与父母兄妹在一起。围绕在周围的多是在革命和战争中牺牲的军人。笔者在他的墓前，献上一束花，深深地三鞠躬，默默离去。

次日，我如约去到梁思永的女儿梁柏有家。梁柏有性格豪爽，也许是常年伺候年迈耳背的母亲，说话声音较大："父亲在世时，常年生病，母亲就一直照顾父亲。直到父亲故去后，母亲才去中科院历史所工作，直到退休。"知道是四川客人，保姆把轮椅上的老太太推出来。老

2004年10月，岱峻拜访梁思永遗孀李福曼老人

人97岁了，还能看报，看小说。我拿出签字本，老人拿起笔，颤巍巍地签上："不忘李庄。九七老人李福曼。"

或许有一事，令梁思永死不瞑目：1948年史语所迁台时，运走了当年他领队发掘的西北冈的考古报告的草稿草图。他去重庆动手术之前，尽管只完成报告第一至第七章及二表的初稿，但却是他在烽火战乱中的心血结晶。

1954年，西北冈发掘领队兼报告撰写人梁思永抱憾而逝。台北"中研院"史语所委请梁先生当年助手高去寻整理遗稿。自1958年开始编撰西北冈第1001号大墓起，到1976年出版大墓1550号，前后历时十八年，高去寻把梁思永先前的84页草稿、15页表格和140页大小草图撰写成八巨册、1164页、939幅图版的考古学经典报告。[1]李济在《侯家庄第二本1001号大墓》序中说："校订辑补师友的著作，比自己写一本书更要困难……"原因是梁思永草书另成一格，颇难认定；经过岁月磨灭，当年手绘的插图已经褪色，有些还被误认为白纸；补写出土器物时每一件都要核对原物……这辑补包括订正讹误等，琐碎而繁杂。以篇幅而论，高去寻补写的部分竟是原作的80倍，然而他却在出版扉页上，仍题为梁思永先生的未完稿，而他只是排在后面的辑补。这"辑补"两字蕴藏着学者之德，学者之品。

梁先生定会含笑九泉了。

---

[1] 杜正胜、王汎森主编：《新学术之路："中央研究院"历史语言研究所七十周年纪念文集》，677。

李庄的"太太客厅"

"绝顶聪明,又是一副赤热的心肠,口快,性子直,好强,几乎妇女全把她当作仇敌。"李健吾在抗战胜利后曾如此评价林徽因。他与林徽因过从甚密,所论或不至过当?笔者研究李庄二十多年,因写作《李济传》,李济之子李光谟曾给笔者提供林徽因在1945年中秋前写给李济夫妇的两封信,从那些文字中读到了另一个林徽因。

梁思成、林徽因夫妇系出名门,留学美国宾夕法尼亚大学,兼善东西方文化,酷爱艺术。那时北平的北总布胡同,他们是花信风,家里几乎每周六都是花团锦簇。那拨"星期六朋友",有诗人徐志摩、政治学家张奚若、哲学家邓叔存、经济学家陈岱孙、国际政治问题专家钱端

1920年代梁思成林徽因(梁从诫供图)

升、物理学家周培源、美学家朱光潜、作家沈从文等，常跨过一扇门，从金岳霖的小院径直来到梁家"太太的客厅"。其后来华的美国学者费正清、费慰梅夫妇也被卷进来，一时间俨然"国际文化沙龙"。

沙龙的老板金岳霖，是梁林家的老友，在清华和美国宾夕法尼亚大学与梁林先后同学，后入哥伦比亚大学学政治。回国后执教清华、北大。他高大帅气，西装革履，一派绅士风度。主持人林徽因集才华美貌于一身，"太太的客厅"中，人们如众星捧月，听她以艺术眼光和诗的语言，侃侃而谈旅途见闻、读书心得、人生感悟。她顾盼生辉、光彩照人，才思敏捷，见解尖锐，擅长提出和捕捉话题，具有控制场面和调动情绪的本领，客厅里不时迸珠溅玉，腾起笑语欢声。

萧乾曾记下1933年11月初一个星期六的下午：

> 那天，我穿着一件新洗的蓝布大褂，先骑车赶到达子营的沈家，然后与沈先生一道跨进了北总布胡同徽因那有名的"太太的客厅"。
>
> 听说徽因得了很严重的肺病，还经常得卧床休息。可她哪像个病人，穿了一身骑马装（她常和费正清与夫人威尔玛去外国人俱乐部骑马）。她对我说的第一句话是："你是用感情写作的，这很难得"，给了我很大的鼓舞。她说起话来，别人几乎插不上嘴。别说沈先生和我，就连梁思成和金岳霖也只是坐在沙发上吧嗒着烟斗，连连点头称赏。徽因的健谈决不是结了婚的妇人那种闲言碎语，而常是有学识，有见地，犀利敏捷的批评。[1]

美国汉学家费正清晚年这样回忆林徽因："她是具有创造才华的作家、诗人，是一位具有丰富的审美能力和广博智力活动兴趣的女子，而且她交际起来又洋溢着迷人的魅力。在这个家里，或者她所在的任何场合，所有在场的人，总是全都围绕着她转。"[2]

那时的北平，依出身教养、兴趣爱好、受学背景、专业方向之异

---

[1] 萧乾：《负笈剑桥》，生活·读书·新知三联书店香港分店，1986，35—46。
[2] 曹岚编：《你若安好，便是晴天：林徽因传》，陕西师范大学出版社，2018，96。

同，知识分子各有圈层。1931年"九一八"事变后，华北上空战云密布，这种招风揽月的沙龙聚会不免招惹是非。1933年10月，作家冰心写了一篇小说《我们太太的客厅》，在天津《大公报》文艺副刊连载，故事的背景是北平，作者写道：

> 我们的太太自己以为，她的客人们也以为她是当时当地的一个"沙龙"的主人。当时当地的艺术家、诗人，以及一切人等，每逢清闲的下午，想喝一杯浓茶，或咖啡，想抽几根好烟，想坐坐温软的沙发，想见见朋友，想有一个明眸皓齿能说会道的人儿，陪着他们谈笑，便不须思索的拿起帽子和手杖，走路或坐车，把自己送到我们太太的客厅里来。在这里，各人都能够得到他们所想望的一切。
>
> ……诗人坐在书桌前面，连着椅子转了过来，右手两指夹着烟卷，左手招着我们的太太，说："美，这玻璃底下的画，又是新的罢？你的笔意越来越秀逸了。"我们的太太拉着彬彬的手，走到桌前，说："金老先生倒是隔天一来，他催的紧，我也只好敷衍敷衍。春天一到，我的臂腕又有些作酸，真有些不耐烦了。"哲学家还在看着《妇女论》，听了便合上书，微笑说："太太，我看你也太要强了，身体本来不很好，又要什么都会，什么都做，依我说，一个女人，看看书，陪陪孩子……"
>
> ……客厅里的那位诗人捧着太太的指尖，亲了一下说："太太，无论哪时看见你，都如同一片光明的云彩……"[1]

明眼人都知道，作家在影射，全有针对性。最后一句基本上就脱胎于徐志摩的《偶然》："我是天空里的一片云，/偶尔投影在你的波心——/……/在这交会时互放的光亮！"

文洁若当时是中学生，后来她写《林徽因印象》："我上初中后，

---

[1] 天津《大公报·文艺副刊》1933年9月27日第2期至第10期，后收入冰心小说集《冬儿姑娘》，北新书局，1935。

有一次大姐拿一本北新书局出版的冰心短篇小说集《冬儿姑娘》给我看，说书里那篇《我们太太的客厅》的女主人公和诗人是以林徽因和徐志摩为原型写的。"金岳霖也曾说过：这篇小说"也有别的意思，这个别的意思好像是30年代的中国少奶奶们似乎有一种'不知亡国恨'的毛病"。林徽因对冰心的讥刺做出了迅疾的回应，据李健吾回忆："她恰好由山西调查庙宇回到北平，带了一坛又陈又香的山西醋，立即叫人送给冰心吃用。"文人间的戏谑笔战就像寒星辉映，反而引起更多人注意。

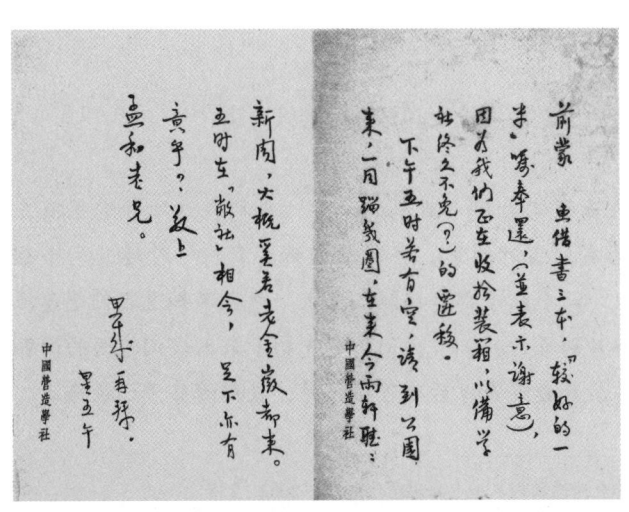

1922年林徽因与梁思成在自家寓所（梁从诫供图）

1937年，梁思成邀友人陶孟和赴中山公园来今雨轩晤面函（采自拍卖公司网页）

对这场文坛公案，后辈不容置喙。不过从林徽因的性格分析，她的患病不能说与性格全然无关。侯健在他编著的《养生箴言》一书中有言，"名过伤肺，……肺病者宜逃名，名人每多言，言多则损肺气"。病榻上为肺病所苦的林徽因对这些言说不会不察，而性格即命运，人不总会受控于理性。

欢娱如朝露。"卢沟桥事变"的枪炮，骤然改变林徽因和那群"星期六朋友"的命运。战争初期，美国方面已邀请梁思成去讲学，还请林徽因同去治病。梁思成回信："我的祖国正在灾难中，我不能离开她；假使我必须死在刺刀和炸弹下，我要死在祖国的土地上。"林徽因也毅然谢绝，她的表示："决不愿做中国的白俄。"

1937年秋，梁思成林徽因携家带口与金岳霖等结伴离开北平，首途长沙。离乱中"星期六朋友"重聚，话题多是往昔的温馨。林徽因在给费慰梅的信中写道：

> 每天晚上我们就去找那些旧日的"星期六朋友"，到处串门，想在那些妻儿们也来此共赴"国难"人家中寻求一点家庭温暖。在空袭之前我们仍然常常聚餐，不在饭馆，而是在一个小炉子上欣赏我们自己的手艺，在那三间小屋里我们实际上什么都做，而过去那是要占用整整一栋北总布胡同三号的。我们交换着许多怀旧的笑声和叹息……[1]

短暂的烛焰之后，是漫漫长夜。林徽因继续写道：

> 炸弹落在离住宅大门十五码的地方，我们在这所住宅里有三间房子，作为我们临时的家。当时我们都在家——外婆、两个孩子、思成和我。两个孩子都有病躺在床上。谁也不知道我们是怎样逃脱被炸成碎片的厄运的。当我们听见先扔下来离我们较远的两颗炸弹的可怕炸裂和轰鸣声以后冲下楼梯时，我们的房子已经垮了。

---

[1] 丁言昭：《骄傲的女神林徽因》，上海书店出版社，2002，235。

出于奇特的本能，我们两人一人抓起一个孩子就奔向楼梯。但我们还没有到达地面，近处那颗炸弹就响了。我抱着小弟被炸飞了又摔到地上，却没有受伤。同时房子就开始裂开，那大部分是玻璃的门窗啦、镜框啦、房顶啦、天花板啦，全都倒下来雨点般地落到我们身上。我们从旁门冲出去，到了黑烟呛人的街上。

当我们向联大的防空洞跑去的时候，另一架轰炸机正在下降。我们停止奔跑，心想这次跑不掉了，倒不如大家要死死在一起，省得孤零零地活着受罪。这最后的一颗炸弹没有爆炸，而是落在我们在跑着的那条街的尽头。我们的东西（现在已经很少了）都从玻璃垃圾堆里掘出来了，现在我们就在这儿那儿的朋友家暂住。[1]

猝不及防的炸弹冲击波，浪及这群"星期六朋友"。梁林夫妇和金岳霖等仓皇星散，各自南下。金岳霖在给费慰梅的信中写道："我离开梁家，简直像掉了魂似的。"

1937年秋，史语所同人及家眷自长沙乘长途车去桂林，梁思永（右二）送行（李光谟供图）

---

[1] [美]费慰梅著，曲莹璞、关超等译，《林徽因与梁思成——一对探索中国建筑史的伴侣》，125。

1937年12月8日,梁思成等几家人离开长沙,乘长途汽车去昆明。在湘黔交界的小城晃县,旅程突然中止,他们被拦下告知,所有前行的大汽车被征用,乘客只能无期苦等。绝望中出现奇迹,梁思成之子梁从诫记下了发生的一幕:

> 泥泞的公路两侧,错落着几排板房铺面,星星点点地闪出昏暗的烛火。……这里已滞留了几班旅客,到处住满了人。妈妈打起了寒战,闯进一个茶馆,再也走不动了。她两颊绯红,额头烧得烫人。但是茶铺老板连打个地铺都不让。全家人围着母亲,不知怎么办才好。
>
> 就在那走投无路的时刻,竟发生了一个"奇迹",从雨夜中传出了一阵阵优美的小提琴声。父亲"听仙乐耳暂明",这拉琴的一定是一位来自大城市、受过高等教育的人,或许能找他帮一点忙?
>
> 乐曲戛然而止,父亲惊讶地发现,自己面对的,竟是一群身着空军学员制服的年轻人,十来双疑问的眼睛正望着他。那年月,老百姓见了穿军装的就躲,可是眼下,秀才却遇上了兵!父亲难为情地做了自我介绍并说明来意。青年们却出乎意料地热心,立即腾出一个房间,并帮忙把母亲搀上那轧轧作响的小楼。原来,他们二十来人,是中国空军杭州笕桥航校第七期的学员,也正在往昆明撤退,被阻在晃县已经几天了。其中好几人,包括拉提琴的一位,都是父亲的同乡。这一夜,母亲因急性肺炎高烧四十度,一进门就昏迷不醒了。[1]

两个星期后林徽因终于退烧,他们赶上一辆开往昆明的小公共汽车。本来计划"十天艰难的旅行"实际用了差不多六个星期,1938年1月中旬才跟跟跄跄到达昆明。

昆明城中尚没安定,敌机又开始轰炸。梁林随史语所和中博院一同迁往北郊龙泉镇。梁林家借住麦地村一李姓富户,主人叫李荫村,曾

---

[1] 梁从诫:"血祭长空英烈——纪念中国人民抗日战争胜利56周年版",载《中国青年报》,2002年8月5日。

在昆明市的私立求实中学教过国文。很快,他们从村上借来一块地皮,自己设计,请人用未烧制的砖坯砌墙,盖了一生中唯一为自己建造的房屋。这所房子连上佣人房一共七间,客厅有壁炉,有一扇很大的窗户,几乎是普通民户窗户的四扇之多。在平房西侧,有一间小小的耳房,是为金岳霖盖的。修房造屋花费了他们能够支付得起的双倍价钱。林徽因在给费慰梅的信中写道:"现在我们已经完全破产,感到比任何时候都惨。米价已涨到一百块钱一袋——我们来的时候是三块四——其他所有的东西涨幅差不多一样。今年我们做的事没有一件是轻松的。"[1]

1939年昆明龙泉镇梁思成林徽因家(董敏供图)

乔迁新居的梁家还是恢复了喝下午茶的习惯,金岳霖还养了一只用作观赏的黄羽大公鸡。山野风清,诗意萌发,林徽因在《除夕看花》一诗中写道:

> 新从嘈杂着异乡口调的花市上买来,
> 碧桃雪白的长枝,同红血般的山茶花。
> 著自己小角隅再用精致鲜艳来结采,
> 不为着锐的伤感,仅是钝的还有剩余下!
> ……
> 今日的脚步,再不甘重踏上前时的泥沙。
> 月色已冻住,指着各处山头,河水更零乱,

---

[1] [美]费慰梅著,曲莹璞、关超等译,《林徽因与梁思成——一对探索中国建筑史的伴侣》,136。

> 关心的是马蹄平原上辛苦，无响在刻画，
> 除夕的花已不是花，仅一句言语梗在这里，
> 抖战着千万人的忧患，每个心头上牵挂。[1]

1940年10月13日，日机狂轰滥炸逼着流浪者继续撤离。中研院史语所、社会所和中博院等单位将迁往四川，营造学社也不得不随行，建筑史研究必须依赖史语所的图书，梁思成是史语所的通信研究员，又兼中博院建筑资料委员会主任。他在给费正清的信里抱怨：

> 这次迁移使我们非常沮丧。它意味着我们将要和我们已经有了十年以上交情的一群朋友分离。我们将要去到一个除了中央研究院的研究所以外远离任何其他机关、远离任何大城市的一个全然陌生的地方。大学将留在昆明，老金、端升、奚若和别的人也将如此。不管我们逃到哪里，我们都将每月用好多天、每天用好多小时，打断日常的生活——工作、进餐和睡眠来跑警报。但是我想英国的情况还要糟得多。[2]

这年11月底，搬迁开始。临行时梁思成忽然发烧，只好暂时留下。林徽因领着母亲，带着两个孩子，随史语所眷属，坐十轮卡车离开昆明。车上共有三十多人，年龄从七十岁的老人一直到襁褓中的婴儿。敞篷卡车上，大家两脚叉开坐在行李卷上，山路颠簸，好些人呕吐，五肺六脏都差点吐出来。同车人你搀我扶，挽成一团。艰难的旅途持续了两个星期，好不容易才到了四川长江边上的南溪县李庄，营造学社迁移到镇西面的上坝月亮田的张家大院。

月亮田依山临水，一边是缓坡的"柑子坡"和翠竹林，一边是滚滚东去的长江水，空气中弥漫着江水的腥味。那年是林徽因36岁的本命年，从那以后她再没逃脱疾病的厄运。大女儿梁再冰十一二岁，据她后来回忆：

---

[1] 林徽因：《林徽因诗文集》，北方文艺出版社，2018，64。
[2] 丁言昭：《骄傲的女神林徽因》，上海书店出版社，2002，252。

四川气候潮湿，冬季常阴雨绵绵，夏季酷热，对父亲和母亲的身体都很不利。我们的生活条件比在昆明时更差了。两间陋室低矮、阴暗、潮湿，竹篾抹泥为墙，顶上席棚是蛇鼠经常出没的地方，床上又经常出现成群结队的臭虫，没有自来水和电灯，煤油也须节约使用，夜间只能靠一两盏菜油灯照明。我们入川后不到一个月，母亲肺结核症复发，病势来得极猛，一开始就连续几周高烧至四十度不退。[1]

林徽因躺在床上，昏昏沉沉不省人事。梁思成远在重庆为营造学社筹措经费，得知妻子病重的消息，他买了些药品后急忙赶回李庄，担当起医生兼护士的角色。

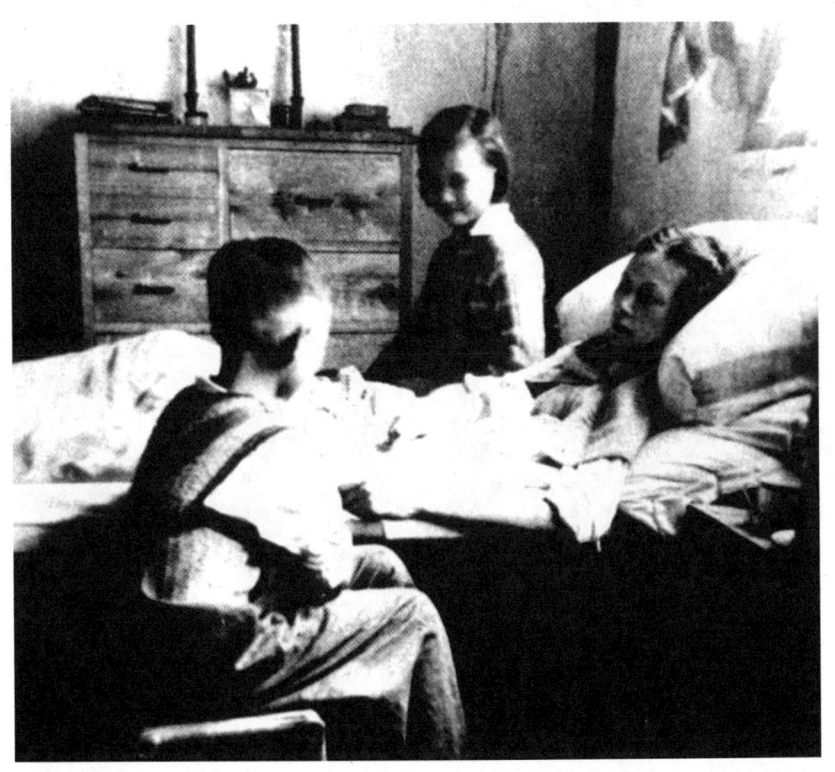

1941年在李庄上坝家中，女儿再冰、儿子从诫在母亲林徽因病榻前（梁从诫供图）

---

[1] [美]费正清著，陆惠勤等译：《费正清对华回忆录》，29。

一天天挣扎，一点一点烧退，大病初愈的林徽因十分虚弱，每天只能拥着被子躺一会儿。忽然，听到窗外的黄鹂声叫，滴滴溜溜唱得极为圆润动听。听那些快活的精灵的唱歌，她试图用目光追随那一掠而过的翅影。病榻上，她写下献给李庄的第一首春之曲——《春天田里漫步》：

　　春天田里，慢慢的，有花开，
　　有人说是忧愁，——
　　有人说不是：人生仅有
　　无谓的空追求！
　　那么是寂寞了，诗意的悲哀
　　心这样悠悠；古今仍是一样，
　　河水缓缓的流……[1]

1939年林徽因的弟弟林恒（右）与航校的同学官招盛摄于昆明（梁从诫供图）

---

[1] 林徽因：《林徽因作品精选集：你是人间四月天》，新世界出版社，2016，37。

春风春雨春山春草，给大病初愈的林徽因带来了春的喜悦。而1941年的春天，她却遭遇到一场折胶堕指的倒春寒。

3月14日，成都防空司令部接获日军空袭警报，做出空战部署。中午，12架日机在双流太平寺机场低空扫射，中国空军第三、第五大队驾驶31架苏式I-53型飞机升空迎战，击毁敌机6架，我方8架被敌机击落，包括林恒在内的8位中国空军战士牺牲。噩耗传来，梁思成从宜宾经重庆赶到成都，于双流机场附近收殓林恒遗体，就近掩埋在一处无名墓地。

林恒是林徽因同父异母的小弟弟，出生于1916年，父亲林长民1925年去世时，他不到10岁。1935年，19岁的林恒考入清华大学机械系。卢沟桥事变爆发后，林恒放弃清华学业，成为中央航空学校第十期学员。1940年春，林恒从航校毕业，成为驻守成都的飞行员。当时，为逼迫中国投降，日军持续对重庆、成都等进行空袭。梁思成在给费正清的信里写道：

> 徽因病倒了，一直卧床，到现在已有三个月。3月14日，她的小弟弟林恒，就是我们在北总布胡同时叫三爷的那个孩子，在成都上空的一次空战中牺牲了。我只好到成都去给他料理后事，直到4月14日才到家。我发现徽因的病比她在信里告诉我的要厉害得多。尽管是在病中，她勇敢地面对了这一悲惨的消息。[1]

那封信附有徽因的小纸条："我的小弟弟，他是一个出色的飞行员，在一次空战中，在击落一架日寇飞机以后，可怜的孩子，自己也被击中头部而坠落牺牲。"痛定思痛，痛何如哉！三年之后，林徽因提笔为三弟写了一首长长的祭诗：

> ……
> 啊，你别难过，难过了我给不出安慰。
> 我曾每日那样想过了几回；

---

[1] [美]费慰梅著，曲莹璞、关超等译：《林徽因与梁思成——一对探索中国建筑史的伴侣》，140。

> 你已给了你所有的，同你去的弟兄
> 也是一样，献出你们的生命；
> 已有的年青的一切；将来还有的机会，
> 可能的壮年工作，老年的智能；
> 可能的情爱，家庭，儿女，及那所有
> 生的权利，喜悦；及生的纠纷！
> ……[1]

1941年秋天，金岳霖休假从昆明来到李庄，除了与朋友重逢，还带着要务——重写《知识论》，那是一部几十万字的理论著作，本已完成，一次躲空袭进防空洞，人坐在书稿上，待警报解除后，起身就走，等到想起，已无影无踪。金岳霖的到来，给梁家带来丹桂般的温馨。此情此景见诸给费慰梅的三联唱：

林徽因——
思成是个慢性子，喜欢一次就做一件事情，对做家务是最不在行了。而家务事却多得很，都来找寻他，就像任何时候都有不同车次的火车到达纽约中央火车站一样。当然我仍然是站长，他可能就是那个车站！我可能被轧死，但他永远不会。老金（他在这里呆了些日子了）是那么一种客人，要么就是到火车站去送人，要么就是接人，他稍稍有些干扰正常的时刻表，但也使火车站比较吸引人一点和站长比较容易激动一点。

老金——
面对着站长，以及车站正在打字，那旅客迷惘得说不出任何话，也做不了任何事，只能眼睁睁地看着火车开过。我曾经经过纽约的中央火车站好多次，一次也没看见过站长，但在这里却两个都实际看见了，要不然没准儿还会把站长和车站互相弄混。

梁思成——
现在该车站说话了。由于建筑上的毛病，它的主桁条有相当

---

[1] 林徽因：《你是人间四月天：林徽因文集》，台海出版社，2018，34。

的缺陷，而由协和医学院设计和安装的难看的钢支架现在已经用了七年，战时繁忙的车流看来已动摇了我的基础。[1]

流离的艰辛，患难的情谊，苦中作乐的调侃，在这封信中演奏得天籁般和谐。

1942年10月，梁思成的大妹梁思庄带着女儿吴荔明从沦陷区北平辗转到了李庄，她代表全家来探望思成思永两兄弟。初一相见，梁思庄差点认不出嫂子林徽因，那么瘦，瘦得只剩一个衣服架子，蜡黄的脸，只在眼睛里才看得到昔日美丽的影子。

梁思成和梁思永的身体也被病魔折磨得厉害。1942年4月18日傅斯年给朱家骅写信，为梁氏兄弟申请救济：

梁思成（右一）林徽因（中）及再冰、从诫与亲友摄于李庄月亮田家中（梁从诫供图）

---

[1] 丁言昭：《骄傲的女神林徽因》，261。

骝先吾兄左右：

兹有一事与兄商之。梁思成、思永兄弟皆困在李庄。思成之困是因其夫人林徽因女士生了T.B.，卧床二年矣。思永是闹了三年胃病，甚重之胃病，近忽患气管炎，一查，肺病甚重。梁任公家道清寒，兄必知之，他们二人万里跋涉，到湘、到桂、到滇、到川，已弄得吃尽当光，又逢此等病，其势不可终日，弟在此看着，实在难过，兄必有同感也。弟之看法，政府对于他们兄弟，似当给些补助，其理如下：

一、梁任公虽曾为国民党之敌人，然其人于中国新教育及青年之爱国思想上大有影响启明之作用，在清末大有可观，其人一生未尝有心做坏事，仍是读书人，护国之役，立功甚大，此亦可谓功在民国者也。其长子、次子，皆爱国向学之士，与其他之家风不同。国民党此时应该表示宽大。即如去年蒋先生赙蔡松坡夫人之丧，弟以为甚得事体之正也。

二、思成之研究中国建筑，并世无匹，营造学社，即彼一人耳（在君语）。营造学社历年之成绩为日本人羡妒不置，此亦发扬中国文物之一大科目也。其夫人，今之女学士，才学至少在谢冰心辈之上。

三、思永为人，在敝所同事中最有公道心，安阳发掘，后来完全靠他，今日写报告亦靠他。忠于其职任，虽在此穷困中，一切先公后私。

总之，二人皆今日难得之贤士，亦皆国际知名之中国学人。今日在此困难中，论其家世，论其个人，政府以皆宜有所体恤也。未知吾兄可否与陈布雷先生一商此事，便中向介公一言，说明梁任公之后嗣，人品学问，皆中国之第一流人物，国际知名，而病困至此，似乎可赠以二、三万元（此数虽大，然此等病症，所费当不止此也）。国家虽不能承认梁任公在政治上有何贡献，然其在文化上之贡献有不可没者，而名人之后，如梁氏兄弟者，亦复少！二人所作皆发扬中国历史上之文物，亦此时介公所提倡者也。此事弟觉得在体统上不失为正。弟平日向不赞成此等事，今日国家如此，个人如此，为人谋应稍从权。此事看来，弟全是多事，弟于任公，本不佩服，然知其在文运上之贡献有不可没者，今日徘徊思永、思成二人之处境，恐无外边帮助要出事，而帮助似亦有其理由也，此事请兄谈及时千万勿说明是弟起意为感，如何？乞示及，至荷。

专此敬颂

道安

弟斯年谨上四月十八日

弟为此信，未告二梁，彼等不知。

因兄在病中，此写了同样信给咏霓，咏霓与任公有故也。弟为人谋，故标准看得松。如何？

弟年又白[1]

以傅氏的人格魅力及他与朱家骅的交情，此事当不难解决。但事情并不顺利。11月28日他又有一封写给朱家骅和研究院总干事叶企孙："梁思永君之医药费经本所第七次所务会议议决，拟由本所医务室收入中补助4000元，并以前之6000元共1万元，敬请惠予考量。"[2]信是公事公办的意味。看来，傅斯年代梁思永兄弟请筹的那笔款子或许拨下来了，也只是杯水车薪。

病中的林徽因为此感激涕零——

孟真先生：

接到要件一来，大吃一惊，开函拜读，则感与惭并，半天作奇异感！空言不能陈万一，雅不欲循俗进谢，但得书不报，意又未安。踌躇了许久仍是临书木讷，话不知从何说起！

今日里巷之人穷愁疾病，屯蹶颠沛者甚多。固为抗战生活之一部，独思成兄弟年来蒙你老兄种种帮忙，营救护理无所不至，一切医药未曾欠缺，在你方面固然是存天下之义，而无有所私，但在我们方面虽感到lucky终增愧悚，深觉抗战中未有贡献，自身先成朋友及社会上的累赘的可耻。

---

[1] 吴荔明：《梁启超和他的儿女们》，上海人民出版社，1999，198—200。
[2] 台北"中研院"史语所档案：杂23-10-25。

现在你又以成永兄弟危苦之情上闻介公,丛细之事累及咏霓先生,为拟长文说明工作之优异,侈誉过实,必使动听,深知老兄苦心,但读后惭汗满背矣!

尤其是关于我的地方,一言之誉可使我疚心疾首,夙夜愁痛。日念平白吃了三十多年饭,始终是一张空头支票难得兑现。好容易盼到孩子稍大,可以全力工作几年,偏偏碰上大战,转入井臼柴米的阵地,五年大好光阴又失之交臂。近来更胶着于疾病处残之阶段,体衰智困,学问工作恐已无分,将来终负今日教勉之意,太难为情了。

素来厚惠可以言图报,惟受同情,则感奋之余反而缄默,此情想老兄伉俪皆能体谅,匆匆这几行,自然书不尽意。

思永已知此事否?思成平日谦谦怕见人,得电必苦不知所措。希望咏霓先生会将经过略告知之,俾引见访谢时不至于茫然,此问双安。[1]

1942年11月初,美国驻华使馆文化参赞费正清在中研院社会所所长陶孟和陪同下来到李庄,住进老朋友梁家,路上感染了呼吸道疾病,有好几天卧床发烧。他与林徽因的病房隔着一间过厅。梁思成在两个"病床"之间递食物、拿药品、量体温,忙得不亦乐乎。费正清这样回忆:

> 林徽因非常消瘦,但在我作客期间,她还是显得生气勃勃,像以前一样,凡事都由她来管,别人还没想到的事,她都先行想到了。每次进餐,都吃得很慢;餐后我们开始聊天,趣味盎然,兴致勃勃,徽因最为健谈。傍晚5时半便点起了蜡烛,或是类似植物油灯一类的灯具,这样,8点半就上床了。没有电话,仅有一架留声机和几张贝多芬、莫扎特的音乐唱片;有热水瓶而无咖啡;有许多件毛衣但多半不合身;有床单但缺少洗涤用的肥皂;有钢笔、铅笔但没有供书写的纸张;有报纸但都是过时的。你在这里生活,其日

---

[1] 吴荔明:《梁启超和他的儿女们》,200—201。

常生活就像在墙壁上挖一个洞，拿到什么用什么。[1]

梁思成夫妇再一次婉谢了美国朋友提出资助林徽因到美国治病和工作的建议。费正清感慨道："你们这一代知识分子，是一种不能移栽到异国的植物。"或是为让费正清夫妇宽心，林徽因在1943年1月26日的信中写到，自己已"不发烧、不咳嗽、没有消化不良，睡眠和胃口都好，又有好的食物和克宁奶粉"。她特别喜欢专给她的床打的一副床架子。它把床抬高了，"使它空前地接近人类的高度，而不是接近地面，人们要给她什么东西就不需要把腰弯得这么低了。"

11月下旬，林徽因在致金岳霖的信中谈到目前状况与思成的工作——

老金：

多久多久了，没有用中文写信，有点儿不舒服。John（费正清）到底回美国了，我们愈觉到寂寞、远、闷，更盼战事早点结束。

一切都好。近来身体也无问题地复原，至少同在昆明时完全一样。本该到重庆去一次，一半可玩，一半可照X光线等。可惜天已过冷，船甚不便。

思成赶这一次大稿[2]，弄得苦不可言。可是总算了一桩大事，虽然结果还不甚满意，它已经是我们好几年来想写的一种书的起头。我得到的教训是，我做这种事太不行，以后少做为妙，虽然我很爱做。自己过于不 efficient（高效），还是不能帮思成多少忙！可是我学到许多东西，很有趣的资料，它们本身于我也还是有益。

已经是半夜，明早六时思成行，我随便写几行，托John带来，权当晤面而已。

徽 寄爱[3]

---

[1] [美]费正清著，陆惠勤等译：《费正清对华回忆录》，上海知识出版社，1991，268—269。
[2] 梁思成英文撰写的《图像中国建筑史》。
[3] 梁从诫编：《林徽因文集·文学卷》，百花文艺出版社，1999，396。

此时林徽因似乎是依偎在思成身边、一个柔和的点缀。而梁思成后来在《图像中国建筑史》出版"前言"中坦言:"我要感谢我的妻子、同事和旧日的同窗林徽因。……在战争时期的艰难日子里,营造学社的学术精神和士气得以维持,主要应归功于她。没有她的合作与启迪,无论是本书的撰写,还是我对中国建筑的任何一项研究工作,都是不能成功的。"

林徽因在病榻上给费慰梅的一封信中写到:

> 我在继续扮演经济绝招的"杂耍演员",使得全家和一些亲戚和同事多多少少受到一点好的照顾。我必须为思成和两个孩子不断地缝补那些几乎补不了的小衣和袜子……当我们简直就是干不过来的时候,连小弟在星期天下午也得参加缝补。这比写整整一章关于宋、辽、金的建筑发展或者试图描绘宋朝首都还要费劲得多。这两件事我曾在思成忙着其他部分写作的时候高兴地和自愿地替他干过。宝宝的成绩还是很好,但她要走这么长的泥路去上学可真是难为她了,而且她中午老是吃不饱。[1]

1944年,就在傅斯年劝说史语所青年人员参军的时候,在李庄上坝月亮田中国营造社的土屋里,林徽因正伏案写一首题为《刺耳的悲歌》的诗,梁从诫晚年回忆,战时大后方艰辛暗淡的生活,侵蚀了很多青年人的意志,使他们动摇彷徨,想抛却学术事业,走升官发家之路,不再愿当穷知识分子。"抗战后国民党利用'青年军'镇压学生运动,打内战,证明了母亲这个'不问政治'的人政治敏感性"。[2]那首诗既已失传,也只能听信梁从诫的解读。

刘致平之女刘进的童年是随父母在李庄营造学社度过的。据她回忆:

---

[1] [美]费慰梅著,曲莹璞、关超等译,《林徽因与梁思成——一对探索中国建筑史的伴侣》,160。
[2] 梁从诫:"倏忽人间四月天——回忆我的母亲林徽因",载新浪微读书.2017-08-30 17:09 https://www.sohu.com/a/168358869_661368

一天我放学回来。只见院内有一衣衫褴褛的老妇人和一瘦弱的小伙子，他们正在同梁先生谈话，不停地千恩万谢，还要给梁先生下跪磕头，梁先生赶紧拦住。这两人我从没见过，不是住在附近的。我好奇，去伙房问工友。才知这老妇人守寡多年，只此一子，相依为命。但这儿子被抓了壮丁，她哭得死去活来，惊动四邻。有位聪明人建议她找梁先生帮忙。于是就出现我前面所见的一幕。这在今天就算是走后门吧！走梁先生这后门能得到什么呢？[1]

1941年夏天，金岳霖在上坝梁林家后院喂鸡。前为刘致平之女刘康龄、后左为梁从诫、中为梁再冰、右为梁思成（梁从诫供图）

[1] 杨永生编：《建筑百家回忆录》，中国建筑工业出版社，2000，184—185。

当年刘进还是个小女孩，几十年后记忆犹新，可见此事当年影响甚巨。《刺耳的悲歌》与这件事的触动会不会有关系？

1945年秋，美国纽约大都会美术馆副馆长Jayne（林徽因译为捷因）来华，其正式身份是二战结束后美国第一个派到中国战区的古迹保护维护委员会代表，他将到李庄考察。9月18日，在重庆出差的中博院总干事曾昭燏，在给李济的信中提到此事："Jayne来华，曾与之相见，并长谈一次。彼为博物馆专家，对于博物馆事业甚有兴趣。彼将于二十日同Mrs.Fairbank及梁思成先生同飞李庄，其到达或将在傅太太之前，拟看博物院藏品。拟函托赵乡珊[1]先生为开箱取出。Jayne到李庄，须住于博物院，曾与梁先生共发一电，想已收到……"[2]

翟荫，是战后走进李庄的首位贵宾，甚至也可说是国宾。围绕接待安排的诸多细节，相关者往来商量，细致缜密。按说，翟荫与费慰梅是一起来的，但接待却有两方。费慰梅是因私访友，接待她的是梁思成夫妇。Jayne是战区古迹保护维护委员会代表，接待他的单位是中央博物院筹备处。他的出行日程与饮食起居都由中博院主任李济及夫人陈启华安排照理。

之前，李济夫妇专程从张家祠堂步行两公里，到月亮湾上坝营造学社与林徽因面商后离去。林徽因突然想到一个问题，客来那天9月20日是中秋节。李济一家流离迁徙，频遭不幸，四年间死去两个女儿。夫妻俩除了一个十多岁的儿子，还有一个年逾古稀的父亲。老父李权曾为清末朝廷命官，重传统礼俗。良宵佳节，兀自多出一个高鼻子蓝眼睛的老外，内心的别扭可想而知。于是林徽因致信李济及夫人陈启华，提出一个办法，且找出若干理由使对方释然——

---

[1] 赵青芳（1912～1994），字乡珊，河南南阳人。1932年参加河南古迹研究会。1939年入中央博物院筹备处工作。1949年后，历任南京博物院考古部主任、副研究员、副院长。曾参加河南浚县卫国墓、四川彭山岩墓、安徽寿县蔡侯墓、南京北阴阳营遗址等处田野发掘。撰有《南京北阴阳营第一、二次的发掘》《江苏新石器时代》等论文。
[2] 南京博物院编：《曾昭燏文集》，南京：江苏人民出版社，2010，194—198。

济之先生、李太太：

　　昨晚你们走后忽然想起（1945年9月）廿日是中秋节，晚上你们有老人，也许要家宴，有外客实在不便。我们这里已经有了一个外客，且为她已备几菜晚饭，加入一人倒无所谓。有了费太太，熟人在一起，为此外人计，他也可以不拘束一点。所以想当晚就请那位捷因先生过来同我们过节。晚上再派人用火把把他送回，在那一段吃饭时间内，也给你们以喘气机会。

　　珠罗小帐已补好，洗好（老妈病了，自己动手），今晚即可送来。如何？请决定，一切我们都可以配合起来，省得大家有何过分不便及困难。

　　匆匆

徽因 敬上[1]

李济当然不愿为梁林家添麻烦，反提出请梁思成陪同费慰梅一起到自己家吃中秋团圆饭。如何是好，林徽因再传书信明确表示：

李太太：

　　请您千万不要客气，告诉我一下老太爷是不是希望中秋节有个家宴，多个外人与你们不便？我们这边的确无问题。老妈虽病，做菜请客事素来可以找学社工友，与老妈无关。（如果客人在此住，则早饭方面因我不能跑厨房，自己房间又得先收拾出客人才有坐处，则必狼狈不堪，招架不来，我说实话。）现在客人住你们那里，我希望能够把他请来吃晚饭，让你们家人吃团圆饭，方便清静许多。真希望你们不要客气，同我直说，我们可以分配对付这毛子，不要害得你们中秋节弄得不合适。

　　我这边人极少且已有费太太，费又同捷因很熟，故在一起过节连老太太、莫宗江等才八个人，可以完全合适毫无不便之处。至于找思成及费太太过去吃晚饭事，如果不是中秋我想我一定替他们答应下来。因为是中秋，而思成同我两人已多年中秋不在一起，这

---

[1] 原信李光谟提供。

次颇想在家里吃晚饭,所以已做了四五个菜等他。不要笑我们。

如果客人在此吃饭,与你们的过节,方便两边都极妥当。饭后思成可送他回去,一路赏月,且可到江边看看热闹,陪同济之先生一起招呼这洋人也。请千万千万不要客气,随便决定。因为我们这边菜饭是一样准备了。帐子如果真的有,我就不送过来,但请千万不要客气,昨天我只补了几个洞,小姐帮着洗出,毫不费力,只因未大干故未送来。

对不起,我信送得太晚,济之先生已上山,两下不接头,但一切等济之先生决定,反正不影响任何事情。

徽因 敬覆即

1941年初夏,梁思成与孩子们在李庄上坝月亮田门口(梁从诫供图)

"思成同我两人已多年中秋不在一起,这次颇想在家里吃晚饭,所以已做了四五个菜等他。不要笑我们",当是人间最美的诗句。

9月20日,在清理战时文物损失委员会副主任梁思成的陪同下,Jayne与费慰梅从重庆搭乘一架美军C-47运输机飞往宜宾。飞机落在长满荒草的停机场,他们从长江上乘小汽船顺水来到李庄。费慰梅记得那晚河面闪着白灿灿的光,水波在船下撞击出哗啦啦的声响。

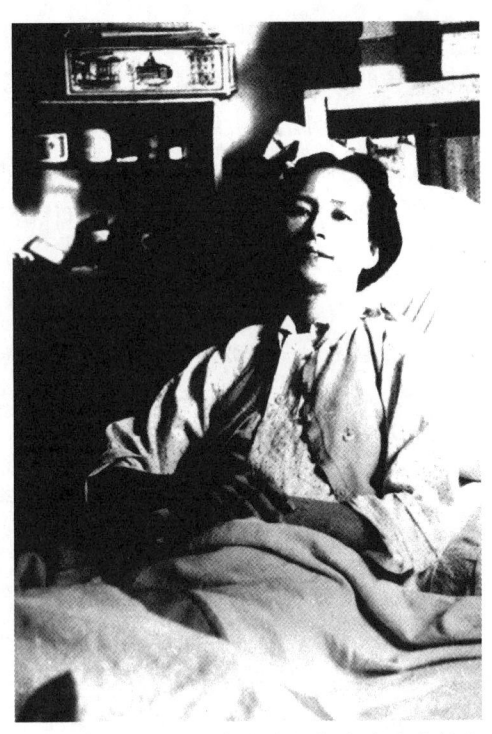

1943年林徽因在李庄上坝家中的病榻上（梁从诫供图）

在上坝月亮田,费慰梅见到躺在床上的林徽因,他们从三十年代就是好朋友。费正清与费慰梅的中文名字就是梁思成给取的。一别数年,费慰梅惊叹梁林生活了五年的环境:"李庄缺乏甚至最起码的生活设施是惊人的。它和外界的唯一联系是河船。没有电话,没有电,没有无线电,没有车子或役畜,甚至从江边通往山里的小径也只是仅容两人通过的梯级稻田里的踏脚石,怪不得在这个与世隔绝的农村,居民们是如此落后、迷信、贫穷和疾病缠身。"[1]

中秋节,梁林与李济两家的晚宴到底如何安排,乡间宴席上有哪些趣闻,费慰梅与翟荫有何感受,因资料阙如,只能想象。但有一点,那晚天从人愿,月华如水。也是抗战胜利后的第一轮圆月。

---

[1] [美]费慰梅著,曲莹璞、关超等译:《林徽因与梁思成———对探索中国建筑史的伴侣》,168。

1945年底,林徽因被好友费慰梅接到重庆。从乡下田坎的泥泞,从低矮农舍的粗陋,从桐油灯放大的惊恐中,林徽因又一次来到城市。傅斯年在11月30日给俞大绂的家书中有这么一句,"梁思成夫妇这次来,竟是颇疏远的样子!思永夫妇,倒真可怜也。"[1]不知其言所指为何。

战后的重庆,尽管破破烂烂,但林徽因眼中依然陌生惊异。费慰梅写道:

> 她的健康状况是如此不稳定,她在重庆的大部分时间都只能待在中研院招待所宿舍里。我有时候驾着吉普带她出去玩。有一天我们驾车到郊外南开中学去接小弟。她觉得每一件事都很新鲜有趣。她坐在吉普上眼睛就离不开我们经过的新衣服、车流和重庆这个大城市(现在对她来说是)的市民生活。有好几次我驾着吉普带她到美国大使馆食堂吃饭。她很喜欢那些曾在各处打仗的穿军服的美国武官。她很快就参加到他们的谈话中去,这是她第一次和美国盟军谈话。对她来说,战争就是一系列和日本敌人不期而遇的悲惨经历。
>
> 费正清的来到和新设立的战后美国新闻处给我们带来了额外的好处。……徽因第一次进来的时候噎住了一口气,说"这简直像走进了一本杂志!"因为过去几年她只是偶尔在外国杂志上才看见过壁炉和灯罩。[2]

费慰梅为之感慨:"她经历的生活艰辛和病痛深化了她的理解力和感情。我开始想,回顾起我们在北京认识的那些中国知识分子的生活,他们离开中国的实际问题差不多和我们外国人一样遥远。但这些年来一切都改变了。"[3]

此刻眼中的世界,林徽因是以李庄月亮田的农家小屋作为参照物。

---

[1] 王汎森、潘光哲、吴政上主编:《傅斯年遗札》卷3,第1136函。
[2] [美]费慰梅著,曲莹璞、关超等译:《林徽因与梁思成——一对探索中国建筑史的伴侣》,171—172。
[3] [美]费慰梅著,曲莹璞、关超等译:《林徽因与梁思成——一对探索中国建筑史的伴侣》,168。

从北京总布胡同到长沙，从昆明到四川李庄，那久违的繁华离她渐渐远去。战前北平林徽因的"太太的客厅"像一团快乐的旋风，总裹挟着一伙知识贵族，沙龙女主角总散发着天使般迷人的光影；战争迫使林徽因一家流寓西南，"太太的客厅"被置换成最边僻最简陋最凄冷的背景。经历繁华销歇，看遍风雨河山，林徽因心境会有哪些改变，性格是否已变得水深川静，暖玉生烟？

游寿：龙性难驯归东海

1942年10月，国立女子师范学院讲师游寿，从长江边的江津县白沙镇，乘船来到长江上游的南溪县李庄中央博物院。数日前，她接到中博院筹备处总干事曾昭燏的邀请信。据其自述："曾昭燏从国外回到昆明，又辗转到四川南溪李庄山中，她要打开'善斋'一批青铜器，便找我去。在旧中国，一个研究金石的人能看到拓片，就可满足，现在能看到许多青铜器，太好了。"[1]

事情是否真是如此简单，结果会不会真有那么美好？望着两岸群山，一江碧水，任凭被江风撩乱一头秀发，游寿心潮起伏，眼前有些迷离……

一、剪不断、理还乱，是离愁

一年前，丈夫陈士诚（1894-1963，又名幻云，字幼鸿）刚从江西调到重庆最高法院简任推事，夫妻久别重逢，又骤然别离。现实如千团乱麻，纸上心上柔情蜜意。他们相爱的时间很长，但总有些外界因素使彼此疙里疙瘩，聚少离多。

游寿，1906年出生在福建东部沿海霞浦县城一书香名邸。高祖游光绎曾为清乾隆年间进士，授翰林院编修。去官归闽后，掌教福州鳌峰书院，一代名宦林则徐即出自门下。自游光绎以下，世代教书为业。其父游学诚，光绪十七年中举，主持福宁府"近圣书院"，霞浦青年陈士诚就是其得意门生，而后来成了女婿。

---

[1] 游寿："善斋青铜器整理回忆"，载《南京博物院》集刊，1983（6）。

"余家依山面海，草木常青，海雾烟霞，阴阳幻变。春秋佳日，临流看花，轻雨雾迷，涛声悬瀑争鸣，"游寿回忆，"余幼受庭训左氏传。先君为述金石名物，于是略有物象及其科学意义。先君精教学、训诂、书画，弱冠负盛名，中年退居海陬，教学负薪以赡。余年十九丧亲既未完家学。"[1]16岁那年，父亲为游寿取字"介眉"，典出《诗经·豳风·七月》"为此春酒，以介眉寿"。其后，游寿考入福州女子师范学校，投身学运。

青年游寿（王立民供图）

　　1925年，游寿父亲去世，当年游寿加入共青团，年底加入共产党。1927年国共合作破裂，游寿被迫离校。此时她身边的"保护神"，即毕业于日本明治大学法律系、时任福建省民政厅股长的陈士諴。在白色恐怖中，游寿女扮男装逃回霞浦乡间避难。陈士諴亦托词母病，脱离政界，辗转沪宁，不久亦回霞浦。此间，他有诗云：

　　　　落尽残红送尽春，天涯惆怅苦吟身。
　　　　北堂老病悲慈母，新鬼烦冤哭故人。
　　　　怪事不堪书咄咄，女婴犹自詈申申。
　　　　只余两眼苍茫泪，留与花间话劫尘。

　　诗中"女婴"即指游寿，她比陈士諴小12岁。
　　1928年，陈士諴资助游寿考入中央大学中文系。同学有曾昭燏、沈祖棻等。游寿潜心问学，尤好诗学与书法。"当时在课堂上，看到俊秀、豪放各种板书心生向往。当年中大中文系，国内古典文学大师聚集，如词曲学家吴梅俊逸的板书，二汪（旭初、因坦）的流利板书，黄侃虽不大写板书，也偶然写几次，有他的俊爽之气。而我独好胡小石板书，豪迈卓逸。他板书写得很快，也自己擦去，坐在前头的同学有时起

---

[1] 本书编委会编：《纪念游寿先生诞辰百年研讨会书学文集》，黑龙江人民出版社，2007，165。

来替他擦,其实许多同学舍不得擦。"[1]

其时,中大教授王易(晓湘)[2]与汪辟疆、柳诒徵、汪东、王伯沆、黄侃、胡翔东等,有"江南七彦"之誉。王晓湘博古通今,然讷于言,方音重,苦了学生。时授"乐府通论",讲北齐敕勒歌:"敕勒川,阴山下……"游寿私下仿其体例学其腔调戏谑道:"中山院,层楼高。四壁如笼,鸟鹊难逃。心慌慌,意茫茫,抬头又见王晓湘。"众同学闻之竞相传唱。沈祖棻晚年犹叹:

犹忆春风旧讲堂,穹庐雅谑意飞扬。
南雍尊宿今何在,弟子天涯鬓亦苍。[3]

"少慕狂狷,率性任情"的游寿,还模仿另一位女性的笔触,写信给教授吴宓,捉弄那座"不设防的古堡"(杨绛言)。其时,曾昭燏在中大读外语系,游寿鼓动她转中文系,"我叫她学文字学,再学一点文献、考古文物,这样前途较广阔。她在第二年转到中文系,以后我们共同构写了甲骨文前后编,用蝉翼笺影写,请胡小石先生题词。"[4]

1931年,游寿自中大毕业后,回福建厦门到集美师范学校任教。她与谢冰莹、谢文炳、郭莽西、方玮德几位文学青年合办了一份文学刊物《灯塔》。谢冰莹在《女兵自传》中这样写道:

方玮德先生和游介眉女士都在集美教课,两人都是诗人。方那时正在热恋着黎小姐,所以诗的产量特别惊人。游是个从表面上看起来似乎很达观,而其实心里充满了抑郁和苦痛,过着矛盾生活的人。……记得是我在集美讲演的那天晚上,我住在她(游寿)那里,两人谈起人生问题来,她很感慨地说:"人不能离开感情而生活,而感情又是最麻烦、最复杂、最苦恼的东西,因此我觉得人生

---

[1] 游寿:"我的临池简述",载《大学书法》,2020(5)。
[2] 王易,字晓湘,号简庵,江西南昌人,毕业于京师大学堂。
[3] 程千帆选编:《沈祖棻创作选集》,人民文学出版社,1985,217。
[4] 游寿:"考古、教学、科研回忆",见李俊武,周光陪主编:《北方史界人物》,黑龙江人民出版社,1991,1。

永远是痛苦的。"[1]

"矛盾生活"的痛苦人生,多半是与恋人"剪不断、理还乱"的情感纠葛。陈士誠老家有原配夫人,且有四个儿子。1932年,26岁的游寿与38岁陈士誠终于结婚,当年生下一子,不幸因麻疹夭折,后终身未育。这年,陈士誠在北平《法律评论》杂志发表了《论吾国韵文法律书"宋刑统赋"》和《中国法治思想之大成与批评》等多篇论文。1933年秋,游寿就读于金陵大学国学研究班,并执教于南京汇文女中。翌年,陈士誠远去甘肃省静宁县地方法院担任检察官。妻子眼中,"虽以治律食其禄,而歌咏抒其情,四十游西北,有'落日见驼群'句,如景在目。"[2]

1937年卢沟桥惊变,那群就学金陵大学国学研究班的才女沈祖棻、游介眉等,结束她们的诗与梦,告别六朝松下的"梅庵",各奔东西。陈士誠调任江西临川地方法院任首席检察官,哀生民疾苦,"更无磅礴传神手,为画流离失所图"。游寿随夫宦游。1939年6月28日,曾昭燏在致老师胡小石信中写道:"介眉在临川,常有信来,上月临川遭炸,几罹于难,然介眉不以是而稍怯,仍领导临川妇女抗战工作甚力,唯每次书来,辄云'烽火遍野,相见无期',

1943年夏,游寿在江津白沙国立女子师范学院门前(王守铭收藏并授权使用)

---

[1] 赵家欣:"谢冰莹和她的'海滨故人'",中国人民政治协商会议上海市委员会文史资料委员会编辑:《上海文史资料选辑》第85辑,1997,179。
[2] 陈碧:《大时代的小爱情——民国闽都名媛》,福建教育出版社,2015,125—126。

令人神伤。"1940年春，陈士诚调任江西河口地方法院首席法官，游寿随转赴河口，一边养病，一边整理《资治通鉴》札记，续写《李德裕年谱》。从友人与她的通信看出，她对这种"笼鸟"生活未必满意。这年4月3日，曾昭燏日记记："夜作书寄介梅、子缄，问介梅肯就金大事否？"[1]金大于1938年3月1日即在成都华西坝复学。1940初夏，迁至重庆的中大教授胡小石（光炜），也向国立女子师范学院院长谢循初推荐游寿。

7月29日，胡小石在给游寿的信中说：

介眉贤弟：

　　日前得飞书，极欣慰。寇机肆虐渝市，两月来几日与死神相挡拒，近时多雨，警报乃少闻耳。寒家在此，惟寓庐略损，大小人口幸无恙，望莫念也。女师学院校址定白沙，在重庆上游百余里，由重庆搭轮船一日到。开学原定十一月中，顷闻有提早之说，不知如何。光炜因本期仍需赴滇，上周专函循初先生，请其将弟之国文系讲师聘书直寄河口。白沙环境甚佳，惟冀大局无虑耳。瞻望四方，我心如捣。奈何，奈何。光炜下月二日飞昆明，有书请寄昆明云南大学。幻云兄近况何似？前赐和章风韵清劲，令人低回。此行往滇，仍携之行箧中也，匆匆不一。

　　顺颂俪福！

光炜 顿首
七月二十九日[2]

战时谋职不易，然国立女子师范学院所在的江津县白沙镇，距离江西河口山长水远。忍看爱妻远行，陈士诚不能相送，以诗作别：

　　六年前予有西凉之行，介眉过江相送，时值初冬，戴霜月而归。今其人入川，亦正其时，予以羁宦阙为面别，情见乎诗：

---

[1] 南京博物院编：《曾昭燏文集·日记书信卷》，北京：文物出版社，2013，93。
[2] 王立民："沙溪畔曾经来了位女农夫"，载《北方文学》2009（6）。

江潭摇落殒微霜，送我西行六载强。

今日君行谁送别，只应红树对斜阳。[1]

1941年，陈士諴升为最高法院简任推事，赴重庆履任。总算与爱妻近到舟行一天的距离。而席不暇暖，一年后游寿又再赴李庄。

二、栗峰四载　防微杜渐

游寿来到李庄中博院。俗话说"树挪死人挪活"，而人到新环境未必皆能适应。游寿与中博院李济、曾昭燏、吴金鼎等"海归"学者治学路径，甚至语言体系也不尽同。一年后，曾昭燏与傅斯年商量，将游寿从中博院借调到史语所。傅斯年是曾昭燏的姑表姐夫。曾昭燏的二哥昭抡（西南联大化学系主任）与傅斯年是连襟，二嫂俞大纲是傅斯年夫人俞大綵的姐姐。

1943年3月底，史语所善本书库管理员王育伊"急于赴渝"，坐镇李庄的史语所代所长董作宾致函傅斯年，"继任育伊之人，乞兄注意物色"。于是，游寿从山下张家祠堂中博院，调到山上板栗坳史语所图书馆，顶替王育伊，负责善本书库。她自此改名游戒微。当年8月30日经史语所正式呈报中研院总办事处："据游寿君声称，现已改名游戒微，请更正，并祈转呈院长鉴核。"[2]古语道，"有其名必有其实，名为实之宾也"。她或是提醒自己要"防微杜渐"。

游戒微来到史语所历史组所在茶花院管理善本书库，薪俸定为240元。[3]应该不低，比如1940年留英归来的夏鼐，任专任副研究员，月薪250元。而关于职级升等，曾昭燏与傅斯年还另有约定。傅斯年或避"用私人"之嫌，故对游戒微在名分上有些委屈。史语所图书管理员那廉君即有微词，1943年8月26日致信傅斯年："闻本所本年度第二次所务会议报告事项中'借调中博院游寿女士为图书管理员'一案有'名次

---

[1] 王立民："沙溪畔曾经来了位女农夫"，载《北方文学》2009（6）。
[2] 台北"中研院"史语所档案：李4-1-32。
[3] 台北"中研院"史语所档案：李4-1-34。

1943年12月2日，游寿上书傅斯年谈自上月迁入茶花院善本书库后的见闻感受，表达内心不适（王立民供图）

在那君之后'一语，窃以为未便，乞收回此意。"[1]

接任未久，游戒微就对周遭人等的轻视极为反感，在上告傅氏的信中写道："贵所大小研究员素贱事务人员，即如昨昏时牌坊前，有人指呼'管理员'甚有侮辱之态。""大小研究员"和"素"，这是些全称判断，可见她性格上也有不宽厚的一面，甚至对傅斯年可能也有意见。"……由于凌先生（凌纯声）和向先生（向达）是南京学友，有时互相谈谈所学，有时也流露出依人之叹。"[2]办史语所，傅斯年目睹中国历史语言学之衰歇，有感于西方汉学家的建树，提出"西洋人做学问不是去读书，是动手动脚到处寻找新资料"。他对金陵学派的书斋治学路径多不认同。而游戒微恰恰承继的金陵"旧学"传统。

让她深感庆幸的是，史语所善本书库藏有四万幅金石拓片，多为名家旧藏，其中一大类为唐代墓志。以此考证史事，她早有志于此，在撰写的《李德裕年谱》中写到："新旧唐书李德裕传俱言六十三卒于珠崖贬所，补录传记亦云焉。唯续前定录云六十四。于是说者稍有考订是

---

[1] 台北"中研院"史语所档案：杂23-11-12。
[2] 游寿："善斋青铜器整理回忆"，载《南京博物院》集刊，1983（6）。

非。旧书本传云三年正月方达珠崖郡，十二月卒。今据新出土所撰彭城刘氏墓志末，烨附记云：己巳岁十月十六日贬所奄承凶讣。则公之卒在大中三年为可信。"此即以墓碑订史实之一例。

傅斯年也是历史组的代理主任，他应该赞同游戒微的学术选向。于是，游寿"近水得月"：1943年9月7日"提取全唐文四十函叁百贰拾册"；某年11月11日"提取三代吉金文存壹部四函"；某年4月14日"检还图书馆唐代丛书一本"……

流年似水，波澜频生。1944年6月21日，史语所致函游氏："前日见揭贴，深感悚异。执事如以为不可，一言即决，何至出此类揭贴？今既如此，只有与王君对换房屋，并无他法，即希照办"；也函致王崇武："房子事原是商量性质，惟既有此揭帖则为维持秩序计，只有照原议办理。已嘱游女士与执事对换房子矣。"[1]这两函所里通告，不容商量。事件起因或许是房屋对换引发的纠纷。彼时，研究人员生存环境艰难，板栗坳因房屋问题，曾困扰多人。对他人的住房问题，所里颇费心思。而对游戒微是否也同样公平？她会不会因"人微言轻"而粘揭贴——"揭贴"源自明代江陵与苏州织工，继之者清代广州三元里抗英军之"说帖"。因其恣意率性具有煽动性。或因游寿贴"小字报"措置不当，出语不端，乃至与代理所长董作宾直接产生矛盾。因无资料证据，仅备一说。

调进游戒微，傅斯年确有提携才女、厚植学问之意。1945年2月16日，他给曾昭燏写信："前谈游戒微先生事，最终结论仍以前法为妥，即改

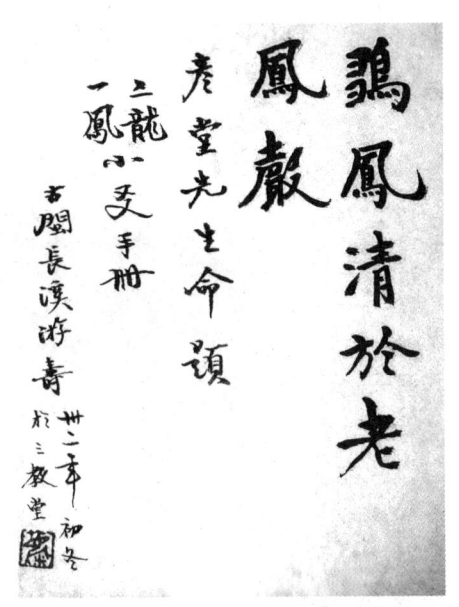

1943年初冬，游寿为董作宾孩子题词（董敏供图）

---

[1] 台北"中研院"史语所档案：李15-5-1-2，15-5-1-3。

任为助理研究员,拟在开会时特别申请,以第三年论,若两年内游先生写成著作,即可讨论升副研究员,不待满四年也。"内举不避亲,这封信不过是傅斯年与曾昭燏的依计行使。可惜游戒微不明白老同学与傅斯年这番心思。

1945年1月15日,游戒微"因病暂请假三日"回到重庆。2月12日是甲申年除夕,回家团年,本天经地义,可怜游戒微对此绝口不提。2月21日,也就是傅斯年致信曾昭燏,交底对游戒微安排的信的五天后,游戒微再给傅斯年写假条:"因旧疾复发,又因家乡沦陷,暂欲赴渝一行,未完工作抑另派人。或准予假,乞请裁夺"。傅斯年办史语所,强调统一意志和纪律保证。历史组助理研究员李临轩研究断代史,1943年6月15日向傅斯年请假:"因病初愈,防受暑重翻,只得暂请外出假五日,分发承办工作,随带五日归家抄写。至于前两次因病请假,俟以后星期例假补作,俯予赐准。"也即是请假回家,工作不停;请假时间,从以后的例休假扣除。依史语所规矩和傅斯年性格,不难想象他读游戒微请假信的心情。

1940年代,张政烺在板栗坳茶花院史语所别存书店前

游戒微请假离去，傅斯年仍在为其后工作安排擘画，3月3日致函那廉君："游戒微先生请假往重庆，返后即专治唐石刻，考证史事，其工作改属研究人员范围，惟名称不改（此等事以前本所常有之），善本书库，由张苑峰先生兼管，并约王志维先生佐之（此件存所务会议卷，下次报告）。所有千唐石（及其他唐志）、善斋石刻，均留交游先生工作，另辟一室，即善本书库最左第一大间（原存各物移陈槃庵先生住房，陈回原房）。一切乞兄分别洽办为感。"[1]

张政烺（苑峰）不愿接手善本书库，其意通过历史组代理主任陈槃转告，惹得傅斯年大光其火，3月4日回复陈槃："昨谈之事，为之愕然。张君处最近两次谈此事，已说好，又这样来！可为长叹！寄语张君，吾非可受人劫持之人，彼近日之狂悖甚矣。已说好之图书馆办法（即致那先生信中语）如彼不接受，请今日言明，即另办。彼如必要求彼分内所不应有之要求（即昨言之事是也），去就可由彼自择，至于'说出来与我与所皆不好'云云，乃下流之语，自今以后，彼如留此，应改过反省。此字乞示之，弟决无犹疑。"[2]

张政烺1936年毕业于北大历史系，是傅斯年选入所的"拔尖生"，曾谓"材如苑峰不易得，向学如彼尤不易得"。故对其爱深恨切。当日回函陈槃转交，犹不尽意，又直接给张政烺一封措辞严厉的信——

苑峰先生：

　　今日徒劳槃庵往返，执事终不肯撤回其荒谬之要求（此要求即游必走；如不使游走，则你走），此等态度，等于劫持，断不可长，此其一。我办理此事之原则，星期四晨已言之（以前亦说过多次），是日晚，在我家（此次有那先生在座）又言之。当时毫不以为不妥，今忽来此，此其二。我对游先生言调整善本书室事，自始即说明无使其他去之意，今何忽然变卦？此其三。

　　故执事此一要求，不特不可行，并须认为过失而反省也。故最好来一信，或告槃庵，取消前说，如其不能，则是又要走，又接

---

[1] 王汎森、潘光哲、吴政上主编：《傅斯年遗札》卷3，第1104函。
[2] 王汎森、潘光哲、吴政上主编：《傅斯年遗札》卷3，第1105函。

管图书馆，岂非多事？故如执事后日接管图书室，我只能认为取消此要求矣（以后不能再弹此调）。否则岂非多事？兹进此最后之忠告，望善思之。此颂

　　著祺

傅斯年 三月四日晚[1]

"夜里思量千条路，早上还是磨豆腐"，那晚张政烺定是痛苦不堪，翌日他致函傅斯年陈情后表示："迟至今日，未接管别存书库。不久当着手，届日当会同游戒微君及佐理人员王志维君将别存书库之金石拓本图书器物彻底清点。"[2]

可惜人无"上帝的全知视角"。时在重庆的游戒微怎知几个大男人在她离开李庄后引起的一连串纠纷；她更想不到，傅斯年对她寄望殷殷，甚至不惜得罪爱徒。

4月2日，游戒微致函代理所长董作宾续假。4月11日，转而又向傅斯年续假："前蒙准假一月，现已届满，唯尚有多待，且江水多阻，续假一月，旷日恐久，请即停薪，以塞众议。"此一去，滞留重庆长达四个多月。其间，据游寿晚年在哈尔滨师大的学生王立民考证，在重庆她已另觅职业，到中央大学国文研究所担任助理。但不知何故，未能持续。

7月中旬，游戒微怏怏然回到李庄。8月15日抗战胜利，东归在即，她致信傅斯年："归所月余，姑整理未竟之稿，拟东归前墓志史料第一辑可完成；唯拓片尚封存室内，倘谕彦堂先生准予取出历代墓志，是公私两便。仍乞裁夺。"[3] 傅斯年时在重庆，所务委托董作宾代理，游戒微不敬土地，远庙求佛，至少从策略上欠考虑。

8月25日，她又致信傅斯年："年来受闲气盖平生未有，常恐冒渎神听。然以防微杜渐，聊试一鸣，君子不欲高上人，固不与所中旧人寻仇。"不知是前信所谈及的问题，还是又产生新的矛盾？9月18日傅斯

---

[1] 王汎森、潘光哲、吴政上主编：《傅斯年遗札》卷3，第1106函。
[2] 台北"中研院"史语所档案：李 15-5-3-6。
[3] 台北"中研院"史语所档案：李 15-5-3-12。

年回信还算冷静："一切照前约之办法，您以旧名义未作研究，部分之管理事项可不担任，一切均交张政烺先生接收。移交之事，乞速办。"[1]

善本书库交接工作似为不顺，9月25日，游戒微函傅斯年："拓片移交手续，待曾昭燏归李（庄）便一问明交卸，又移交时拟得一法律保障，不能凭人臆度之诬询与无礼之恶詈。"多愤激之语。11月10日，那廉君函游戒微："兹拟自本月十三日下午起清理金石拓片，以后每日下午办理半日，如荷同意，敬乞届时驾临别存书库。"[2]

著述体现学者的学术生命。11月29日游戒微致函董作宾："兹有拓片四种，因稿本插图欲制照片，乞批准付照。"董作宾允准这一要求，12月12日，史语所照相记录："记游戒微先生交来黄淳墓表、冯道根照相、李义买山券等共计使用底片数。"[3]

1946年2月8日，游戒微致函董作宾傅斯年："请速拨办公室事由。"[4]这件事被后来算作游在史语所的过失之一。2月25日，游戒微再致书傅斯年，"《冢墓遗文史事丛考》已于三十四年草讫，呈送岑仲勉、陈槃两研究员，指示之点，亦已改定，极想早日付梓，如何呈交，请核示。"同日，她也有函呈董作宾：

敬签呈者《冢墓遗文史事丛考》于三十四年十二月草讫，呈送岑仲勉、陈槃两位研究员阅核，顷已交下指示之点，亦即改定（陈槃先生只阅总编褒美而已，岑先生全部阅且有批复

1940年代，游寿赠逯钦立所临金文毛公鼎（岱峻收藏）

---

[1] 台北"中研院"史语所档案：李 15-5-3-13、15-5-3-15。
[2] 台北"中研院"史语所档案：李 15-5-3-19、15-5-3-21。
[3] 台北"中研院"史语所档案：考 31-10-95、考 31-10-97。
[4] 台北"中研院"史语所档案：李 15-5-4-1。

各端。）序目已写，载六同别录亦已出版，唯此项史料实非枕中鸿秘，（北平中央图书馆均藏有）稍一迁延便是明日黄花。职既首纂辑此稿，序目披露或有他人零简发表，极想早日付梓（唯有图版渝不能印），如何呈缴，请核示。

谨呈董代所长。

职游戒微 二月二十五日

此后一旬之间，不知又有哪些事发生，会不会是重庆那边陈士諴有急事。总之，游戒微再离李庄去重庆。3月5日，她分别致信在重庆的傅斯年与李庄的董作宾："本所还都计划已奉命在五月以后，职夏日多病，欲先下渝觅交通机会，至都日即向所中前所派接收人员报到并听其指命，伏恳赐准。"[1]半月后，她在重庆再致信傅斯年："本所复员在夏天，职每年夏令必病，万不得已，呈请下渝自觅还都机会。顷抵渝已一周，正极力设法交通工具，倘得先行至京之日，即向所中所派接收人石璋如先生报到。"[2]

傅斯年雄才独断，嫉恶如仇，"以有各种不如意事，时有暴怒"。3月21日，他致信董作宾："游竟自行离所，应将其免职。此人不能再留其在所。弟当时找她，大失策。甚对本所不起。"[3]当日，他在致夫人俞大綵的信中写道："游于一周前到，托人送信及钱于陈德宏，腊味未带来（云，下次托人送来），至今一周矣。人不见，亦不知住处，只好听之，恐怕要坏了。此人行事无一不奇怪。她未得彦（堂）老允准，擅离研究所，已交那公去信将其免职矣。此人去年即该革职，忍耐至今。彦堂来信，云其无法对付。拉他（她）到研究所来，真不幸事也。"[4]

3月27日，傅斯年给游戒微一封措辞严厉的信："执事未得董先生同意，自作主张，自行离所，应自离李庄之日起，以停止职务论。"四天后游戒微回信："顷奉手谕，不胜骇愕。职此次离所，彦堂先生曾批示'暂作请假'。职在所中前后四年，自揣无过，倘钧长以离所还京太

---

[1] 台北"中研院"史语所档案：李15-5-7-1, 15-5-7-2。
[2] 台北"中研院"史语所档案：李15-5-7-2。
[3] 台北"中研院"史语所档案：李15-5-7-3。
[4] 王汎森、潘光哲、吴政上主编：《傅斯年遗札》卷3，第1152函。

早者，亦可即返李庄。"[1]同时，又致信董作宾："此次请示先行归京经过，不图先生背后报告，傅所长有停职通知。今且忍耐不言，顷再缄倘以为不得擅行还京者，即重返李庄。"此信或可换一柔和语调，以求转圜。但率性任侠的游戒微岂会如此。

游戒微最初离开李庄是否向董作宾请过假，且得到允准？3月30日，董作宾有一封信致傅斯年："关于游君，继思此事经过，须为兄详言，故嘱那（廉君）暂缓办。游此次赴渝作为请假，弟曾有专函奉告，不知是否未收到？兹再写出，请拨冗一看。游君必须辞职，乃势所不免，惟解职之理由，似不足杜其口。弟拟改为另一理由，嘱那简叔写成寄兄一看，可发即发？否则，兄另拟寄来再发。"[2]董作宾的深文周纳，回答了傅氏对游"未得彦老允准，擅离研究所"的误判，但要解职游戒微，早有成见。

2005年9月4日，董作宾之子董敏在戏楼台（岱峻拍摄）

---

[1] 台北"中研院"史语所档案：李 15-5-7-4，15-5-7-6。
[2] 台北"中研院"史语所档案：李 15-5-7-5。

傅斯年已怒不可遏，4月7日致信董作宾："见游来信强词夺理，附致兄一信尤如诬妄。此等人万不可留其在研究所。一切文件附上，均至要紧，乞交那公特别保存，以备万一打官司之用。兄万不可回她信，以免上其当。兄代为弟事受累，弟无知人之明，弄她进所，对所尤深歉仄也。"

傅斯年再致信游戒微："先生如于停职之办法有所申辩，自无不可，此事之决定系根据执事来渝留下之字而作，与董先生无涉。又，执事致董先生信之词调，自为执事一贯之常态，亦即敝所不能永久忍耐者。故前此决定绝不能更易。"[1]

"才自清明志自高，生于末世运偏消。"收到傅斯年解聘信三天后，游戒微终于拍案而起，吐尽渥气，"平生志在为学，岂较区区作驽马恋栈耶？岂效无赖汉，专以告讼为事？即日离渝归东海。"[2]

游戒微在茶花院撰写完成，并经研究员岑仲勉、副研究员陈槃审改的论文《冢墓遗文史事丛考》已收入史语所在李庄的论文总汇《六同别录》。而此时傅斯年执意要将那篇论文撕去。同事那廉君向傅氏写信申说："……《六同别录》已装订成册，如撕去游先生一文，势必重新装订，并改封面，此举是否可免，敬乞告知。"[3]4月10日，傅斯年复信——

简叔兄：

带来六同别录中下收到，初见游某文已装入，亦觉抽去为难，又用心读之，断其非抽不可也。游文文理不通，语无伦次，彼自以为美，实则不中任何标准。他（她）也谈文，怪事！本书自有出版品以来，无根之注，荒谬之作，亦不在少。然尚无此一格，不必备糠之大观也。乞连抽去。书法不必改装，用刀将此四页割去，封面与目录均贴上仍可。此非以我恶其人而抽之，乃以其文实不可登也。研究所不需要这样月令[4]的"过人大雅"。又游事文件，已

---

[1] 台北"中研院"史语所档案：李15-5-7-9，15-5-7-10。
[2] 台北"中研院"史语所档案：李15-5-7-11。
[3] 台北"中研院"史语所档案：李15-5-7-8。
[4] 月令是上古一种文体，"以时系事"，按照一年12个月的时令，记述官方祭祀礼仪、职务、法令、禁令，并将其纳入五行相生的系统。

寄董先生，乞抄一份，弟已商之律师朋友，彼如打官司，即亦不打，决无妥协之可言。

以无知闹事各事，如去年今年各事，弟知者：一、不交代。二、住处。三、办公房。二见骂董先生信。此外，兄故友皆记下。乞兄记下，怕是久后忘了，而打官司必拖时间甚长也。与张对闹文件中之事实，并祈抄下，游信全抄，不必太急。发来也不会打得甚快的。

弟行前当有信，专祈近安。

弟顿首四、十[1]

4月11日，史语所致函游戒微："执事所任别存书库图书管理员一职，业经通知停止，此职亦即裁并，应照章发给遣散费三个月。""所著《冢墓遗文史事丛考》一书，本所不能付印，可由执事自行设法出版……"[2]

气是无烟火药，一旦引动，既伤人亦自伤。游戒微的论文，是在职务期间内完成的，受领中研院俸禄，即纳税人的供养。安能专横任性，随意拒印？再者，论文指导者评审者岑仲勉、陈槃，又置他们何种境地？看似在批评游戒微的学术水准，实际上是在暴露傅斯年自我道德缺陷，也在贬损自己的学术判断力。

法国哲学家狄罗德曾言："说人是一种力量与软弱，光明与盲目，渺小与伟大的复合物，这并不是责难人，而是在给人下定义。"傅斯年数落游戒微过失，其中第一条"不交代"，或是隐瞒自己的身世家庭，以致众议汹汹。既已适人，家在重庆，本当名正言顺，为何讳莫如深。原来在福建霞浦，陈士誠与发妻关系尚未了断。她独自拉扯四个儿子。后来收到夫君决绝信后，五内摧裂。那位妇人对陈士誠的回答竟是，"请她善待我的子女便是。"[3]这或是游氏不愿告人的真实原因。苦水自咽，自我放逐，以自我救赎。

---

[1] 傅斯年致那廉君信札，嘉德拍卖，http://pmgs.kongfz.com/detail/2_954483/。
[2] 台北"中研院"史语所档案：李15-5-7-12，15-5-7-13。
[3] 陈必滔、王毅霖："碑学视域下的离散书写——游寿书法心路研究"，《东南学术》2016（1）。

李济之子李光谟、董作宾之子董敏都曾语之笔者，李庄的研究人员和家属，都有些惧怕游戒微和曾昭燏这两个不苟言笑的老处女。读者或问，那曾昭燏到底知不知情？她可能知情。她们是同窗闺密，频频通信；1940年年底游寿经胡小石推荐到江津白沙国立女子师范学院任教，其后胡小石也到了该校教书，曾昭燏也曾赶去白沙。师生三人聚会，不会不涉游寿的去向问题。1946年回到南京后，曾昭燏与游寿仍常有走动，夏鼐12月1日日记："今日星期，中午赴游介眉君之约，在最高法院宿舍用膳，在座有胡小石先生及曾昭燏君，饭后闲谈。……今日天阴，较昨日为寒冷，或许又要下雪，或谓天气忽冷，乃放晴之预兆。"[1]

三、兰芷当门 锄而去之

1946年春夏之交，游寿随夫回到南京，在恩师胡小石举荐下，进中央图书馆任金石部主任。夏日，陈士誠写了一首"昙花诗"：

> 一九四六年五月十四日夜初更，昙花偶放，竺岩表叔冒雨临赏，翌日辱寄一律，因次原韵奉呈郢正。
> 积雨优昙一现花，照花月恨黑云遮。
> 素衣初试香余韵，绛烛高烧影半斜。
> 色相常空生佛国，归根遗憾托官衙。
> 繁华顷刻弥堪惜，对酒休教意兴赊。[2]

诗中有怨，不无有影射，或寄寓夫妇俩共同的心境。

8月22日，游寿致信尚在李庄的友人李孝定、张秉权，委托他们帮忙把自己留在李庄的行李带回南京。

---

[1] 夏鼐著：《夏鼐日记》，卷3，84。
[2] 福建省文史研究馆编：《百年闽诗》（1901~2000），海风出版社，2004，321—322。

孝定、秉权学兄左右：

　　（周）法高兄到知，动定平安，至慰！近来京中情形千变万化，寿粗安。本月始往中央图书馆任事，一利书富，二利靠近法院宿舍，其他不计及，然待遇、名份俱比史语所稍胜。仍不免为人作嫁衣耳！中大近来情形甚惨，唐（圭璋）兄被解聘，至今无工作；小石先生亦再辞研究部，下文尚不知如何。伍（俶，号叔傥）氏牛鬼蛇神，破烂无不留下，而国文系诸是俎上鱼肉，此是系中诸先辈裁抑后进之现世报！一笑。

　　闻李庄山匪甚猖，有搬京讯。日来秋凉，寿所有衣服未带下，倘学兄趁船东下者，一皮箱、一被包，请向志维兄处取下，用费寿自负担诸费。化神而谢不尽！匆匆

　　即请秋安　不一　　　　　　　　　弟　游寿顿首 八、廿二[1]

此时，游戒微已改归原名游寿，信中透露工作顺心：待遇、名份皆胜史语所；住在法院宿舍，距离上班也近，有意无意间透出点小欣忻。此时是陈士誠的高光时刻，他以精通日文，疏理案件通达，特简派南京最高法院任刑庭推事，因参加对大汉奸陈璧君、陈公博、梁鸿志等案件的审讯，名扬遐迩。他职务超越，请托者众。其中伪府高官梅思平被拘后，其家人曾以巨额金帛珠宝相委，他不为所动，颇有口碑。

游寿在李庄所撰旧稿的基础上，完成对两篇性灵文字《伐绿萼梅赋》与《山居志序》的改订，后收进自编年表。且看《伐绿萼梅赋》序：

　　壬午之冬来游西川。寄居咏南山馆亚门，香飘雪曳，冰肌玉质。顾视绿萼梅一株，蟠矫偃蹇，长自瓦砾，南枝如鹏翼垂云，伸覆墙外，盖上有樟楠竹桂，蔽雨露之泽，草木有本性，槎枒以望生。明年，余移居海红花院。又明季夏，主人伐而去之，曰：枝干虬囷，伤篱簝也。余默然久。兰芷当门，锄而去之，此言不虚。乙

---

[1] 陈必滔、王毅霖："碑学视域下的离散书写——游寿书法心路研究"，载《东南学术》2016（1）。

酉冬，余居驭仙草堂，又出入山院，门庭无改，独不见故枝羁旅门墙。感草木虽无言，而性灵或有同者，遂赋之。[1]

"兰芷当门，锄而去之"，典出曹操杀杨修，"芳兰当门，不得不除"。此为游寿自况。首句点题，"壬午之冬"即1942年，应曾昭燏之邀到李庄中博院作助理员。"寄居咏南山馆亚门"，是"接花移木"的"借景"。咏南山馆在板栗坳栗峰书院，即史语所考古组办公地，距李庄镇有七八里地。初到李庄，游戒微住镇上张家祠堂中博院。1943年9

2005年9月4日，李庄板栗坳当年游寿寄居的"咏南山馆亚门"（岱峻拍摄）

---

[1] 游寿《伐绿萼梅赋》及《山居志序》两文，引自王立民所提供的原作复印件。笔者断句释文。

月，调到山上板栗坳史语所图书室，也就是赋中所写"明年，余移居海红花院"，"又明季夏，主人伐而去之"。按说，诗人对"伐绿萼梅"者的谴责和对梅兰的同情，当早就形诸笔墨。而这份伤感一直压在心里两年多，直到"乙酉冬"，也就是抗战胜利后离开是非之地后，犹"感草木虽无言，而性灵或有同者，遂赋之"。

李庄板栗坳，是张家聚族而居之所，史语所的百多号人就分在七处大院之中。也就是说即使真有人伐绿萼梅，"凭吊处"也是天天经过的寻常之景，何以要经年才感怀赋之？伐绿萼梅处，咏南山亚门，是董作宾办公地。董作宾曾写过，"一座装潢雕刻精美的咏南山大舞台，那是董彦堂（作宾）的工作室，他整天在那里披览，摹绘，抄写。或者木坐呆想他的能力所不能解决的问题。"[1]《伐绿萼梅赋》将背景置于此，乃托物言志，指桑骂槐。"处士过此而盘桓，妒妇见之亦恨嫉"，"熏莸臭味既殊趣，清浊浮沈又甚分"，"甲第混负贩，同贵贱而联翩。或无为而称治，或损益以求贤"……明为写景状物，实作不平之鸣。

游寿的《山居志序》，点名史语所所在的栗峰书院，她在序中说：

> 峰以栗名，地乃为坳。陟坡陀以升降，绕江流如襟带。水路交臻，时有山市。一苇西沂，爰适此山。既怀嘉□，即削名籍。职同守藏，将泥水以自蔽。居寄庑下，无赁舂之劳苦。借百城之富，□抽思之写……

寄人篱下，有志难伸，唯一安慰即坐拥书城。然而，鸿鹄之志不谐现实涸境。

> 若夫爵登封五等，恩隆九族，苌弘之数典，张华之博物，棓失蠖弱，金路玉罤，雕版绘像，比物丑类。骨列专车，计尺度而分氏族；辨音夷貉，论方言以记辀轩。或则吮墨含毫，焚膏继晷，灯豆摇影。龟卜繇兆方紬，稚子索哺，孺人怨语如絮。

---

[1]《董作宾先生全集乙编》，台湾：艺文印书馆，1977，1063。

史语所分历史、语言、考古、人类学四个组。正如傅斯年唯我独尊，游寿对史语所治学的路子和研究方法也并不认同：

> 人怀荆山之璞，家悬灵蛇之珠。天纲八纮，顿之落山矣。故鱼目混珠，滥竽邀赏。诩平生著作，自题手泽。美闻中淑女，谓居秦楼。国无世业，犹依父荫以扬声，制非封建，竟比翰花而自贵。道无四皓，遁隐商山，安望玄德，礼致令下，一纸顾盼。南溪何怪，妙选不伦。或则髡□，□俗执拗，仍同顽禅。贾竖学儒，气度自然斗筲。客无三千，士难五百，不知狗盗，亦惭鸡鸣。

环境心境互为因果，又影响行为：

> 膏沐未施，掠云鬟以欲颓；锦绮间叠，看珠碧而溅泪。生长戚里，但知歌吟，未习机杼，试濯江波。调姜韭初尝辛酸，问米薪始知珠桂。此是女伴，长话殷勤。

郁闷至极，卒章显志："夫尺蠖能屈，龙性难驯。多怀激烈，直抒慷慨。未闲典故，词甚鄙陋，通人拊掌，无所恨也。"这段话与1946年10月4日，游戒微分掷史语所所长傅斯年和代理所务的董作宾那一纸喷言，"平生志在为学，岂较区区作驽马恋栈耶"何其相似乃尔！

1947年，游寿转入中央大学中文系任副教授，成果迭出，惊艳学林，如《唐人卜葬邙洛之风尚》，以墓志资料结合正史，探究唐人卜葬邙洛风气之渊源；《梁守谦墓志与唐代宦官》以墓志与两《唐书》相印证，并补正史之缺；《晋黄淳墓表跋》论晋黄淳墓表相关史事及其书法特点。此外还有《金文武功文献考证》《论汉

1948年，游寿（三排左一）与宗白华、唐圭章、曾昭燏等师友贺胡小石60寿庆（采自拍卖公司网页）

碑》等。殊不知这正是李庄四年的深积厚累。

四、流年如云　故人入梦

1949年新中国成立后，中央大学并入南京大学。那年，游寿43岁，丈夫陈士諴55岁。夫妇俩去山东走东北，远离政治文化中心，尽量淡化过去历史，完全断绝与故人的联系。"天末同云黯四垂，失行孤燕逆风飞，江湖寥落尔安归？"（王国维词）曾经沧海的游寿也只能随遇而安，"没有了优秀的学术氛围，见不到古器物，不得已而自办文物室，那也只是小流，而非江海。"[1]1963年5月，陈士諴病逝于哈尔滨，终年70岁。游寿叹曰："涉浊流而不蒙其滓，怀长才而未尽乎用，其诗人陈幼云耶。"

直到20世纪70年代，游寿在哈尔滨师范学院退休后，才给同学沈祖棻寄去诗笺：

冬初小恙高烧，梦子苾来访不遇，唯见案上留诗。余出门追之，倦极而醒，乃一梦也。成此诗，数月寄与：
又见冰花满窗棂，数尽飞鸿入北溟。
唯有故人深入梦，留诗案上意叮咛。

沈祖棻日记说此事：言长意深，富于感情，读之喜慰，反复阅看。"渐无消息廿年余，绝徼终传一纸书"，她一口气写下十首《得介眉塞外书，奉寄》和《再寄介眉》[2]，兹录后者：

共惜华年逐逝波，边城独老奈君何。
休文瘦不缘诗苦，叔夜慵还为病多。
万里秋风同作客，一场春梦总成婆。

---

[1] 本书编委会编：《纪念游寿先生诞辰百年研讨会书学文集》，黑龙江人民出版社，2007，168。
[2] 程千帆选编：《沈祖棻创作选集》，人民文学出版社，1985，217。

楚宫泯灭余文物，访古南来倘见过。[1]

回首前尘旧事，游寿和道：

南苑文坛感慨多，龙蟠虎踞自嵯峨。
飞来绛燕呢喃语，怕听平湖有苍波。

"绛燕"为沈祖棻笔名，四十多年未见面，风雨过后，最喜听到春燕的呢喃细语；旧雨凋零，最怕听到玄武湖汹涌的涛声。1977年6月27日，沈祖棻因车祸去世。她已等不到与老友重聚。

英国作家奥威尔尝言："现在总被理解为铁砧是吃亏的一方；然而在现实生活中，常常是铁锤被破坏，而从未有过铁砧被砸碎的情况"。晚年游寿，以书法名天下，有"南萧北游"之誉，身处黑龙江的游寿与南京的萧娴，被誉为20世纪书法史"国之双娇"。她那离散的生命情怀与拗折的碑学书风，在苍茫笔毫下书写出坚硬枯涩的线条。1998年8月，时任中国书法家协会主席沈鹏曾作《咏游寿诗四首》，诗前小序曰：

20世纪70年代的游寿（王立民供图）

游寿女史书法集杀青，赋得四首。余与游寿女史曾有鱼雁往还而无缘一晤。今当女史书法付梓，编者嘱为序。读王立民先生文章，论叙甚详且精，余聊为七绝四首志感。第一首作于一九九四年。

题李俊琪画游寿像
鱼雁曾经数往还，遗容只向画图看。
书坛耆皓凋零甚，[2]后继当思一字难。

---

[1] 沈祖棻著；程千帆笺，张春晓编：《涉江诗词集》，河北教育出版社，2000，180。
[2] 九十年代以来，林散之、沙孟海、费新我等前辈先后凋零。

先宗
学富五车家世风，清明潇洒溯先宗。
一盏炳烛传薪火，最重贤生少穆公。[1]

寿长
寿长所历识弥多，[2]胸腹诗书星斗罗。
奇字古文通者几，遥知北国有妲娥。[3]

南北
南有萧娴北有游，书无南北各千秋。
九霄王母书翰会，席上嘉宾并蒂榴。[4]

文章到老意气平。回首往事，就像贾宝玉在太虚幻境看到金陵女子过去未来的簿册，游寿已清楚看到自己与同人的命运。她在重抄旧稿《伐绿萼梅赋并序》的"跋"中写道："乙酉冬至初藁，乙卯立冬后十日重抄。右藁流居西川所作。日者，王云自北京归，转夏鼐问讯。又读英人李约瑟之中国科学技术史序论，故人旧事盖已三十年矣。今存者几人？"文字隐讳。李约瑟在《中国科学技术史》序论中，提到1943年的李庄之行，感念史语所和傅斯年、董作宾等。难怪游寿写小楷的钤印，多是当年在李庄董作宾为她刻的两枚名字小印。

1975年游寿重抄三十年前旧作《伐绿萼梅赋》（王立民供图）

---

[1] 游寿高祖游光绎，曾为林则徐师，有《炳烛斋诗手稿》传世，对游寿影响极大。少穆，林则徐号。游光绎有《送林少穆庶常入都》诗。
[2] 宗白华致函游寿引歌德诗云"寿长所历多"。
[3] 周恩来曾问王冶秋当今通晓金文甲骨者有几，王列举各家，内有游氏。
[4] 沈鹏：《三余续吟：沈鹏诗词选》，荣宝斋出版社，2001，80—81。

李庄时期的游寿,曾利用史语所别存书库所藏,系统研究"千唐石"碑拓。千唐志斋位于洛阳市新安县铁门镇西北隅,是民国元老张钫所建,章炳麟曾以古篆题额《千唐志斋》,尾部跋语:"新安张伯英,得唐人墓志千片,因以名斋,属章炳麟书之。"千唐志斋馆内有张钫墓,墓上撰有一联:

谁非过客?
花是主人。

曾昭燏：梦中悲喜沧桑泪

蔡元培评价过一种女性，"对于研究学问或改造社会，有特别兴会，超乎性欲与狭义的爱情之上，那自可守独身主义，抛弃为妻为母的职责，而委身于学问，委身于社会。"[1]移指湘乡曾氏家族，其中确有不少女性选择终身独处，与事业为伴。如曾执掌长沙艺芳女校的曾宝荪，及其堂妹曾昭燏与二妹曾昭懿等。曾宝荪（1893-1978）曾说："一个人结婚，顶多只能教育三五个子女……如果献身教育，却可以教育千千百百人。"20世纪50年代，南京文博界曾流传过一段曾昭燏的佳话：一位苏联专家来访时问，曾小姐打算何时出嫁？曾昭燏意味深长地回答，我早就嫁给了博物院。

研究学问或改造社会，向被视为男人专利，闯入男权社会的女性，生命中必然会有更多背负，甚至承受无妄之忧。

1939年2月，曾昭燏自英国回国来到昆明，受聘于迁徙此地的中央博物院筹备处。在史语所代理所长兼中博院主任李济擘画下，她与先期回国的同学吴金鼎（字禹铭）王介忱夫妇在云南大理一带从事考古调查。6月21日，她在日记中写"得夏作民

青年时期的曾昭燏（李在中供图）

---

[1] 《与大师一起读历史》1，光明日报出版社，2013，112。

一信，告笑话甚多，彼下期不能归国，殊使我等失望。"[1]"失望"二字恰能昭示心态。9月12日，她作书予夏鼐（字作铭、作民），心心念念，"不知其尚在英否？"[2]当时，二战已经爆发，按照李济旨意，曾昭燏邀请夏鼐回国加盟中博院，一起从事田野考察发掘；夏鼐回信"心向往之"[3]。

1940年2月10日，曾昭燏收到夏鼐和胡小石等人来信，在日记中写道，"感念前事，惆怅不已"[4]。尚在埃及开罗实习的夏鼐似"心有灵犀"，他在5月23日的日记中写道："下午将五年来信件加以整理，……读旧信时，前尘往事，一一又映于眼前，不禁感慨系之。"两位青年男女，有哪些共同经历，尤其是刻骨铭心的前尘旧事？

一、英伦求学　明珠自怜

1929年，曾昭燏自长沙艺芳女校毕业考入中央大学外语系，二嫂俞大綗是这个系的教授，二哥曾昭抡任该校化学系教授兼化工系主任，已在南京傅厚岗置产建宅。曾氏兄妹是湖南娄底双峰县曾国潢的曾孙辈，按曾家"国、纪、广、昭"排为第四辈。父亲曾广祚（1879–1931）与母亲陈氏（季瑛）育有昭承、昭抡、昭拯（绍杰）兄弟和昭燏、昭懿、昭鏻、昭楣姊妹，皆勤奋好学，各有所成。1931年8月，曾昭抡应北大理学院院长刘树杞之邀，出任化学系教授兼系主任，夫人俞大綗也转任北大。曾昭抡遂安排金陵求学的昭燏，把母亲和昭鏻、昭楣两个妹妹接来南京同住。

曾昭抡是昭燏人生第一良师，第二位则是中大国文系教授胡小石。一次，曾昭燏偶随同学游寿前往金陵大学慕课，其时胡小石正在为国文历史系学生讲授甲骨文。曾昭燏一听便被吸引，惊其引证淹博，说理致密，极有启发，于是有课必听，复又登门请益。据曾昭燏回忆：

---

[1] 南京博物院编：《曾昭燏文集·日记书信卷》，70。
[2] 南京博物院编：《曾昭燏文集·日记书信卷》，77。
[3] 夏鼐：《夏鼐日记》卷2，上海：华东师范大学出版社，2011，287。
[4] 南京博物院编：《曾昭燏文集·日记书信卷》，87。

师所居在城北将军巷，为自筑小楼一所，号为愿夏庐。……愿夏庐之三楼，为藏书楼，牙签万卷，师甚珍之，外人罕得窥，余常读书其中，竟日不下。庐前有池塘一，环岸种杨柳，风景幽胜。师生平喜诵吴梦窗《点绛唇》"明月茫茫，夜来应照南桥路……"一词，用其韵至再至三，群弟子亦和之。余和曰：小阁飞空，一池碧映垂杨路；绛云深处，听尽潇潇雨。[1]

陈寅恪说："读书须先识字。"训诂学、书学和楚辞之学，是曾昭燏从胡小石师获益最多的三门。其中训诂之学，是文史学者必经之路津，又是吓退莘莘学子的铁门槛。据南京大学所藏《国立中央大学文学院学生历年成绩表》音韵一门，曾昭燏连续三年考试成绩均为100分。

其时，西风东渐，国学花果飘零。曾昭燏的二嫂俞大絅考取中英庚款留学，在牛津大学攻读英国文学，欧风美雨，眼界大开，也致函曾昭燏，鼓励她赴英留学。1935年3月，受兄长昭承和昭抡资助，曾昭燏中断金陵大学国学研究班学业，于13日自上海码头登上意大利邮轮，自费赴英求学。

来到英伦，曾昭燏在伦敦大学研究院叶慈教授门下就学，与山东官费留学生吴金鼎系同门师兄。其间，金陵大学国学研究班主编《文史丛刊·小学研究》杂志刊有曾昭燏论文《读契文举例》，但其研究方向已开始从文字转向器物，对故国文化的认知开始有了国际学术的参照标准。这年秋，曾昭燏奉叶慈教授之派，到考古工地实习。

10月30日，她在致堂兄曾约农的信中云：

妹走入考古一途，事亦滑稽。……因妹在中大所学是中文，于英国任何课目均不相衔接。不意伦敦大学艺术学院教授叶慈，系研究中国及印度佛刻铜器等艺术，现任中国考古及美术学教授，见妹大喜，即令为其校之旁听生。于妹基本科，如人类学等特加教习。再三劝妹专心就学此地。如此一期之久，下期已成不可离之势。……

---

[1] 曾昭燏："忆胡小石师"，见南京博物院编：《曾昭燏文集》，文物出版社，1999，327。

国土日蹙，强邻内逼，诚不知二三年后国家如何也。妹在此，遇三姐（曾宝荪）之前后同学数人，皆盛言三姐的天才，并问近状，妹一一告之。妹常自念，以三姐之学问才能十倍于妹，为艺芳终身牺牲，妹何以不能？[1]

曾昭燏以为楷模的三姐，即曾国藩的曾孙女曾宝荪，基督徒，当年就读英国伦敦大学西田学院理科，回国后创办长沙艺芳女校自兼校长，立誓不嫁，执教终身。

"君自故乡来，应知故乡事"。1935年9月6日晚，从上海坐海船到达伦敦的清华大学官派留学生夏鼐与同路人陈凤书，应当地几位华人及留学生谭季甫、周建北、曾宪朴、曾昭燏之邀，在顺东楼餐聚。席间陈凤书谈到："燕京学生近年生活之奢侈，今年有百余人组织一跳舞会，几乎每星期跳舞，同学每年费用平均约600元以上。"曾昭燏谓："英国学生不如此，恐美国亦未必如此？中国人学人家的东西，专学坏处而变本加厉"。[2]这位娇小的湖南女生从此进入《夏鼐日记》。此前他

2019年，英国伦敦大学学院（University College London）（采自网络）

---

[1] 曾清、张蔚星编撰，南京博物院编：《曾昭燏年谱》（征求意见稿），2009，29。
[2] 夏鼐：《夏鼐日记》卷1，357。

们并不认识，当时中国留学生极少有人选择考古学、博物馆学专业。所以，两人关系必然走近。

初入伦敦大学，夏鼐面临读大学院或进考陶尔德研究所的两难选择。他在给李济的信中说："同时注意汉时文献，因生将来或即专攻从事汉代方面之考古也。"李济在给考陶尔德研究所叶慈教授的推荐信中提及："因为汉代是夏鼐的专长，他特别希望学习与将来工作有关的学科。"当时曾昭燏已随叶慈学习"中国考古与艺术史"，于是夏鼐给曾昭燏写信，希望能给以切实有效的建议。9月11日，他收到曾的明信片："承询入学事，燏每日下午2时至3时半均在家，请于星期三或星期四来此一谈何如？"附注有交通方式。[1]

隔日，夏鼐即赴曾昭燏处——

> 曾君告以入学情形，谓考陶尔德艺术学校入学必无问题，惟欲读Ph.D.（哲学博士）则必须经过一考试，系6月中举行，现已来不及，但可先读M.A.（文学硕士），明年再改为哲学博士，以二者年限皆为2年，明年考取后，再读2年亦可读哲学博士也。吴金鼎君系读哲学博士。曾君今春来英，下学期可读文学硕士，以自费关系，不能久留，故只得读文学硕士。曾君谓上学期仅读Yetts（叶慈）之中国古文字学，Horel（霍雷尔）之中国地理及补习德文。并云，中国人在外国读中国东西，殊觉滑稽……又云，如欲入大学学院，课程较佳，惟不知能否以中国题目作论文；又补习印度文，不知能否与读学位同时进行，抑须先行补习，与学校接洽后始可决定。如欲入考陶尔德艺术学校则毫无问题云云。余告辞后，由地底车返舍。[2]

介绍与建议皆出于至诚，一切都在为夏鼐考虑。

9月21日，曾昭燏陪同夏鼐去见叶慈教授。看了李济的推荐信后，叶慈告诉夏鼐："你读汉代的东西，很好，我今年开中国铜器一班，明

---

[1] 夏鼐：《夏鼐日记》卷1，359。
[2] 夏鼐：《夏鼐日记》卷1，360。

年预备开汉代遗物……如读俄文不读德文亦可通融。"告辞出来，夏鼐怔然，"不知如何做好"。[1]但最终还是选择入考陶尔德研究所，颇望能读一学位"聊以娱亲"。及至正式上课，听了叶慈叙述课程内容及讨论安排后，始觉"酿了一个重大错误"，决定"先尽量阅览研究所关于考古学的书籍"，明年转读埃及考古学系。[2]

很快就是New Year。12月28日，夏鼐收到曾的明信片："伯希和所论唐人画一文已借得，然燏不谙法文，不能读，何时有暇来展览会或校中，能助燏一读否？"[3]英国人辞旧迎新，通常会带上糕点美酒走亲访友，不需敲门径直而入，先拨弄壁炉炭火，然后打开礼物，吃喝，Happy……31日，曾昭燏如约来到夏鼐住处。据夏鼐日记，她将伯希和法文版《敦煌壁画和猷氏藏画》带来请教自己。异国他乡，一对青年男女在阅读声中送走了留学英伦第一年的最后一个黄昏。

1936年，新年老问题。夏鼐还在为转学力争；也有欣慰事：1月30日，"赴艺术研究所上讨论班，曾君及我那篇《周代都城考》最承赞许，今天宣读曾君的那一篇"。2月11日，至艺术研究所，"曾君说叶慈教授的书不久便出版了，关于考释文字的方面受她的助力不少，又说想到瑞典去跟高本汉学语言学，牛津的人类学以自然科学根柢过低，有点不敢去"[4]。

夏鼐写信给清华大学校长梅贻琦，以及史语所傅斯年、李济等，请求改学埃及考古学并延长留学期。5月8日，傅斯年复信夏鼐，赞成他转学，"埃及学未如古代西方亚洲考古之与中国考古发生直接关系，然其意解与方法，可资取证者多矣"，且"不必学有所成，即学到半途而返，犹有用处。古文字与语言之补习，暑中可自为之"。信末附注："闻曾女士亦在Yetts处，弟意乞便中告之。"[5]一年前（1934年），傅斯年娶了俞大綵，大綵是俞家最小的女儿，家人称她"怀细"，曾昭燏则喊她"怀姐"。

---

[1] 夏鼐：《夏鼐日记》卷1，365。
[2] 夏鼐：《夏鼐日记》卷1，375、378、389。
[3] 夏鼐：《夏鼐日记》卷1，401。
[4] 夏鼐：《夏鼐日记》卷2，8、12。
[5] "夏鼐陈请梅贻琦校长准予延长留学年限的信函"，载《清华大学学报》，2002（6）。

傅斯年是国内学界领袖，曾昭燏当然渴望得到他的照应。6月19日，她致信夏鼐："傅之信已回否？能否相假一阅。燏明日与惠勒博士谈后，即拟写信与傅，写后即奉还也。香港发现彩陶之文见于何处，祈相示为感。"[1] 看了傅斯年那封信后，她当晚即致信傅斯年：

> 夏鼐劝我学"近东"的一种，巴比伦或伊兰，并劝我放弃一切科学的课程，如"测量""制图""地质""人类学"等……而专从事于"文字"和"历史"的研求，将来以近东的一种文字和文化发展的历史与中国的相比较，也是很有用处，我自己想也是这个方法最好，因为我在中国的时候，比较于文字和历史用功多，而于科学用功少。但我许多的朋友反对，说既然有时候，何不多学点欧洲的文字，何必学这种"死语"干什么，恺姐也是反对的一个，恺姐说"与其学埃及巴比伦的东西，不如学点梵文"，但我知道学梵文的中国已经有了，陈六哥和许地山就是有名的，您对于此事觉得如何？[2]

1934年北平，夏鼐（左二）与吴晗、汤象龙、罗尔纲等（汤榕供图）

---

[1] 夏鼐：《夏鼐日记》卷2，49。
[2] 南京博物院编：《曾昭燏文集·日记书信卷》，509—511。

26岁的曾昭燏，以"为中国的考古学发展着想"的人生目标设计自己，寻求的指路人除了傅斯年，还有信中提到的二嫂、恺姐俞大纲，而最贴心体己的还是夏鼐。

异国他乡，夏鼐与其他中国留学生一样，也不免伤春悲秋，沉醉风月——

> 1月19日上午，与陈君偕往汉普斯特德荒原，雪已停止，但尚未融化。青年男女乘着雪橇在雪坡上滑走，他们真会享受……自己尚未走出青年界外，但不知怎样总自觉已经老朽，自己没有充分享受青春的快乐……[1]
>
> 3月14日晚间，坐在会客厅中开了无线电的音乐会，他们搬开桌椅，跳了起来，自己不曾学过，坐在旁边看，我真有点自恨，恨此生已近30岁，什么也没有学会，连玩意儿自娱的东西也没有学会。[2]

11月9日，夏鼐日记出现发乎情止乎礼的记载："将昨日的事，细加思索，越发觉得自己的猜想不错。我自己不足惜，只是其间牵系的关系太麻烦，只好'还君明珠双泪堕'而已。"回溯昨日：11月8日，"赴海德公园。观工人集会，反对Means Test Bill。旋赴曾昭燏处，以其刚由德国返英，云在德曾参加发掘，方法颇不差；又云已决定费半年工夫作一论文，以骗取一学位，叶慈教授并允减低学费一半，以襄助指导他人写论文为条件。……"[3]似无涉感情？翌日夏鼐再写："收到刘古谛的信，他说，'我打算最多在国外住三年，一方面由于我不能长离现实，同时我是一个有妻的人，我不知道应该可怜你，还是羡慕你，在我们这一点分别上？'我读了只得苦笑而已。"[4]四年前（1931年12月29日）在清华园，"晚上与张宗燧、刘古谛闲谈。刘说人生最重要的事：1. 生活；2. 性的满足；3. 事业。张说：1. 性的满足；2. 生活；3.

---

[1] 夏鼐：《夏鼐日记》卷2，5。
[2] 夏鼐：《夏鼐日记》卷2，20。
[3] 夏鼐：《夏鼐日记》卷2，78—79。
[4] 夏鼐：《夏鼐日记》卷2，80。

名誉。我近来不耐作苦思，对于这问题没有发表什么意见。"[1]在同学眼中，夏鼐无疑是坚毅之人，而此时"苦笑"，莫非与前日有关？

1937年1月下旬，中研院史语所考古组主任、中博院主任李济应英国皇家人类学研究院和大学联合会及瑞典王储、考古学家古斯塔夫·阿道尔夫之邀，赴欧洲讲学访问，并出席国际科学联合会总会的伦敦大会。他的到来，让此地学考古和博物馆学的中国学生倍感欣忻。那些天，就一直追随这位来自故国的师长，形影不离。此间，李济意外患骨节病住进伦敦一家医院，异国他乡多有不便，二十多天里，幸有王介忱（吴金鼎夫人、陪读）与曾昭燏两位女性悉心照料，才逐渐康复。师生交往，见于夏鼐日记：

> 1月23日"约了李先生，及吴君夫妇、向觉民、曾昭燏等，到北平楼聚餐。"1月26日"晚间赴曾君之约，为李先生洗尘。他们看戏去，自己不去。"1月30日"晚间赴吴君之约聚餐，李先生及曾女士皆在座，谈至10时半始散。"2月22日"下午至李先生处，曾君亦在，闲谈着考古学方面的事情，至傍晚始返。"3月21日"至皇家丘陵看李先生，他的骨节病仍没痊愈，……有一个小灶房，每天中午由吴太太来做，晚餐由曾女士来做。"4月1日"傍晚至李先生处，约他明天到大学学院参观博物馆，曾、俞二女士皆在座，坐到夜深12时许始散。他们所谈的，几可作《儒林外史》读。"[2]

1937年6月初，曾昭燏的学术论文《中国古代铜器铭文与花纹》完成，得到导师叶慈的赞许并获文学硕士学位。她悉心收集流失海外的中国青铜器资料，论文所列古代铜器上的600种徽识，即是从2082件青铜器中整理得来的。

欧洲之行，李济选定曾昭燏作为培养的学术助手；也或许有傅斯年的授意。据南京博物院档案显示，这年3月起，曾昭燏开始领取中博院每

---

[1] 夏鼐：《夏鼐日记》卷1，415。
[2] 夏鼐：《夏鼐日记》卷2，90—103。

曾昭燏（中）1938年在德国柏林（李在中供图）

月百元津贴。7月，受中博院指派，前往柏林国家博物馆和慕尼黑德意志博物馆，考察发达国家的博物馆现状。她在日记中写道："1937年11月7日，夜作书复中央博物院，因今晨得其所寄9月份津贴3磅10先令4便士，并作书寄伦敦威斯敏斯特银行，以中央博物院所寄之款存入。"[1]

这期间，夏鼐与曾昭燏南辕北辙。他参加埃及考察团，在开罗数月，顺道游览耶路撒冷、那不勒斯庞贝古城、罗马等地。两人再见面已是1938年伦敦的夏日：

> 5月8日 星期日 前日接曾昭燏女士来书，知其已返英，今日往访，遇及王重民君，闲谈至傍晚始散。据云俞大纲曾作一联：'曾昭抡日行千里路，俞大维夜草万言书'，亦国难中之佳话也。
>
> 5月15日 星期日 ……下午赴王重民君处，曾昭燏女士及于道泉、崔骥二君亦在座。至 Hampstead Heath（汉普斯特德荒原）一游，傍晚乃返。
>
> 5月29日 星期日 ……下午王重民夫妇及曾女士来，谈至傍晚

---

[1] 南京博物院编：《曾昭燏文集·日记书信卷》，2。

始散。曾云在大陆遇及燕京蒋旨昂君，谈到我在燕京旧事。[1]

此时，曾昭燏已受聘伦敦大学担任叶慈的助教，从事教书及编目工作。本可以静下来做学问，但她下了"尽快回国，与人民一起受难"的决心，并写信告诉家人。归国日近，她与夏鼐的交往越渐频密：

8月18日，曾昭燏与友人在中山楼共进晚餐后，去到夏鼐处，拟寻租赁房。29日，曾昭燏日记："晨来伦敦，找得一室为：149 Fellows Road即夏君所居之寓所。下午往看静如，在其家晚餐。同至Hampstead Heath（伦敦北郊汉普斯特德希思地区）散步。夜，夏君来谈。"同日，夏鼐日记："今日曾女士迁入此间，课余返家后随便闲谈。我的态度很明决：还君明珠双泪坠。"[2]

8月30日，曾记："夜，夏君来谈。"[3]夏鼐这一天日记原缺。9月4日，曾记："晨起与夏君往St. Albans（圣奥尔本斯）参观Verulamium（古罗马建筑遗迹）。有Belgie遗址一，只一小部分已发掘；罗马遗址二已发掘者，有罗马故城、罗马戏院等等……下午七时余归，仍读Ludwig之书。"这次外出，是夏鼐主动提出，他记："今日偕曾君赴阿尔布斯街，担任指导员，参观罗马遗址。"[4]《旧约全书》有"谷升为陵，山夷为壤"之句，观沧海之风，足揩去儿女泪。9月8日，曾昭燏日记："夜读Ludwig（路德维希）Schliemann（谢里曼）真是小说人物，与夏君谈，并观其照片画片等。"[5]9月14日，夏鼐日记："因欧洲局面，日益紧张，昨日我极劝曾君早行返国，不必等候月底"[6]。9月15日曾昭燏日记："下午出外买物，夜与夏君闲谈。"[7]

9月19日，是曾昭燏离别的日子，白天她去学校，告别导师叶慈，

---

[1] 夏鼐：《夏鼐日记》卷2，212—215。
[2] 南京博物院编：《曾昭燏文集·日记书信卷》，29；夏鼐：《夏鼐日记》卷2，224—225。
[3] 南京博物院编：《曾昭燏文集·日记书信卷》，29。
[4] 南京博物院编：《曾昭燏文集·日记书信卷》，31；夏鼐：《夏鼐日记》卷2，226。
[5] 南京博物院编：《曾昭燏文集·日记书信卷》，31。
[6] 夏鼐：《夏鼐日记》卷2，227。
[7] 南京博物院编：《曾昭燏文集·日记书信卷》，32。

2017年6月11日英国伦敦俯瞰泰晤士河（岱峻拍摄）

向校长辞行。下午清理行李，后去王静如家晚餐。"夜八时余，静如、蒋君、夏君相送至车站，欲搭赴大陆之车。至，始知此班车已于上星期停驶，不得已而返，至静如家宿。"翌日"晨十时余，静如、蒋君、夏君复相送至Victoria（维多利亚）车站，乘往Dover（多佛尔）之车，车十时半开行。别矣伦敦！"夏鼐日记："曾君本拟昨晚离英，到了车站才知道本星期起没有夜车，今晨与蒋彝君及Miss Julia（朱莉娅小姐）同赴车站送行。"[1]汽笛拉响，列车启动，白烟飘忽，可曾牵动离人心思？

"二十多年在双亲的羽翼下，不知道什么叫做家累，便是现在有了子女，不过为双亲讨媳妇、生孙儿，以遂堂上含饴弄孙之愿而已。"[2]夏鼐这段话，如同当年鲁迅回答人们对他娶朱安的疑问，是为"母亲娶媳妇"。夏鼐在两年的日记中两度引用"还君明珠双泪坠"，旨意清楚，"恨不相逢未嫁时"。他是理智型学人，"使君有妇"，就

---

[1] 南京博物院编：《曾昭燏文集·日记书信卷》，32；夏鼐：《夏鼐日记》卷2，227。
[2] 夏鼐：《夏鼐日记》卷2，107。

毅然掐灭情欲，但既有过"自己不足惜"的欲想，和"牵系太麻烦"的权衡，尤其"知君用心如日月"，就再也回不到言笑晏晏、两小无猜的状态。只不过彼此情感，不越雷池一步，又心照不宣。

二、洱海发掘团

1938年9月，曾昭燏离开英国，乘海轮回国，同船有学人类学的费孝通、学英国文学的杨周翰等。他们从香港经越南10月29日始抵昆明。11月4日，曾昭燏到昆明靛花巷史语所拜见李济，接聘中央博物院专门设计委员。5日，她与李济、梁思永、吴金鼎夫妇聚餐，商谈滇西考古事宜。1939年1月19日，她与先期到达的母亲相逢，此时曾昭抡也在昆明，一家人乱世相逢，悲欣交集。

此时的李济，也颇感欣慰，吴金鼎、王介忱、曾昭燏等加盟中博院，"所从事的田野工作及其方法正代表了当时英国甚至可以说是世界的较高水平"。故拟定了一项考古计划："过去十余年来，华北考古之结果，证明中华远古之文化，确有一部分来自西南，吾人为欲了解全部中国文化之渊源起见，现拟按照下列计划，从事西南考古。兹拟实地调查西南古迹，凭藉吾人所熟知之汉族遗物为线索，先求汉族遗迹之分布，再就地层先后，以推求汉化以前之他族文化，及汉化后所产出之特

1940年大理苍洱考古团。后排左起李霖灿、吴金鼎；右起王介忱、曾昭燏（李在中供图）

色……"[1]

吴金鼎先去滇西摸底，到了大理、邓川、洱源、鹤庆、丽江、滨川诸县，在大理境内发现数处可利发掘的史前遗址。1939年春，吴金鼎、曾昭燏、王介忱三人前往大理，调查古迹，组织发掘团。洱海之滨苍山脚下，他们就地招聘白族青壮年四十多人参加发掘。自3月开工，一鼓作气完成马龙、佛顶峰的发掘。曾昭燏在给巴黎访学的向达的信中写道："2月初即携吴金鼎君夫妇来大理，为中研院历史语言研究所设工作站于此，万里投荒，人事罕闻，直如太古山野之民，绝圣弃智，反易安详。"[2]其间，吴金鼎与尚在英国留学的夏鼐的通信中曾撰一联：

苍岩云欲住，洱海月长流，佳景如斯，才堪考古；
中土燎方扬，西溟波复起，大功成矣，何不荣归？

夏鼐回赠戏联，以酬"吴老板开张之喜"：

掌柜有贤妻，伙计是良朋，如此搭配，若君真堪考古；
桐棺作徐榻，广厦多臭虫，尚待须臾，则我亦将来归。[3]

良朋伙计自然是曾昭燏。"西北望长安，可怜无数山"。9月15日，她给夏鼐写信，告诉她与吴金鼎等还在大理，又发掘出一遗迹。这封信通过外交领事署转，夏鼐收讫，已过去两个多月。他回复，最早也得在明年二三月间才能回国。[4]

11月23日，曾昭燏在佛顶峰考古工地上，忽得母亲病亡的电报，顿时五内俱焚。她急赴昆明，恸吊母丧。此时，除了在北平协和医学院攻读博士的昭懿不能奔丧，昭抡、昭鏻、昭楣均在昆明，昭承、绍杰也从重庆赶来。"伤哉！遂为无母之人，此生尚有何趣味耶？"曾昭燏泪

---

[1] 谭旦冏：《"中央博物院"廿五年之经过》，台湾中华丛书编审委员会，1960，76—77。
[2] 南京博物院编：《曾昭燏文集·日记书信卷》，512页。
[3] 夏鼐：《夏鼐日记》卷2，246。
[4] 夏鼐：《夏鼐日记》卷2，273。

眼和墨写下祭文，"烽燧满天，乡邦难返，谨奉遗体暂厝昆明近郊，一俟寇氛肃清，江南底定，当扶柩而北归，庶合葬于先垄。"1940年1月2日，曾氏兄妹将母亲葬于龙泉镇瓦窑村的右山上。

1月14日，曾昭燏吞泣忍悲，重返大理考古工地。直到2月中旬，始完成在大理马龙、佛顶、中和、龙泉等遗址的考察，发现新石器时代至汉、晋和南诏大理国时期文化遗址38处，以及南诏大理国以来的古墓葬17座。她清理出土物，绝大多数石器陶片等，难以运往昆明，只好率工人在龙泉峰麓的大石南坑就地深埋。她叹曰："辛苦掘出，无人能赏，则得之于土归之于土已耳！"于是，在磨石上书《瘗陶片石器文》：

中华民国二十九年二月十四日，国立中央研究院历史语言研究所驻大理工作站将去大理城。以前所掘马龙、清碧、佛顶、中和、龙泉诸遗址古物研究已毕，而不能携去者，以及他处所拾得者计石器件、陶片，瘗之龙泉峰大石泉之旁，书此贞珉庶垂不朽！后人有掘出者幸加珍重护持，或重为掩埋，或移之善地，庶不负先民创作之艰难而瘗者保护古物之苦心云耳。

廿九年二月十四日识[1]

而今，大理旅游如火如荼，不知这批远古文物是否已重见天日，这页历史是否被勒石纪碑，昭告天下？

1940年10月14日在昆明，曾昭燏遭遇日机大轰炸。她在日记中写：

清早往司马第巷为吴太太送信与徐仲洁夫妇，归至云大看夏庐师，知仲兄昨夜未归。同夏庐师、王玉章至家庭食社早餐。餐毕同往城西北树林中避空袭。树林已为兵士所占，乃至对面一山罅中坐，无事读盛明杂剧第二集《牡丹春》《香囊怨》二剧，并成"点绛唇"一首，用夏庐师、冯沅君等之韵："西望滇池，苍茫还似江湘水，暮云无际，何处修门是？三载沧飘，匝地金戈沸，争能醉，

---

[1] 南京博物院编：《曾昭燏文集·日记书信卷》，103。

梦中悲喜，不尽沧桑泪。"[1]

黄昏鼓角，征路愁迷。中博院随中研院史语所等单位再迁四川。行前，曾昭燏"陪仲兄（曾昭承）往拜母亲墓，于瓦窑村一带山上徘徊甚久"，不忍离去。

三、考察彭山汉墓

1940年11月底，中博院迁到南溪县李庄上坝月亮田张家大院。翌年2月，曾昭燏被任命为中博院总干事，襄助主任李济，处理日常事务。那时，傅斯年和李济擘画，由中研院史语所、中博院、中国营造学社三家合组川康古迹考察团，团长吴金鼎，团员有曾昭燏、王介忱、赵青芳、高去寻、陈明达等，首选目标是位于岷江中游的彭山江口镇汉代崖墓。

6月初，考察团在完善各项准备后，开始对江口镇附近崖墓进行清理发掘。重点发掘了寂照庵、石龙沟、丁家坡、豆芽坊沟、李家沟、王家沱、寨子山、陈家坝等处遗址77座崖墓和2座砖室墓。

7月15日，在同人多不知晓的情况下，夏鼐突然而至："至江口镇用午膳，然后上山赴寂照庵，山行5里，好容易找到寺宇。一进门恰巧吴禹铭君夫妇正由里面出来，出其不意地相遇着，久别重逢，握手问好，吴太太进去报信，曾昭燏小姐及陈明达君也出来了，大家都很高兴。将行李安顿在定慧阁上，与陈君同室。打发了脚夫，大家都坐下来闲谈。"[2]

夏鼐是在1月24日踏进国门进入畹町，"别来已经五年半，虽在国难中，但得'生入玉门关'，总算是一快事"。[3]他坐汽车穿越沿滇缅公路到昆明，再转重庆，3月19日来到南溪县李庄镇的中博院，立即给曾昭燏写了一封叙旅程报平安的信，24日收到曾的回信，希望他赶快来江口镇。

---

[1] 南京博物院编：《曾昭燏文集·日记书信卷》，104。
[2] 夏鼐：《夏鼐日记》卷2，381。
[3] 夏鼐：《夏鼐日记》卷2，345、347。

第二天，夏鼐即与吴金鼎、陈明达去桂花沟考察古窑及崖墓。"7月16日下午，在家中读曾昭燏小姐所草永元十四年墓发掘报告初稿。"[1] 出现在夏鼐笔下的 "小姐" 二字，似觉突兀，礼貌和客气或意在提醒自己保持距离。不变的是，共同关心的学术与事业。还在李庄时，自5月26日始，他就在读曾昭燏、吴金鼎和王介忱撰写的《云南苍洱境考古报告》稿本，并按照李济之嘱 "将关于《云南苍洱境考古报告》之意见写出来，以供修订时之参考"[2]，看完这部十多万字的文稿，写出报告，用了近一周时间。来到彭山江口镇考古工地，在崖墓发掘现场，他与曾昭燏交流甚多，日记中记有一些私下接触与讨论。

1941年10月10日，川康古迹考察团在彭山江口镇寂照庵合影。左起吴金鼎、王介忱、高去寻、冯汉骥、曾昭燏、李济、夏鼐、陈明达（李光谟供图）

---

[1] 夏鼐：《夏鼐日记》卷2，381。
[2] 夏鼐：《夏鼐日记》卷2，373。

7月24日，"今日午后雨停，与曾昭燏君赴王家沱视察崖墓，因连日天雨，故包工者未能工作，仅掘开墓道中表面一层，露出正方形之窗，但墓门未露。如天晴28日工人可以掘开墓门，天雨则顺延。阅曾君所著之《博物馆概论》，乃应教育部之请而写也。"8月6日，"与曾昭燏君进城，购棉花及布料，拟作棉袍及棉袄。……曾君在路中谈及将来报告工作分配之拟议，及将来可能之纠纷。"9月29日，"下午与曾昭燏赴寨子山，拍几张照相。拟将前天所说的一墓包工，但包工不在。归途中视察石厂所破坏之双羊斗拱墓（NO. 460）。"11月4日上午，"天阴。助曾昭燏君作No.166门口浮雕（吹笛者）之模型。"[1]

夏鼐在江口镇，前后不到五个月，发掘工作尚未结束，为何急于返乡？"8月4日 晚间收到妻的来信，不知道是谁代笔，归期不知何日？惭无以答也。"[2] "11月22日 方（承焕）君信内云'弟现正请张启明先生设法军用车，据云三五日内可有回信，未悉吾兄能即回来渝否，如能即来，请即电示，弟当在此稍候也'……接大哥来信，谓大伯父母均已去世，纪泽亦青年夭折，殊令人黯然。"[3] 12月24日，他与同人匆匆辞行，回到李庄，即刻返回温州老家。

作为中博院总干事，曾昭燏也不能长久在外工作，"因博物馆的需要，我从彭山绕道重庆回李庄……"[4]

四、坐镇李庄

回到中博院，曾昭燏用毛笔誊写完成数十万字的《云南苍洱境考古报告》，以曾昭燏、吴金鼎、王介忱联合署名，列入"中央博物院专刊乙种之一"，分甲、乙两编，1942年底在李庄石印出版。"证明此次在大理之发现，实代表一特殊系统之史前文化，似可与黄河流域之仰韶、龙山两文化并列。此文化之初次发现，既在点苍山与洱海附近，故定名曰'苍洱文化'"；"足证其与中华远古之其他文化有相当关系"。

---

[1] 夏鼐：《夏鼐日记》卷2，382、384、391、391。
[2] 夏鼐：《夏鼐日记》卷2，384。
[3] 夏鼐：《夏鼐日记》卷2，399。
[4] 曾清、张蔚星编撰，南京博物院编：《曾昭燏年谱》（征求意见稿），143。

其中"点苍山下所出古代有字残瓦"一章，由曾昭燏执笔，全书的英文摘要亦由她撰写。"[1]其间也凝结着夏鼐的心血，曾昭燏在该书"后记"写："本编原为一近十万字之报告，附地图七，插图六十三，表五十八，拓片百四十余片，照片三十七张，于民国廿九年十月写成。值博物院筹备处由滇迁川，未能付印。近因照相资料及印刷经费种种困难之故，奉筹备处主任李济先生命，重写为是编。……又原稿曾经夏鼐先生细读一过，承其指正多处。"

三十刚出头的曾昭燏坐镇中博院，不少老员工未必会心悦诚服。"李济对我非常信任，我一面做博物馆的基本工作，例如保管、编目等，打下基础，一方面保持着我这部门不被腐化……同事中只有王天木支持我。"为改变工作的不利局面，她以女性特有的细腻，关心和培养新人。

2005年9月4日李庄张家祠原"中博院"旧址（岱峻拍摄）

---

[1] 《中国当代社会科学家》第7辑，书目文献出版社，1986。

毕业李庄同济大学的索予明，受聘于中博院，从绘图开始，逐渐走上学术研究之路。他写道：

> 我的顶头上司曾昭燏小姐，是一位工作十分认真的主管……她学识好，能力高，受到傅斯年赏识，礼聘进入中博院。……干练，有抱负，外文好，工作严肃又认真。我们尊敬她又怕她，跟她在一个办公室里工作，除了跑厕所，差不多都坐在位子上工作，一点都不敢偷懒马虎。
>
> 记得头一天上班，上司曾昭燏小姐叫人拿来几件器物，小心翼翼放置在案头上，曾小姐简单扼要说明该怎样做，我照着她的吩咐做去。这是一种"藏品资料卡"，那些器物大都是从未见过的，都有一个古怪的名称，叫作觚、爵、卣……这些与我无关，我的工作就是在这张卡片上画"器物测量图"。这张画要按照一定比例画，先从器物的中垂线对剖，一半是器物表皮的写生，另一半要呈现它剖面的结构。
>
> 这种卡片积得多了，我们的主管考古学家李济之先生要来察看。他告诉我们，这是博物院的基本工作。他将那叫作"觚"的一组卡片集起来，排一排，说：从图中表现出来每件器物的差异，就能明显看出它所代表的时代与先后期特征。这时候我才知道那没有"棱"的，正是孔子所谓的"觚不觚"了。……
>
> 曾小姐好学，也鼓励属下用功，她中午不休息，教我们英文。李霖灿先生曾形容她的教学："真是讲得好，原原本本，清清楚楚，首尾贯串，左右逢源。"我们也知道她教得好，教得认真，但对我们而言真是苦不堪言。[1]

读书人常熬夜，多有午休习惯。曾昭燏却利用午睡时为院内几位同事补习英文。杭州艺专毕业的李霖灿跟曾老师一个词一个词地学，收获最大。

---

[1] 索予明："烽火漫天拼学术——李庄时期的中央博物院"，载台北《故宫文物月刊》，2006（2）。

中博院同人白天工作，晚上没有电灯，宿舍只点桐油，油烟太大。有时大家摸黑聊天。一晚月光匝地，因宿舍所在地叫"月亮田"，话题扯到月亮，李霖灿信口背了一句："春江潮水连海平，海上明月共潮生"。曾昭燏马上接上："滟滟随波千万里，何处春江无月明。"其他人你一句我一句，兴趣盎然。也有咬字不清的，引得大伙哄笑起来。最后有两三韵想不起来，也就作罢各自回宿舍。刚一会，李霖灿听到敲门声，开门一看是曾昭燏，说是忘了的几句想起来了。于是大家又重回庭院沐浴着月光，"从头到尾把《春江花月夜》统背了一遍，再复诵一过，直至无讹才心安理得地睡去"。

1942年10月14日，尚在温州家中撰写论文的夏鼐，收到中研院代院长朱家骅及李济发来的电报，请他返所，参加西北科学考察团历史考古组。1943年6月5日，回到张家祠堂中博院的夏鼐，与曾昭燏交往繁密："在月下与李主任及曾女士闲谈"；"又至曾女士处，观其为中博院所作之登记表格及其登记工作"；"赴板栗坳，在曾君处午餐"；"上午曾君来"；"傍晚至曾君处借书"，等等。从曾昭燏口中，他获悉很多内情，如西北考察矛盾重重，史语所暗潮涌动；傅斯年与李济的冲突，傅批评李"任用之私人过多"，讥之为Collector of Relatives（亲戚结合者）；梁思永的连襟谭旦冏在成都附近调查，花费6万元买一批毫无价值的东西。"二组李方桂先生，拟下学期应清华之聘，脱离史语所；四组吴定良先生，拟独立组织一人类学研究所"；"史语所有化整为零之说，李主任下星期或许赴渝"[1]……

9月至10月，夏鼐在板栗坳生病发烧，在山下张家祠堂的曾昭燏跑上跑下，牵心挂肠："9月19日，今日热度仍未退，……曾君今日上山"；"9月20日，在中博院躺一天，承李主任及曾君照应，盛意可感"；9月21日，"晚间李济之主任、李太太及曾昭燏君陪着谈话，以解病中寂寞"；9月23日，"李主任及曾君皆上山来看视"；10月23日，"曾君今日上山……下午曾君又来闲谈，傍晚始去。因为今日谈话稍多，晚间睡眠欠佳"……

10月30日，"上午曾昭燏君上山，……余托曾君赴渝之便，将余

---

[1] 夏鼐：《夏鼐日记》，卷3，112—147。

之英文论文设法由外交部航邮寄往英国";11月29日,"午后游君来,谓接曾君来函,余之英文论文已托外交部中人寄往英京"……[1]这份英文论文即夏鼐在李庄刚写完的博士论文《古代埃及的串珠》。伦敦大学收到夏鼐的论文,二战结束后,鉴于情况特殊,决定免予答辩,授予夏鼐博士学位。1947年10月6日,夏鼐"收到了伦敦大学的文凭(1946年),此事总算是告一段落"[2]。

1944年2月23日,夏鼐从李庄出发前往甘肃,参加西北考察活动。为发掘报告、经费等具体事宜,他曾与曾昭燏有过多次书信往来。但再见面时已是战争结束后1946年11月19日的南京。

五、"此亦怪事也"

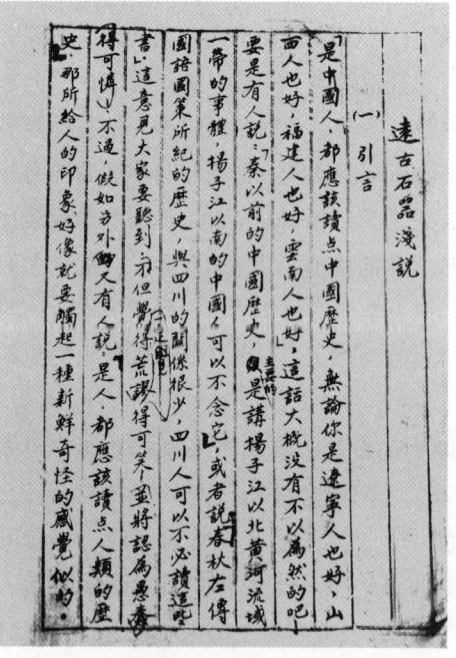

1943年曾昭燏代李济誊抄的《远古石器浅说》手稿(李光谟供图)

1943年下半年,中博院在成都和重庆举办"远古石器展"。10月10日,"远古石器展"移至李庄。李济在为展览所写的《远古石器浅说》一文中介绍,"本年度国庆纪念日,中央博物院筹备处在李庄的实验展览室奉令开放。同人等因为以系统的陈列表示人类的进化是中央博物院一个基本职务……做了一次专题石器展览,借以宣扬人类文化最早的一步。"[3]据李济记述,当日参观人潮达八千人。筹办这

---

[1] 夏鼐:《夏鼐日记》,卷3,112—147。
[2] 夏鼐:《夏鼐日记》卷4,146。
[3] 李济:《远古石器浅说》,李济著,张光直主编,《李济文集》卷2,上海人民出版社,2006,3。

个展览，曾昭燏是最重要的参与者。傅斯年看过展品，不甚满意，希望增加观赏性。10月29日李济回复傅："关于增加展品一节，实在来不及了，石器部分亦未尝不可鼓动观众一部分兴趣？兹特呈弟作《远古石器浅说》，敬祈指正。曾（昭燏）大小姐主张将此文印出小册子出售，究竟值得印否，请兄代为一决。"[1]

这年7月，曾昭燏与李济合著《博物馆》一书由国府教育部署刊，重庆正中书局出版。这是三年前李济接受教育部稿约，转请曾昭燏执笔撰写的。她以留学期间，到柏林国家博物馆和慕尼黑博物院两次实习报告为基础，通过对欧美尤其是德国博物馆的考察，结合中国实际情况，对博物馆组织、管理、建筑设备及收藏、陈列、研究、教育等项工作的原则和要求，做了简要阐述。"以文字写的历史，是有限的、抽象的；必须参照实物，才能体会出具体的物象。"[2]

动笔前，她与李济几经商讨；初稿完成后，再经李济修订。此书也符合李济的一贯思想。他认为，博物馆、科学馆的目标，就是通过展示来教育民众。重庆电台曾专门邀请李济做过一次关于"博物馆"的科普讲座。

2005年9月3日，我与李济之子李光谟一起去李庄，参加抗战胜利60周年纪念活动。回到北京，他给我打来电话，让我提请李庄相关人员，把挂在张家祠堂抗战文化纪念馆里的一幅照片的文字说明改一下。那是1941年10月10日，李济在高去寻陪同下视察峨眉山故宫南迁文物后，顺访彭山江口镇，查看并指导汉墓发掘后与同人的一张合影，有李济、冯汉骥、夏鼐、曾昭燏、高去寻、陈明达和吴金鼎及夫人王介忱等人。照片文字说明写着："1941年彭山江口镇，李济与曾昭燏在一起"。光谟先生电话里有点急，我觉得奇怪，文字说明不够完整而已，为什么非得改？这反而引起我的疑心。我将疑点询之董作宾之子董敏。他说，晓得晓得，当时在李庄，说曾大小姐与李济老的谣言流传很广，史语所的人差不多都知道。李伯母甚至有跳江的举动。

---

[1] 台北"中研院"史语所档案：李 13-3-21。
[2] 李又宁：《曾昭燏（1909~1964）——我国最杰出的女性考古学家及博物馆学家》，《近代中国妇女史研究》（台北），1993（1）。

一个是筹备处主任，一个是总干事，师生之辈，男女之间，竟也招人非议？后来，我小心翼翼地问过李光谟。他也出语谨慎：

> 父亲一辈子热心博物馆事业，在这一点上与傅先生有分歧。傅先生可能不太重视博物馆。父亲最喜欢的一句格言是"在人类之间增加知识和传播知识"，那是19世纪末英国化学家史密森的原话。史密森把钱捐给博物馆，留下遗嘱。史密森博物馆是美国著名博物馆，这块招牌下，很多博物馆都归了史密森。李济、曾昭燏合著的《博物馆》专著，书中肯定有父亲的思想，父亲也必然增加了一些内容。但应该说是曾先生的著作，父亲不过是看过稿子。当时曾先生为了提高知名度，所以父亲也就挂了个名。[1]

回答先荡开一笔，接下来分析父亲与曾昭燏接近的原因，且不介意"隐私"：

> 关于李济和曾昭燏的事，有人传过，后来中央博物院、史语所也传过，傅先生一份公开的日记中好像也影射过这件事。傅与曾有亲戚关系，她之参加中博院，并任总干事，应是傅先生推荐的。当时这种传言，也闹到母亲那里。母亲很生气。曾先生人长得不很漂亮，老小姐一个。我父亲至于不至于跟她有什么不轨之事，我很难想象。
> 父亲并非那种道貌岸然不近女色的"正人君子"。他在美国留学的时候，曾跟老师的妹妹两人一起出外郊游，合拍了很多照片。1936年冬，父亲应英国皇家人类学研究院之邀到英国去讲学，在大洋上漂了二十多天，轮船上与一个黄姓女士很亲近，他在日记上写过。下船后就再没消息，大概彼此都为排遣旅途寂寞吧？
> 传说中父亲跟曾先生这桩事，我以为有点不正常，恐怕有人际关系纠葛在其中作祟。父亲是筹备处主任，曾昭燏管博物院具体事物，是总干事。后来曾不做了，郭宝钧当了一阵。曾先生管事多

---

[1] 2004年9月14日北京，李光谟讲述，岱峻记录，冯志整理。

也细,不清楚的都要问,会因此得罪人。她不到四十岁,父亲也就五十左右,他们谈工作时不一定都在大庭广众之中,有时要在办公室谈,比如研究人事之类。就有人风言风语,看到曾大小姐到主任室关了门,很久不出来……你知道张家祠堂那个地方,百鹤门窗,人在外面看里面,什么都一清二楚。[1]

笔者数次踏访那间"主任室",那是张家祠堂西北角一间房子,年久失修的木地板踩上去嘎嘎作响,外面一壁雕花木窗户。众目睽睽,何来"隐私"?本来,常识是阳光,流言似雾气。但在低气压下,雾气不易散。即使规行矩步的人,也乐于观赏迷雾里的风景。这或许就是潜藏在人性中的劣?

彼时,李济正处人生低谷,两个女儿病逝,心绪极坏。再者,史语所属中研院,经费由财政部拨付;中博院隶属教育部,经费全赖教育部。李济两边兼职,矛盾重重。总干事曾昭燏作为李济的工作助手、

2005年9月3日,李光谟在父亲李济当年的张家祠堂办公室前(岱峻拍摄)

---

[1] 2004 年 9 月 14 日北京,李光谟讲述,岱峻记录,冯志整理。

学术同道，思想感情上走得较近，也不排除生活上的关心，可谓红颜知己。以《曾昭燏文集·书信日记卷》为据：

文集收入第一封信是民国三十年十一月六日，署名"职 曾制昭燏"；民国三十二年，署名"曾昭燏"，到民国三十四年一月二十八日开始，署名皆为"昭燏"。通信除了谈工作、学术，也渐及生活小事。如"此间阴历年底，下雪数日，冷得不得了，今日稍好一点，但房间里仍须生火，重庆如何？吃饭问题如何解决？暇时望来信。""重庆生活之苦，在人意料之中。只望诸事得早日完毕，能于月底返李庄则幸甚矣。伤风愈否？极念极念。……傅先生于十二日从此乘飞龙轮动身至南溪。昨日早乘巫山轮往渝，燏送至南溪，闻船上甚拥挤……现从筲箕背至李庄有长天、永昌二轮对开，惟南溪至筲箕背一段需起早耳。南溪旅馆极坏，不能住，可住张官周之征收处。""既路险如此，望在重庆多留一下，待船通了然后回来，千万、千万。""天气渐暖在渝起居如何，极念极念。""眼镜一副，摆在桌上，想是忘记了，特并托人带呈。"有的信建言很深，如"这封信请不要给人看，因为博物院这些小幕剧，实在不想给人家知道。""若向公见此信，必又大怒绝交，但燏不能不说，望阅后即焚去，勿为他人见。"写信也越渐频繁，如1945年2月5封，3月7封……写那些毛笔小楷，必定耗时费心[1]。

1945年2月5日是农历腊月二十三，是四川一年中最冷的日子，曾昭燏给出差重庆的李济写了一封2700字的诉苦信，事情的经过大致如下：

勤杂工杨嫂，因中博院经费短缺被裁汰，但仍在为包括曾昭燏在内的10位单身职工洗衣服，"在张家祠堂为王天木、赵乡珊、高人俊、索予明、张增祥五人，在上坝为李霖灿和我二人，另外营造学社三人。"冬天洗衣用点热水本不为过，但没雇请杨嫂的职工有意见，长此以往也不可能。曾昭燏向职工解释："并不是博物院一定要刻苦职员，因为经费三分之一是用在买煤买柴，实在不能再加。现在每日用煤是有限制的，每日六十斤，将来还要减到五十斤，要为着同人们洗衣服，每日加几斤煤是做不到的，不过好在杨嫂现在每星期只来两三次，如果来的那天，碰巧那天的菜不费煤，还可以有点煤烧热水，就是说在煮过饭以

---

[1] 南京博物院编：《曾昭燏文集·日记书信卷》，511—531。

后，加点水在锅里，就残火热了，作为洗衣服之用，那是可以的。"同人们勉强同意曾昭燏的解释。但总务邓嘉芝依然反对："如果张家祠堂职员要热水洗衣服，家眷们也要求要同样的权利。"曾昭燏回答："李主任不在家，我有权柄处理此事，职员们（特别是工作繁重的职员们）所要求的一点便利，在公家没有丝毫损失，家眷们也没有丝毫损失的条件之下，我已经答应了，非执行不可。家眷们要援例，我是不答应的。如果有人认为我办得不公平，尽管到李主任前或教育部去告我。"双方唇枪舌剑，辩论了一点多钟，最后不欢而散。很快，邓嘉芝送来辞呈。

信里，曾昭燏向李济抱怨，不应陷于行政职务，"如我能将所有的时间来做博物院基本的事，如登记和计划将来展览等，一定成绩要好得多。"她反省自己，过去对他们讲人道主义和社会主义讲得太多，结果这种大锅饭使得造成眼下的困境。"因为我以前不当讲什么人道主义，社会主义，对于人口多的人家总是同情，分油分柴火，处处替他们着想，认为单身职员经济上比较宽裕，稍为吃点亏不要紧，结果引起了单身职员的反感，所以对一些小事也不大肯让（当然他们总算好的），而邓嘉芝们，便认为他们是应当享受这些权利，并且愈要愈多。"[1]

一个小单位，也有如何兼顾多数人的平等权利和保护少数甚至个别人的自由的问题。"在这种艰难的时候，应当要极力的和平维持下去，但是我认为只应当用正直、公平、近人情和替大家着想的方式来维持，不应当用敷衍、应酬讨好一两个人，欺负一群好说话的人的方法。"这或是曾昭燏后来选择留在大陆的深层原因。

傅斯年与曾昭燏有亲戚之谊，对她多有关照。但他在1945年1月4日的日记里写："假期满，曾（昭燏）下山。曾于济之信服之至，亦怪事也。"[2]文字背后，似乎有一点酸意。

---

[1] 南京博物院编：《曾昭燏文集·日记书信卷》，521—523。
[2] 王汎森、杜正胜编：《傅斯年文物资料选辑》，台北"中央研究院"历史语言研究所，1995，17。

六、迎接新生

1945年12月，曾昭燏参加了李济担任副主任的"清理战时文物损失委员会"。1946年10月中博院迁回南京。1947年年底，李济卸下中博院主任担子，由曾昭燏代理。后由教育部次长杭立武兼任中博院筹备处主任职，曾昭燏担任总干事，实际主事。

此时，迁回南京的史语所百废待兴，受傅斯年之托，夏鼐代理史语所所长。与曾昭燏所在的中博院邻近，工作彼此有交集，学术多互动。如1947年10月4日，夏鼐"阅曾昭燏君《论周至汉之首饰制度》"；10月5日，"校改曾君之《论周至汉之首饰制度》"，10月7日晚间，"曾君来取去《论周至汉之首饰制度》，并加讨论"。[1]

在曾昭燏主持下，中博院开始陈列大殿的续建工程。1947年10月19日，胡适在日记中记载："曾昭燏女士邀在中央博物院吃蟹，饭后与俞大维谈。看博物院新建筑，甚赞叹其在大困难之中成此伟大建筑。"[2]

1948年国立北平故宫博物院与中央博物院筹备处联合展览两单位人员合影（李在中供图）

---

[1] 夏鼐：《夏鼐日记》卷4，146。
[2] 胡适著；曹伯言整理：《胡适日记》卷7，安徽教育出版社，2001，685。

一叶落而知秋。1948年秋冬之交，南京国民政府在大陆的统治进入倒计时。国民党军队在淮海战场上节节失利，大批伤兵空运南京，一部分进驻中央博物院大厅，搞得乌烟瘴气。11月，故宫博物院理事会议做出决议，决定精挑文物分三批运往台湾。曾昭燏坚决反对，12月6日致函杭立武："此次遵照理事会决议所选诸物皆国宝，若存京文物安然无恙，而运出文物在途中或到台之后，万一有何损失则主持此事者，永为民族罪人，职对此事虽无责任，然为本院保管文物已七八年，对于诸物有浓厚之感情，知有各种危险，岂可缄然。"[1]12月22日，由李济督运，海军派出中鼎轮装载史语所和数学所重要图书、仪器、设备以及故宫迁运文物，开往台湾，28日抵基隆港。

对政治前途的不同研判和考量，曾家后人也有不同选择。曾昭燏大哥昭承、弟弟绍杰（昭拯）、妹妹昭楣以及至亲俞大维家族等去了台湾、香港；她与二哥昭抡、妹妹昭懿等留在大陆。曾昭燏在1951年填写《干部履历表》"自传"部分中，交代留下的原因："我的一位堂侄女曾宪楷忽到南京，住在我这里。她与我是中学同学。她有一位胞妹曾宪植在大革命时代就加入了共产党，后来成为叶剑英将军的爱人。在抗战初期的时候，宪楷因之而与叶剑英、周恩来认识……她和我谈了她所知道的共产党的事，她说共产党绝对要文化，绝不会仇视知识分子，她劝我尽力保存着博物院这个国家文化的库藏，以待新时代的来临。她的言辞使我消除了一切的忧虑。"[2]

1949年初，宋伯胤记下中博院的人心惶惶与曾昭燏的处乱不惊：

> 1.4 星期二 发烧，本不想起来，但为了吃饭，也只得爬起来，才走到办公室，就接到命令，要我押第一车。十点钟出发，晚上五点钟才休息，江岸上那股冷风，直吹得人发抖。……今天，我才知道曾先生并不是一个冷酷的人，她很有同情心，一路上，她曾经三次地施舍给穷人一点钱，并且很愤慨地给我说："这个政府简直低能极了，眼看着叫人冻死饿死！"……

---

[1] 南京博物院编：《曾昭燏文集》，北京：文物出版社，1999，351。
[2] 曾清、张蔚星编撰，南京博物院编：《曾昭燏年谱》（征求意见稿），143。

> 1.30 星期日 十点钟起来，一出门就碰见曾先生，她把我喊到楼上去，说她要到上海去一趟，主要的是想说服杭先生，能设法把运到台湾去的文物，赶紧运回香港，免得它随着反动的政权而流落到异邦。前几天共产党广播，北平文化部门接收的负责人是钱俊瑞、上海是郑西谛、南京是陶孟和，曾先生也想到上海去和郑先生碰一碰头。[1]

3月6日，曾昭燏与中研院社会所所长陶孟和等在《大公报》上联名发表题为《搬回古物图书》的文章。一月后，曾昭燏又与徐森玉、王家楫等联名发表公开信，呼吁将已运往台湾之文物运回大陆。

不是有"战火未到，文物先行"之说吗？李光谟曾向我讲过李济的态度。他说：

> 父亲发表了一个公开宣言，记得好像不是他一个人署名，还有另外几位。声明中说，你们说这批东西应该运回大陆，意思是运到台湾去就不是国内了？我们又没运到国外去。我工作了一辈子经过的事太多了。一件事是战后被国民政府派到战区查询日本人抢掠的东西，到了长春。我可知道，俄国人进到长春去解放长春抓走溥仪的时候，伪满洲行宫即溥仪宫殿里头，北京故宫最珍贵的东西都在那里，全部一抢而空。这个账可是怎样算？另一件事，历史上曾老九[2]打南京的时候，屠城三日，不但杀人，金银财宝满地都是，文物也是。南京太平天国掠了好多民间的财物，最后一概都被曾老九抢走了。——这是有所指的，陶先生那篇东西，你曾昭燏可签了字！[3]

"明日隔山岳，世事两茫茫"（杜甫）。这批人过去大致可归于自

---

[1] 宋伯胤撰注、宋之印整理，"宋伯胤关于国立中央博物院运台文物日记辑注"，载《民国档案》2014年1月号。
[2] 曾国荃，（1824–1890）湘军主要将领之一，清朝大臣。字沅甫，号叔纯，湖南湘乡人，曾国藩的九弟。
[3] 李光谟讲述，岱峻专访，冯志整理。2005年9月1日，岱峻寓所。

由主义知识分子一类，偏左偏右色彩不同。随着国民党政权在大陆的失败，迫使他们做出非此即彼的选择。当初，圈子里流传李济与曾昭燏的绯闻，虽属无稽，但足见两人感情不薄。而今，楚河汉界，口诛笔伐，不免让人扼腕叹息。

1949年4月23日，南京解放。翌日，曾昭燏与留下的同事一起站在大门口，迎接解放军渡江部队一个排的官兵进驻中博院内守卫。5月17日，中博院移交中共南京市军事管制委员会。6月29日，南京市军管会决定成立中央博物院筹备处院务委员会，由曾昭燏、萧温、顾其林、王天木（振铎）、曾志宏等五人为常务委员。10月2日早晨6时，曾昭燏率全院同事23人，在博物院大殿前升起了第一面五星红旗。

就像霞光中那抹红颜，曾昭燏迎来人生的第二春。1951年她被文化部任命为南京博物院副院长，1954年任院长。她吃住都在馆里，克俭奉公，连一只信封都不占公家便宜。在繁忙的管理工作中，她主持了南唐二陵的发掘。她和全体工作人员同住在荒芜的祖堂山下的幽栖寺内，过着艰苦的野外考古生活。发掘工作结束后，在她主持下出版了大型专著《南唐二陵》。1954年她又主持了山东沂南汉代画像石墓发掘，与尹焕章合撰了《湖熟文化》和《江苏古代历史上的两个问题》等考古学论文。

1950年，南京市文物保管委员会同人胡小石（前右二）、曾昭燏（前左二）、贺昌群（前左三）等欢送徐平羽（前右三）（李在中供图）

作为南京博物院院长，曾昭燏立了一条不成文的院规：凡是从事文物工作的人员，尤其是做考古工作的，绝对不准私人收藏古董。她身体力行不玩古董，把收藏使用的清同治年间的瓷茶具捐给国家。"不蓄古董"，海峡两岸的考古人都知道，那是李济自1926年首次主持山西夏县西阴村发掘，就定下的规矩，被劳榦称之为"百世不易之金针"。可见，脱胎换骨并不容易。曾昭燏曾回忆，自己受傅斯年思想影响甚大。当听说傅斯年1950年12月20日在台湾去世时，她竟在办公室掩门恸哭，数日悲戚。

她从阅读开始，读刘少奇《论党》、意大利共产党总书记托里亚蒂《人类的唯一正确道路》、斯大林《辩证唯物主义与历史唯物主义》、伏契克《绞刑下的报告》等。她努力跟上时代步伐，在日记中留下一行行踉踉跄跄的足迹：1951年11月20日，参加土改，"同罗宗真到西范井庄组织群众开会，斗争地主四人，令其自报财产，通夜未眠"。1952年3月29日上午，"向全院广播，检查南唐二陵发掘团的浪费与官僚主义。"8月2日，"在全院大会上做自我检查一整日"。抗美援朝运动中，她捐款300万元及22枚银元，用于造飞机大炮。1955年3月3日，"撰写批判胡适思想委员会历史组工作计划"。她把胡适题赠予她的《胡适文存》上交组织。5月16日，晚七时半，向南京博物院全体干部做关于"美蒋劫运文物事"的报告，并进行座谈；18日夜，起信稿予《人民日报》，"为美帝企图劫掠我国文物事"。6月20日，"夜，写声讨胡风反革命集团的文章"。9月17日，"同徐平羽谈解放前与李济在一起工作的旧事"。[1]

曾昭燏在南京博物院库房向工作人员讲解文物知识（李在中供图）

因有几个兄妹去了台湾，曾昭燏配合南京军区政治部，参与前线电台的向台湾同胞喊话，开展政治攻心。1958年7月18日，毛泽东做出炮击金门的指示。8月中旬福建前线万炮齐发，轰击金门。曾昭燏写诗：

---

[1] 曾清、张蔚星编撰，南京博物院编：《曾昭燏年谱》（征求意见稿），194、197、202、239、242、245。

重洋制敌古今稀，运筹帷幄费苦思。

系得瘟神留海角，东风一着见高棋。

台海那边，金门前线指挥者是曾昭燏的表哥台湾国防部长俞大维。尹焕章是与曾昭燏几十年的同事下属与好友，据尹的女儿邓嘉嵋回忆：

母亲和我说过曾先生的一件事，大约是1964年一个夏天的晚上，曾先生喊我父亲到她家凉台上来说说话。她对我父亲说，俞大维在到台湾前把他家的地契、房契交给了她，她心里很是矛盾，后来就把它烧了，她觉得这件事做得很不妥。父亲劝她说，你就不要指责自己了，烧就烧了吧。为了这件事曾先生一直不能原谅自己。……母亲说那几年感觉曾先生的的精神压力很大，常常看见她站在房间的东窗前，有时路过我家门口，遇见了和她打招呼，她也听不见，她好像是得了抑郁症。

记得曾先生生病期间住在疗养院，我父亲经常陪她到东郊走走。有一次我父亲陪曾先生登上灵谷寺九层塔，在第七层曾先生将自己的身体探出栏杆外，我父亲一把将她拉住，说："院长这个玩笑开不得。"[1]

"海角沙场过冬至，未如今日最伤情"。1964年最冷之时是12月22日的冬至。夏鼐在日记中写："今天收到宋伯胤同志来信说，曾昭燏院长于12月22日在灵谷寺塔自杀，口袋中有遗书，说古物运台，自己有责任；隐匿湖南家中的地契，对于家庭成员中不满，实则这些事都已向组织交代过，自去年5月间入丁山医院休养，领导上很照顾，此次当由于神经错乱，自绝于人民。事件发生后，南博即请示省委，决定不组织治丧会，

世上已无曾昭燏（采自网络）

---

[1] 南京博物院编：《曾昭燏纪念》，江苏人民出版社，2009，444。

不发讣告,由家属自行料理后事,院加襄助,当即火葬,尚未埋葬,此事向觉明教授知之,曾去电吊唁云。"[1]

台海那边,音信隔绝。在李济身边做过助理的许倬云回忆:

> 济之师身在台湾,对于大陆的考古事业,时时关心;对于旧日同人的情形,也时时思念。例如,南京博物院曾昭燏和尹焕章二位,济之师在中央博物院老同事,发掘阴阳营遗址,认识"湖熟文化"是江南新石器时代文化的代表;济之师听到这一消息,十分欣喜,特别告诉我,他自己当年为中博院规划的远景,以及曾、尹二位的能力和贡献。后来,1964与1969,传来二人先后遭难的噩耗,济之师悼念故人,数日悲痛。[2]

俗尘浊浪,几度劫波。1983年3月28日,时为中国社会科学院副院长夏鼐,在日记中写道:

> 我返所,作《往事》一首写以赠南博作为建院五十周年纪念,怀念四十年代初与南京博物院之一段鸿雪因缘也。
> 离乡五载未能还,漂泊西南西北间。
> 张氏祠堂濒绿水,彭亡古庙对青山。
> 深山礼佛登岩窟,大漠骑驼访玉关。
> 四十年来浑似梦,梦犹未醒发已斑。[3]

"离乡五载"并非如序所写迄自四十年代初,而是1935年赴英留学时;四十年代的南京博物院即是中央博物院筹备处。至于"张氏祠堂""彭亡古庙",皆是借景怀人,托物言事。诗里诗外,萍踪几缕,故人旧交,相逢梦里。

---

[1] 夏鼐:《夏鼐日记》卷7,85。
[2] 岱峻为《李济传》所作"序言",商务印书馆,2021。
[3] 夏鼐:《夏鼐日记》卷九,228。

庞薰琹与贵州苗艺考察

1939年，留法画家庞薰琹在昆明加盟国立中央博物院筹备处，历时三个年头共17个月，不经意间获益多多。把秦砖汉瓦青铜器图案融入现代艺术设计，把边地民族服饰图案采撷到现代美术宝库，把古代文明运用于现代工艺美术教育与实践，庞薰琹堪称第一人。他坦言："虽然琹在博院一年，实获益匪浅，此终生所不能忘者。"

一、战时转身

1939年初，画家庞薰琹与丘堤夫妇携一对小儿女来到昆明，本打算由此经安息从越南坐海船回上海。但战火阻绝归途，一家四口突然陷入绝境。

庞薰琹1906年生于江苏常熟。庞氏家族是晚清时期常熟有名的官宦之家，其祖辈中有人任刑部尚书、贵州巡抚等职。因家乡有七条河渠，古称七弦，庞家位于第一弦，祖父为其取名薰琹——那是一种长在故乡河边的香草。及长，薰琹来到沪上，考入天主教会办的震旦大学，攻法文及医学。课余，从一位流落上海的俄罗斯画家学绘画。

1925年赴法留学，一度想学音乐，但最终选择油画。那时巴黎是世界艺术之都，野兽派、立体派、达达主义、超现实主义等排浪迭起，毕加索、勃拉克、莱歇、恩斯特等前卫画家，灿若星汉。庞薰琹不是留学研习西方美术的第一位中国人，却是把欧洲现代主义美术传回中国的先驱。

1932年4月决澜社在沪上成立（采自网络）

1930年，学成归国的庞薰琹回到常熟，在故园铜鼓轩[1]整理所见所学，比较中西画论画史，写出《薰琹随笔》。一年后庞薰琹来到沪上开画室。1932年，他与倪贻德等创立"决澜社"，聚集青年油画家王济远、傅雷、周多、阳太阳、杨秋人、段右平、张弦、刘狮等。

这一群青年艺术家在《决澜社宣言》中喊出：

> 环绕我们的空气太沉寂了，平凡与庸俗包围了我们的四周，无数低能者的蠢动，无数浅薄者的叫嚣。
> ……
> 二十世纪以来，欧洲的艺术突现新兴的气象：野兽群的叫喊，立体派的变形，Dadaism的猛烈，超现实主义的憧憬……
> 二十世纪的中国艺坛，也应当现出一种新兴的气象了。
> 让我们起来吧！用了狂飙一般的激情，铁一般的理智，来创造我们色线形交错的世界吧！

---

[1] 冯晋：《寻源常熟》，古吴轩出版社，2014，246页。一种说法其嗣祖父庞鸿书，光绪六年进士，曾任贵州巡抚，曾从贵州带回一面苗人铜鼓，祖屋故名鼓轩。抗战时期，庞薰琹客居成都，曾在《华西晚报》以"鼓轩"为笔名开设专栏。

此时的庞薰琹，留着长发，头戴一顶栗色贝雷帽。1932年9月15日，上海爱麦虞限路（今卢湾区绍是路）中华学艺社礼堂，26岁的庞薰琹在此办画展，结识同龄女画家丘堤，两个青年男女一见钟情，且很快成婚。丘堤原名丘碧珍，福建霞浦人，毕业于上海美专西画系，曾赴日本东京进修，受后期印象主义影响，归国后任教上海美专。1933年，作为唯一的女画家，丘堤获得"决澜奖"。那时以画笔为生，仍然艰难。晚年庞薰琹自述："从1930年9月到1936年9月初，我在上海的几年，总的来说是艰难的。这几年中虽也有多次工作机会，但是那些工作，我是宁愿饿死，也不愿意去做的。初回国时，与我一同回国的姓尹的同学，不知道他通过什么关系，要我去东北当张学良的艺术顾问。我问做些什么工作？来人说搞建筑设计与室内装饰，此外陪少帅跳跳舞，打打高尔夫球，骑骑马。除了室内装饰我懂得一些以外，其他我都不会，像跳舞，打高尔夫球我并不喜欢。"[1]

嫁了个心高气傲、才情四溢的丈夫，妻子丘堤甘为贤妻良母，后因家累，不得不放下画笔。1936年，这对三十岁的夫妇喜得长子，取名庞均。秋天，庞薰琹收到国立北平艺专校长赵太侔与图案系主任李有行寄来的聘书及路费。9月，这家人离沪北上。庞薰琹在北平艺专讲授商业美术课程。同事汪采白、王临乙、齐白石、溥心畬、吴镜汀、吴光宇、王雪涛、黄宾虹、常书鸿、王曼硕等，皆画坛重镇，各擅其长。庞薰琹还未施展拳脚，卢沟桥炮声响起，北平学人匆忙走上南迁路。

1937年11月，北平艺专的庞薰琹与同事常书鸿、李有行、王临乙等，跟随校长赵太侔，带领二十多个学生，由庐山撤至湖南沅陵。借得沈从文在南岸老鸦溪的一处宅院作为校舍暂时办学。翌年初，来自西湖边上的杭州艺专的林风眠也率领一百多名师生，乘船到了沅陵。此时，教育部下令将这两所艺专并为国立艺专，由林风眠、赵太侔和常书鸿三人组成校务委员会，林为主任委员。一南一北两所美术高校教学风格迥异，师生格格不入，引发学潮。林风眠挂冠而去。教育部派滕固做校长。北平艺专同人也竞相离去。庞薰琹写道："不久教育部派滕固来当

---

[1] 庞薰琴：《就是这样走过来的》，生活·读书·新知三联书店，2005，143。

校长,他带了一批人来,滕固原来在上海美专教过书,是搞美术史的,可是后来成了一个政客。来学校之前,他是行政院参事,他带来的一些人中,有些是C.C.分子,所以我的处境越来越困难。"[1]滕固是毕业于德国柏林大学的艺术史博士,长于艺术理论,在昆明与傅斯年、钱锺书、吴宓、胡小石等学界文人交往密切,颇有口碑。总之,这年冬天,庞薰琹辞去教职,拖家带口来到昆明。

二、入职中博院

"久旱逢甘霖,他乡遇故知"。在友人帮助下,庞薰琹一家租住昆明青云街,北平故人雷圭元、沈从文、陈梦家、梁思成、林徽因等,相聚于四季如春的昆明。庞薰琹在陈梦家、沈从文鼓励下,开始研究古代装饰纹样。

1939年8月,经梁思成、梁思永昆仲推荐,庞薰琹受聘迁到此地的中博院。8月30日,中博院筹备处主任李济通知尚在重庆的总干事郭宝钧:"拟聘庞薰琹为本处专员,即祈向教部备案,并作一聘函送庞,即由弟处转送。"[2]庞薰琹受聘为专员,专事考察、收集和研究中国"西南地区少数民族的艺术传统",月薪250元,因战时原因实支210元。[3]较之1936年加入的马长寿月薪100元,1940年留英归来的考古学博士夏鼐250元,1942年加盟的金女大研究生游寿的240元,薪酬着实不薄。

庞薰琹举家居住在昆明北郊龙泉镇瓦窑村。此时的龙泉镇,已是一座战时的学术城。中研院社会所、史语所,北平研究院历史所,中央地质调查所,中国营造学社等,极一时之胜。中博院也人才济济。李济曾在院内动员月会上说,"我们中央博物院,人人都能画图,人人都能研究。"

庞薰琹与古生物学家杨钟健合租袁家花园,距离中博院所在的桃园村约有两里多路,遇雨道路泥泞。庞薰琹回忆:"幸而我在湖南时

---

[1] 庞薰琹:《就是这样走过来的》,159。
[2] 台北"中研院"史语所档案:考18–103。
[3] 台北故宫博物院档案,档号——0028—600—070【G】

1939年，云南龙泉镇龙头村赶街（台北"中研院"史语所供图）

买了一双老牛皮的钉鞋，雨天我就赤脚穿钉鞋，我在云南时没有穿过袜子。"[1]乡村环境已改变上海滩歪带贝雷帽的艺术家派头，也带来新的艺术感受。龙泉镇地处城郊，瓦窑村有烧造陶盆粗碗的窑业基地；昆明城北门至龙头村沿途，打铜壶、卖玉器、铸铜佛、制金器，各行各业比比皆是。向民间学习，艺术家汲取到另一种养分。

庞薰琹开始的工作，是他早已着手的中国历代器物图案研究。此时昆明，中研院史语所有迁来的文物，从青铜器的纹饰到石雕的造型，从秦砖汉瓦到六朝造像，从隋唐壁画到宋元陶瓷、明清绣片等，在庞薰琹眼前，是一个无比瑰丽的艺术宝库。他抓紧时间临摹传统装饰纹样，

---

[1] 庞薰琹：《就是这样走过来的》，170。

从陈梦家处获得青铜纹样资料，从王振铎处获取汉代画像砖与画像石的纹样资料，从吴金鼎处获取原始彩陶方面的资料。梁思永还带他开箱观摩殷墟出土的玉器、青铜面具等文物。他曾写道："抗战开始后，我在中央博物院筹备处工作，许多考古专家是我的朋友，我的办公桌对面坐的是夏鼐，我做的卡片和文物上绘制的图案，都是按考古的要求做的。"[1]庞薰琹把青铜器、汉砖石、隋唐陶俑的纹样，从器物中剥离出来，经过想象、挪用、重构，融入西方现代艺术设计所受的训练，化为现代设计，绘制了《中国图案集》共100幅图。这在中国艺术史上，是一件开拓性的工作。中博院庆幸得人。

三、贵州苗艺调查

中博院人文馆，设计了两大系统："一个是上下古今的历史系统，举凡史前、商、周以迄近代的史料，都包含在这项系统中，所以在博物院的建筑蓝图中，有殷商周秦汉唐宋元明清各断代陈列室的设计。另一个系统是四陲边疆民族资料之采集研究和陈列。"[2]旨在建构和传播一种有关"大中华文化"的国族文化—历史观，"上下古今之久，边陲四至之遥，都能交互融会于一心之中，由此而对整个的大中华文化，悠然产生一项崇高的了解"[3]。

1939年年底，中博院拟派庞薰琹赴贵州考察。"贵州在全国幅员中便处西南，自昔以交通梗塞之故，往来行旅颇少，荒山辟邑中，尚有较原始民族聚居，较原始习俗保存，而服装、修饰、编织物等之点缀，尤饶异趣。……本处职司社会教育，在陈列计划中，本有西南民族特殊习俗之一室。自二十八年奉令迁滇，又有地域人事上之方便，爰自十一月起，特组织黔境民间艺术考察团……"[4]其主旨："一是考察各民族

---

[1] 张朋川："走向经典的桥——纪念庞薰琹作<中国图案集>70周年版"，载《装饰》杂志，2009（6）。
[2] 李霖灿："国立中央博物院的民族学研究"，见南京博物院编：《南京博物院集刊》12，文物出版社，2011，586。
[3] 同上引。
[4] 谭旦冏：《"中央博物院"廿五年之经过》，101。

的社会、历史、物质文化、经济生活、语言、宗教；二是收集各种标本，以备将来陈列之用。"田野调查须有人体测量法和国际音标记录民族语言这两种技能。中博院特地商洽史语所，借调助理研究员芮逸夫。芮曾随凌纯声做过湘西苗族考察和浙江畲民调查；还与凌纯声、陶云逵一起做过云南民族调查以及中英滇缅边界南段勘界之旅，有着丰富的田野考察经验。庞薰琹虽是首次做田野，但他有独到的艺术眼光，善于发现民族建筑服饰手工艺独特的美，有快速精准捕捉物象的写实能力，可弥补黑白照片的不足。

青年庞薰琹（采自网络）

11月20日，中博院向教育部呈报："关于黔省民间艺术及工艺品决定开始做系统的调查及采集。现已遴派专员庞薰琹，并借调中研院史语所助理员芮逸夫等二员，组织贵州民间艺术采集团，工作地域暂定为贵阳、定番、长寨、康顺、安顺、普定、织金、郎岱、黔西、大定、毕节、威宁等处，期间约需两个月至三个月，并拟于十二月一日以前出发。至经费一项，职处数月以来已就本年度特别费及购置费项下，积有三千余元未支用，不必为此项工作另请他款。关于将来调查及采集之详细情形，自当陆续呈报。"[1]12月1日，中博院还就赴贵州考察一事致函贵州省政府，请予协助。

12月9日，教育部部长陈立夫批准了中博院的方案。当日，庞薰琹和芮逸夫即从昆明动身。行前，有亲友劝庞薰琹不要贸然前往，告诉他关于该地区子虚乌有的传闻，如边民会使用毒箭，在播种前有"猎头"仪式，有人善以"放蛊"害人。庞薰琹受过科学训练，对此行有强烈的兴趣，故对那些荒诞不经的传闻充耳不闻。他相信西南联大教授沈从文的话，那是"稀有的善的民族"，待人处事热烈而纯良，审美情致土生土长，生命的叙事方式完全自成一体。

---

[1] 台北故宫博物院档案，档号——0028-400-040【G】。

当他们来到贵阳，大夏大学所办的"少数民族训练班"的苗族学员也告诉他："不要轻信别人所说的，没有那么严重，不需要什么保护，我们的民族不会来伤害你们。想收集一些资料也不是完全不可能，苗家姑娘一生就绣那一身衣服，他们想白要硬要，当然搞不到手。"[1]

12月22日，庞薰琹写信给李济汇报半月来的经历：

济之先生台鉴：

　　琹九日由昆出发，十五日始抵贵阳，中途换车四次之多，每次车坏均在途中，而由救济车送至附近县城。九日至平彝，十日至普安。在普安住三日，因车无法修理，待安南来车相换。在普安，芮先生与琹原拟下乡采集，但司机每日均言安南即有车来，固又不敢下乡。不知在普南竟虚待三日。十三日至安南，十四日至安顺。至贵阳后，因衣服肮脏，精神疲乏，而又逢星期，故迟至十八日（星期一）始去省政府接洽。幸郑秘书长道儒与孙民政厅长希文均相当热心，致各县公文大约明后日即可办妥。寄梅先生适因病请假，芮先生与琹曾至水口寺周先生住处访谈，因周先生在病中未与谈。承介绍大夏大学之吴泽霖先生，但吴先生适又去定番，故至今尚未晤及。

　　连日与各方人士商谈之结果，原拟之路线在事实上不得不累加改动，如长寨广顺二县适在围剿区域，不能前去。现所拟之路线大概如下：贵阳、花溪、青岩、定番、龙里、贵定，此数县以贵阳为中心；余如清镇、平坝、安顺、镇宁、普定、织金、郎岱、黔西、大定、毕节、威宁诸县，则以安顺为中心。然是否能尽如理想实行，尚不可逆料。若省政府公文日内办妥，则芮先生与琹定二十五日去定番。明日（二十三日）拟在筑招待方言讲习所之诸苗籍教师，或可略得线索。至于采集日期因交通之困难等问题，恐必须延长。如九日出发以来，所得甚微，而时间则已消耗旬余矣。专此先行奉闻，余容续上。此上敬请近安。

---

[1] 庞薰琹：《就是这样走过来的》，183。

庞薰琹　十二月二十二日贵阳同乐社[1]

　　庞薰琹晚年回忆：当到达贵阳时，拿着国立中央博物院公函前往贵州省民政厅找到厅长。厅长大人知其来意后，立刻推辞道："收集资料的问题，办不到，蒋夫人宋美龄想要一套苗族的服装，我们搞了很久，也没有搞到。如果你们一定要去，一切后果由你们自负。"这位厅长甚至拒绝给他们开介绍信。[2]

　　而留在档案中庞薰琹当年写给李济的信，又一次证明记忆与真相经过时空错位，如何成为"罗生门"。这次考察，除有贵州省政府秘书长郑道儒和民政厅长孙希文的支持，还得到各方帮助，如贵州省参议员杨秀涛曾专门给黔西县政府第三科长李毓芳、织金谌志熊、陈尔嘉、定番农村合作社刘光谦写介绍信："兹有老友庞薰琹、芮逸夫二位先生前来调查苗民风俗及集苗民工艺，恐到贵处时不免人地生疏，祈兄指示一切予以方便，不胜感激之至。特此顺颂，时祺，十二月二十三日。"[3]大夏大学教授吴泽霖致信朱约庵："介绍中央博物院庞薰琹、芮逸夫二先生，有所请教，乞予襄助，无任感荷。"[4]众人一伸援手，顿时推开山寨的挡路石。12月28日，芮逸夫在给傅斯年的信中写道："来筑多日，人事接洽已妥，今始入苗区工作，此后可按步进行。"[5]

　　世事不尽如人意。当他们走近苗乡，寨子里人皆躲避。究其原因，一则数百年来的"汉夷矛盾"；二是山民惧怕这些打扮异样、端着相机的闯入者，怕他们收税抓丁。芮逸夫熟悉苗语，有过田野调查实践。他们通过一些小恩小惠，先赠糖予一些小孩，再给老年妇女一些针线，然后表示自己是来收购衣服饰物花边的，价钱厚道。通过走访，购买花边、挑花、月碟等工艺品，他们逐渐走进了一道一道寨门。

　　贵州，"天无三日晴，地无三尺平，人无三分银。"苗人为一点盐巴要入山砍柴，再到山下集市去卖柴买盐。为了解风俗民情，庞薰琹与

---

[1]　台北故宫博物院档案，档号—0028-400-041【G】。
[2]　庞薰琹：《就是这样走过来的》，182—183。
[3]　台北故宫博物院档案，档号—0031-500-032【G】。
[4]　台北故宫博物院档案，档号—0031-500-032【G】。
[5]　台北"中研院"史语所档案：昆14-3。

芮逸夫曾扮作新嫁娘的亲属好友，抬着嫁衣及铺笼罩被去送嫁；混迹祭祀人群中，跪在死者灵前，磕头之后吞咽下半生不熟的牛肉……正是在迎新出殡、饮酒跳花等日常活动中，他们才逐渐了解了苗人。

这时的庞薰琹，尝试着民族志的田野调查方法，以水彩、速写等视觉图像保存边地民间艺术，甚至牺牲"艺术性"，追求"高保真"。他说："在服饰方面，曾尽量保存它原来面目。因为如此，给我不少束缚，也因此，有时不免失去画面的活泼。眼看前人给我们留下许多错误，我不敢欺骗自己，也不愿欺骗后人。于是，像绣花一般把许多花纹照原样地画上了画面。"他逐渐被美与艺术征服、感化，由衷叹道："在苗族村寨外的山坡上，坐满了十多岁到二十多岁左右的姑娘，坐在阳光下，有的挑花、有的绣花，她们不用样本，更没有什么设计稿，靠的是心巧手巧，把心意直接绣在布上。当时我几乎全都看了她们所绣的花样。虽然有些花样大同小异，但是没有完全相同的，而且其中有不少是自己的创新。"[1]

转眼就是1940年阳历新年，1月2日庞薰琹在致李济的信中写道：

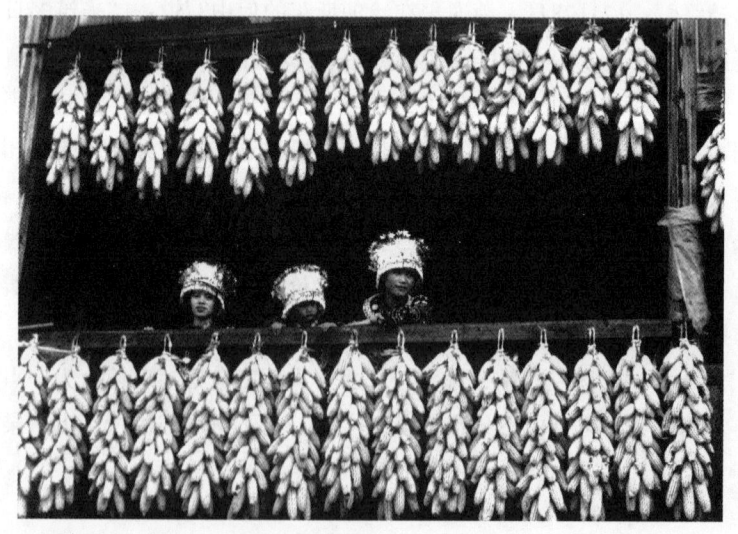

1998年9月，贵州凯里苗寨（岱峻摄影）

---

[1] 庞薰琹：《就是这样走过来》，192。

芮先生与棻二十八日即乘车去花溪，在花溪住两夜，曾去苗夷村寨购得花边、衣服等物。三十日步行至石头寨，在夷人家住一夜，亦购得花边等物。三十一日又自石头寨步行至青岩。今住青岩社会教育实验区。昨日曾去仲家村寨，今日去青苗村寨，明日则拟去花一苗村寨，在此收集标本得其方法，则尚不十分困难。惟因经费关系，棻不敢尽量收购。不知标本价费是否能略增加与是否需要尽量采集，请即电示贵阳中山路二二六号任树桩先生转棻为感，专此敬颂年禧。[1]

流水账依然生动，且蕴藏丰富。李济当然清楚，1月9日中博院再给庞薰琹汇去1800元，请他多购置民族艺术标本。[2] 1月13日，庞薰琹在回信中汇报关于购置标本的情况：

济之先生台鉴：

来电奉悉，棻九日由青岩返贵阳，此数日在贵阳附近采集，事毕即去龙里、贵定，在二地最少亦得住一星期左右，此后即去安顺，兹因标本携带不便，寄存在筑又恐空袭，故已将花溪、青岩二地所得之标本先行寄上，共分四大包。第一包内分三小包共九件；第二包内亦分三小包共二十一件；第三包内亦为三小包共一百三十七件，第四包内则仅一件。请察收。

专此敬请大安。

庞薰琹 一月十三日贵阳[3]

2月，他们在贵州过完春节，即结束了此次实地调查工作。

回到昆明，他们开始整理考察所得的各类资料，还有一项工作是办

---

[1] 台北故宫博物院档案，档号——0029—700—152【G】。
[2] 台北故宫博物院档案，档号——0029—400—150【G】。
[3] 台北故宫博物院档案，档号——0029—400—149【G】。

一次汇报展览。1940年7月，"贵州苗族衣饰及图画展览"在昆明桃园村的中博院办公地举行，展出收购的四百多件苗族衣饰，以及庞薰琹的水彩画及速写，芮逸夫的照片。他们有意识地将这些苗族服饰和纹样与多次到过贵州的日本人类学家鸟居龙藏的收藏进行比较。"三十年前，日本鸟居龙藏在书中讲到有些图案他当时没有收集到，而我们竟出乎意料地收集到了。"[1]展出盛况，因资料阙如，只能借助想象。可作旁证的是，后来中博院曾用这次调查成果办过两次展览，一次是1944年3月在李庄举办"贵州夷苗衣饰展览"，"上星期日（十九日）为德育日，展览'贵州夷苗衣饰'，来参观者千人左右，大半为同济师生，颇有好评。下星期日拟继续展览。"[2]一次是抗战胜利后迁回南京，1948年与故宫博物院举办大型联合展览会，其中"贵州苗族衣饰一项，即展览于中央博物院新建之陈列室内，甚得观众，尤其是仕女们之赞叹欣赏，都认为色泽之明灼谐和，纹样之意匠新奇实为极有价值之边民手工艺术珍品。"[3]那时庞薰琹已离开中博院，两次展览可能都未出席。

这次考察，是中博院在抗战期间一项重要业绩。1941年10月，李济向国立中央博物院理事会提交的"1933年4月—1941年8月国立中央博物院筹备处筹备工作报告"中写道：

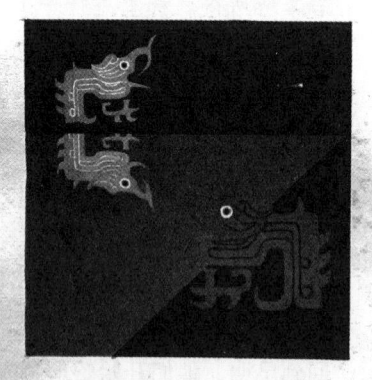

庞薰琹后来的某些图案画，灵感即来自中博院的那段经历（采自网络）

---

[1]　庞薰琹：《就是这样走过来的》，186。
[2]　南京博物院编：《曾昭燏文集·日记书信卷》，文物出版社，2013，518。
[3]　周爱民：《庞薰琹艺术与艺术教育研究》，清华大学出版社，2010，590。

> 自二十八年十二月去黔，二十九年二月返滇，前后留黔凡三月，调查贵阳、安顺、龙里及贵定四县之苗族村寨六十余处，采得标本四百零二件。返滇后，即从事整理及研究其服制与纹样，因此工作属于艺术范围，故先从制图着手。关于服制方面之图片完成其十分之四，关于纹样方面之图片则已完成其十分之八，同时着手于采集文字上参考资料及纹样比较之资料。[1]

关于这次民族地区调查的原住民的族群，中博院曾昭燏曾持异议。1944年3月16日她在致李济的信中道：

> 前所写《中博院筹备处社会教育概况》一文中有一错误，即认庞薰琹、芮逸夫二人在贵州调查者，纯为苗族。其实调查中最重要之一部"仲家"乃夷人而非苗人，此种错误在许多旧书中有之，博物院印"概况"时亦因袭未改，故上月写此文时亦不觉得，最近因预备苗民衣饰展览，略读参考书，方始发现，故作成正误表一纸寄呈，务望即刻找教育部人，负责印此文者，请其照此表改正。如文已印出，亦请其将此表列入正误表内，不然将为许多治民族学者所笑。[2]

1949年，芮逸夫去了台湾，贵州之行所摄的数百张照片，以及记载考察事件及苗语词汇的文字记录本也一齐带走，现存台北南港"中央研究院"民族研究所。七十年过去，那次田野调查报告一直阙如。

庞薰琹是中国现代画家中走进贵州层峦叠嶂、草木繁茂的大山中描绘和表现苗族山民生活的第一人。其后，他未能沿续学术研究道路，但云贵高原阳光下的葱茏，大山深处的苗家山寨，云岫中飘来的苗族少女，图案色彩靓丽的苗绣，精湛耀眼，叮当作响的银器装饰……成了他

---

[1] 刘鼎铭选编："国立中央博物院筹备处 1933 年 4 月—1941 年 8 月筹备经过报告"，载《民国档案》2008（2）。
[2] 南京博物院编：《曾昭燏文集·日记书信卷》，518。

心中永远的图腾。

四、他们都是我的老师

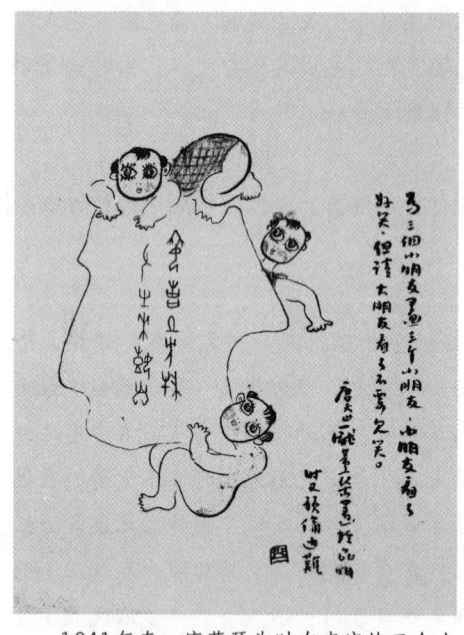

庞薰琹随中博院迁至四川南溪县李庄镇。他在回忆录里写："在李庄的三个月时间，我几乎一分钟都没有浪费，一清早匆匆洗了脸吃好早饭，放下碗就看书抄写资料或摹绘纹样资料，午饭后也不休息继续工作。我请人为我买了几瓶火油，晚上工作到深夜，三个月每天如此。"[1] 三个月后，庞薰琹一家离开李庄，1940年秋到了成都四川省立艺专。——庞的回忆、继夫人袁韵宜所写传记，及后人整理年谱，皆如此表述。

1941年春，庞薰琹为时在李庄的三个小朋友画三个小朋友（董敏供图）

事实并非如此。中博院迁往李庄的时间是1940年10月底，庞薰琹离开李庄是在1941年3月底。以下引自夏鼐刚留英归来、初到李庄时的日记：

1941年3月19日　星期三

晨间民裕船由南溪开往叙府，经过李庄时少停，小划船来接客，将行李放下，轮船便开行了。小划船摇到附近的江岸沙滩旁，便停泊下来。喊了挑夫，将行李挑到上坝月亮田，询问中央博物院

---

[1] 刘振宇、维微：《中国李庄抗战流亡学者的人文档案》，四川人民出版社，2005，154。

的地址，恰好梁思永先生在窗内听见，看见是我，便喊"作民，你回来了。"……郭先生为我介绍中博院同人，民族学马长寿（松龄）、汉代车制研究者王振铎（天木）、古代艺术庞薰琹、出纳股赵青芳（香山）、庶务傅瑞（嘉芝）、文书凌仲。他们膳食方面，组织有一饭团，我便加入其中，连马太太共8人一桌。……

3月22日 星期六

赴李庄理发，购买一双布鞋。回来后在梁思永先生处闲谈。……晚间中博院同人为庞薰琹君饯行，一面为我洗尘，喝酒闲谈。庞君已辞去此间职务，赴成都担任教职。[1]

3月22日以后，才可能是庞薰琹离开李庄的日子。自1939年8月入职，到1941年3月下旬离开李庄去成都，庞薰琹在中博院经历了三个年头共18个月。记忆的过程也是下意识和无意识遗忘的过程。选择性遗忘也许是一种自保。

庞薰琹解释去职离开李庄的原因，是超负荷工作，得了神经衰弱症，引发心脏旧疾；夫人丘堤与女儿庞涛亦在病中，需要换一处条件稍好之地。这是实情，正因如此，陈寅恪、赵元任、胡厚宣等，应随史语所来李庄而未至；也有李景聃、李方桂、马长寿、郭宝钧、凌纯声等，到了李庄，相继离去。但庞的去职，或许另有原因。中博院与史语所，都是研究型的学术机构，每一成员都要学有所长。如与庞薰琹同龄的留法画家谭旦冏，回国后也在国立北平艺专任教，后也加盟中博院任专门设计委员，他就在连襟梁思永的建议下专事手工业调查。再有，当年他和谭旦冏在湖南沅陵国立艺专的学生李霖灿，后来也为中博院调查员，成为"纳西先生"，编写了《东巴文化字典》。庞薰琹却最终难舍画笔。其好友傅雷早在1932年9月所写的文章《薰琹的梦》中就尝言："梦有种种，有富贵的梦，有情欲的梦，有虚荣的梦，有黄粱一梦的梦，有浮士德的梦……薰琹的梦却是艺术的梦，精神的梦。"热爱绘画，这或许是他离开中博院的一个主要原因。

1941年春，庞薰琹应老同学老同事李有行之邀，赴成都省立艺专

---

[1] 夏鼐：《夏鼐日记》卷2，362—363。

庞薰琹画省立艺专暂住地郫县吉祥寺
（采自网络）

任教授兼实用美术系主任。那是一所新校，校舍还未竣工。校址暂借郫县吉祥镇，一所掩映在灌渠纵横，田畴广袤中的尼庵。从李庄来到吉祥寺的第一天，庞薰琹一家四口打地铺睡在大殿右侧的走廊上。他写道："这里白天夜间，一般都很静。在大殿旁边有两间木造的小屋，我就住在这小木屋内，我用油画画过这一屋，用水彩画画过大殿的一角。暑假中同学都走了，这里就更加清静。我坐在大殿里画成了一本《工艺美术集》。"[1]那是庞薰琹在中博院"研究中国历代器物上所附图案的工作"的结晶。

中博院一年半，多学科交融的宏大学术视野，讲实证重史料的研究方法，也影响了庞薰琹的研究。他利用我国古代各个时期的装饰纹样，以现代造型的设计观念和实用性为出发点，加以提炼，设计出地毯、桌布、茶盘、汤碗等现代日用品。这本工艺美术集一问世，即引起业界重视，获评教育部学术研究二等奖。

离开李庄，他与中博院时有书信。他在一封写给李济的信中道："琹有一言愿在此声明，若博院有必需时，琹当见召即来，不论何时何地。虽然琹在博院一年，实获益匪浅，此终生所不能忘者。苗族图案之整理，琹负责完成，若博院拟继续采集苗民工艺，琹亦可为先生介绍一宜于此种工作者。"[2]中博院也不负庞薰琹。1945年1月10日，中研院总办事处文书余又荪在致傅斯年的信中写道："庞先生之画已送至川东师范教育部，部长批准以二万元收购之函，寄至青木关教育部，虽数次

---

[1] 庞薰琹作品（20世纪30–40年代）全国巡回展前言，常熟美术馆 http://www.csart.org/zldetail.asp。
[2] 台北故宫博物院档案，档号——0031-500-032【G】。

催询，但以两地远隔，尚未得结果。最近决催其将款支付兑交成都庞先生也。"[1]

1941年秋，省立艺专新校落成，按照法兰西艺术学院模式，设有工艺美术、音乐和建筑等科，每年招生，每科一班，限额20人，学制五年。校长李有行兼授应用艺术图案课，雷圭元教应用艺术理论兼教务处主任，庞薰琹教绘画兼实用美术系主任，许可经教音乐艺术理论兼音乐系主任，刘文宝教建筑艺术理论兼建筑系主任，还有教授雕塑的刘开渠，漆器沈福文，钢琴蒋樵生，声乐冷竹琴，乐器俞鹏，建筑设计杨介眉、李伯霜等。此时，庞家租住在省立艺专附近的华西后坝的郑家院子。郑家女儿郑体容曾向笔者讲述：

> 住在我们家的，有庞薰琹、沈福文两家，后来还来了吴作人。庞薰琹设计民族衣服图案卖给在成都的美国飞虎队航空兵。庞师母邱堤是留学日本的服装设计师。他们家陈设讲究，用豹子皮当窗帘，花瓶里插着孔雀羽毛。庞师母教我们包饺子，给我们设计衣服。她用各色毛线织成毛衣，她曾用红布配黑点做成老虎送我。沈福文是福建人，也是留日学生，教漆画。吴作人是中央大学艺术系助教，他的比利时恋人吹了，流浪成都。他与漂亮寡妇费曼尔彼此都有点意思。费曼尔小提琴拉得好，琴声如怨如诉。到晚上，几家人一起开音乐会，庞薰琹弹曼陀铃。[2]

那时，刚从英伦归国的青年舞蹈家戴爱莲和丈夫叶浅予、画家司徒乔、陈之佛、音乐家马思聪和夫人王慕理等曾是郑家花园的常客。

"锦城丝管日纷纷，半入江风半入云。"莺声燕语中的庞薰琹并未沉醉，反而更勤奋地挥舞画笔，他根据1940年去贵州苗乡搜集到的资料，用工笔、水彩、白描等方式创作了《黄果树瀑布》《贵州山民图》《唐仕女书写图》《贵阳夷族洗衣图》《马侠和马》《苗人畅饮图》《丧事》《射牌》《双人吹笙图》《笙舞》等一批作品。其中20幅水彩

---

[1] 王汎森、潘光哲、吴政上主编：《傅斯年遗札》卷3，第1091函。
[2] 郑体容讲述，岱峻专访，2006年10月26日，成都红照壁。

画《贵州山民图》系列，描写苗人相亲、婚嫁、街市、背柴、耕作、丧事等生活场景。低矮的茅屋，山间的炊烟，迷蒙的细雨，略带忧郁的眼神，与鲜艳的民族服装形成对比。这批作品是先以铅笔在纸或绢上打稿，再用毛笔蘸墨以细线勾勒轮廓，最后以水彩颜料填色画成。和民国时期许多具有留洋背景的洋画家一样，庞薰琹的作画方式体现出了模糊中西画种疆界的实验性意图，具有明确的跨文化、跨媒介意识。1942年，在作为官方美术体制的中华民国教育部全国美术展览会所设定的作品分类系统中，《贵州山民图》被判定为既非"国画"、也非"西画"、也非"图案"，最终被勉强挂在"西画"展厅展出[1]。

庞薰琹画《贵州山民图》（采自网络）

---

[1] 庞薰琹：《就是这样走过来的》，201。

1943年，庞薰琹在成都四川省立图书馆举办个人画展，展出《贵州山民图》系列中的部分作品，此外还有《唐装舞俑图》系列作品。他为该展在《中央日报》（成都）上发表了一篇"自序"，文中一段话透露出他在创作《贵州山民图》时的复杂心态：我所描写的贵州的同胞，毋庸讳言，与实际的他们离得很远。不能拿民族学的尺寸来量它。因为笔下总不免流露出自己。可是服饰方面，会尽量保存它原来面目，因为如此，给我不少束缚，也因此，有时不免失去画面的活泼。眼看前人给我们留下许多错误，我不敢欺骗自己，也不愿欺骗后人。于是，像绣花一般把许多花纹照原样地画上了画面。苦闷而又无能！[1]

时在华西大学博物馆工作的英国友人迈克尔·苏立文（Michael Sulliran）曾评论道："庞薰琹到贵州少数民族地区工作时，他与苗族人民关系融洽，颇有情谊。在他们中间生活了一段时间之后，他将一批油画和素描带回昆明，表面上是民族学的记录，事实上远不止这些。他将中国传统的技巧与独特的诗意写实主义结合在一起，形成技术上新的起点。整个作品看起来既带有准确性与人情趣味，又略带浪漫的格调和形式感的结合。""那表现了画家理想中的女性美，其灵感来自传统中国绘画，也许来自身边美丽的妻子和女儿庞涛。"[2]

1946年，傅雷在上海为庞薰琹策划个展，并在11月7日《文汇报》第四版发表序言，其中评价《贵州山民图》系列时说："虞山庞薰琹先生……抗战期间流寓湘黔川滇诸省，深入苗夷区域，采集画材尤夥，其表现侧重于原始民族淳朴浑厚之精神，初不以风俗服饰线条色彩之模写为足，写实而能轻灵，经营惨淡而神韵独具，盖已臻于超然象外之境。"在傅雷看来，"其融合东西艺术之成功，决非杂糅中西画技之皮毛，以近代透视法欺人耳目者可比"，故而他才策划此展览，希望"博雅君子当可于是会一睹吾国现代艺术之成就焉"[3]。

也有人认为，在民族危亡之时，庞薰琹画美人图有违时代精神，无

---

[1] 庞薰琹："自剖——为自己的展览会写的自我介绍"，载《中央日报》，1943年9月12日。
[2] 苏立文：《20世纪中国艺术与艺术家》，上海人民出版社，2013，175。
[3] 傅雷：《庞薰琹绘画展览会序》，傅雷著，《傅雷文集》，当代世界出版社，2006，567。

1943年在成都，苏立文拍摄的庞薰琹（采自网络）

益抗战救国。艺术上也有人指责他，既不写实也不象征，近乎拼凑。

"就是这样走过来的"，庞薰琹的成功，一直伴随着诸如此类的是是非非。作为大众视野中的庞薰琹，1949年以后，是中央工艺美术学院创始人，是美术大师，也曾遭遇风雨，又"鲜花重放"……其在美术史上的地位与影响，无需赘言。

回忆在中博院的一年半岁月，回想中博院和史语所那些学者，李济、董作宾、梁思成、林徽因、梁思永、曾昭燏、夏鼐等，晚年庞薰琹坦然地说："他们都是我的老师。"这绝不是客套话。[1]

---

[1] 水天中：《历史、艺术与人》，广西美术出版社，2001，346。

尹焕章：七载安谷守藏吏

尹焕章（1909—1969）的人生轴线可划三段：前二十年居家求学，读至河南大学预科；其后二十年加盟中研院与中博院；最后二十年服务南京博物院。他参加过史语所历史组在北平午门的内阁大库档案整理；参加过安阳第八次到第十五次田野发掘。抗战爆发，他携妇将雏投奔延安；半年后重回中博，只身孤箧赴乐山安谷乡，守护文物长达七年。1949年，他留在大陆。如果把考古发掘喻为寻宝，其价值体现在古史重建；如果说文物保护是护宝，根本功用是通过展览，推进科学普及。尹焕章以六十年的人生，演绎了寻宝护宝人的寻常与高贵。

一、战火催迫 文物抢运

1937年秋，中博院随国府迁至陪都重庆。因史语所所长傅斯年代理中研院总干事，中博院主任兼史语所考古组主任李济临时代理史语所所务，率领同人播迁长沙、桂林、昆明。中博院在重庆的院务，由总干事郭宝钧主持，工作人员有李开泽、邓嘉芝、赵至诚、杨雨生、赵青芳等。其时，他们的主要职责，是将中博院由南京运至重庆的一百多箱精品文物，妥善安置，安全守护，精心管理。一年后，李济总结："本处自迁渝后，古物庋存沙坪坝仓库，尚称安谧。"[1]

1939年5月3日起，日机连续数日滥炸重庆。李济担心存放在沙坪坝重庆大学校内的文物安全，5月28日致函郭宝钧："此次敌机袭渝，美丰银行遇灾，查本处在美丰保险库存有箱件一只，内皆要件，是否有损

---

[1] 刘鼎铭选辑，《民国档案》2008年第2期。

1937年夏流徙长沙，李济家眷与赵元任家眷前往岳麓山，祭扫丁文江墓（李光谟供图）

失情形，务希即速示知。沙坪坝对象点交，亦请从速，完毕后应即设法移入山洞。"[1]入藏山洞也是权宜之计，洞内潮湿不利文物保存。6月3日，李济函请经济部农本局总经理何廉："将此物之一部分运滇，需用载重车约四吨左右……"6月6日，李济通知郭宝钧："山洞既有如许困难，弟意接洽车辆运滇，余下之件可走水路运嘉定或成都。"[2]6月中旬，中博院首批文物53箱由杨雨生押运抵昆明。一年后，又随中博院再迁四川南溪县李庄，直到抗战胜利1946年10月初才运回南京。

1939年初夏，中博院接教育部通知将迁到昆明。李济想重召旧部，遂致函郭宝钧："子文事暂请他到重庆，在博物院工作，请斟酌备案。"子文是尹焕章的字，他父亲与郭宝钧是小学同学。6月10日郭宝钧回复李济："子文处已去电约即来。"[3]此时还有78箱文物留在重庆，更需尽快转移。李济兼故宫博物院理事会理事，知道故宫南迁文物已在四川找到安全隐蔽之所，遂指示郭宝钧与故宫博物院院长马衡（字叔平）商谈，拟将这批文物也运往乐山。郭宝钧回复："故宫处已与马叔平接洽，惟关于将来留守之人等事，请兄指定。"[4]

故宫文物迁徙，始于1931年"九一八"事变，1936年入藏南京朝天宫库房。一年后卢沟桥事变，故宫文物分三路西迁，中路迁徙由故宫

---

[1] 台北"中研院"史语所档案：考18-29。
[2] 台北"中研院"史语所档案：考18-37，18-40。
[3] 台北"中研院"史语所档案：考18-27，18-41。
[4] 台北"中研院"史语所档案：考18-39。

博物院文献科长欧阳道达[1]主持，由水路分批运往汉口，再转宜昌，运抵重庆。日军空袭频繁，行政院命令需在1939年4月底前迁移安全地。马衡带领欧阳道达等，最后选定乐山县安谷乡。此地距县城二十来里，地处长江支流岷江、青衣江、大渡河汇合处，位于大渡河南岸，浅丘近山，森林翁郁。

欧阳道达被任命为故宫博物院乐山办事处主任，留在安谷。他对选作库房的各个点先雇人维修；同时组织疏浚安谷乡境内大渡河内河漕口，对河岸山岩有碍拉纤的凸出点实施爆破；聘请安谷乡乡长、袍哥大爷刘钊为顾问，同时先雇好木船、纤夫和搬运工。1939年4月，故宫博物院9331箱文物由重庆分24批溯长江运到宜宾，7月9日第一艘船到达乐山，其后数天一船，络绎不绝，分别停泊在杜家场、冠英场和杨花等渡口。再从轮船上将文物转移到木船，拉纤溯大渡河进入安谷。

8月初，中博院78箱文物也装上运载故宫文物的"民裕轮"，工作人员李开泽负责押运。其时，李济得到马衡电告，"民裕轮"启运时李开泽并未随行，仅托故宫照料，故宫无人，希自派。李济将此事急告郭宝钧，同时派马长寿从成都赶赴乐山救急。[2]

李济虽是中博院主任，但比郭宝钧还小三岁，情急之下，或是电文措辞不周，引得对方反感。8月20日，郭宝钧撂摊子："请予以接近古物接近图籍之方便；准予辞去干事职务，但愿不作事务专事写作；向博院请假一年，报告缴卷而后再供驰驱。"临阵岂能换将，李济复信好语劝慰，"兄之归歇之感，弟弥觉感愧，现重庆之事已较简，一俟裴（籽原）案结束，即可移滇矣，望详为考虑。"李济还搬动董作宾、梁思永等人一起劝说。几天之后，郭宝钧总算下台，"病后消极之想兼以家信迟滞久稽，故有归田之感，承兄等以大义相责，当然服从谆诲，取消前议，现拟请假以九十两月在渝候眷。"[3]

这边厢稍渐平静，那边烟火又起。8月22日，马长寿驱车驶往乐

---

[1] 欧阳道达（1892年–1976年），字邦华，安徽黟县渔亭镇人，毕业于北京大学历史系，曾任北京大学讲师。1924年11月参加"清室善后委员会"的清点故宫文物工作，1932年任故宫博物院文献馆科长。

[2] 台北"中研院"史语所档案：考18-88。

[3] 台北"中研院"史语所档案：考18-9，18-92，18-100。

山，赶去接重庆运来的文物，也将自己及同人两年来在越嶲等地采集的12箱标本转至安全地。路上遭遇敌机轰炸，车上载运的公私书籍仪器衣物及采集的标本部分受损。当日，李济得到郭宝钧的电报："兹接乐山急电，城郊炸毁过半，渝运物标本幸告无恙，正设法迁运，蓉运仪器书籍衣物及标本二箱均火毁。"[1]翌日，得到马衡电告："文物七十余箱由李君押运到乐，现因陆路交通工具益形困难，拟即暂存安谷镇库房。"[2]

李济终于吁了一口长气。后来，他在向中博院理事会提交的《国立中央博物院筹备处1933年4月—1941年8月筹备经过报告》中云：

（民国廿八年）五月渝市惨炸，各机关奉令疏散，本处亦呈准迁移昆明办公。沙坪坝存物乃有重策安全之必要，因议定择地分存办法，经呈准备案，分途进行。惟以交通工具困难之故，不能遽行起程，迟之又□多方交涉，始于六月终获运送首批古物五十三箱于昆明，七月终运送二批古物七十八箱于嘉定（即乐山），九月终由成都运送川康标本十二箱于嘉定，均需妥为庋藏，派员驻守，并造具清册，先后密呈教育部备案。[3]

欧阳道达回忆提及中博院这90箱文物，"以同为国家重器，经与本院商洽让地置放，乃寄存于本院迁储安谷文物库房之第一库。典守责任，由其派员驻库自负之。"[4]安谷文物庋藏地点为：古佛寺、三氏祠（朱、潘、刘三氏）、宋祠、赵祠、易祠、陈祠、梁祠，故宫编为一至七库。中博院文物箱即庋藏在一库古佛寺（今安谷镇泊滩村）。

彼时形势千变万化，人事千头万绪：

8月底，从重庆和成都赶到乐山的李开泽、马长寿分别致信李济，报告古物存藏安谷乡的情况，"渝运标本全部妥措安谷古佛寺，寄款四百元亦于昨日送到，函嘱照相及觅保事正在进行。"9月8日，郭宝钧

---

[1] 台北"中研院"史语所档案：考18-94。
[2] 台北"中研院"史语所档案：考18-22。
[3] 刘鼎铭选辑：《民国档案》2008年第2期。
[4] 欧阳道达：《故宫文物避寇记》，紫禁城出版社，2010，74。

致函李济，报告四天前重庆被轰炸，国民参政会期间中博院一所房子为警卫借占，及马长寿、李开泽个人损失请酌予救济诸事，专门提及尹子文今到渝已开始工作。

9月9日，马长寿致函李济："请允许于故宫人员住入古佛寺后，请其与故宫古物连同代为照管；寿与李（开泽）君则住于距嘉定与安谷均不甚远之大佛寺，未知钧意若何？又请缮函介绍武汉大学校长或其他先生请其允许借书，以资参考。"[1]大佛寺与安谷镇直线距离将近20公里，中间又隔着一条岷江，如何值守中博院所存的文物？笔者不知李济读信的反应。当然，站在马长寿的角度，也不无道理，若在穷乡僻壤当几年守藏吏，远离单位与城市，没有治学与研究条件，数年过去，岂不武功全废？

正在踌躇不安之际，9月30日，在重庆的总干事郭宝钧给李济出主意："弟意看守事即将就子文、香山（赵青芳）二人中派一人前往。"11月13日，李济同意"乐山留守暂派子文。"11月28日，郭宝钧函告李济，"子文准于十二月一日即行赴嘉。"[2]至此，李济的心结稍解。

二、徘徊去复回

尹焕章，字子文，1909年出生在河南南阳双桥铺虎庙村。1924年在南阳省立五中念书，其时，董作宾当过他的老师。1928年尹焕章考入河南大学预科。一年后，经董作宾介绍到北平，入中研院史语所做书记员。

那时，中研院接管了由教育部拨付的历史博物馆，史语所就在历史博物馆午门西翼楼上，开始明清皇家大库档案的整理。1929年9月底，史语所组织档案编刊会，推定陈寅恪、朱希祖、陈垣、傅斯年、徐中舒五人为委员。具体整理分为六组，每组由书记一人督导工友二人进行。尹焕章在历史组研究员徐中舒指导下，参与此项工作。不知他与朱希祖

---

[1] 台北"中研院"史语所档案：考12-10-14，12-10-15，18-111，12-10-18。
[2] 台北"中研院"史语所档案：考18-125，18-137，18-139。

青年尹焕章（邓嘉缏供图）

委员可否有过交集，有趣的是五十多年后，尹焕章的小女儿嫁给朱希祖的一个孙子。徐中舒在北海静心斋史语所办公，并不天天到午门。这个项目的临时管理人指定尹焕章与李光涛两位。1930年秋，经傅斯年允准，尹焕章进北京大学旁听明清史等课程，每周三天，薪水减半。

"九一八"事变后，史语所先迁上海，后转南京，尹焕章随之转移。1933年始，他从历史组调到考古组，受派往河南安阳参加殷墟发掘。这一调动，是李济提议，主要考虑尹焕章人熟地熟又踏实肯干。12月20日，董作宾致函安阳殷墟考古发掘工地李光宇等人："李（济之）先生意，请启生在十二月卅一日以后把账让给子文管。"考古工地两本账，一是出土文物登记造册；二是工作经费及日常生活开支，管账一要公正廉洁，二要细致耐心。原管账的启生即李光宇，是李济的远房侄子。工地上新来的年轻人即为众人的关切点：

回到南京的李光宇与工地上的尹焕章、李景聃、石璋如等联系紧密：1934年2月26日，"子文兄要的账单等亦已收到否？元月份的账最近始由萧先生核算清楚，弟曾说此处还存七元三角六分，确否？兹寄上浚县工作照片一张，请子文兄查收。"1935年1月29日，"子文兄寄来的账业已弄清，交会计处报销；公文纸及官电纸另挂号寄奉。"1936年7月21日，"子文兄寄来的账，已核算无误，前请他另抄一旅行费用簿，如何？" 8月17日，"抵开封见子衡（郭宝钧）先生，后到安阳，璋如、子湘（王湘）、晓梅（高去寻）、子文诸兄正忙于整理陶片……"同日，"闻本季安阳工作人员只有晓梅、子文与生三人，不知可否就近找两个短期帮忙者。"[1]从档案和同人信函中，笔者看到一个

---

[1] 台北"中研院"史语所档案：考4-4-21，4-5-51，4-5-79，4-8-101，4-8-118，4-8-119。

勤谨认真、任劳任怨，善待他人的身影。

1935年8月23日，梁思永给李济、董作宾的信中提及尹焕章在安阳考古工地染病的消息。10月27日，李光宇致函萧纶徽："子文兄休息期间，团中一切杂务自当尽力，但账单中若有不到之处，仍祈随时指示或就近改正。"一个单位账务不可一日或缺。11月10日梁思永函傅斯年李济董作宾："西北冈千墓地工作现已入尾声，……子文的病非严重，据说这一两天已见转机……"病去如抽丝，直到1936年2月8日，"尹子文君已大好。" 3月17日，代管账物的潘悫在致李光宇的信中写道："兹将三月份半月账造齐奉上，乞为核对，……请转嘱萧君补寄不足数十五元九角一分，近两天幸而子文已大好，可以指导我一切。"3月20日、28日李光宇两度致函潘悫："子文兄之信已收到，祝他早日恢复"；"闻兄在城办理外交及内政事，子文兄则半天在地工作，半天在室内编号。"[1] 自殷墟第八次发掘开始，尹焕章先后在河南小屯、后冈、侯家

1935年春，考古组同人在安阳袁家花园合影：左起王湘、胡厚宣、李光宇、祁延霈、刘燿（尹达）、梁思永、李济、尹焕章、夏鼐、石璋如（李光谟供图）

---

[1] 台北"中研院"史语所档案：考 4-7-45，4-7-46，8-52，4-8-30，4-8-34，4-8-43。

庄及浚县辛村等地，参加第八至十五次殷墟发掘。患病半年，牵动数人，足证其德才服人。

1937年7月22日，潘悫函李光宇："于廿一日晨返抵安阳，此间各事即同子文兄进行，惟拟请假以便稍理家事，本月薪拟先由此处取用，此间重要物品即托晓梅兄带京。"[1]此时何时？卢沟桥炮火硝烟已腾起数日。

9月，尹焕章奉史语所命赴开封协助郭宝钧，押运河南辉县、浚县、汲县等处的出土物。11月运抵汉口，文物交存中博院仓库。当时，中研院史语所大部队已迁至长沙，考古组原来工地上朝夕相处的兄弟，已各自星散。有的家园故乡已遭沦陷，可随史语所继续西迁；有的家庭所在地还未沦陷，所里允准回家，安排妥当后，再伺机而行。刘燿（尹达）、祁延霈、王湘等，已奔赴延安。尹焕章致信李济，请假回南阳。三年前，他与家乡姑娘许玉珉结婚。此时，儿子还刚学爬不会走。

1938年秋，尹焕章与妻子许玉珉决定携子赴延安。他们的决心和胆量来自原南阳中学、后史语所考古组同事杨廷宝和王湘的鼓动联络。他们经西安抵三原县，与八路军三原县联络站站长王湘（已改名王元一）接上头。由他介绍，尹焕章到了延安，进抗日军政大学学习。妻子许玉珉则带着孩子，在距延安百里开外的安塞县白家沟村儿童保育院当保育员。几个月后，许玉珉不能适应保育院的准军事化管理和人文环境，坚决要求离开此地。1939年1月，尹焕章只得携妇将雏返回南阳故乡。

这年夏天，尹焕章听从中博院李济与郭宝钧召唤，只身赴重庆。

三、安谷七载护文物

1939年12月，而立之年的尹焕章被派驻乐山县安谷乡管理文物。据他的女儿邓嘉嵋讲述：

> 父亲是1939年11月（应为12月——笔者注）随同中博院文物，从重庆到达乐山安谷乡的。先在古佛寺，后在朱氏祠堂，一待就是

---

[1] 台北"中研院"史语所档案：考4-10-65。

1940年代乐山安谷镇（李在中供图）

七年多。当时，中央博物院派驻乐山安谷乡看守文物的一开始还有马长寿、李开泽，此二人两月后离开乐山赴李庄，于是中博院只有我父亲一人留在乐山，而故宫博物院在安谷乡，看守文物的人却比较多，如欧阳邦华（即欧阳道达——笔者注）、欧阳南华、梁廷炜、黎仲华、孙家畔、凌绍夒等人，所以，父亲当时与故宫的人比较熟悉，与中博院的人反而不熟，因为中博院的本部在四川李庄，人员也在那里。[1]

安谷乡古佛寺存放着中博院90箱文物。1942年春，管理人员发现寺庙梁柱已遭虫蛀朽，担心建筑坍塌。欧阳道达回忆："为防倾圮或损及文物，乃决定迁并储存计划：即废弃第一库，而将其原存文物箱件分配迁储于其余六库……迨是年十一月四日至廿六日，迁并储存毕事。原有库别，随以改编：以三氏祠为第一库，其余循序顺编……"[2]1942年11月28日，尹焕章致信中博院主任李济、总干事郭宝钧，汇报此事。

---

[1] 邓嘉蝐："我为父辈而自豪"，见陈德忠主编：《故宫文物南迁史学刊》创刊号，故宫文物南迁乐山学术研究会编印，2010，80。
[2] 欧阳道达：《故宫文物避寇记》，76。

> 济之、子衡两师：
>
> 　　此次故宫博物院迁并古佛寺仓库文物箱件，自十一月四日开始搬运，每日四十余箱，后数日每日二百余箱，初以路远，后以路近。至十一月廿五日，开始搬运我处器物，抬箱士兵只十六人（因分去一半挪移古物宫河北[大渡河支流]箱件之故），搬运一日，只三十五箱；廿六日搬运三十九箱；廿七日搬运十六箱，半日即完。共计九十箱。以我处箱件较重于故宫，且士兵抬箱过久，而轮到我物，物大更觉重也。
>
> 　　生已于廿八日随器物移居三氏祠，放置箱堆及住室均已就绪。附上《箱堆方位表》一张、《三氏祠仓库大写意平面图》一张，以资参考。迁移用费，开支办法，按照故宫各项费用支付缩影办理。附上清单壹张、单据陆张，希核验转交会计处为劳。本处会计处汇来迁移费为壹仟元，已用去玖百捌十一元，余洋拾九元，移存乐山仓库公费项开支，并望转达本处会计处转账可也。
>
> 　　谨此
>
> 　　敬祝研安！
>
> 　　　　　　　　　　　　　　生尹焕章敬上　卅一、十一、廿八
>
> 以后通讯处：乐山县安谷乡三氏宗祠故宫仓库转。[1]

驻守安谷的警卫为军事委员会直属特务团二营五连士兵，在抬箱转移觉得"我处箱件较重于故宫，且士兵抬箱过久，而轮到我物，物大更觉重也"。

箱里到底装了哪些宝贝，据安谷中心小学原校长杨正甫在《乐山市中区政协文史资料选辑》上撰文，回忆当时陪客人观看的情景：

> 　　一行来到朱、潘、刘三氏宋祠，库员梁××和两个工人已在那里待命开箱。尹先生亲开库门后即按册号将事先指定的几箱文物

---

[1] 朱乐川："尹焕章关于抗战时期中央博物院筹备处的两封信"，载《档案与建设》，2012年8月期。

2015年9月20日，笔者与中博院李霖灿之子李在中在乐山安谷镇纪念馆（蘭军拍摄）

撕封开箱。第一箱是绢帛字画。其中最引人的唐寅的《八骏图》（此《八骏》画的是北宋名将杨业的八个儿子，并非周穆王的"八骏"），只见画面上的八兄弟个个英姿威武，手握兵器如临敌阵，呼之欲出，众口称赞。……另一箱是玉板、玉雕，玉雕中有浮雕、缕雕、其中描绘西湖风光的"三潭印月""雷峰夕照""灵隐烟霞"……玉雕最为人喜爱。另有几箱是"金文绢书"和"篆字绢书"。[1]

尹焕章致李济那封信，右上角有存档编号"NO66"；右下盖有一枚"中华民国卅一年十二月拾号收到"的条形印。自安谷镇至南溪李庄，无论水路或陆路距离都不会超过三百公里，这封信竟在路上蹀躞了十余天。信中所附《箱堆方位表》与《三氏祠仓库大写意平面图》详细画出文物箱堆码行列位置和数量，每个箱子皆有编号，每箱文物附有清册。谭旦冏著《"中央博物院"廿五年之经过》一书，对迁运乐山的78

---

[1] 杨正甫："回忆良师杨东莼先生"，见肖作嘉主编：《乐山市中区文史资料选辑》第七辑，政协四川省乐山市市中区文史委编印，1993，78—82。

1940年代的乐山安谷镇（李在中供图）

箱文物有详细记载，其中金属器有汉铜兽耳环脚炉、唐铜鎏金站相人、唐小铜兽；石器有石鼓、石斧、大唐白石兽、大唐白石坐人、大唐石武士、大唐青石飞人、大齐青石大头、大明砂石龙门墩、大魏绿砂石三人造像、大魏石武士；陶瓷器有汉瓦卧骆驼、汉瓦银釉龙头灯、大汉赤瓦黑画瓶、大汉青瓦瓶、魏瓦女人、魏瓦老虎、陶鬲、唐白胎大瓦马、唐二彩飞虎兽、唐二彩骆驼、明三彩狮了、大明琉璃瓦骑马人、新瓦骑马人、北宋瓷黑花大罐、宋瓷花梅瓶、宋黑瓷炉瓶、宋黑瓷熏炉、唐白胎大骆驼、明彭城瓷元瓶、明彭城方瓶、清乾隆青花加紫天球瓶、清乾隆青花双耳龙凤大瓶；雕塑，大宋泥坐人、大唐木卧佛、唐本身木人、大唐坐像代背人、泥人头等。[1]独不见杨正甫文中所言"绢帛、字画、玉板、玉雕"诸物。

当时故宫管理处派守此库的是梁廷炜，平时库房上锁签封，进库需尹焕章与梁廷炜批准。除了工作人员，外人一概不许入祠。工作人员每天清扫库房，巡查箱子是否有鼠啃虫蛀，观察是否有白蚁。雨天要查是否漏雨。

---

[1] 谭旦冏：《"中央博物院"廿五年之经过》，86—91。

"郁郁涧底松，离离山上苗。"马长寿曾担心环境对人发展的限制，此亦为尹焕章所格外警惕和自励。据尹焕章之女邓嘉嵋介绍："父亲在乐山安谷乡七年，他的主要任务就是确保中博院文物的完好无缺，定期晾晒，清点核查，此外就是在乐山城郊调查汉墓，做些拓片等琐事。有段时间，父亲还在乐山县中兼教历史，每周三节。"[1]据杨正甫回忆：

民国三十二年（1943年）寒假中，我和同窗挚友刘季云在恩师尹子文先生家学习英语和古文。……库员和工人均住在祠内，尹先生则租佃任荣德两间老屋居住。[2]平日里我们早上自习，上午听尹子文先生讲英语散文或文法知识。来听课的还有保卫博物院的驻军连长冯昌运、同学王益志（又名震华）、任荣德等人。有时也请博物院秘书长常惠先生来讲《诗经·国风》的一些古诗。下午做作业、体育活动或帮助尹先生修理出土文物，抄写文物笔录、整理资料等。尹先生从来到乐山安谷后，即请了部分工人[3]，由他带领把乐山附近的崖穴洞子踏遍了。洞门口用石灰水编上号码，并拓印了许多汉墓浮雕和影照，发掘出土文物很多，急待整理修复。重要的、有价值的古文物都并入中央博物馆箱藏（其中尤以安谷、车子、麻灏[浩]、肖坝、虎头山汉墓出土文物居多）。[4]

考古调查，不忘本行；教学相长，获取新知。在放任自流的安谷乡，尹焕章保持着过去的勤谨与自励。

战时乐山县，有武汉大学迁来；有当代大儒马一浮在乌尤寺办复性书院；稍远的峨眉山，有四川大学避难到此。所以，偏僻的安谷乡，也

---

[1] 邓嘉嵋：《我为父辈而自豪》，见陈德忠主编，《故宫文物南迁史学刊》创刊号，故宫文物南迁乐山学术研究会编印，2010，80页。
[2] 另据刘文龙《故宫人在安谷的五桩姻缘》云："（尹焕章先生）居住在离文物库房朱潘刘三氏宗祠不足五百米的袁少荣家，一住就是七年多。"载《故宫文物南迁》，天地出版社，2012。
[3] 据《曾昭燏纪念》文集介绍，尹焕章在安谷，由中博雇请了一名工友。
[4] 杨正甫："回忆良师杨东莼先生"，见肖作嘉主编：《乐山市中区文史资料选辑》第七辑，政协四川省乐山市市中区文史委编印，1993，78—82。

因故宫与中博院文物寄存地而引来四方英才。杨正甫回忆：

> 民国三十三年（1944年）暑假中的一天清晨，我们师生三人正进早餐，忽听沟边路上有人呼叫尹先生的名讳，我与刘季云赶到门外迎接，只见杨东莼先生手持手杖，后面跟着邱琨、朱家驹（二人均系武大讲师，在武大附中高中部教英语、物理课，我们早已相识）。另有几位陌生长者正向我们走来。这时尹先生也迎出门外。待杨先生进屋入座后，客人要求观赏尹先生出土文物的拓片、影照时，杨先生则与我和刘季云畅谈，再次询问我俩的学习情况，关怀备至、情景感人。……
>
> 民国三十四年（1945年）的春假（清明假）和暑假中，杨先生同叶圣陶先生、朱光潜先生，以及邱琨、朱家驹，还有复性书院的马浮（一名马一浮，是故宫博物院院长马衡、秘书长常惠的好友），曾多次来安谷观看翻晒文物，并抄录有关资料。因为人多，我与尹先生等人只能作一般的陪同和接待。[1]

四、有水井处有炊烟

1941年，尹焕章的妻子许玉珉千里寻夫，从河南南阳来到乐山安谷乡。战时夫妻团聚，尹焕章异常珍惜，他利用空余时间养鸡、养羊、种菜，改善生活。但妻子终不适应蜀地乡间生活，尤其是冬天小半年的阴翳潮湿。住了两年后，返回南阳，仅过一年，就在老家病逝。

1944年底，尹焕章得了严重的关节炎，卧病在床，长达半年。1945年3月7日，李庄中博院总干事曾昭燏在给李济的信中写道："今日赵香山（即赵青芳）接乐山尹子文之友来信，云尹患病，周身发肿，卧床不起，但食量尚佳，大小便亦好，已去快信问其病严重否，如严重，恐须派人往乐山一行。"[2]

---

[1] 杨正甫："回忆良师杨东莼先生"，见肖作嘉主编：《乐山市中区文史资料选辑》第七辑，政协四川省乐山市市中区文史委编印，1993，78—82。
[2] 南京博物院编：《曾昭燏文集》，南京：江苏人民出版社，2010，182。

生病的半年中，蒙房东李大娘及其儿女照料，尹焕章渐得康复。后经李大娘介绍，认识了五通桥小学女教师邓文均。邓嘉嵋向笔者介绍：

> 那时，我母亲邓文均是一位小学教师，出生在四川犍为县黄村乡，最初叫邓显英。我外公叫邓泰嘉，外婆邓杨氏。母亲8岁时，外公去世，为葬外公，外婆将部分田地典与族人，余田供外婆与我母亲生活。入不敷出时，外婆做针黹补贴家用。在我母亲10岁时，田全卖了，他们母女二人投靠在乐山张公桥开裁缝店的舅父杨树荣。外婆做针线、包洗衣维持生计。母亲断断续续读了六年私塾。1940年开始，经人介绍，在乐山"茶房小学校"教书，下半年，我母亲考入乐山师训班，培训了两个月。后辗转执教几所小学，1946年与我父亲结婚时，在沙湾小学任教。[1]

1946年春，37岁的尹焕章和而立之年的邓文均喜结秦晋，他们的年龄职业也算般配，女方唯一的担忧是抗战胜利要离开乐山，随夫去到遥远的南京，未来的生活不甚分明。

有水井就有炊烟，这样的故事，在安谷乡还有好几起。与尹焕章同守三氏祠的故宫博物院职员梁廷炜，其长子梁匡忠也是故宫职员，与峨眉县城一糖果店老板的女儿刘玉娥喜结良缘。梁匡忠刘玉娥在峨眉生了一个儿子，取名"峨生"；在安谷生了一个女儿，叫"嘉生"（乐山旧称嘉定）。尹焕章后来得了一个女儿，取名嘉嵋[2]（乐山和峨眉）。相似的家庭背景，尹家与梁家就像亲戚。"知者乐水，仁者乐山"，好山水成就婚姻良缘与生命传承。

1946年9月10日，中博院存藏在安谷乡的文物开始转运。从水路先运至乐山东郊的省粮食储运局乐山仓库马鞍山分库。10月7日，90箱文物装载三车，从乐山由汽车运往重庆，三日后运抵长江南岸重庆向家坡原贸易委员会仓库。10月11日卸车入库的当日，尹焕章致信报告。

---

[1] 邓嘉嵋致岱峻电子邮件，2015年10月28日。
[2] 邓嘉嵋随母姓，现为南京博物院退休人员。

济之主任：

十月七日，职由乐山马鞍山押运我处文物三车出发，至十月十日晚抵渝，十一卸车，装入故宫博物院向家坡临时十八号仓库，集中另放一堆，一切尚称顺利。职亦住该院仓库，以后当随时呈报也。若有所示，请直寄渝该院为盼。专此敬祝

研安！

职 尹焕章 敬上 十月十一日晚

1946年秋，邓文均随夫尹焕章离开乐山时，与母亲的离别照（邓嘉帽供图）

信上有"京博收文第二〇九号，35/10/14"毛笔小字一行，为收到此信存档时的编号；附纸一张，尹焕章亲书：尹焕章（一）在渝通讯处：重庆南岸海棠溪百子桥敦厚上段4号，国立北平故宫博物院那科长心如[1]劳转；（二）住：南岸向家坡故宫博仓库（前贸易委员会旧址）。[2]

此时，在李庄的史语所和中博院大部队也正要全部撤离东归。李济接到信，心里终于踏实，即嘱咐尹焕章偕夫人邓文均负责押送文物到南京。1946年12月5日，中博院的文物箱及尹焕章一家，搭乘"民万轮"顺长江东下，16日抵南京。

安谷镇存藏的故宫南迁文物，转运重庆后，1947年5月31日陆续东运，12月8日全部入藏南京朝天宫故宫南京分院仓库。[3]此时在南京，尹焕章又与乐山安谷乡相处七年的友人相聚。梁廷炜父子仍在南京朝天宫故宫博物院分院工作，一家住在铁皮搭建的房子里，夏热冬冷。峨眉

---

[1] 那科长心如即故宫博物院那志良。
[2] 朱乐川："尹焕章关于抗战时期中央博物院筹备处的两封信"，载《档案与建设》，2012年8期。
[3] 欧阳道达：《故宫文物避寇记》，113。

女儿刘玉娥与乐山妹子邓文君已拖儿带女，两家走动殷勤，说乡音，聊故人，一起做家乡菜，缓了相思，又起相思。梁家后来回了北京，两家仍时有走动。直到晚年，邓文君还常用乐山话念叨"刘玉娥，峨生，嘉生，金生"[1]——那些平凡的名字背后有多少魂牵梦绕的故事？

五、才为所用留清名

1950年3月9日，原中央博物院筹备处旧址重新挂牌为"南京博物院"。大部分同人没去台湾，留下来坚守岗位。尹焕章续任博物院保管部主任。作为一位业务干部，他在共产党领导下，依然才为所用。他集二十多年文物保管经验，撰写长文《南京博物院的保管工作》，文中规章制度、数据图表一应俱全。经国家文物局推荐发表在1953年11、12两期《文物参考资料》上，这套成熟而行之有效的制度，对全国已建或待建的博物馆，起到范式作用。

1950年代初，华东局成立"治淮文物工作队"，曾昭燏任队长，尹焕章和赵青芳任副队长。之后，改为华东文物工作队，尹焕章仍任副队长，行迹遍及华东各省，着重调查新石器时代遗址。他先后发表《从发现的文物中谈华东地区古文化概况》《四年来华东地区的文物工作及其重要的发现》《论我国东南地区苏、浙、闽新石器时代文化概况》等多篇论文，出版专著《华东新石器时代遗址》。

1954年华东行政区撤销后，南京博物院改属江苏。尹焕章在全省各地进行以新石器时代为主的各种遗址的考古调查和发掘，与曾昭燏一起首先提出"湖熟文化"的概念。他们是几十年的同事下属与好友，据邓嘉嵋回忆：

> 父亲每次考古回来，都是第一时间去向曾先生汇报。父亲十分敬佩曾先生的人品和学识，他们经常在一起讨论、切磋，有时曾先生在家时也会从二楼晒台上探出头来喊老尹，并商讨一些事情。他们合作撰写的文章有《四年来华东区的文物工作及其重要的发

---

[1] 邓嘉嵋讲述，岱峻采访，2015年10月27日。

现》《试论湖熟文化》《古代江苏历史上的两个问题》,曾先生著述很多,但她很少和人合写文章,和父亲合作的三篇文章,是她解放后和别人合写仅有的三例。母亲说:"那时的稿费还是比较高的,但曾先生每次从来不要稿费,她对老尹说:'你们家的孩子多,稿费你多拿些,另外的给李连春,他家十个孩子需要用钱。'"[1]

原中研院、中博院等学术机构,是附属于旧政权的上层建筑,即使过去从事考古及文物保护工作,也很难截然切断与旧时的粘连。更何况,那些机构中有一批人去了台湾,同人之间不免有些通信往来。于是留在大陆的同人,免不了要经历"洗澡"一类的运动,和脱胎换骨的改造。

此前,尹焕章涉险过关,到了"文化大革命",在劫难逃。熟知内情的朱元曙写道:

1968年尹焕章一家最后的全家福(邓嘉帽供图)

---

[1] 南京博物院编:《曾昭燏纪念》,江苏人民出版社,2009,444。

"文革"开始，尹先生在劫难逃。罪名之一是1948年底至1949年初，国民政府迁台时带走大批文物，而尹先生当时正好在中央博物院从事文物保管工作，那么当然有协助国民党劫掠文物逃台之罪。罪名之二是"逃离"延安。罪名之三便是参加过什么"考古十兄弟"的"反动组织"。1968年冬至1969年上半年，江苏省南京市文化艺术界在南京农学院举办毛泽东思想学习班，所有人员一律住在那儿不准回家。尹先生难以接受无休止的批斗、检查、交代，1969年3月29日，自缢身亡，时年60岁。[1]

邓嘉嵋回忆：

我父亲死的前一天，1969年3月28日，那天中午我母亲在家中午睡，她恍惚看见曾先生从晒台上探出头来喊老尹，梦中的母亲想，曾先生不是已经死了好几年了吗？她一下子惊醒，心中很是恐惧。当天下午传来父亲在学习班身亡的噩耗。直至今天我母亲还清楚地记着这个梦。[2]

尹焕章之殇，还有原因。抗战中期，中博院筹备处主任李济遭受人生最沉重的打击，三年间接连失去两个爱女。2004年9月12日，笔者与李济之子李光谟去北师大红二楼拜访94岁高龄的何兹全教授，听何太太郭良玉说，离开李庄前，李太太陈启华从暂厝的棺材里取出大女儿凤徵的遗骸，搁在一口大锅里，加上石灰一起煮过消毒后，才带回南京。听到这番话，李光谟一下子愣在那里，半天回不过神。

1948年底，李济负责押送文物图书档案去了台湾。中博院旧属留在大陆的有曾昭燏、赵青芳、尹焕章、李连春、王文林等。之前，他把装有女儿凤徵骨骸的一个小木匣托付给尹焕章，请代为照管。尹焕章秘藏在堆放文物的仓库里，守着那个秘密小心翼翼地过了二十年，直到1969年。1993年，李光谟应南京博物院之邀参加建院六十周年庆祝活动。他

---

[1] 朱元曙："考古十兄弟传"，《中国文物报》，2009年4月24日。
[2] 南京博物院编：《曾昭燏纪念》，江苏人民出版社，2009，444。

试图打听尹焕章自杀之谜，人皆讳莫如深。他最后从南京博物院副院长赵青芳口中得知内幕。他向笔者讲述：

> 临去台湾前，父亲把姐姐的骨骸托付给尹先生，恳请他代为保管。这件事原来我也不知道。当时，□□□先生大概是知道这件事的。"文革"或"文革"前他就多次揭批李济，控诉在李济统治下怎么受苦，工资如何微薄等。"文革"中，他硬逼着尹先生把木匣子交出来。造反派把匣子连同骨骸一起砸烂了。尹先生于1969年3月29日于家中自缢。
>
> 那次，我去南京，□□□先生也已经去世，我去看望了他的夫人。某先生和他太太其实跟我们家关系很近。他拜我家老保姆为干妈。某先生在我的印象里像老北京古玩店的小伙计似的，一口京腔、卑躬屈膝的。我没想到他会做那种事。[1]

2015年9月20日，岱峻在乐山安谷镇抗战文化纪念馆尹焕章塑像前（蘭军拍摄）

---

[1] 李光谟口述，岱峻专访，2007年9月10日。

苏格拉底阐述过"无人自愿作恶,作恶皆因无知"的思想。弱小的生命个体在暴雨雷霆的特殊时刻,选择损人以自保,既卑鄙也卑微,嗣后的静夜未必能够安睡。

居延汉简的劳榦时代

史学界有"秦汉史无大家"之谓。劳榦突破陈见,潜心专研《居延汉简》,撰写了十多篇论文,在李庄完成并石印出版《居延汉简考释》和《秦汉史》,奠定"居延汉简的劳榦时代"。今人对两汉政治制度史、兵制史与历史地理等诸多领域的认知,很大程度都是劳榦给定的。

李庄时期的劳榦,一份薪俸,供养九口人,居室狭窄,生之弥艰。如《菜根谭》所言,"思立揭地掀天的事功,须向薄冰上履过"。劳榦负重前行,一头担着家累,一头肩负学问……

一、离迷雾里一灯明

劳榦,字贞一,1907年1月13日生于陕西省商县,籍贯湖南善化县(今长沙)储英园。高祖劳崇光,清道光十二年进士,曾官至广东巡抚、两广总督。祖父劳启恂,字纯甫,陕西鄜州太守。父亲劳勳,后改名勋,字仲午,壮年投笔从戎,曾官至旅长,后坠马断指,即脱离军旅,以丹青自娱。四姑劳远苹,字仲采,居家未适,娴习诗书。

少年劳榦,曾从祖父发蒙,后随四姑、母亲阎氏读书。家族聘塾师专授"四书五经"等。劳榦对于古典小说、古人文集兴趣浓厚,后因嗜读佛兰阁所著《格致须知》,始在天文、地理、古生物学、化学、物理等方面打下基础。[1]考入北大预科后,"因为当时家庭环境不好,没有把握能读到毕业。文组读不到毕业也能找到职业,理组则非毕业不可。

---

[1] 劳榦:"大学时期以前的回忆录——童年时代眼中的世界和初期的读物",载《中外杂志》,1968年5~6期。

另一方面，文科也不像理科需要买很多书，多是用讲义，比较负担得起。预科毕业后，觉得在文科各系之中，历史比较接近自然科学一点。学历史可以做些较基本的工作"。其时北大名师云集，如胡适、傅斯年、陈寅恪、邓之诚、蒋廷黻、陈垣、马衡、钱玄同等。劳榦深受傅斯年、胡适影响，学术兴趣偏于上古史，在经学及语言文字学方面也颇下工夫。傅斯年看过劳榦的试卷后，允诺毕业后可到史语所工作。

青年时期的劳榦（劳延煊供图）

1933年2月21日，史语所所务会议决定，正式招收劳榦为研究生，彼时，史语所历史组位于北平北海静心斋，劳榦回忆："到了史语所以后，其中前四五年是集中阅读有关两汉的各种书籍，以及汉碑汉画及其有关的书籍及论著，以后再从汉代魏晋南北朝一直读下去。"劳榦的指导老师是傅斯年，陈寅恪私下也赏识他，"等到傅孟真先生逝世以后，我在参加傅先生遗集整理工作之中，在傅先生的一本书中，看到夹着陈先生一张回复傅先生的信，对我加以郑重的推荐，这件事陈先生从来未曾直接和间接表示过的，使我万分的感动。"[1]回首那段读书生涯，劳榦有诗《霜夜在北海静心斋作》。

离迷雾里一灯明，旧苑笼寒夜渐生。
过岭云堆驰冻野，摧帘风片入高城。
离奇艮岳翻疑梦，鼓噪南蝉若有情。
惟有夜钟还未语，独留寒柝作霜声。

1934年6月，劳榦获聘史语所助理研究员。10月，他与北平图书馆编纂向达、贺昌群，北大史学系助教余逊等青年学者参与居延汉简的整理。

---

[1] 劳榦："忆陈寅恪先生"，载《传记文学》（台湾），1970年第17卷第3期。

公元纪年前，世界文明就有了上千年的文字传承，其中埃及人用莎草纸，两河流域苏美人用泥版，印度人用贝叶，中国人则用甲骨、刻石和竹木简牍。英国人斯坦因三次在中亚和我国西北地区探险考察，第一次大规模发掘出简牍，并将这些文物运回英国，被英王册封为爵士。1901年3月，瑞典探险家斯文·赫定发掘楼兰古城遗址，发现120多枚汉简和36张汉文文书和大量的佉卢文木简。1930年，中国和瑞典合组中国西北科学考察团，2月，中方团员黄文弼在罗布泊沙漠的默得沙尔获木简71枚。几个月后，瑞典团员贝格曼在额济纳河流域的汉代烽燧遗址中掘获汉简万余枚，这是历史上出土最多的一次。

此地属于汉代张掖郡居延县，故称"居延汉简"。当时这一大片地区几乎全是沙漠，唯有额济纳河自南向北流贯，形成南北向走廊。所以，匈奴常从此举兵南下进入中原。两汉时期，这一带成了汉朝与匈奴长期兵戈对峙的地区。一万多枚居延汉简，记录下西汉武帝太初二年至东汉光武十六年，这里的政治、经济、军事、民生等情况。

居延简牍运达北京后，存藏北平图书馆书库。1931年7月，史语所刘半农和故宫博物院马衡在四库阅览室监督开箱，由傅振伦和傅明德登记编目，实物拍照。一式四份，每人一份，分作考释和研究。劳榦回忆："从民国十九年秋发现，直到民国二十四五年，还无人敢做考证。这一点我们要感谢傅孟真先生，他坚决地认为'青年人不是不可以做独立研究的'，他不顾一切困难，把居延汉简解放出来交给我们几个人研

2016年4月22日台北南港文物陈列馆展出居延汉简（岱峻拍摄）

究。"[1]1936年，居延汉简最早的释文稿本《晒蓝本汉简释文》出版，共释简3055枚，约占总数的三分之一，其中上卷劳榦释简1267枚，下卷余逊释简1788枚，世称"晒蓝本"。学者马衡、贺昌群、傅振伦、陈槃等，皆从事过居延汉简研究，且有著作与论文面世。唯有劳榦，从1937年发表第一篇论文《从汉简所见之边郡制度》开始，持续关注居延汉简及两汉史。这也是傅斯年的主张，他认为现代史学的研究是集众的事业，劳榦是史语所研究秦汉史的最佳人选。

二、吾心安处是故乡

卢沟桥事变爆发后，劳榦随史语所一路南迁，无论是长沙、昆明的逃难途中，还是躲警报的隙间，读书治学从未稍歇。或谓"华北之大已安不下一张平静的书桌"，那是文学描写，对读书种子而言，方丈之地，一本书一支笔一张纸足矣。

"礼失而求诸野"。北大历史系教授郑天挺在日记中写道：

> 购物后步行回校，道经浏正街，有面食店方作法事，铙钹杂作，一人时装，载步载诵，手舞纸扇，翻舞以佐节奏。询之路人，称曰"冲锣"，巫觋之遗也。古称楚人好鬼，信然。劳榦云，"冲锣"有一调，为以《楚辞·大招》谱之，字字相合。劳君，湘人，现在中央研究院历史语言研究所。[2]

1940年夏天，在昆明龙泉镇龙头村，劳榦完成论文《跋高句丽大兄冉牟墓志兼论高句丽都城之位置》，他在附记中写："作此篇时，三儿延恺方在病中，日赴研究所工作，及归而殇。附以志悼。二十九年七月。"历史，是带有体温的。一篇研究汉代历史地理的论文，又有一段供后人研究抗战学术和学人史的内容。这一年，在昆明被战争和疾病夺走生命的，还有李济的二女儿、吴定良的女公子、汤锡予的长公子。

---

[1] 劳榦："劳榦教授的自述"，载《湖南文献》（台湾），1978年4期。
[2] 郑天挺著，俞国林点校：《郑天挺西南联大日记》上册，6。

1939年劳榦于昆明西山龙门（李前珍供图）

1940年12月，劳榦一家随史语所迁到李庄。"穷三担，富三船"，搬家总会有些坛坛罐罐，何况是祖孙三代一大家。但作为中央学术团体迁徙总得有规矩。安定下来，劳榦即向傅斯年递交书面检查："前在昆明装箱时，违背规章，滥装杂物，咎实难辞。望宽其既往，予以自新，谨志心胸，乞加鉴察。"[1] 傅斯年当然明白事理，不过既要律众谁也不能例外。

劳榦家累之重，史语所人人皆知，以1941年起他致办事处的信函为例：7月14日，"请从本年六月份起，将联保单上家父岁数更正为六十足岁"；10月25日，"于十月新得一女，请转报增加米贴"；12月12日，填报专科以上学校教员奖助金（乙种）申请书。1941年2月1日，史语所召开年度第一次所务会议，"决定聘丁声树为专任研究员（李方桂提——原注）、聘芮逸夫、陈槃、劳榦为专任副研究员（傅斯年等提——原注）、聘吴金鼎为专任副研究员（李济提——原注）"。[2]

明代思想家吕坤尝言："深沉厚重是第一等资质，磊落豪雄是第二等资质，聪明才辩是第三等资质。"劳榦一生一念，深自晦藏。自1939年由徐森玉和沈仲章等将那批居延汉简运至香港，拍照、制版、影印出版时，香港沦陷日寇，图版惨遭损毁。1940年，在胡适、傅斯年、徐森玉、沈仲章等人努力下，居延汉简运出海外，在美国国会图书馆保存。一套世所罕见的居延汉简照片专门寄到李庄。中英庚款董事会总干事杭立武专门致函史语所，叮嘱由善本书室登记，慎重保管。史语所档案里，有劳榦自善本书库领出"汉代石刻照片共计陆拾玖张"，及一

---

[1] 台北"中研院"史语所档案：李 13-14-1。
[2] 台北"中研院"史语所档案：李 3-6-11，杂 23-9-3。

张"请发小笔尖壹个"的请领单。[1]案头上、桐油灯下,他先将反体照片转换成今体,仔细辨析一幅一幅照片上的内容,抄录一块一块竹木汉简,再做分类整理工作。青灯荧荧,花落银釭,不知东方之既白。

三、柴门口劳家

近乡情怯。1943年2月5日,是癸未羊年正月初一。李庄,有倚门悬望的三代妇孺,与石璋如一起赴西北考察的劳榦于情于理都得在年前赶回。2月8日石璋如有一封自陕西邠县寄劳榦的信,云:"春节是否赶到李庄?甚念。弟在邠县城附近发现两处遗址,拟再找数处即东返,本年计划如何,请示知。"

山中无甲子,寒尽不知年。劳榦对家和亲人的思念,很快就融于柴米油盐的琐屑愁苦中。邻居何兹全太太郭良玉曾写过板栗坳柴门口的劳家:

> 劳榦家是个大家,劳太太是个半旧式的妇女,湖南人,人很温顺、和婉、善良。她上有公爹和公爹未出嫁的妹妹姑婆,下要抚养三个儿女(延煊、延炯、安安),且身怀六甲,烧恁多人的饭,洗恁多人的衣,光是劳累就够她受的,幸喜那个瘦瘦小小的姑婆,还能助她一臂之力。劳榦的收入只那么一点点,平价米每月一担,养着七口之家,劳太太说,他们有时只好吃稀饭。可是一家和睦相处,真够难为她了。
>
> 她们家的小女儿安安,那时不过两三岁,劳太太在台阶下洗衣或择菜,总放个小恭桶让小安安在台阶上面坐着大便,每当她便后,就大喊:"叔爷爷(劳榦的灿姑)拉完了!"然后那瘦小的姑婆走来为她善后。小人儿便后,往往不肯老老实实坐着等待,于是摇呀摇,把那个小恭桶摇歪了,摇倒了,她便从台阶上咕咕噜噜滚到台阶下。幸喜台阶不高,可是也有十来层呢。几次摔下来并没有摔伤。[2]

---

[1] 台北"中研院"史语所档案:李63-1、考31-10-39、考31-10-64。
[2] 郭良玉:《平庸人生》,199。

2004年9月13日，笔者访谈何兹全、郭良玉夫妇后合影

　　回忆行文生动，但也有失当。劳家已添至九口人，小安安是最小的儿子，上一位才是女儿，叫劳延静，生于1941年10月，史语所档案有劳榦申报新增人口领取米贴的记录。

> 劳太太临盆了。男士回避，我们这些老婆子（当时我们互称老婆，我叫她们为劳老婆、芮老婆，她们称我何老婆），轮流出进劳家卧室、产房。劳太太痛苦地躺在床上呻吟，因为落生的时间迟迟不到，劳太太嘴里叨念着："小鬼，磨死我了！"我们也都为她着急，产妇和阎王殿只隔一层纸啊！劳榦那天未去上班，跑出跑进，急得像热锅上的蚂蚁。后来大概实在耐不住了，找了个手电照着，看看婴儿是否已露出头顶？小家伙降生了，是个白白胖胖的小小子。全院大喜，大家送鸡送蛋，也吃了她的红鸡蛋。[1]

　　劳延炯也在信中告诉我：

---

[1] 郭良玉：《平庸人生》，200。

我们在昆明及板栗坳时，家里都有三位老人。除祖父母外，还有祖父的妹妹（劳仲采），我们称她叔爷爷。她诗书的根底很深，延煊的中文基础就是她的成绩。我们家四兄妹延煊、延炯、延静、延炳，延静是妹妹，小弟弟延炳。

1942年中博院筹备"汉代文物展览"，劳榦必然是不二人选。2月25日，曾昭燏致函时在重庆的李济，报告与史语所的合作情况：

> 昨日送别后回至博物院，值劳（榦）君贞一下山，与谈"展览汉代文物事"，劳君许负责指导一切。所议定各点如下：
> （一）两汉疆域可各作一大图并画出汉代伐匈奴及通西域路线。此图由劳君起草，将来由博物院设法填墨上色；（二）研究所所藏汉代画像拓片颇多，其关于汉人日常生活及歌舞等，劳君允择其重要者用纸描出，以之与彭山所出陶俑陶器等相配展览；（三）关于汉代书法，劳君云汉碑拓片颇多，可以与汉简配合作一有系统之陈列；（四）关于汉代边事只能翻印斯坦因之照片及配以少数边陲遗物。
> 劳君如此热心甚为可感。燏已将描图之资料，如描图纸、铅笔等物交与之，并请其需用何种资料；或需何种技术上之协助时随时相告。现所急欲知者为在渝展览拟借中央图书馆何部？计房屋几间？房屋之形式大小若何？闻此次全国美展所占之房屋楼上楼下各有一平面图，乞于便时托人将此平面图描下，注明scale（尺度）及房顶与窗户距地板之高度，寄来此间，以便计划一切为要。[1]

1943年6月下旬，傅斯年为中博院与史语所冲洗照片事，与李济发生冲突。遂向朱家骅、叶企孙写信状告李济，不体恤劳榦加班的劳苦和家庭的重负。

这是傅斯年的情急之语，李济一生直面而行，也并非如此不近人情。对劳榦来说，那一类业余兼职，文化打工，挣钱养家的劳役，多半

---

[1] 南京博物院编：《曾昭燏文集·日记书信卷》，514。

来者不拒。以1944年档案记载为例：5月27日开始写《中国教育全书》中之蔡（元培）故院长长条；5月29日为教育部国语推行委员会代抄缮《吴稚晖先生八十寿学术论文》，得文稿抄缮费六百元……[1]

这类奉命作文还曾引起傅斯年与吴景超一场论辩。当时，重庆有一份刊物《新经济》，为蒋廷黻、翁文灏等合办，社会学家吴景超是执行主编。彼时朝野间有一种调整全国行政区划的呼声。蒋廷黻约请傅斯年写一篇历史上地方制度状况的论文。傅将稿约转给弟子劳榦。劳榦查找资料，认真撰文。殊不知吴景超收到论文后，认为劳文"但只见堆砌工

1939年，劳榦与同人在昆明龙头村宝台山道观内"九间房"史语所历史组办公室（台北"中研院"史语所供图）

---

[1] 台北"中研院"史语所档案：李40-2-8，40-2-12。

作，对于历代地方制度之作用、意义及其问题，则均未谈到"，讨论当代地方制度的部分，"虽无特色，但言人所未言，故遂删去考据部分，代为刊出"。专家之见未必适合刊物读者口味，本也正常。偏偏吴景超过于自负，回信称自己对于汉代制度略有研究云云。

1942年4月□日，傅斯年回复吴景超，"先不论劳君文的好坏以及是否用心"，仅就来函指称"譬如前汉中央与地方之关系，经贾谊、晁错、主父偃等几次设计，始告解决者，在劳君文中并未发挥"，"今闻兄此论，实觉诧异。设若当时由弟作此文，而不由劳君，恐亦遭兄此责，而弃去之矣"。[1]傅氏认为，吴主编除了对稿件处置不当，还有保管不善之责。劳榦原文前面被删部分竟不知所踪。那时的稿件多是小楷誊写，且无副本。傅氏云："弟曾编过三几种刊物，从未弃过人之稿子，似乎编辑者应体贴撰文者。即如劳君此文，如承寄下，弟稍为改动，未尝不可卖数百元。彼撰此稿，是弟托之，并无卖文之意。然贵刊不登，弟理当为之另找一处卖之。此文既仅以末段交印刷人，其前之长篇似无亦交印刷人之理，然则再请吾兄费神一检，如何？感激之至！"[2]

4月24日，吴景超回复傅斯年，再谈对汉代地方制度的基本看法。5月12日，傅斯年再回长函，认为吴景超不知西汉前后的时代变化，尤其是七国之乱前后的变化；其次分析吴文所举"郡国"两字并列，是不合理的推断，汉初的王国是"实性藩国"。所以劳文讨论地方制度，并没有必要讨论王国制度。[3]

学者自重，5月19日吴景超再函傅斯年，重申自己与劳榦以及傅氏的分歧。"夏日如年，无法执笔"，直到10月11日傅斯年才写了一封近9000字的长信，围绕汉廷与王国的关系性质展开辨析。针对吴文屡屡提及英国与埃及、伊拉克的关系，他强调这个比拟是"关于某一固定点之比拟"，即数年前英国在埃及与伊拉克设有驻扎大员时代的关系。他列举事实，强调这时的英国对于藩属国有很多干涉权力，并不是如我们

---

[1] 王汎森、潘光哲、吴政上主编：《傅斯年遗札》卷3，第920函。
[2] 同上引。
[3] 王汎森、潘光哲、吴政上主编：《傅斯年遗札》卷3，第923函。

一般想象中的那么疏阔。之后，他又将汉廷与王国的关系比作本国与帝国的关系，认为吴的问题症结乃是将本国与帝国混为一谈。傅氏尤其反对以社会学方法研究中国历史的观点："历史上事，无全同者，为了解之，须从其演化看去，史学之作用正在此。如以横切面看之，何贵乎有史学？"[1]

吴景超是一位知名的社会学家，对汉代的历史虽有研究，但对文献与史实掌握与理解，都无法与傅斯年过招。要命的是，傅斯年一再索要劳榦的原稿。最后由蒋廷黻出面设法给予劳榦一定的赔补，这才了事。

劳家在李庄，居室的逼窄难以想象，只能以史语所最好官邸，傅斯年后来住地桂花坳作比，再有李济三次搬家，游寿与董作宾因为住房产生的矛盾等，都说明李庄住房普遍紧张。劳家三代九口，一到板栗坳即分住柴门口不相连的两间房。1944年4月19日，劳榦在给傅斯年的信中写道："觉明（向达）夫人已下山住，其屋可否由家严、家慈暂住，以便疗养。"那时劳榦父母身体都很差，其中一个原因，居室拥塞，何以开心？

半个世纪后，我重访李庄。当地人还记得劳榦，印象或还来自劳榦的母亲阎氏。她是一位裹小脚，走路颤巍巍的湖南老太太，"港"（讲）一口不好懂的长沙官话，比如说"克哪里咯"——问你"去哪里"有时就是一句寒暄，和问你吃饭了没有一个意思。永胜村的邓素华那时刚嫁到板栗坳，还梳着一对"毛根"。她为劳婆婆扯过草草药。她向我描述过一幅阴翳的图景：

> 劳婆婆是死于水肿。她先是吃不下，肚子鼓一样的胀，找我们给她扯草药。一篮篮的夏枯草、车前草、过路黄煎水喝。喝下去屙出来。一张脸全是绿阴阴的，瘦成僵尸样。没隔几天就咽了气。我至今记得她的样子，怕风怕光，三伏天还打摆子。劳榦站在板栗坳坳口上哭哑了喉咙，看着人们把他妈装棺抬走，暂厝在山垭口的石槽子里头。[2]

---

[1] 王汎森、潘光哲、吴政上主编：《傅斯年遗札》卷3，第961函。
[2] 邓素华口述，岱峻专访，2002年10月8日李庄。

1940年代初，李庄板栗坳柴门口。面对镜头者为董同龢太太，背对者为劳榦太太（李幼萱供图）

劳榦哀痛欲绝，凄苦孺慕之情，闻见者无不感动。所谓"暂厝"，尚未入土，坟在中国人心目中是最后归宿。东归返乡，史语所存有关于此事的数通文档。1946年5月23日劳榦致所办事处："拟送母柩赴京，敬请代为致函李庄区公所出具证明，以便沿途运送。"9月21日再函董作宾："家慈灵榇尚暂厝李庄，窃思此次自李庄到京轮船为本所包船，谨恳赐以方便予以装载，所有运费并乞暂记榦私人名上。"经史语所复员筹备委员会第三次会议第六项决议案通过，并于9月27日上报总办事处："本所专任研究员劳榦君拟于可能范围内将母柩随同本所复员专轮运转原籍安葬，拟请转函关务署，请其转饬江汉关予以放行之便利"。[1]

和一船"漫卷诗书喜欲狂"的同人相比，抚灵榇而东归的劳榦，面对婉转江流，纠纷群山，会是怎样心情？"七十年岁月如江水飘月，一生再也看不到那来不及道别的母亲……千拜万拜，赎不过儿的罪来"（《四郎探母》）。

---

[1] 台北"中研院"史语所档案：李16-13-4，16-13-6，16-13-7，16-13-8。

四、居延汉简考释

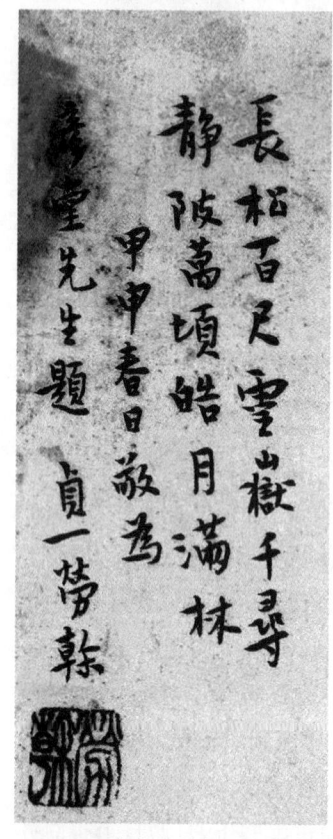

1944年春，劳榦题诗敬赠董作宾（董敏供图）

宋儒喜欢讲气和气象，其实气和气象需要自信。有了自信，人潜在的能力就一点点被激发出来。劳榦可告慰母亲，无愧家国的，是学术贡献。1946年1月，他毫无争议地被评为史语所最年轻的专任研究员，是年39岁。

李庄六年，劳榦治两汉史，尤以居延汉简研究，在《历史语言研究所集刊》上，硕果压枝，令人惊羡。如论文《居延汉简考释序目》《居延汉简考证补正》《汉简中的河西经济生活》《两汉刺史制度考》《汉代社祀的源流》《论汉代的内朝与外朝》《论汉代之陆运与水运》《汉代察举制度考》《北宋刊南宋补刊十行本史记集解后跋》《中国造纸术之原始》《北魏洛阳城图的复原》《跋高句丽大兄冉牟墓志兼论高句丽都城之位置》等。

1943年与1944年在李庄石印出版《居延汉简考释》（释文4册、考证2册）。"自序"云："比年国难既起，避地西南，幸国家以学术为重，旧业得以不废。陈书发箧，阅历四载……董理旧稿，写成释文四卷。李庄僻在川西，工料拙陋，伪误孔多，然此时地能付印行，犹深自幸也。释文既竟，乃以一岁之力成考证十三万言。"[1]《释文之部》在考辩罗振玉、王国维《流沙坠简》的基础上，将居延汉简分为"文书、簿录、簿籍、信札、经籍、杂类"等六

---

[1] 劳榦："居延汉简考释·考证·序"，载《历史语言研究所专刊》，1944。

大类，扩大了汉简的研究领域。劳榦说："王（国维）氏《流沙坠简》所考多极精致，惟后出资料有王氏所未见者，故其考释终不免间有出于附会而距离事实真情为远也。"[1]

劳榦的研究集中在烽火种类、边防职官系统、塞上建置类型等问题。"烽火戏诸侯"的故事，说西周周幽王，为褒姒一笑，点燃烽火台，戏弄飞驰而来的诸侯。褒姒一看，嫣然一笑。幽王开心，如是者三。最后真有敌袭，再燃烽火，已无援来救。到了汉代，边疆防御有一套严密的烽火制度。"谨候望，通烽火"是塞上亭燧的主要职责，戍卒既要警戒隙望、侦察敌情，又要发布、传递信号，担负着侦察与通信双重任务。劳榦深入研究居延汉简中40余片有关烽燧的记载后，认为："烽台之建筑为燧，而烽台之记号曰烽。"[2] 可分四类："以布为表，谓之烽表；燔烟为号，谓之烽烟；燃炬为号，谓之苣火；燃遂下积薪，谓之积薪。"不同介质有不同的使用时限，"积薪日夜兼用，表与烟用于昼，而苣火用于夜"。[3]他排比居延简有关候官、候长、候史、士吏、令史、隧长等职官薪俸数目，与简上所载衣服、布帛、食物、弩秝、器用、田宅、车马、奴婢等价格相比照，由此推断出汉代河西的大致生活状况。[4]

《居延汉简考释》（释文、考释共六卷）在李庄石印出版，用纸粗糙，字迹模糊，只印了300部。1943年9月1日傅斯年在上书蒋介石的呈文中写道："两

2016年4月22日台北南港文物陈列馆展出劳榦著作（岱峻拍摄）

---

[1] 劳榦："从汉简所见之边郡制度"，载《历史语言研究所集刊》，1939（2）。
[2] 劳榦：《劳榦学术论文集甲编》，台北：艺文印书馆，1976，358。
[3] 劳榦：《劳榦学术论文集甲编》，343。
[4] 劳榦："汉简中的河西经济生活"，载《历史语言研究所集刊》，1943（11）。

年来职院西北史地考察团之组织，均蒙钧座拨款办理，其目的之一即为探索汉唐边塞遗物、遗迹，俾可为华化西渐、文化交流之证。其关涉汉代者，已从事整理，初步报告已在《学术汇刊》付印。今秋再由向达、夏鼐二君前往河西一带调查发掘。劳榦君所编之《居延汉简》另呈。"[1] 傅大炮心细如发，绝不僭越。1945年1月18日，朱家骅上呈蒋介石：

> 职院史语所副研究员劳榦君整理之前西北科学考察团在居延附近发见之汉代书简于居延汉简释文印出之后，复对此项书简加以研究，成考证一书，兹石印已毕，谨奉呈一部，用备垂览。[2]

一年前，朱家骅有为蒋贺寿献鼎碰钉子之举，为天下笑。"龙文百斛鼎，笔力可独扛"（韩愈《病中赠张十八》），劳榦著作或多少可挽回些面子？

历史学家顾颉刚评价："关于秦汉史的研究，以劳榦先生的成就为最大，所发表的论文……据极精审，发前人之所未发。……考证两卷，推论两汉边塞制度，粲然如在目前。"[3] 学术如长江推浪。今天，中华大地已有大量的简牍出土，除了汉简还有秦简和战国简；对其整理研究，也成果翻新，新见迭出。但就像日本京都大学人文科学研究所富谷至教授所言："如果没有劳榦不懈地努力，或者假如他在战争中、战后的困难时期放弃木简研究，简牍，尤其是汉代边境出土木简的研究，恐怕无法有今天这样的盛况吧？正是因为有劳榦历经千辛万苦取得的辉煌成果，第三阶段的共同研究才能开花结果。"台湾大学教授马先醒提出："居延汉简研究有个劳榦的时代"。[4]

---

[1] 王汎森、潘光哲、吴政上主编：《傅斯年遗札》卷3，第1022函。
[2] 台北"中研院"史语所档案：李8-11-4。
[3] 顾颉刚：《当代中国史学》，辽宁教育出版社，1998，81。
[4] 台北"中研院"史语所档案：李16-13-8。

1970年代劳榦夫妇与陈槃夫妇（李前珍供图）

向达：壮行西北　屈栖李庄

"灯下一卷，清茶一盏"，向达读思勤勉，笔耕不辍，坚守良知，涯岸自立。有人谓，"有士大夫的坚贞，无士大夫的冷静"。1942至1945年，他举家客居李庄，两度赴西北考察，数年前他在欧洲图书馆博物院抄写的敦煌写本及古物名录，得到地理空间上的应证，也收集到更多史料，完成治中西交通史和敦煌学研究的实地考察。耿介之士，命途多蹇，向达既陷于与画家张大千敦煌文物毁损案的纠葛，又因栖居异地，阖家不适，引发诸种矛盾……

一、由滇迁川

1942年8月，向达举家从云南昆明，迁到四川南溪县李庄镇板栗坳。论地理环境、生活条件，都是水往低处流。也有现实的考虑：考察西北尤其是敦煌，是他多年夙愿；他在北大文研所工作仅两年，而举荐者傅斯年已率史语所离开昆明迁移李庄。

向达祖籍湖南溆浦县麻阳水乡，祖父向师棣曾为曾国藩幕僚，父亲向学耿在广东做过知县。向达于1900年2月19日生于父亲广东任上，10岁回乡发蒙。读长沙兑泽中学时，值新文化五四运动后的民族主义大潮迭起，因参与学运，转学长沙外国语学校，后于长沙明德中学毕业。考入南京高等师范学校理科，后转文史地部，1924年毕业时学校改为东南大学历史系。一出校门，进入商务印书馆编译所，初译百科全书稿，后审校史地书稿。向达之子向燕生回忆：

父亲毕业后进入商务印书馆编译所做翻译工作，翻译了一些外国"学者"掠夺亚洲、中国文物而写成的"论著"。民族的感情使父亲奋发努力读书，带着一股湖南人的"蛮劲"攻读外文，要与这些外国"学者"一争短长，从此走上了研究中西交通史的道路。[1]

向达后进南京图书馆，先在国学图书馆任采访部主任，后到国立北平图书馆任编纂，编辑《北平图书馆馆刊》。1934年，兼任北京大学历史系讲师，教授"明清之际西学东渐史"。当年，冯承钧在翻译伯希和《郑和下西洋考》的序言中，特别提到向达研究明清时期中西交通史的贡献。

1935年秋，向达以北平图书馆交换馆员名义前往欧洲。先到英国牛津大学图书馆（Bodley）任临时馆员，编写中文书目。后去大英博

1930年代，向达摄于杭州西湖边的西泠印社（采自拍卖公司网页）

物院，研究馆藏敦煌写本。再转法国，在巴黎国家图书馆研究敦煌写本及天主教文献。还到德国柏林研究新疆古物。他把过眼的经卷子做了卡片、抄录、写成目录提要，记上卷子编号、名称、长短、所存行数，并抄下其前5行和后5行，还对重要卷子拍照。

1938年，向达携带几百万字的敦煌资料从法国回国，取道香港、越南，经昆明、贵阳，回到溆浦老家。1939年3月，经南京高师同学张其昀介绍，受聘于迁徙广西宜山的浙江大学任史地系教授。5月17日，傅斯年为西南联大恢复北大文科研究所事宜，致信管理中英庚款董事会总

---

[1] 沙知编：《向达学记》，生活·读书·新知三联书店，2010，263。

干事杭立武，谈及"专任导师有学问极有可观而不肯教书者，此中固可待贵会补助科学工作人员之救济，然目下既不再登报，而人才若发现，不可交臂失之。前与兄商及向达君，兄允待补助事项结束后为之设法（此君绝不愿教书），弟心中即以彼为一人，其他要看此待办研究所之需要。目下弟心中尚无其人也。"[1] 7月，应傅斯年之邀，向达携家前往昆明，赴任北大文科研究所专职导师，同时在西南联大历史系任教。1940年10月，中研院史语所、社会所与中博院等单位迁川。北大文科研究所10名研究生随同史语所所长兼北大文科研究所所长傅斯年及多位兼职导师去了李庄。

其时，史语所与中博院筹备西北考察，治中西方交通史的向达是不二人选。据何兆武回忆，他读西南联大，罗常培讲课时也强调："治中西交通史，必须精通敦煌学，而敦煌研究权威首推我校向达。"其后，汤用彤在给胡适的信中，谈及西北考察之事，也称"觉明精力过人，而相关学识之富，并为国内首选"[2]。1941年11月，中博院筹备处主任李济致信汤用彤，正式邀请向达参加西北史地考察团。得到允应后，12月1日李济再致信说明："觉明先生慨允担任调查敦煌事宜，实为西北考察团之一大幸事，私心至为感悦。出外旅费事自无问题。按历年来田野考察惯例，凡田野工作人员之食、住、行（私事除外），皆由公支，向无问题。此次在重庆谈及此事时，并有人提议在预算中列入置装费若干，有此则个人消耗将更少矣。"北大襄赞其事，也有夙因。西南联大总务长、北大文科研究所副所长郑天挺认为，北大文科研究所的发展方向，"语言调查可在云南；若历史考证，此后唯敦煌一路。其中未广布未研究之文献甚多。且其地为国际学术界所注意，关涉甚多"。1942年2月6日，郑天挺在给傅斯年的信中询问："西北考察事如何？向公等何时成行？甚念。"[3]

当年6月15日，考察团历史组劳榦、石璋如出行。他们已在敦煌工作两个多月后，仍未见组长向达的身影。6月29日，向达在给傅斯年

---

[1] 台北"中研院"史语所档案：I：1275。
[2] 中国社会科学院近代史研究所中华民国史组编：《胡适往来书信选》（中），中华书局，1979，504页。
[3] 台北"中研院"史语所档案：李3-2-17。

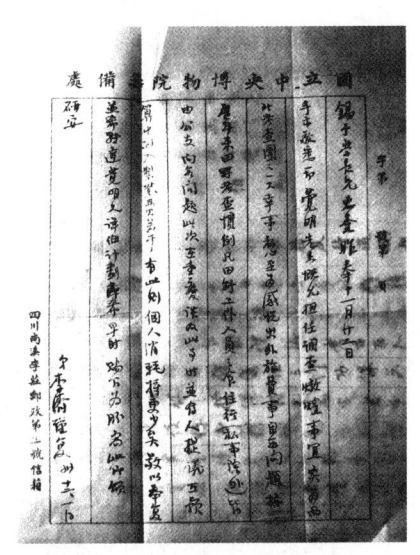

李济的信中解释："五月下旬即决定将全家送至李庄，唯找车困难，经半月奔走接洽，如无意外大约一日可以成行，则七月中旬或可抵李矣。"拖家带口，8月方自滇入川，抵达李庄板栗坳，[1] 向达即被中研院聘为史语所通信研究员，名义上由中博院借用。8月20日，傅斯年函告郑天挺："觉明已到。（知）诸兄安好，至慰，至慰。昆明情形如此，尚（有）安全问题；而学风如此坏；生活如此贵，实有深切考虑迁移之必要也。……此间情形，据觉明比较，（李庄）物价仅当昆明之半，或犹不及。其实此间为十年未有之大旱，而物价未大增，知川间之经济状况比滇为佳矣。"[2]

1941年李济致信西南联大教授汤用彤（锡予），商借向觉明出行西北调查团诸事宜（李光谟供图）

二、首次赴西北

1942年秋，向达离开李庄下渝州，10月1日致信傅斯年李济："自渝起飞，安抵兰州即往兰州招待所。今自兰出发，盼到酒泉时劳、石二兄尚未北行，可与会合，同赴居延一带；万一彼已启程，只有西行至敦煌，结束一切工作。"10月6日，"达到酒泉后，一问则贞一、璋如已赴金塔、毛目一带。达仍拟西去，俟到敦煌再作计较。"[3]三人小组最终也没能在西北汇合。

向达为中博院借用，他不时向中博院总干事曾昭燏报告行迹：

---

[1] 台北"中研院"史语所档案：李38-2-15。
[2] 沙知编：《向达学记》，287。
[3] 台北"中研院"史语所档案：李38-2-8，38-2-9。

10月8日发酒泉，9时半过嘉峪关，12时半过玉门关，即入荒漠，下午4时抵安西。9日晨发安西，下午2时入敦煌城，5时策马赴千佛洞，8时始达。

11日，下午二时抵敦煌城，进餐后即偕同行诸君骑马赴千佛洞。地在城东南四十里，中隔沙丘戈壁。四时半启行，晚八时抵千佛洞。泉声淙淙，白杨夹道交荫，恍若行韬光、云栖道中。即宿中寺（今名雷音禅林）。中庭大树合抱，宿处房舍新建，甚为清洁。沙漠中有此，真疑身在武陵源矣！数年来梦寐怀想之处，一旦亲履其地，反觉心中有空洞茫漠之感……[1]

12日午，即自敦煌返千佛洞，两日来泛览全局，然后再图逐洞记录。日内拟先同地理组往阳关一行，正式工作，须俟阳关归来以后也。昨日在伯希和编第六号洞中，见大虫皮康公之女修行颖悟云云题记一行。今日又在第七十一号洞中，见二金刚力士塑像，背亦披大虫皮。二洞皆吐蕃据有沙州时所凿，因思《蛮书》记南蛮条教及德化碑皆有披大虫皮之语，则南诏此制，盖沿袭吐蕃之旧……此间唐代诸窟所绘女供养人，头饰甚为繁复，面额贴有花钿，口角处间绘鸥鸟一对。张大千谓：唐人诗有"醉鸥"之辞，却亦不能举其出处……晚间张大千来谓：北湖所收抚之哈萨，最近叛变。敦煌已派兵往堵，是否影响千佛洞工作及南湖之行，则不得而知矣。[2]

17日由敦煌乘大车赴南湖店（荒漠中三间破屋）。18日由南湖店5里至西千佛洞，将近南湖为古寿昌县遗址，下午4时抵南湖沙漠田。19日乘马赴南湖西面之古董滩（敦煌至南湖140里），更至水尾东南十余里之寿昌故城，或谓即古阳关，夜行返南湖。20日返敦煌城。[3]

11月5日，向达报告下步打算：

---

[1] 向达：《唐代长安与西域文明》，商务印书馆，2017，684—685。
[2] 向达：《唐代长安与西域文明》，685—686。
[3] 夏鼐：《夏鼐日记》卷3，113。

自上月廿三日归千佛洞，至今又将半月，诸窟流览，已得三分之一。最近骝先生来电，嘱暂留此，不必亟返，西北工作，尚待继续，正拟明年计划云云。达拟在此再留三月，将千佛洞逐窟做一详细记录，于每一窟之壁画塑像名目、保存情形、前人题记等一一备录，整理葳事，往安西万佛峡一游，再访布隆吉遗存洞窟，然后东归酒泉，以待后命。[1]

1943年新年前后，在分致曾昭燏、李济的信中，向达提出，千佛洞有一座"千相塔"，为王道士之前整理诸窟聚瘗塑像残肢断臂之处。发掘此塔，可检取稍齐整的隋唐旧雕运到四川。但体量太重，运输困难，中博物是否有考虑的发掘？敦煌县政府一科长任子宣藏有元代路引及其他杂件多种，并有南湖所出陶器一具及带人物花纹之陶片若干种，他愿将所藏捐之国家，中博物是否愿意接受。

2001年8月7日，岱峻在敦煌莫高窟

---

[1] 向达：《唐代长安与西域文明》，689—693。

1月19日，汤用彤在致胡适的信中，盛赞向达的敦煌考察，所调查者逾三百余窟，成果颇丰。其间艰辛备尝，如其自述，"午夜风来，铃铎交响；朝阳始上，万窟争辉"，"如经济充裕，则养尊处优，何从有机会受室内摄氏零下廿二度之训练，自亦无从有今日这副顽躯。来日大难，此刻能有机会，锻炼身体，即他日可多受一份艰苦"。[1]

曾昭燏对向达有欣赏有理解有包容，在给李济的信中写道："从向觉明与我们的信中，似乎他在那里很苦很窘。因为他一到兰州就没有钱了，向兰州科学教育馆借了点钱，才到敦煌。在兰州什么东西也不敢买，向人借了一条破旧的老羊皮大氅，到敦煌去过冬。千佛洞的温度，早已到零度以下，燃料又贵又买不着，以致冷得不得了。劳、石二君，始终没有见面，也无法问他们要钱（最近连通讯处也没有，此事也许是向君的误会，望不要告人）。最近重庆的汇款寄到，这个困难当能解决。但为他计算，还了兰州科学教育馆的钱以外，也不能维持多久。以后当如何，望作一通盘计划。"[2]

料峭春寒的戈壁大漠，向达依然在敦煌附近西湖访玉门遗址、调查大方盘城等。3月1日，在致傅斯年、李济的信中，提出设立西北工作站的建议，但声明自己不负主持之责。拟在此等候夏鼐来后，即行东归……[3]4月4日，他在给曾昭燏的信中言及对古玉门关的考证：

> 昨夜检《辛卯侍行记》引《元和志》，始知唐代玉门关已东徙至今布隆吉双塔堡东。所谓葫芦河，今名窟窿河，即疏勒河之一支流。至于汉代之玉门故关，《元和志》谓：在寿昌县西北一百十七里。天福写本《寿昌地境》则谓：玉门关在县北一百六十里。以地望考之，汉玉门关在今西湖左近（敦煌西北二百三十里）或者可信。唯于斯氏所云小方盘之说，仍不能无疑。……而自小方盘西行三十里至后坑子，其间尚存二墩，每墩相距约十里。现存西面第二墩，在后坑子、苇湖（略成南北向）西岸戈壁上，自此西

---

[1] 刘诗平、孟宪实：《敦煌百年 一个民族的心灵历程》，广东教育出版社，2000，259。
[2] 南京博物院编：《曾昭燏文集·日记书信卷》，516—517。
[3] 台北"中研院"史语所档案：李38-2-2。

望,有数墩尚隐现于戈壁地平线上(三月十七日只至后坑子西岸汉墩为止,未能更西一考其他诸墩也)。与东面诸墩,俱成一直线,东面诸墩即为汉代边墙之碉楼,颇疑汉长城自后坑子往西,尚延展数十里也。如汉长城迤逦及于小方盘西六七十里,为西域襟喉之玉门关,乃远在长城终点之后,此亦不可解者。不知左右亦能为一祛疑惑否也?[1]

吹面不寒杨柳风。4月10日赴安西,12日晚宿破城子(汉广至县),13日至万佛峡,19日骑马赴南湖,晚上住宿西千佛洞。20日抵南湖,次日自南湖北行80里。22日宿小方盘,23日上午往看西湖,下午东归,夜宿大方盘(疑为河仓城故址,非玉门关),24日自大方盘疾驰160里返敦煌。[2]向达回忆:

> 三十一年(1942年)十月至三十二年(1943年)五月,余居莫高窟凡七月,朝夕徘徊于诸窟之间,纵观魏、隋、李唐以及五代、宋、元之名迹。三十二年(1943年)五月初复往游榆林窟,摩挲残迹,几逾旬日。神游艺苑,心与古会,边塞行役之苦,尘世扰攘之劳,不复关情,平生之乐无逾于此也。

7月,向达结束考察,返回李庄。他的归期,与张大千离别敦煌的时间接近。

三、狭路相逢张大千

1942年10月,也在千佛洞下榻的向达,对张大千最初印象不恶,"此君住千佛洞年余,雇十余人为之描画,于壁画年代推究,不无可取之处,并发见唐人书壁莫高窟记,及上元二年画工题记,皆可贵

---

[1] 向达:《唐代长安与西域文明》,721—723。
[2] 夏鼐:《夏鼐日记》卷3,115—116。

敦煌壁画局部（李在中供图）

也。"[1] 11日他在给曾昭燏信中，谈及莫高窟印象："六朝诸窟，肃穆庄严，李唐诸窟，雍容华丽。唐窟诸供善女像最佳，面容丰满，仪态万方，几欲拜倒，真可称为国宝！唯风水侵蚀，流沙壅塞，洞窟淹没者，与年俱增，保护之举，正不宜缓耳。"史家的责任和"是非分明，毫不宽假"的性格，注定了他与张大千的纠葛。

11月5日，向达在致曾昭燏的信中写道：

> 盖张大千氏以一江湖画家，自去岁以来，举室迁居此间，雇用喇嘛四人，益以子姬学生之助，终日在此临摹北魏隋唐五代壁画。临画本是佳事，无可非议，而此辈对于壁画，任意勾勒，以便描摹，梯桌画架，即搁壁上，是否损及画面，毫不顾惜。并即以洞窟作为家人卧室，镇日上锁，观者裹足。而最足令人愤恨者，为任意剥离壁画一举……[2]

信中嘱告曾氏，他有一篇以三日之劳写就的文稿《论敦煌千佛洞的管理研究以及其他连带的几个问题》，"一切请不必客气，予以教正为感为幸。交孟真、济之两先生一看。如觉可用，请找人另抄一份，一寄重庆《大公报》，一寄昆明《云南日报》，能在十二月二十五日全国美展前后发表更佳。希望能引起社会注意，使千佛洞收归国有，托付有人，不致竟葬送于妄人之手，岂不幸甚！（用真名或'方回'笔名发表，请代为斟酌。并请孟真先生函介《大公报》。"想到可能陷入的泥

---

[1] 向达：《唐代长安与西域文明》，684—685。
[2] 同上引。

淖，向达在信末自嘲，"离川时本自约不写一字有关敦煌文章。此是宣传文字，与作研究论文不同。左右或不致笑其出尔反尔也。"[1]

张大千临摹敦煌壁画毁损文物，学界早有风闻。1941年春天，李济收到四川省博物院筹备主任冯汉骥与华西协合大学博物馆研究员郑德坤的信，转述卫聚贤敦煌归来所见："现时张先生欲遍摹各朝代人主手迹，故先绘最上一层，绘后将其剥去，然后又绘再下一层，渐绘渐剥，冀得各代之画法。窃以大千先生之绘画，固为艺林所推重；然对于古物之保存方法，如何始可以将原物于剥取之后亦能永存不坏，似尚未计及，故在摹绘壁画之时，剥去一层即毁坏一层，是则对于张先生个人在艺术上之进展甚大，而对于整个之文化，则为一种无法补偿之损失。"[2]他们想借重中博院或中研院之名，上达天听，昭示大众。

1942年12月5日，傅斯年、李济联名致信考试院院长于右任，吁请他出面保护敦煌文物——

右任先生院长赐鉴：

去年年底，济（李济）接四川省立博物馆馆长冯汉骥、华西大学博物馆馆长郑德坤两君联名一函……斯年等得此函后，对于冯、郑二君之意见，深表同情，惟以张先生剥去壁画之举，冯、郑两君未尝亲见，仅凭卫君口说，或有失实，深恐有伤贤者，故未敢率尔上尘清听。以后间接闻之教育部派员前往者，亦作同样说法，斯年等亦未以奉陈。

本年夏，西北史地考察团组成，延聘西南联大教授向达先生参加，向君为史学界之权威，其研究中西交通史之成绩，又早为中外人士所共晓。九月间，由渝飞兰，西至敦煌，顷接其来函，谓在千佛洞视察一过，并与张大千先生相识。张先生雇用喇嘛四人，益以子侄、学生之助，终日在石室内临摹壁画……临摹之时，于原画任意钩勒，梯桌画架即搁壁上，如何损及画面，毫不顾惜。向君认为此种举动，如尚任其继续，再过二三年，千佛洞壁画将毁坏殆

---

[1] 向达：《唐代长安与西域文明》，689。
[2] 王汎森、潘光哲、吴政上主编：《傅斯年遗札》卷3，第972函。

1943年李约瑟拍摄的敦煌莫高窟（王砚峰供图）

尽，因草成《敦煌千佛洞之管理研究以及其他连带的几个问题》一文，寄来此间，斯年深觉向君此文关系重大，埋没可惜，故油印廿余份，分送有关艺术之友人……[1]

刚去过敦煌的于右任心知肚明。1943年1月19日汤用彤致时在美国的胡适信中云："近来国人颇言开发西北，敦煌艺术遂常为名流所注意，然其所成立机关之一，以于髯（于右任）为护持，张大千为主干，西北古迹之能否长存，恐为一疑问。"[2]所以，傅斯年李济呈书于右任，不过以塞其口。

同日（12月5日），傅斯年有致新闻界艺术界公开信，分寄《云南日报》《大公报》《中央周刊》等媒体，教育部、甘肃省政府、中央图书馆、中央古物保管委员会等部门，陈布雷、张道藩、蒋廷黻、戴季陶、陈果夫、王世杰等政要，以及陈树人、徐悲鸿、宗白华、卫聚贤等

---

[1] 王汎森、潘光哲、吴政上主编：《傅斯年遗札》卷3，第972函。
[2] 中国社会科学院近代史研究所中华民国史组编：《胡适往来书信集》中，中华书局，1979。

名人。傅斯年介绍向达其文："……至其描写之生动，文笔之流美，犹其余事。末不忍独赏，故属人为邮（油）印，兹检一份寄呈，希贵报分日节出篇幅，为揭载全文，尤望于十二月廿五日全国美术展览会开幕前后能全部刊出，庶引起社会之注意，于向君所建议者能予以同情而促其实现，则受赐者多多矣。"[1]

12月27日至29日，重庆《大公报》连载了署名"方回"的长文《论敦煌千佛洞的管理研究以及其他连带的几个问题》。文章披露：

> 千佛洞各窟往往有原是北魏隋唐所开，而经五代西夏以至宋元人重修的。第一层画面偶尔剥落，便可看出下面还有一层或者两层的痕迹。一位偏好北魏隋唐以至于五代的艺术家，便大发其历史癖，大刀阔斧的把上层砍去，露出底下一层来供他们欣赏。但是在重修壁画的时候，往往还把下面一层划破凿烂，后来的泥灰才能粘上，剥离之后，所得者不过是一些残山剩水而已。即或下层未被剥坏，而被上面的泥土粘住过久，一经剥离，下层画面的色彩以及墨迹，也往往连带的粘去了。所以剥离壁画，在技术上是一个很困难的问题，在技术问题没有得到满意的解决以前，个人的意见，以为还是不要轻易去动手剥离的好。随便剥离，往往得不偿失，后悔无穷。至于描画时之不可任意将原画加以勾勒，不可将桌梯之类靠在壁画上，以免损坏画面，那是学画的人顶起码的戒条和道德，用不着一一细说。但是很不幸的，这种剥离壁画和描画的工作还在进行着，没有人能劝止，也没有人来劝止，眼见得千佛洞壁画，再过二三年，便要毁坏殆尽了，这是多么令人痛心的事……

文末，作者呼吁：

> 一、敦煌千佛洞亟应收归国有；二、千佛洞收归国有之后，应交由纯粹学术机关管理，设立一千佛洞管理所；三、对于敦煌艺术应注意比较的研究，单单敦煌艺术是不能成为一个独立的名辞

---

[1] 王汎森、潘光哲、吴政上主编：《傅斯年遗札》卷3，第973函。

的；四、在技术问题没有得到圆满的解决以前，在千佛洞作研究或临摹工作的人，不可轻易动手剥离画面；五、盼望学术机关能在河西设立工作站，从事于历史、考古以及地理、气象、地质、森林、人类学的调查和研究工作……"[1]

天马行空，非辕下之驹。向达在致曾昭燏的信中透露：12月4日，"唯达近来深感至于个人，不惟修养不够，难望有何成就，即人事方面，亦非不才所能应付。达来西北固无与人争名之意，而此意总难见谅于人。廿六日曾草一长函致骝先生，于卅日付邮，略陈个人对于西北史地工作意见，函末表示辞意，希望最迟能于明年秋季，仍返昆明。"1943年1月13日，"张氏所剥离诸窟，当为列一详表，少迟即可寄奉。唯以无照相机及胶片，摄影之事恐难办到耳。不过鄙意此事最好不打架，因剥离壁画，劳、石二公在此，亦所不免，一旦反唇相讥，将何以对？故曰最好不必打架也。已往不究，来者可追，如此而已。"3月7日，"张大千近来想已见到《大公报》所刊一文。自达于城中归来后，态度剧变，惟谅其不敢有他。达自知应付一切，诸公不必为我虑也。"[2]其处境艰危，据夏鼐转述："向觉明叙述彼时情形，谓张大千底下之彪形大汉，围立四周，如果动武，向即拟举起条凳，杀开一条血路出去。言时以手作势，虎虎有生气，令听者色变。"[3]

在汹汹舆情冲击下，国府行政院发电报给敦煌县长陈儒学，要求查明情况。4月，甘肃省政府主席谷正伦致电陈儒学县长，责其"转告张君大千，对于壁画，毋稍污损，免兹误会"。风云变化，也浮动在向达致曾昭燏的信中——

4月4日，"常书鸿来，谓教育部曾电张氏，命其离开敦煌，云云。近闻张氏有于月底东归之说，不知确否。"[4]4月25日，"张大千五月初离敦赴万佛峡。达大约亦于此时去彼，留一星期，五月中旬返敦，将

---

[1] 向达："论敦煌千佛洞之管理研究以及其他连带的几个问题"，载《大公报》（重庆），1942年12月27日—30日。
[2] 向达：《唐代长安与西域文明》，721—723。
[3] 夏鼐：《夏鼐日记》卷3，415。
[4] 向达：《唐代长安与西域文明》，721—723。

千佛洞工作整理结束（描图纸已寄到，拟摹乐舞图十余幅），再作他计。足下所云返川一行，甚是甚是。达已于今日电骝先生，请求于六月间赴渝面商一切，求其复示。"

5月15日，"得知张大千氏已于八日赴万佛峡……启行之日，敦煌军政商学重要人物举至车站相送，其声势之浩荡，虽谷正伦氏离敦，亦远有不逮。……张氏抵万佛峡，复由安西驻军派兵一连驻彼保护，一排驻万佛峡北之蘑姑台子，两排驻万佛峡。询之，俱曰为保护张委员作画来也。安西驻军为中央四十二军四十八师一四三团。团长田某，在安西相见，嘱达勿住洞中，曰恐碍张老先生看画也。气焰之大，可以想见。达与张氏在敦煌于启行前小有龃龉，固缘个人量小，亦张氏咄咄逼人有以致之，其过不尽在区区也。"[1]

6月30日，自李庄抵达敦煌的陶孟和，在致傅斯年的信中谈到二人冲突："向觉民在大公报上所发表之文字发生了影响，教部曾有电查办。张大千曾向向质问，向以文示之语并无毁伤张之意，张云余不识字，遂未谈。两人颇为水火云。因此张遂不能留敦煌，顷已到兰，弟日前亦晤到。"信中对向达也具微词，"向觉民君为人颇unsocial（不合群），某君竟称之为以神经病。一切均守秘密，不肯告人或示人……"[2]

向达只手擎天，傅斯年、李济等鼎力撑持，朝野上下呼应，在此大背景下，国立敦煌艺术研究所于1943年初夏成

1941年，胡子画家张大千于敦煌（采自网络）

---

[1] 向达：《唐代长安与西域文明》，727—730。
[2] 陶孟和原信，由作者收藏。

立，留法归来的画家常书鸿被任命为首任所长。5月22日，傅斯年致书常氏，介绍"向觉明先生仍拟在敦煌赓续研究，甚愿与贵院合作，期共发扬国光，稍尽学术界之责，还祈不吝赐教为祷。"一个多月后（7月2日），常书鸿回复傅斯年："觉明先生之才识学力令人感佩无已，敝所在草创之始，实际需要公等指示之处尚多，甚盼能进一步谋合作办法。"[1]新成立的"敦煌研究所"开始修筑围墙，清理流沙，测绘地形，临摹壁画，摄影、调查和题记抄录等，逐渐使莫高窟国宝重光。

画家"张大胡子"来得风光，走得窝囊，名声扫地。然凡事皆有两面，他是不是全然无理，会不会也心有委屈？

1941年3月，张大千耗费巨资，携带各种器具，携杨宛君、黄凝素两位夫人，次子张心智，以及子侄门生孙宗慰、萧建初、谢稚柳等，离开四川，历时月余，始达敦煌。复雇请塔尔寺四位画僧帮助一起临摹壁画。地处大漠，常有兵匪骚扰，洞内光线暗淡，冬天滴水成冰。张大千悉心考察莫高窟洞窟壁画佛像，为309个洞窟逐一编号。他常常一手秉烛，一手拿笔，临摹壁画，反复观看多次才能画上一笔。除了莫高窟，他还去西千佛洞和榆林窟等处，临摹北朝、隋、唐、五代等历代壁画精品。至1943年7月，完成壁画摹作共276幅，其中尺幅最大达40米之巨。三年激情临摹，张大千"乌发丝丝，黑髯飘飘"换来"华发如许，鬓须霜染"（徐悲鸿语）。当年8月，《张大千临摹敦煌壁画展》在兰州举行，此后，又在成都、重庆等地举办，观者潮涌，接踵而至。从此，一个鲜活瑰丽的敦煌渐为国人所知。

张大千曾在《临摹敦煌画展览目次》中自叙："莫高窟重遭兵火，宋壁残缺，甬道两旁壁画几不可辨认。剥落处，见内层隐约尚有画，因破败壁，遂复旧观，画虽已残损，而敷彩行笔，精英未失，因知为盛唐名手也。东壁左，宋画残缺处，内层有唐咸通七载（公元866年）题字，尤是第二层壁画，兼可知自唐咸通至宋，已两次重修矣。"这分明是毁损敦煌壁画的自供状，但他认为"破壁"是研究壁画艺术史之必然。考虑到所处战乱年代，文物弃如敝履，以及缺乏法律法规保护之事实；联想张大千艺术追求之执着坚韧，以及对敦煌壁画编号的贡献和提

---

[1] 王汎森、潘光哲、吴政上主编：《傅斯年遗札》卷3，第995函。

升敦煌知名度引起保护的客观事实，这又从某种意义上消解了对他的责难，增加了对他的同情。

1944年，张大千在成都举办《临摹敦煌壁画展览》。史语所历史组主任陈寅恪为之撰写《大千临摹敦煌壁画所感》一文，云：

> 寅恪昔年序陈援庵先生敦煌劫余录，首创"敦煌学"之名。以为一时文化学术之研究必有一主流，敦煌学今日文化学术研究之主流也。凡得预此潮流者，谓之"预流"，向觉明先生撰唐代俗讲考，足证鄙说之非妄。自敦煌宝藏发见以来，吾国人研究此历劫仅存之国宝，止局于文籍之考证，至艺术方面，则犹有待。大千先生临摹北朝五代之壁画，介绍于世人，使得窥见此国宝之一斑，其成绩固已超出以前研究之范围，何况其天才特具，虽是临摹之本，兼有创造之功，实能于吾民族艺术上别开一新境界。其为"敦煌学"领域不朽之盛事，更无论矣。故欢喜赞叹，略缀数语，以告观者。[1]

陈寅恪明知此前发生的聚讼，但撇开争论，言及向达的学术贡献，赞颂张大千的艺术成就，这也就是"同情之理解"了。

四、向家李庄遭困

向达家租住在距离李庄镇有五六里之遥的板栗坳史语所驻地。妻子郑宜君带着儿子向燕生、向禹生，人地生疏，颇感不适。两个"七嫌八不爱"的儿子正值上学年龄。其时，史语所在板栗坳办有一所子弟小学，全所适龄孩子大都在此就读，年龄从5岁到12岁不等。这群小孩会不会有人欺生，父亲不在身边的孩子会不会自卑和逆反？即使没看过威廉·戈尔丁小说《蝇王》也不难想象。因此，向达虽置身西北，心却牵挂长江边那个小镇，他在给曾昭燏的信中，念兹在兹：

---

[1] 陈寅恪著，陈美延编：《陈寅恪集·讲义及杂稿》，生活·读书·新知三联书店，2002，446。

1942年9月21日，"舍下在李，敬祈推屋乌之爱，曲予庇护训诲，感盼之至。……至于舍下将来是否迁居镇上，还恳左右代为斟酌。"

1943年3月2日，"舍下寄居李庄，终非长策。李庄情形复杂，内人忠厚有余，应变不足，且寄居其间，师出无名，此事达等常怀不安……"

3月5日，"舍下在李，既承孟真先生殷勤垂顾，又得足下及凌（纯声）公为之曲予庇护，因获枝栖，免于流离，私衷感激，永铭五内。唯内人出身乡曲，读书识字太少，于大道理不甚了了；重以从达甚久，耳目熏染，自亦养成一段乖僻性情，忠厚或者有余，而胸襟不阔，环境稍形复杂，便不知应付。如此久之，于人于己，两无是处。近去函命其考虑迁居乐山，即是此意……此事只须凌府决定，乐山房屋可以找

1942年8月25日，向达送给董作宾小孩的漫画——"英国剑桥大学的学监查夜装模作样神气活现"（董敏供图）

到，而敝同乡又能来李庄一接，即可成行。路费一项，近亦思一策：一月间袁守和先生来函征稿，达拟将《蛮书校注》初稿交守和先生印行，如此可得数千元。一面去岁假研究院之二千，可以趁早偿清，使毅侯先生造报销不感困难；一面舍下迁居，钱不足用，亦可以稿费所余，聊资挹注。《校注》稿存孟真先生处，足下见到时，幸先为婉陈此情，达随后当正式函孟真先生感谢居停之谊。舍下如获安定，无后顾之忧，则区区此身，任供驱使，亦所不辞矣。"[1]

8月2日下午，向达由西北回到李庄，"风采如旧，惟风尘仆仆，故较前稍嫌瘦黑耳"，此刻，夏鼐眼中的向达，时而杨柳风，时而雷闪电。8月12日，"昨日向先生向营造学社接洽租房事，梁思成先生提出条件，除租金外，又要向家孩子不要来学社顽耍，最后又言怕对不起傅先生。向君大怒，昨夜来余处诉说一番，今晨怒气未息，最初决定搬家赴乐山，但下午遇及时，则已更改计划，决定答应梁思成先生所提出条件，迁入偏糟门。"[2]梁思成所忌惮的是向达的两个性格倔强的孩子，就是本书所写与李方桂的儿子李培德打架，双方母亲找傅斯年说理，急得傅胖子左边打躬右边作揖这种事，又发生在自己的儿子梁从诫身上。[3]但经人劝说，第二天，"梁思成先生上山，向先生租房事解决"。

9月3日，"傅所长叫我去询问关于向觉明从何处获得陶所长致傅、李之私信，述及向在西北之事，谓向今日大发脾气，骂陶不应该，令余劝之息怒。"9月11日，"下午与向觉明先生一同下山赴中博院，接洽西北考察委团事。陶孟和先生由西北归来，详谈西北情形，向先生以事前已受余之规劝，故对陶先生致傅所长函中之转述向先生在西北遭人攻击一事，未曾提出质问。"9月15日，"上午与向觉明先生下山……午间在陶孟和先生处叙餐，李主任、梁方仲、王之卓诸君亦在座。陶先生以前次由西北致傅、李二先生，转述他人攻击向先生之语，向先生大怒，今日请向先生午膳，有赔礼之用意。"[4]这场纠纷至此和解，向达笑曰：西线无战事。

---

[1]　向达：《唐代长安与西域文明》，704—709。
[2]　夏鼐：《夏鼐日记》卷3，128。
[3]　详见本卷《空谷出幽兰　深山闻俊鸟》一章。
[4]　夏鼐：《夏鼐日记》卷3，131—134。

2015年3月27日，李方桂之子李培德为李庄题写："八岁随家离李庄，八旬重寻旧时光"（岱峻拍摄）

曾昭燏与向达有乡谊，又是世交，竟也遭其误会。10月12日，"下午向觉明君来谈，已决定明日赴白沙转重庆。向君今日忽对曾君大发不满之语，谓前日请其写一介绍信给胡小石先生，遭其拒绝，借口怕得罪傅所长，太不应该，余劝解了一番，向君仍有不释之色。"10月15日"下午曾君来，谈及向君之事，谓前日赴码头送行，言谈颇欢，最后向君谓前几天在山上游、夏二君处骂你，请你原谅，对不起。连说几个'对不起'。今晨上山，在游君处已获悉一切。曾君谓向先生太childish（小孩气），殊不容易相处。"[1]

1943年底，向达致信江津白沙镇国立女子师范学院国语专修科主任魏建功，倾诉李庄困厄，希望迁居白沙镇。

> 建功仁兄先生侍右：
> 　　白沙一晤，极慰下怀。……十月廿九离渝，当夜宿白沙，以昏黑未及奉访，卅一日抵李庄，至今一月，终日昏昏，赴西北事既

---

[1] 夏鼐：《夏鼐日记》卷3，138。

成进退维谷之势，个人方面亦复焦头烂额，油盐柴米俱成问题（原注：几至断炊），精神委靡之至，迟迟上闻，唯乞有以谅之，幸甚，幸甚。迁居白沙固所甚愿，上月中沈鲁珍来信，房屋有办法（原注：沈君谓贵校在离镇半里许，租有房屋，楼房三正间、一小间，带古厨房，大约两家合住，可以相让，唯未提租金，不知如何），条件则为每周讲演两次，此无甚不可。唯迁至白沙，最少非八千莫办，此刻何从得如许巨款？只有函傅孟真，请其在考察经费中借一万元，然此无异于向虎口中讨食，成否只有天知道耳！又白沙近来物价，便中乞示知一二，以作参考，至为感盼。[1]

自李庄迁白沙，搬家费不菲，友人劝他稍安勿躁，动不如静。

在李庄，夏鼐与向达走动最勤，也相互敬重。1943年12月21日，"上午向觉明先生来谈论西北计划，向先生以《瓜沙谈丛》第一段《太初以前玉门关》未定稿见示，拜读一遍，颇见其考据精严，惟误将元鼎六年事写作五年，当即指出。向君查对原书，当即改正。"[2]1944年开年，夏鼐笔下，他们开始做西北考察的各项准备：

2月5日，"晚间与向觉明先生同往谒傅先生，

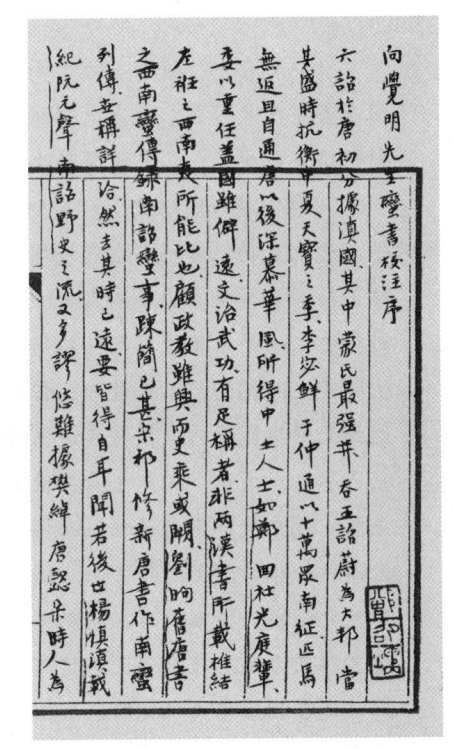

曾昭燏为向达《蛮书校注》所作的序（李在中供图）

---

[1] 吴铭能：《历史的另一角落：档案文献与历史研究》，商务印书馆，2010，266。
[2] 夏鼐：《夏鼐日记》卷3，148。

商谈西北考察事,曾(昭燏)君亦在座。"2月9日,"下午,曾(昭燏)游(寿)高(去寻)三君为向觉明先生饯行,约余作陪。"2月11日,"上午送向觉明先生上船赴重庆。……"[1]

向达负重出行。随后赶到的夏鼐写道:3月5日"上午往谒傅孟真先生……归来后,谒李济之先生,接洽经费事,据云中博院可设法补助10万余元。又知向觉明先生已返渝,即往访,讨论关于西北考察计划,向君对于家事颇为愤慨,谓史语所内眷欺侮其家人,余劝慰之。"[2]

中博院总干事曾昭燏致主任李济的信,向达问题也是绕不开的拦路石:

（1944年8月5日）"方才向太太来,要求博物院派人上山,为问是否有痢疾针药?此事只得替办,为省除曲折起见,已直接写一封信给董先生,……务请早日决定,免得将来又生纠纷也。"[3]

（1945年3月23日）"最近李庄脑膜炎流行,向先生欲搬房子,迄未成功,其所居空气极坏,房东又捣乱,故情形颇为狼狈。燏无法,只得将其次子禹生带至上坝住,即住在燏房内,每日天黑时带去,一早带至张家祠,拟俟此流行病过后,即令其回家。向先生脾气之难伺候,尽人皆知,但如不论如何,系研究所博物院因合组西北考察团而打电报将其请来者,总得对之负点责任,研究所对之已尽主人之谊。向先生自愿放弃权利,非研究所之过,博物院则未然（现在彼等无房子住,而博物院并非绝不能设法者,始终熟视无睹,似于情理上过不去）。燏并不主张将向家移至上坝住,以向燕生之顽劣,搬来以后,将贻患无穷。但既从昆明招之使来,总得替其想点办法。此事燏已写信与傅先生,望与傅先生及朱先生一商量。现在敦煌艺术研究所已裁撤,如管理敦煌佛洞之事,朱先生意欲委之向公,最好能筹出经费及交通工具,使之全家均移兰州,否

---

[1] 夏鼐:《夏鼐日记》卷3,138。
[2] 夏鼐:《夏鼐日记》卷3,162。
[3] 南京博物院编:《曾昭燏文集·日记书信卷》,519。

则任其回联大，但其全家旅费及交通工具，亦须为之想办法，至少本人旅费须为担负；再则在重庆为找一挂名差事，任其在中大、重大兼课，向公或亦愿意，如此则其全家可以移渝，不然在李庄下去，不附属于任何机关，将来还有种种困难，我等总不能以不管了事也！"[1]

（3月31日）前函言及向先生事，甚盼与朱先生及傅先生一谈，观向公之意并不欲全家返昆明，因昆明生活甚高。如朱先生果爱向公之才，不欲令其他就，最好能拨二三万元款，在博物院附近，为租二三间农家房子，略为修理，庶其家以后可以安居，向公亦可安心工作也。[2]

向达的坏情绪既来自客观环境，也有自我心理认知问题。中博院、史语所之于向达，也陷于"请神容易送神难"的尴尬处境。因此，曾昭燏提请李济："若向公见此信，必又大怒绝交，但燏不能不说，望阅后即焚去，勿为他人见。"

五、第二次西北考察

1944年2月，"西北科学考察团历史考古组"由向达与弟子阎文儒及夏鼐三人组成。其时在重庆，飞兰州的机票难买，好不容易才买到3月6日的票，向达正票，夏鼐的副票得候补缺位始能上。向达遂以经费未拨出为由，提出二人同坐下班飞机。"碍及友情及此后团内之合作"，夏鼐只得听任。傅斯年听闻大怒，放话"如果21日仍以候款为理由不肯去，则考察团事根本取消，你们都回李庄好了"。[3]3月21日，向达补得一张票，而夏鼐没补上，这件事终告一段落，傅斯年笑道"总算把向觉明送上西天"。

---

[1] 南京博物院编：《曾昭燏文集·日记书信卷》，529。
[2] 南京博物院编：《曾昭燏文集·日记书信卷》，530。
[3] 夏鼐：《夏鼐日记》卷3，165。

1934年，夏鼐（右）在考古工地上（李前珍供图）

4月4日，夏鼐乘机赴兰州与向达汇合。5月12日，向达在北大文科研究所的学生阎文儒也赶到酒泉。历史组三人终于到达敦煌。向达重在考察莫高窟壁画艺术，拓碑拍照；去国立敦煌艺术研究所参与鉴定新发现的北魏残经。历史组曾计划赴新疆考察，由于形势突变，只得取消。

10月19日，向达离开敦煌返回兰州，两次西北考察，似乎有些中道而返，但他对敦煌地区诸石窟做了重要调查和记录，搜集了千佛洞的拓本。他在《记第二次从敦煌归来》中写道："……两度往访玉门关和阳关的遗址，驰驱于荒城废塞之间戈壁落日，大漠寒风，令人神游千载之上，想起汉唐时代那些戍边的将士以及为国家作先锋的人民，在荒寒寂寞之境，肩起一副重任，尽其在我不求人知的精神。人类的历史是不断的，生命是绵延的，既看到在千佛洞工作的那些先生们孜孜不倦的情形，又身临汉唐时代防边的遗迹，这时候竟然忘去了时间的界限，以为古人的血液还在我们身上周流。"[1]其后，向达整理出版了《敦煌佛教艺术之渊源及其在中国艺术史之地位》《玉门关阳关杂考》《西海感旧记》《昭武考（大月氏史拾遗）》《西征小记》《在此所见到之敦煌写经》等一系列论著，其中边城"两关"（汉代的玉门关、阳关故址）的考证颇有创见，对古代"俗讲"的研究筚路蓝缕。

---

[1] 刘诗平、孟宪实：《敦煌百年——一个民族的心灵历程》，261。

1945年2月10日，罗常培在美国写给胡适的信中谈到北大师资时，提到史学系只有姚从吾、毛子水、郑天挺、向达四员大将，"觉明脾气虽大，但是现在史学系的台柱子，敦煌一役替北大增光不少"。2月23日，在李庄的傅斯年致信夏鼐："向先生态度使弟不能了解，忍之又忍，终无办法，弟伺候他亦有时而尽也。""敦煌艺术研究所主持人常君，向先生说得一文不值，弟不知其详，无从断定。然此时有人肯以如许小款，埋头于沙漠之中，但是努力，便算难得。教育部应给以鼓励乎？盼兄有所示及，以便向朱先生道之。向先生于人多否少可，而彼所许之人，每每非狂则妄（如于道泉），故弟于彼之论断亦不敢轻信也。"[1]

1944年西北科学考察团历史组摄于敦煌附近，左起阎文儒、向达、夏鼐（李在中供图）

---

[1] 王汎森、潘光哲、吴政上主编：《傅斯年遗札》卷3，第1100函。

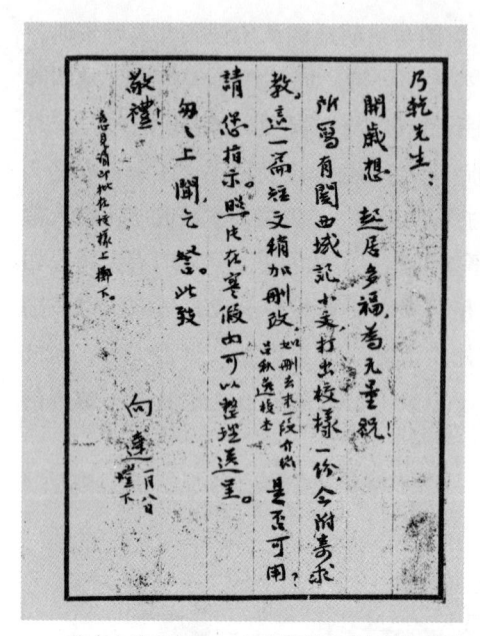

某年1月8日，向达致编辑出版家陈乃乾的信（采自拍卖公司网页）

1945年冬，向达率一家人离开李庄，返回昆明，续任西南联大教授。翌年9月，随北大回迁北平。向燕生回忆父亲向达："他对国民党反动派打内战、镇压民主运动的罪行很是气愤，曾和西南联大的教授们联名抗议。抗战胜利后回到北平，曾在北大民主广场上捋起袖子和国民党特务进行面对面的斗争，因之在国民党的黑名单上名列第三。"[1] 1947夏，向达休北大的一年年假，就任南京中央博物馆专门委员，兼任中央大学历史系教授。1948年7月起，回到北京大学历史系任教。

向燕生回忆："记得解放前，我在中学读书，那时学校当局要我们学生去参加'反苏游行'，还以发面包作为诱饵。父亲不许我去参加，宁愿让我和几个同学去作十三陵游，并严厉告诫我，这种面包是吃不得的，吃了要烂肠子的。"[2] 向达在《小传》里写，国共内战时胡适多次劝向达去台湾，他都没有从命。1949年2月，向达出任中共接管北大后的首届校务委员兼北大图书馆馆长。1951年5日夏鼐日记：

> 赴向觉明君家中闲谈，向君云小公子小燕此次参军，已赴张家口训练。向君谈及陈寅恪先生最近有信致周一良君云："《元白诗笺证》分赠诸友，留一纪念，然京洛耆英，河汾都讲，皆尽捐故

---

[1] 沙知编：《向达学记》，263。
[2] 沙知编：《向达学记》，267。

技，别受新知，又不敢以陈腐之作，冒昧寄呈。"[1]

　　陈寅恪在《元白诗笺证稿》一书中谈到：但凡新旧交替之时，有人"往往富贵荣显，身泰名遂"；有人"感受苦痛，终于消灭而后已"。何以然？其时新与旧的道德标准、社会风气"并存杂用"，有人善于利用形势适应环境，而有人则无此"乖巧"，不肯和光同尘。耿直倔强的向达，其后命运已无需多言。

---

[1] 夏鼐：《夏鼐日记》卷4，361。

罗尔纲与太平天国史研究

罗尔纲曾两度到李庄。1940年底随社会所迁驻石崖湾，完成《绿营兵志》和《晚清兵志》，得出"湘军以前，兵为国有；湘军以后，兵为将有"之新见，并为学界采信。1942年春回广西，收集太平天国史料。1944年秋，因日寇逼近桂林，再度拖家带口重到李庄，完善《太平天国史》提纲及资料准备，重点研究了清代人口情况及其变化原因，发人所未见；完成一本日后备受好评又屡遭诟病的自传体小册子《师门辱教记》。

一、《师门辱教记》

寒冬腊月，暗夜如磐，万籁静寂，一灯如豆。一个中年男子用毛笔写完最后一个字，然后庄重署上：

1945年2月3日 罗尔纲 谨志于四川南溪县李庄[1]

《师门辱教记》增订本终于完成。

两年前的春天，回到广西的社会所副研究员罗尔纲，应桂林文化供应社总编辑钱实甫之约，写了一篇跟随胡适求学问道，以及师生相处、其情融融的自传体作品《师门辱教记》。1944年6月，由桂林建设书店出版单行本，约4万余字。

关于书名《师门辱教记》，且看故事发生那一天（1937年2月21

---

[1] 罗尔纲：《师门五年记》，生活·读书·新知三联书店，1998年，10。

日）的胡适日记：

> 读罗尔纲《太平天国史纲》一册。下午尔纲与吴春晗（吴晗）同来，我对他们说："做书不可学时髦。此书的毛病在于不免时髦。"例如一三二页说："这种种的改革，都给后来的辛亥时代，以至五四运动时代的文化运动，以深重的影响。"我对他们说："我们直到近几年史料发现多了，始知道太平天国时代有一些社会改革，当初谁也不知道这些事，如何能有深重的影响呢？"但此书叙事很简洁，是一部很可读的小史。[1]

罗尔纲《太平天国史纲》1937年商务印书馆初版，书稿完成于1936年4月中旬。胡适对弟子的著作自然关注。当时，他对罗尔纲说："你写这部书，专表扬太平天国，中国近代自经太平天国之乱，几十年来不曾恢复元气，你却没有写。做历史家不应有主观，须要把事实的真相全盘托出来，如果忽略了一边，那便是片面的记载了。这是不对的。你又说五四新文学运动，是受了太平天国提倡通俗文学的影响，我还不曾读过太平天国的白话文哩。"[2]

立听老师训诫，罗尔纲毛骨悚然，后始醍醐灌顶。他在《师门辱教记》中说："太平天国之役，19年长期大战，毁坏了多少文物，摧残了多少都市和农村，兵灾疫疠的浩劫，生民流离的悲惨，我都搜集有此类史料，我为什么在此书中不做详细

1944年版《师门辱教记》（采自拍卖公司网页）

---

[1] 罗尔纲：《师门五年记》，生活·读书·新知三联书店，1998，38—39。
[2] 同上引。

的叙述呢？这便好像是有意的把那些残酷的事实掩蔽了。……我这部小书不正成为'教人革命'的宣传品了吗！至于太平天国提倡通俗文学一事，我只可以说太平天国曾有此种提倡，但却不能说五四新文学运动是受了它的影响而来。我这种牵强附会的说法，正违犯了章炳麟所论经师应守的'戒妄牵'的信条，也就是违犯了适之师平日教我们'有一分证据说一分话，有三分证据说三分话'的教训……"[1]罗尔纲的史论开始逐渐深化。

不久，罗尔纲携家来到南溪李庄社会所，白天研究清代人口及晚清军制，晚上则伏在昏暗的菜油灯下，增订补充《师门辱教记》。他在"自序"中说："我这部小书，不是含笑的回忆录，而是一本带着羞惭的自白。其中所表现的不是我这个渺小的人生，而是一个平实慈祥的学者的教训，与他的那一颗爱护青年人的又慈悲又热诚的心。如果读者们能够得到这个印象，那么这一次重印便不为多余的了。"[2]

罗尔纲言必称适之师，二人虽无严格意义的师承关系，却是真正的入门弟子：

罗读上海中国公学，胡适是校长；后来罗去胡家，兼做家教和抄写员；再后来罗尔纲去北大，在考古室，胡适当时是文学学院院长……但罗尔纲为学之道确实受了胡适的教诲。1948年3月，胡适由北平去南京，参加中研院评议会选举首批院士，出席"行宪"国民代表大会。4月2日，他约夏鼐夜谈。夏鼐在当天日记中写道："晚间胡适之先生早归，叫老裴来喊余谈话，抛书去晋谒……胡先生摇头自云，'我老了，还有三大部书要写'，颇有'日暮途远'之感。又说到他教了三十来年的书，没有教出一个可以传衣钵的徒弟出来，实在大部分上课听讲的学生，不能算是徒弟，真正可算徒弟的，只有尔纲君。"[3]

罗尔纲1901年1月9日生于广西贵县。回忆中学岁月，他说，自1922年初夏就读贵县中学，由陈如心（勉恕）担任校长之后，该校成了"宣传五四新文化、新道德、新思想，反对贵县封建势力的堡垒"。罗尔纲

---

[1] 罗尔纲：《师门五年记》，生活·读书·新知三联书店，1998，38—39。
[2] 罗尔纲：《师门五年记》，9。
[3] 郭存孝编：《胡适与罗尔纲经纬录》，安徽教育出版社，2015，231。

也投入到新潮中，参加学校上演的一部由胡适编的反对包办婚姻、提倡自由恋爱的喜剧《终身大事》，反串剧中人田太太。1925年7月，罗尔纲到南京报考大学，考场发病，住院治疗。后来，他选择"以宣传为目的的上海大学"，进入社会学系。不久，他在《民国日报·觉悟》副刊连续发表文章和诗歌。其中1926年发表的《石达开故居》是他研究太平天国史之初心。

1927年罗尔纲与陈婉芬女士结婚（采自网络）

"今夜我对着黝黑的天边，凭吊着我故乡的先烈，当年曾为革命而牺牲的石达开。我的心潮只在泛滥，我的热血只在沸腾，我不知不觉地高歌了他当年的悲歌，一唱罢了高歌，一腔热血更澎湃起来了。我的热血呀！待向何处洒？我想把我先烈反抗压迫的精神，慷慨悲壮的牺牲，织就了一支革命的烈火之箭，射遍了黑暗的人间。"[1]

1927年寒假，罗尔纲到澳门与陈婉芬结婚。回到上海，大学已被查封。1928年转学胡适任校长的中国公学。毕业前夕，他抱定"毕生献身于历史"的志业，因"无家可归"，遂写信向胡适求助，希望推荐一份"在国内的历史研究院或者大图书馆中半工半读"的工作。1930年6月，中国公学毕业后，罗尔纲如愿以偿搬进胡适家做徒弟。其时胡适已辞中国公学校长职务，移家北平。罗尔纲在"适之师家的工作，是辅助祖望、思杜两弟读书，和抄录太老师铁花（讳传）先生（1841—1895）遗集"。[2]此项工作完成后，为考证《醒世姻缘》一书的作者西周生即是蒲松龄，罗尔纲又协助胡适进行校勘《聊斋全集》各种版本的工作，至1931年秋始回贵县老家。

1934年，罗尔纲重返胡家，这回胡适只叫他看书做研究，偶尔帮助抄抄写写。其间，罗尔纲开始涉猎晚清军制与太平天国史的阅读与思考。这年10月，罗进入胡适为院长兼所长的北京大学文学院文科研究所

---

[1] 载《历史研究》，1990年第6期，137。
[2] 罗尔纲：《师门五年记》，12。

1934年5月20日，史学研究会创立。吴晗（左一）、谷霁光（左二）、罗尔纲（左三）、夏鼐（左五）、梁方仲（左六）、朱庆永、张荫麟、汤象龙（右一）等（汤榕供图）

考古室任助理研究员，整理艺风堂金石拓本，每月工资60元。这时，妻儿也来到北平，全家五口仅靠他的微薄收入。

二、太平天国与清代兵制研究

1935年9月3日，罗尔纲在《益世报》发表《淮军的兴起》一文。1936年，完成《太平天国史纲》书稿。他在自序中写道："妻儿南归，来与汤象龙先生同住，吾友吴晗先生也时相过从。每当深宵围炉快谈的时节，这两位朋友就常常鼓励我赶快把太平天国的历史写出来问世……"[1]社会所副研究员汤象龙将《太平天国史纲》书稿带去南京，送交商务印书馆印行。他因公派赴英国考察，抵伦敦后，将所撰序言寄回国内。他在序言中指出："这本书是著者五六年来苦心孤诣研究的结果，结构严密，资料丰富，态度谨慎，在现代中国史学界里是一部难得的著作。"[2]与胡适对此书的批评相比，史学会的同人或许多了些爱屋及乌的感情？

---

[1] 中国近代经济史丛书编委会编：《中国近代经济史研究资料》9，1989，191页。
[2] 陈勇主编：《民国史家与史学 1912–1949 民国史家与史学国际学术研讨会论文集》，2014，406。

1937年9月，中研院迁到长沙。10月，经汤象龙推荐，罗尔纲进入社会所。所长陶孟和了解罗尔纲的学问与人品，分派他重点研究清代兵制，由汤象龙指导。1938年8月，中研院社会所一部分迁广西阳朔，罗尔纲在此完成《湘军新志》初稿。他在序文中说：

> 有清一代的兴衰，……国家大势的转移，都以他（湘军）为关键。至湘军所以有这样重大关系，则由于他的制度使然。不明其制度，固无由知世变之大，即湘军功业的由来，也无从而见。这一点，前人著作不曾注意到。本书之作，便是从此点着眼，专从湘军的制度上加以探讨，用以补前人所未及。在本书中，我们对湘军制度注意的是他的利病问题。论其利，则扫绿营积弊，终收靖乱的大功。论其病，则湘军之制，实种下了晚清督抚专政的根源。其利在于一时，而其病则流及于后代，故本书对后者的探讨尤为致力。[1]

年底，社会所再迁昆明。罗尔纲一家滞留广西宜山县，因母亲惧怕客死异乡，坚持返里。罗尔纲只得送母亲回贵县，再携妻儿转赴昆明。

社会所设在昆明西郊龙泉镇一个叫落索坡的小村子里，条件简陋，没有桌子板凳。大白天，老鼠窜来跳去。日机三天两头来轰炸，人们一听到警报拉响，就赶紧领着家人钻进防空洞。1939年，罗尔纲的《湘军新志》和《捻军的运动战》在此环境中完成。是年升为副研究员。

在昆明，罗尔纲在研究清代兵制的基础上，写成《绿营兵志》书稿，交商务印书馆后，因战乱铨偬，

1934年代北平天坛，罗尔纲（左）、谷霁光（中）、汤象龙（右）合影（汤榕供图）

---

[1] 罗尔纲：《湘军新志·自序》，商务印书馆，1939，1。

1940年罗尔纲在云南昆明落索坡中研院社会所（采自网络）

书稿竟至遗失。罗尔纲闻讯欲哭无泪，决心重新撰写。数载劳作，终于在1945年再次完成《绿营兵志》，当年在重庆商务印书馆首版。

1940年年底，社会所再迁四川宜宾李庄。罗尔纲开始撰写《晚清兵志》。1941年冬，他在宜宾旅馆候船，巧遇甲骨学家董作宾，即向其请教天历，学习历法基本知识。此后他与董作宾在《读书通讯》上讨论天历问题历时三年。

1942年春，罗尔纲接到社会所要求研究员申报研究计划的通知后，提出拟研究和撰写太平天国史，得到所务会批准。因昔年在北平搜集的史料存藏在贵县家中，陶所长还批准他回桂工作，并实地考查金田各地遗迹。此时，汤象龙率全家离开李庄社会所，罗尔纲是经汤介绍入所，且受他指导。罗尔纲此时离开李庄，抑或有与朋友共进退之意？

回到广西，这年11月，罗尔纲应简又文之邀，同往桂平金田村，考察太平天国遗址。两人来到紫荆山上，从风门坳放眼看去，山势不高地形险要，易守难攻，足见洪秀全杨秀清的战略眼光。他们走访古林社和韦昌辉故居，考察藏匿武器的犀牛潭和起义团营的营盘山，多次寻访知情人，采写太平天国口述史。其后罗尔纲完成《金田采访记》，简又文著有《金田之游》。1943年，罗尔纲还帮助家乡修志局整理新发现的天地会历史文献，编辑完成《天地会文献录》。翌年4月，被广西通志馆借调兼任该馆编纂，研究《李秀成自述原稿》和撰写《太平天国广西英雄传》等。这是一段惬意又充实的日子。

三、清代人口问题研究

1944年，日军发动"一号作战计划"桂柳战役，时局紧张。9月，罗尔纲携家仓皇入川，重返社会所。这件事，汤象龙可能有所误会。四年后，夏鼐在日记中透露道："罗（尔纲）君忠厚人，自谓汤君离所时，本拟连带脱离，后以当时适奉命调查金田未毕，故复命后始离所。其后以桂林沦陷，不得不避难来李庄，汤君似未能了解其苦衷，对之颇生误会也。"[1]

从1944年起，罗尔纲开始研究清代人口问题，他到社会所和史语所图书馆查阅相关论著，粗粗浏览，大为诧异，内中多为外国学者所写，且众说纷纭。如俄国人萨卡诺夫认为，乾隆末年中国最高人口数目为26500万，而不是31000万；日本人根岸估认为，中国乾隆以后统计人口数目有夸大之嫌；美国传教士哈巴安德认为，中国太平天国战争、陕甘"回乱"及北方饥寒造成人口损失6100万，后修正为8300万……罗尔纲感叹，这些论据颇似郢人燕说，而本国学者，竟多鹦鹉学舌。[2]他借助社会所抄录的清代遗留档案，查找当时所能见到的书籍，从1944年秋天至1946年夏，历经两度寒暑，终于找到清代人口统计不确的原因：

清初编制"丁口"，目的是征收"丁赋"，有一"丁"，即要征收一份"丁赋"；为逃避"丁赋"，民间往往故意隐瞒"丁口"。因此户籍统计，当时人口实际上是缴纳"丁赋"的人，并不是真实人口。从顺治、康熙到雍正，均只有"丁口"数，而没有人口统计，此状况持续到乾隆六年（1741）才得以改变。这一年，乾隆下令，全国户籍一律依据保甲申报，大小男妇均统计在内，户部每年将人口与谷数一并申报。这才是有实际意义的人口统计。

罗尔纲进而分析，清初人口凋零；康熙年间，"轻徭薄赋，休养生息"，故人口增长迅速。从康熙到乾隆六年（1741），中国人口达到14341万；乾隆五十九年（1794），达到31328万；乾隆六十年（1795），因白莲教起义，人口损失约有1000万。此后人口增长缓慢，到道光三十年（1850），全国人口达到429931034人。道光三十年冬，太平天国金田起义，战争历十九年（1851~1869年），地域遍十八省。其中江南民众死于兵燹、饥饿、疾疫者，尤为惨重。据专家研究，从咸丰元年（1851年）四亿三千万，到同治十年（1870年）二亿七万相较，

---

[1] 夏鼐：《夏鼐日记》卷4，245。
[2] 罗尔纲：《生涯六记》，贵州人民出版社，1991，135。

全国人口统计锐减在一亿六千万以上。直到清末光绪二十七年（1901年）人口为四亿二千六百四十五万，还未能恢复道光三十年的数字。[1] 就此，罗尔纲撰写了《太平天国革命前的人口压迫问题》[2]和《清代乾嘉道咸同光六朝人口统计表》[3]两篇论文。有意思的是，他现在栖身的石崖湾，也是清中期"湖广填四川"，张氏始祖"插标占地"，开始逐年建造起来的。

1944年深秋一日，他病卧在床，从门官田大核桃树筛落的清光里，闲读《诗经》。猛然间，一首咏周朝勃兴的史诗跳入眼里："古公亶父，来朝走马。率西水浒，至于岐下。爰及姜女，聿来胥宇。"这首《大雅·绵》，咏周朝开基者古公亶父（周文王祖父）为民拥戴，避狄去邠，渡漆河、沮水，到岐山下，开基建国的故事。水浒，指古公亶父来岐山时经过的漆、沮两水之滨。《孟子·梁惠王》也记有其事。元杂剧《黑旋风双献功杂剧》和《鲁智深喜赏黄花峪杂剧》写的"寨名水浒，泊号梁山，纵横河港一千条，四下方圆八百里"，把梁山泊写成根据地，以水浒寨作为新政权，显然是据这首"率西水浒，至于岐下"的史诗发挥来的。罗贯中《水浒传》继承并进一步丰富了元杂剧的思

1937年至1947年罗尔纲相继出版《太平天国史纲》《太平天国史考证集》等著作（采自网络）

---

[1] 罗尔纲：《困学丛书》，广西师大出版社，1989，423。
[2] 刊登于《中国社会经济史集刊》第8卷第1期，1946年编辑完成，1949年1月问世。
[3] 刊登于《中国近代经济史统计资料选辑》。

想，取"水浒"为书名，表明梁山泊与宋皇朝对立，"直教掀翻天地重扶起，戳破苍穹再补完"，重新创立新天新地新世界这样一个内容。罗尔纲病中突发灵感，"欢喜得叫了起来！"一个学术观点的灵感迸发，直到几十年后才完成对小说《水浒传》原本和著者问题的研究，发表《水浒真义考》（1982年中华书局《文史》第十五辑）和《从罗贯中〈三遂平妖传〉看〈水浒传〉著者和原本问题》（《学术月刊》1984年第10期）等论文。[1]此是后话。

抗战胜利，1946年社会所东归南京。罗尔纲行李箱箧中，装有多部他已完成或打磨的太平天国研究专著。其中《太平天国革命的背景》，有对清初迄道光200年来的人口、经济、政治、社会、民族各方面的分析。1947年，正中书局出版罗尔纲《太平天国史丛考》，这是作者集1936年前所写的太平天国史考证文章，吴晗为该书作序，介绍他的考证方法为"剥笋"法。在李庄开始撰写的《太平天国史稿》于1951年由开明书店出版，首次按历史上正式王朝纪传体将太平天国载入"正史"。这些数百万字的书稿留驻了他在李庄的无数个晨昏。

历史颇为吊诡的是，李庄所处的长江南岸地区，就是他所崇敬的"故乡的先烈，当年曾为革命而牺牲的石达开"[2]，率太平天国残部，如山火一般燃过的区域。据《四川近代史稿》载：石达开从天京出走，于清咸丰十一年（1861）第一次率部进入四川。当年五月二十六日，南溪义军首领张懋江（俗称张四皇帝）攻克兴文县城，"烧杀官衙，打破监卡，吼闹一番，劫取众犯"，"文武官僚，尽行屠杀"[3]。同年五月二十九日，与石达开所率部队会师。六月一日，众军将长宁县城围得水泄不通，挖地道，放地雷，巨棺存放火药，一举爆破长宁县城墙，打开突破口，攻下长宁县城，"血流成渠，尸积如山……"[4]

在南京，罗尔纲因患疟疾经年不愈，并引发眩晕诸旧症，请长假回家乡治疗。1948年罗尔纲再返单位。夏鼐在5月24日的日记中写道：

---

[1] 刘知渐撰文："《水浒》的书名及其所谓'真义'——罗尔纲同志《水浒真义考》质疑"，批评罗尔纲，"主观想象太多，而作出背离小说发展客观历史的结论"。
[2] 见前引，1926年罗尔纲发表的《石达开故居》一文。
[3] 民国《兴文县志》卷36，事记。
[4] 隗瀛涛：《四川近代史稿》，四川人民出版社，1990，70。

"晚间罗尔纲君来谈,并持赠其所著之《师门辱教记》。谈及史学会会上,对于汤象龙君之脱离社会学所经过,及与梁[方仲]、吴[晗]交恶之经过,皆言之甚详。"[1]那个时节,所有人都在关切这个世界即将发生的变化,并以他人的选择作为自己的镜鉴。

四、殊途同归

1949年12月4日,因病返回广西贵县休养的罗尔纲迎来家乡解放。当年他在贵县县立初级中学教书时的学生梁寂溪,出任中共贵县县委书记兼贵县人民政府县长。梁热情邀请老师参与贵县各界人民代表大会筹备工作。次年春,罗尔纲当选为贵县人民代表,出席了贵县第一届人民代表大会。

会议结束不久,罗尔纲接到社会所的南京来信,请他尽快回单位参加学习。翌年8月1日,罗尔纲回到南京。新中国大力颂扬太平天国农民革命战争,并将"金田起义"铭刻于天安门广场人民英雄纪念碑浮雕。

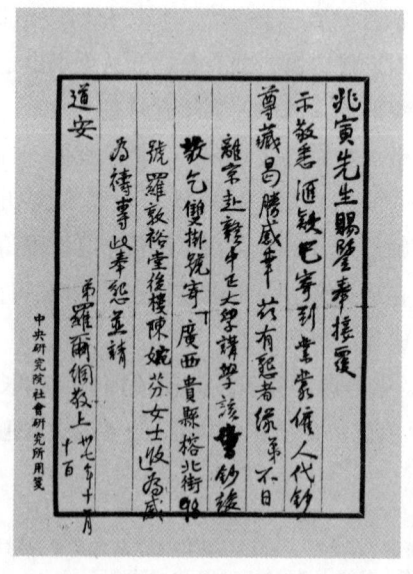

1948年11月11日,罗尔纲给福建省立图书馆馆长萨士武(兆寅)的信(采自网络)

---

[1] 夏鼐:《夏鼐日记》卷4,187。

于是顷刻间太平天国史成为"显学",罗尔纲重担在身负责筹建具有政治象征意义的南京"太平天国纪念馆"。

其时,胡适已是点名的文化战犯,昔日师门承教经历,成了罗尔纲背负的沉重磐石。罗尔纲回忆:"1950年,我又从家乡回到我的单位。那时陶孟和先生已经任中国科学院副院长。他来南京,对我说胡思杜写有篇《我的父亲》同胡适划分界线,写得很好,叫我看看。那时初解放,我在家乡未经学习,还不懂得什么叫划分界线。而胡适的问题却正在沉重地压在心头。我听了孟和先生的话,立即去图书室借了《人民日报》来看。我看后启发我认识到胡思杜与胡适还可以划清敌我界线,我做学生的,更可以与老师划清敌我界线了!从此解决了心头的难题,豁然开朗了。20年前,我是胡思杜的老师,今天胡思杜是我的老师了!"[1]1955年1月4日,罗尔纲在《光明日报》发表《两个人生》一文,他在文末写道:"这是如何不同的两个人生啊!一个是灰冷的、虚无的、无可奈何的人生;一个是热爱的、满怀信心的乐观的战斗的人士。两个不同的人生绘出了中国两个不同的时代:在旧时代里,革命向反革命进行斗争,进步的知识分子就参加了革命,反动的知识分子投到反革命的泥坑,而我这样的一个落后的知识分子却变成了行尸走肉;到了今天新时代,在毛泽东光辉的照耀下,只要你要求进步,就连同我这样的一个活死人,也恢复了青春,充沛了生命的力。"[2]

《师门辱教记》出版后,胡适对人说,这本小小的书给他的光荣比他得到35个名誉博士学位还要光荣。

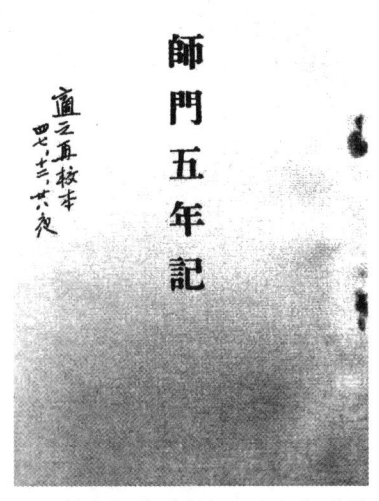

罗尔纲著《师门五年记》书影（采自网络）

---

[1] 罗尔纲:《师门五年记》,174。
[2] 三联书店编辑:《胡适思想批判:论文汇编》第2辑,生活·读书·新知三联书店,1955,188。

晚年，蛰居台岛的胡适还把这本《师门辱教记》改为《师门五年记》自费付印，作赠送朋友之用。他在此书"后记"中写：

> 尔纲这本自传是1945年修改了交给卢吉忱的。后来吉忱要我写一篇短序，我的序是1948年8月才写的。可能是我的序把这书的付印耽误了。1948年8月以后，吉忱就没有印这书的机会了。1952年我在台北，向吉忱取得此书的修改稿本。1953年我去美国，就把这稿子带了去。
>
> 如今吉忱去世已好几年了，尔纲和我两人，成了"隔世"的人已近十年了。这几年里，朋友看见这稿子的，都劝我把他印出来。我今年回来又把这稿子带回来了。我现在自己出钱把这个小册子印出来，不作卖品，只作赠送朋友之用。[1]

据胡颂平《胡适之先生晚年谈话录》1962年2月24日记："下午一时与出席院士共同午餐。……饭后回到住宅。……四点十分，先生起床了。……胡颂平……问：'吴健雄是中国公学的同学，送她一本《中国公学校史》吗？'先生说：'好的，你送她一本。午饭时，我和他们谈起《师门五年记》；他们从外国回来的四位院士。也送他们每人一本。'"[2]

四位院士是吴大猷、吴健雄、袁家骝、刘大中。这天下午五时，胡适宴请院士酒会。致辞完毕，心脏病突发，倒地不起，当场去世。后来，罗尔纲在增订本《师门五年记：胡适琐记》中，将上述一节作了附录。他写道：

> 我这本在十天内匆匆草成的小小的册子，如果不是钱实甫先生那么热情来电追索，我写成后还搁起来不敢示人，却为适之师看重，为读者赏识，成为我写作中流传最广远的一本。杜甫诗说："文章千古事，得失寸心知。"我对我这本小册子的得失，却是连

---

[1] 郭存孝编：《胡适与罗尔纲经纬录》，安徽教育出版社，2015，43。
[2] 罗尔纲：《师门五年记：胡适琐记》，生活·读书·新知三联书店，2006，62。

做梦也没有想到哪！[1]

  罗尔纲一辈子研究太平天国，其史观却有人不以为然。如哲学家冯友兰讲："假如太平天国统一了中国，那么中国的历史将倒退到黑暗时期。"历史学家钱穆也有类似说辞："若太平天国成功了，便是全部中国历史的失败了。"胡门弟子罗尔纲，到底是"承教"还是"辱教"？且听后人评说。

---

[1]　罗尔纲：《师门五年记：胡适琐记》，生活·读书·新知三联书店，2006，62。

栗峰老人王献唐

1945年8月15日，抗战胜利。9月11日，客居李庄板栗坳史语所的山东省立图书馆馆长王献唐一扫愁容，漫卷诗书，告别众人，买棹东去。他在《平乐印庐日记》中写道：

> 六时起，即收拾行装。以书籍等五件存所中，余送山下，即至李庄。所中友好至码头送行者，有仲武、翼鹏、卓亭、纶徽、萧梅、璋如等十数人。罗南陔、李博父及李太太等亦往。九时登轮，彦堂并随轮远送。十二时抵宜宾，罗伯希及张君来接，与彦堂下榻张君处。三时，罗邀本地文化界人，公宴余二人。" [1]

长江边李庄中渡码头送行者，按其所叙，依次为：仲武——劳仲武，史语所年轻事务员；翼鹏——屈万里，自己在山东图书馆一手提携，又紧随自己风雨相伴的文献学学者、此为史语所助理研究员；卓亭——逯钦立，山东老乡，史语所古代文学史学者；萧纶徽，史语所后勤总管，旁边的萧梅是他女儿；石璋如，史语所参与过山东城子崖发掘的考古学者；罗南陔，李庄乡绅，是逯钦立的岳父；李博父李权，为考古学家李济之父；李太太陈启华是李济之妻；彦堂——董作宾，甲骨学大家、史语所代理所长；罗伯希，南溪县李庄人，川军退役将领，工书法，广收藏。送别人群，也即王献唐此地编织的布衣经纬。

---

[1] 本文所引王献唐《平乐印庐日记》，转自李勇慧撰《王献唐著述考》《一代传人王献唐》，山东教育出版社2014年版；《王献唐日记的文献价值》，张政烺先生九十华诞纪念文集编委会编：《揖芬集：张政烺先生九十华诞纪念文集》，社会科学文献出版社，2002。下不另注。

长江边的李庄码头（岱峻拍摄）

王献唐（1896—1960），号王凤生（王凤笙），以字行。山东日照大韩家村人。原籍发蒙，11岁入青岛礼贤书院文科，后插修德文班。17岁入青岛特别高等专门学校土木工程系学习。毕业后应《正义报》之约，赴天津翻译德文小说。1918年，到济南任《商务日报》《山东日报》主编。1925年赴北平，在舅舅丁惟汾的指导下开始研究版本目录学及音韵文字学。丁惟汾是同盟会创始人之一、国民党元老，1926年被推选为国民党中执委常委、青年部长。1926年底，王献唐应舅父之召，赴南昌，先后任中央党部、中央通讯社一等秘书，中央训练部总务科长。1927年国民党政府定都南京。由丁惟汾介绍到国民党总部任秘书。后因政见不合，随舅父退出政界，发誓潜心问学，终

青年王献唐（采自网络）

生不涉政事。1929年8月2日，出任山东省图书馆馆长。1930年，考古学家吴金鼎赴山东，发现城子崖龙山文化遗址，王献唐受邀同去勘查。由此与傅斯年、李济、董作宾等人结谊很深。

江船眺望，李庄临江耸立的魁星阁与江对面的桂轮山渐远渐小，完全消融于水天之际。王献唐的情绪如江水起伏，浮想若山势连绵。自1943年3月至1945年9月客居板栗坳，深交了一批好人，披览了大量好书，九百多个日子无一日虚耗，完成《国史金石志稿》的编著，以及《中国古代货币通考》《古文字中所见之火烛》等专著撰写。就像那枚"栗峰老人"的印鉴，是他人生的重要见证。

一、流寓渝州 客居栗峰

战火未到，文物先行。为使山东图书馆善本古籍与金石书画免遭兵毁，王献唐指挥同人，选捡出珍品书籍文物共29箱，分两次运往曲阜。不久，烽烟燃起，限于运输条件，仅从运到曲阜的珍藏中筛拣5箱南下转运。王献唐舍妻别子，与编藏部主任屈万里及工友李义贵，"过铜山，经汴郑，出武胜关，凡八日行程，三遇空袭，而抵汉口"。[1]

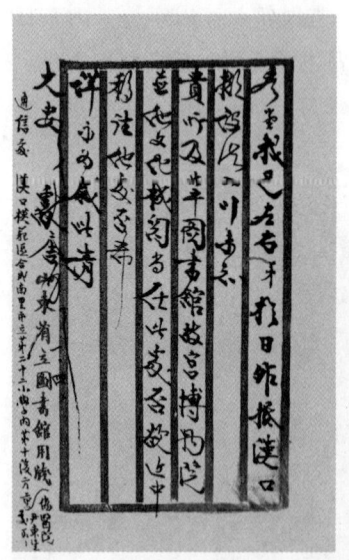

1938年8月6日，王献唐致董作宾函（采自拍卖公司网页）

1938年11月底，到达四川乐山，选择大佛寺天后宫内大佛一侧隐而不露且朝向好易干燥的崖洞，妥放箱件，砌堵洞口。安排工友李义贵就地守护。王献唐以其在武汉大学（时迁乐山）执教的微薄收入维持自己与李义贵的开支。

1941年2月，王献唐被国民政府国史馆筹委会任命为副总干事兼第一组主任。国史馆筹委会于1940年2月在重庆

---

[1] 王文刚撰稿，王运堂主编：《山东省图书馆志》，中华书局，2004，326。

成立，国民党元老张继（溥泉）任主委，湖北但焘任总干事。馆址在歌乐山向湖（即向家湾）。一年后，王献唐不胜劳烦，提出辞职，改聘顾问，参与审核《中华民国史史料长编》、修订《清史稿》等工作，独自承编《国史金石志稿》。此间，他与孔子第77代孙、"奉祀官"孔德成（达生）为邻，与李炳南、邢蓝田、孔德成、吕今山等时有唱和，以诗忿世之作甚多。此时，始患脑疾，夜不能寐。兼与总干事但焘不睦，尤以史观势如冰炭，一次争论，双方大动肝火，王氏拍案而起，继后把但焘推倒在地，拂袖而去……[1]

重庆已刻不能留。此时，挚友、史语所所长傅斯年伸出援手，邀请王献唐到李庄史语所客居，潜心养病，读书著述。傅斯年之举，既有私情，也系公谊。战前，史语所在齐鲁搜求书籍，多蒙山东图书馆斡旋照应。1930年夏，史语所考古组安阳发掘受阻，移师山东。傅家是聊城望族，与山东省教育厅厅长何思源、省图书馆馆长王献唐等为旧雨。因此，成立山东古迹研究会、发掘城子崖遗址等，无不水到渠成。彼时山东古迹研究会，傅斯年任委员长，李济任田野工作部主任，王献唐任秘书，也就是一口锅舀饭的一家人。1940年6月16日，傅斯年、李济等向管理中英庚款董事会事务所推荐王献唐为"考古及艺术史组受协助人"，[2]任务是撰写《中国古代货币通考》。

五年前，王献唐与屈万里等押送典籍文物，由重庆经宜宾赴乐山，曾乘船一路经过李庄，眼前山光水色，笔下饶有兴致：

> 江之对岸有孤塔耸立林表，附近颇有寺院……见夹道岩间橘树数百，红实累累，掩映青绿丛中，□烁照人，至可悦目……
>
> 两岸崖土皆赤红如火，所谓赤壤者也。昔在龙山各处亦多见之，惟不如此土之红。绿树翠竹粉垣茅屋，掩映其间，奇妙如画。……岷江水清，金沙江水浊，两水交汇，清浊截然不混。细审岷江水底皆为石子，故水清；金沙江则为泥土，故水浊。故书所载，泾渭诸水之清浊，殆亦由于此。

---

[1] 石可："忆尊师王献唐"，载《春秋》，1994年（2）。
[2] 台北"中研院"史语所档案：考19-1-59。

钟灵毓秀，万物欣欣。于是当受邀前往李庄，王献唐心生慰藉。事先，他已将屈万里安排至史语所。1942年8月10日，史语所代理所长董作宾复函王献唐，"关于屈翼鹏先生工作一节，经与孟真兄商谈，觉彼能来此工作，甚为欢迎，惟有几点请转达屈先生，如同意请示知……"次日，傅斯年径直回函王献唐、孔达生，"拟请屈翼鹏为助理员，并对于其来所职位、研究项目及资格审查补充说明——"[1]屈氏本是读书种子，"琳琅万卷，昕夕摩娑，足以慰情，亦可以疗饥"。助理员却是史语所最低学术职级，屈氏自云："（民国）三十一年冬天[2]，听说中央研究院需要一个研究甲骨文的助理员职位，我就请王献唐先生写信给傅孟真先生介绍，傅先生答应给我一个助理员的职位，我喜出望外。那时，我在中央图书馆的名义是编纂，相当于副教授的待遇，每月有280元，但是决定接受待遇低一倍的助理员职位。"[3]屈氏无文凭无著作，傅斯年能应允，多少是顾及王献唐的面子。9月29日，王献唐致函屈万里云：

　　赐函及孟真笺均悉。孟真求贤爱才之意甚殷，此种精神，今人岂易得哉！仆反复思之，弟仍是到孟真处好。孟真为人热肠，又无阔人习气，为学问，为交友，此机会不可失也。[4]

1943年1月14日，董作宾致函在重庆治病的傅斯年："博物院之三千元以八百元约定派德宏一行，献唐兄亦拟同来李庄，不必再派志维辛苦，弟等到宜宾，次日即可搭轮返李。又蒋慰堂已电屈翼鹏来渝同行，未知来否？慰堂言兄已允派一人为彼帮忙，彼盼马上即来工作。"[5]

沿着春花烂漫的小径，一米八的山东大汉王献唐，终于从江边的木

---

[1] 台北"中研院"史语所档案：李3-2-11，李3-2-12。
[2] 时间有误，应为夏天。
[3] 廖玉蕙："读书与治学的历程——访先生"，载《幼狮》（台湾），1977，46（6）。
[4] 王运堂等主编：《屈万里书信集·纪念文集》，齐鲁书社，2002，26。
[5] 台北"中研院"史语所档案：李13-5-22。

鱼石，气喘吁吁地爬上高石梯，走进栗峰山庄。3月3日，董作宾致信傅斯年："此间情形安静如常，王献唐兄到李庄……"三天前，他即提前函告图书管理员王育伊："关于王献唐先生在本所参考图书从事著作得比照同人阅读优待，请查照。"[1]

3月16日，弟子、友人孔德成自重庆来信——

> 献唐我兄史席：
>
> 　　别来经数旬，曷胜依依。顷读手札，知已平安抵李庄矣。又读致炳僧书，知以无酒友将别面生，若何日起戒，望函告，弟亦当同时戒绝也。孟真先生已晤面，所事亦以谈过，孔学会编纂委员名义一伊木欲担任。此处自兄西上山中，更少过往，孤独学无友，益觉孤陋寡闻，凤晨月夕，更怀故人耳，仰视兄与翼兄，真如在天上矣！……[2]

1945年8月王献唐画花卉（李幼萱供图）

此时，未满四十七岁的王献唐，以"老人"自嘲，但并没戒酒。3月21日，他在致向湖友人李炳南居士的信中写道：

> 　　今日星期，梁思成兄召饮，带醉归来，于几上读大函，至过向湾数句，为之慨然，不意大禅师结习亦未空也。此间山名"栗峰"，已改号"栗峰老人"，不名"向湖"。天地之大，随处皆为

---

[1] 台北"中研院"史语所档案：杂22-10，李13-6-4。
[2] 李勇慧：《一代传人王献唐》，山东教育出版社，2012，130。

我有，亦皆非我有，何沾沾于"向湖"乎？[1]

向湖在重庆歌乐山，即国史馆筹委会办公地。当时王献唐，曾自号"向湖"，而今，改号"栗峰老人"，也是内心移情。

4月6日，他收到李炳南寄呈的诗作《清明怀王献唐》：

栗峰深处几层云，欲把愁思写与君。
今日清明不沽酒，向湖花谢雨纷纷。

板栗坳雅称"栗峰山庄"。史语所图书管理员游寿曾写过："峰以栗名，地乃为坳。陡坡陀以升降，绕江流如襟带。水路交臻，时有山市。"房前屋后广植楠竹，山前山后遍种桂树、山茶，山顶两棵板栗树，冠盖蔽日。

山居苦寂寞，治学唯一途。客居栗峰山庄田边上一农舍的王献唐，与史语所的学者傅斯年、董作宾、李济、陈槃、劳榦、全汉昇、张政烺、傅乐焕、逯钦立、何兹全、那廉君等往来论学，与李济父亲李权，乡绅罗伯希、罗南陔等翰墨往来，诗词唱和。与外界学友的联系也一直保持。4月10日，王献唐为国史馆同事蒋逸雪绘制《向湖清话图》并口占二绝句，云：

梦里逢君醒似真，向湖一别雨如尘。
相思逐渐春潮涨，又唱阳关送故人。
扛鼎争传笔一支，更从剑外揽雄奇。
平凉羯鼓金城柳，万里春声出塞时。

跋语"与逸雪道兄别两月矣。顷闻有西北之游，中宵揽衣，杖触弥襟，口占二绝句，篝灯写之，时三十二年（1943）四月十日。明晨即付驿使去矣。"[2]

---

[1] 王仲懿编：《王献唐先生诗文书画集》，台湾日报社，1986，42。
[2] 《淮阴师专学报》编：《活页文史丛刊》，1983（8）。

2013年9月14日栗峰山庄田边上，当年王献唐即下榻于此（岱峻拍摄）

9月6日，王献唐"偶于筐中得小石，刻'栗峰'二字"。此间他的书画墨迹，始钤这一方"栗峰"印。

二、焚膏继晷"钱考""志稿"

王献唐俯首案头、勤于著述，也偶有受邀讲演——

1943年（5月26日）接陶孟和信，约余于下月五日至社会科学研究所讲演，已约数次，势难再辞，即拟题《'货财资产'四字之来源》。

（6月5日）社会研究所派滑竿来接，八时许起行，九时许到所。陶孟和亦来。十时讲演《'货财资产'四字之来源》，十一时半毕。

门官田的社会所距板栗坳七八里地，故"滑竿来接"，行脚近一个小时。这个所有很多经济学者，如汤象龙、巫宝三、梁方仲等。此一讲题，也与正在撰写的《中国古代货币通考》内容相关。

（11月15日）午饭后，彦堂办读书会，邀余讲演，题为《怎样学中国画》，讲一时毕。"

这是王献唐平生雅好。史语所和中博院热爱艺术的风气也盛，有留法画家庞薰琹、谭旦冏，毕业于国立艺专的李霖灿；画国画的李方桂母亲小藤花馆主人，劳榦的父亲劳勳；喜欢书法的董作宾、张政烺、劳榦、游寿等。但王献唐来李庄，并非寄情丹青，颐养天年，他有撰写《中国古代货币通考》（简称"钱考"）与《国史金石志稿》（简称"志稿"）的重任。史语所有中西文图书17万册，考古组与镇上中博院，庋藏有足可勘证的大量文物。尤为难得的是，有一大群可相与问学切磋辩难的学者。

1943年（8月15日）晴，星期。七时许起，……续撰《钱考》。午饭后小睡。检阅《西洋年纪》及《泉汇》诸书，续撰《钱考》，……十一时睡。看《严谱》毕。

（8月16日）七时许起。看《孙诒让年谱》。……续撰《钱考》。……看《孙谱》数叶，即就寝。苦热，不成寐。

（9月1日）雨。星三。夜间大雷雨。七时许起，看《年谱》。继续点校《钱考》。至彦堂处，商讨《善斋吉金录》著录北周大象元年□通万国钱范之历算事证，知范果伪作也。午饭后少睡。雨不止，稽校《泉汇》诸书，考花文钱。……晚饭后补撰《钱考》中之白金一叶。十时许毕。十一时许睡。

黄叶摇落，白露为霜，王献唐通过对中国古代货币的源流及制作系统梳理，完成《古代货币通考》草稿，尚待点校清抄，增删勘误，审定誊正。

1944年（1月28日）阴雨。星五。七时许起，摹记丑形金文诸资料。……三时毕。少睡。复检阅《宝蕴楼彝器图录》，搜记资料。晚饭后，检阅《籀经堂类稿》，写记数据，考币文字颇可信。十时睡，检阅《武英殿彝器图录》。连日阴雨，至夜雨益甚。今日天甚冷。

（1月31日）阴。星一。七时许起。检查各书，考杞、诸、淳于史地。又至图书馆送还他书，复借《方舆考证》《续山东考古录》《路史》等数书。归来检阅。午饭后，仍翻阅各书。

（2月2日）阴。星三。七时许起，仍检阅各书考杞诸氏族大体，拟撰一文名《释》，分上下两篇；上篇说氏族，下篇释字形。致彦堂一笺，请其抄与卜辞中各项资料。午饭后，仲武来长谈。至图书馆查书，检阅《金文世族谱》。……晚饭后，出外散步。回写《释》上篇一纸。十时许睡。

（2月11日）晴。星五。七时许起，续撰《释》。……午饭后，续撰前题。出至山间曝日，坐甚久。回少睡，仍撰前文，至五时完毕，全篇约万言，乃上篇也。晚饭后，复出散步。回整理文稿订册，开始清写约一叶余。十时许睡。看《清仪阁藏古器物文》。

（2月20日）二月二十日。雨。星期。终日阴雨，七时许起。续点校前文，改写一叶。午饭后，看《古器物范图录》。小睡。仍校点前文，至晚饭后七时蒇事。复述先、孝先各一函。十时半睡。看《古史新证》。雨益大。

（2月29日）晴。星二。七时许起至图书馆查书，改写《钱考》二段。……及晚又接莘农电，裕华又死矣！电言：肺炎医治无效，已以万元葬之。余生四子，此子最为钟爱，今年在医专卒业，不意夭亡。……

中年丧子，椎心泣血。栗峰老人强忍伤悲，坚持著述。

（3月1日）阴。星三。夜间时睡时醒，七时许起，致莘农快函道谢，又通知振华。修改《钱考》一段，将已成者整理之。午后……续撰《钱考》之武帝货币金币章。接聚贤电，又来催稿，计此时已到矣。晚饭后……仍撰《钱考》。十时半睡。

（3月2日）阴。星四。七时许起。仍勉撰《钱考》，除此故纸堆，实无安心立命之事也。午饭后，出外散步。小睡。仍撰《钱考》。再接聚贤电催。晚间翼鹏来劝慰，饮酒至醉。写《钱考》数行即睡。看《甲骨文字研究》。

（3月3日）晴，星五。七时计起，仍撰《钱考》。……检金文各书考铭文署王者。续写《钱考》一叶。十一时睡。看《甲骨文字研究》。

这年春夏之交，王献唐的《古代货币通考》全部杀青。是书文言行文，注重文献考证，对《史记·平准书》《汉书·武帝纪》进行比勘，对班志载武帝钱法进行辨误。重点落脚周秦汉三代，以汉代为重，钱法及其相关制度皆有涉及。作者去世四十年后，这部巨著方由齐鲁书社正式出版，亦可谓迟到的告慰。

王献唐身后，遗著洛阳纸贵（采自网络）

当时，王献唐《古代货币通考》还没完全放下，又开始构思《国史金石志稿》。"志稿"为中华民国史之一部分，取材以民国出土金石，及清人或以前各家未节录者为限。全书计划二十卷，分为金、石、骨玉、陶木四大类，所录各器，皆重新整理、鉴别和考证。

（7月13日）晴，星四。八时起。续整理《志稿》，类增入十数器。午饭后，小睡。仍撰《志稿》。仲武来，晚饭后，出外散步。回撰《志稿》，至十一时类编毕。十二时半睡。看《铭文研究》。

（7月28日）晴，星五。八时起。仲武来。接倪伯赓函，即复。翼鹏来。以《三代吉金文存》校补《志稿》籀诸类。天热甚。午饭后，稍睡。仍校补《志稿》。接曾丽川寄赠新印《猛悔楼诗》，乃贵池王世鼐著，读数首，真诗人也。晚饭后，与翼鹏散步，直至山上黄葛树底，坐多时。九时许，步月回。十一时许睡。看《文存》。

（9月14日）阴雨，星四。……至济之处，看其所研究之殷墟各种陶器及陶器上花纹文字，伊方撰陶器专书也。

（11月6日）……八时起。至图书馆借书，又至彦堂处借书，拟续撰《金石志稿》。十时许，同彦堂下山至博物院，看其仿制之长沙漆器及收集摩些人用具。见北平国子监旧藏彝器数十事，康侯丰鼎内言卣子爵，皆真而佳。牺尊尤精，嵌松石铅片，为海内有数之器。外簋、簠各一，尊一，皆后代仿造者也。……四时许至所中大礼堂，听石璋如讲《殷墟发掘情形》。

战前，史语所安阳发掘时，挖掘出一个宫殿遗址，遗址周围有很多头颅。郭沫若曾就此断定为奴隶殉葬，并写进著作《中国古代社会研究》。王献唐不免生疑，他曾亲赴考古工地参观现场发掘，与梁思永等交流，认为殷墟殉人的身份，"或以殉葬，或用为祭，尚不可定"[1]。殷墟宫室是活人居所，能够使用殉人么？能够使用埋在地下的器具么？能够用埋葬的牲畜骨骸么？殷代帝王贵族，不至于蠢到连活人、死人都分不开。他写道：

> 我很奇怪：一个历史过程中整个的社会全貌，能不能只靠殷宫殷陵的发掘，便能决定？能不能只靠或殉或非殉的一堆尸骨，便能决定？同时这些发掘和尸骨，本身还没弄清楚，怎么硬把他变成"放诸四海而皆准"的史证，来断定殷代全部社会的生产方式？郭先生第一没掌握着死人身份的分析，第二没结合着殷人尚鬼的迷信意识形态，就算掌握而结合着吧，也只是单文孤证。在这篇论文里，既没提出其他根据，因而他的决论，单就殉人一点。我不能不疑。[2]

王献唐之问，是质疑"以论代史"的历史决定论。这种怀疑精神，或然会引火烧身。

---

[1] 李勇慧撰：《一代传人王献唐》，582—583。
[2] 《王献唐未刊稿》，转引自李勇慧撰：《一代传人王献唐》，583。

三、往来鸿儒 相濡以沫

王献唐与傅斯年都是山东人，又是同年。傅氏每逢春秋两季要去重庆中研院或国民参议会开会。只要一回板栗坳，第一件事就是闯进王献唐的家门，或送笔送烟，或为其买药，或请吃饭。当然也讨论学问。

1943年（9月8日）孟真来，明日即赴重。

1944年（2月11日）晴。星五。七时许起，续撰《释》。孟真来谈。

（2月24日）阴。星四。……孟真来。晚饭后，出外散步。

（2月29日）晴。星二。七时许起至图书馆查书，改写《钱考》二段。彦堂、孟真来。午饭后至山间散步。

（3月1日）阴。星三。……今日孟真启行至渝开会，心情郁郁未往送也。

（8月20日）孟真来，以小褂二袭强以赠余，盖见余所服小褂甚厚，天又热也。意甚可感，但余对衣服过于马虎，当不至无力自备，姑先留下，俟秋后再还之。

（9月29日）接蒋梦麟、翁文灏、任鸿隽函，谓美国哈佛燕京社为赞助文史研究，本年特拨专款为研究补助费，送余四万元，由中行汇来，大约孟真在渝为余所办也。

（10月9日）哈佛燕京社款已取出，以三万元存中国银行，余取回。

1945年（2月9日）天气愈冷，八时许起。孟真来。续清前稿。孟真复来。午饭后，……孟真来，仲武继至。

（2月17日）阴。星六。……午饭后，孟真来，以所作《殷历谱序》见示，细阅二过，交翼鹏。……归后，孟真来谈。

两个山东大老爷们，性情率真，肝胆相照，不假修饰。"献唐先生与傅孟真交最笃，书简往还，无不言搜罗刻印乡邦文献之事。凡先生所为，孟真均竭力助成之。盖孟真之于先生，犹林汲之于南涧也。"文献学家王绍曾曾将二人关系比作清山左学者周永年与李文藻。

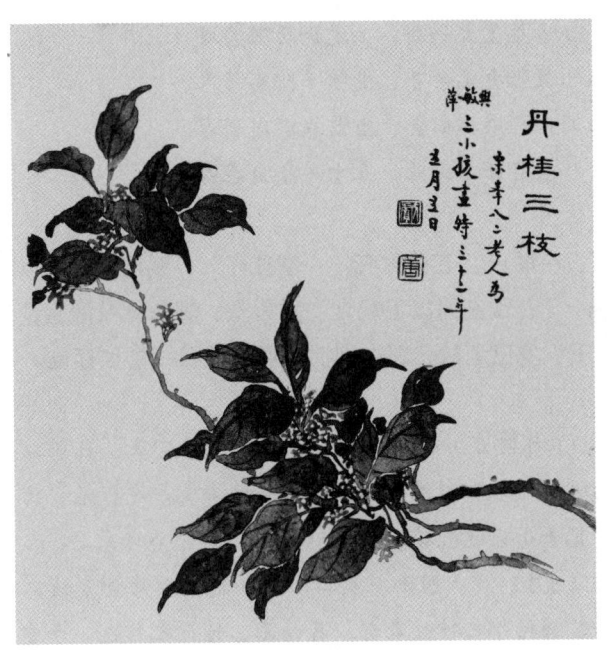

1943年5月5日王献唐为董作宾孩子画花鸟（董敏供图）

王献唐与董作宾曾同为"山东古迹研究会"委员，共同参与过1930年城子崖遗址、1933年滕县考古发掘。在板栗坳，两人时有过从。

1943年（7月20日）早起，为彦堂题《平乐印庐行箧印景》，至十一时毕。（8月15日）晚饭后出外散步。彦堂来谈。（8月16日）五时彦堂来。

1944年（1月28日）阴雨。星五。七时许起，摹记丑形金文诸资料。彦堂来。

（2月2日）阴。星三。……致彦堂一笺，请其抄与卜辞中各项资料。

3月20日，董作宾晋五秩。"三月十七日。……彦堂明日五十寿，所中诸人约余为做寿，成诗一律贺之。午饭后，以朱砂写讫。彦堂来，持去。"诗云：

今古星星火一薪，上元调历若为神。
已教张史无余艺，更觉平阳有替人；
阅世龟书撢旧典，当前蚁酒对新春。
与君且话名山业，五十年华自在身。

且口占一联："五秩称庆，一堂独存"，嘱请罗伯希以篆体书写。下联颇感于"昔钱玄同以王观堂、罗雪堂、郭鼎堂及彦堂，为甲骨学中四堂；今王、罗已老故，郭亦别治他业，故云一堂独存也。"

（8月17日）晴。星四。八时起。彦堂来，日前以五百元由所中购平价布等即赠彦堂。续点校《钱考》。午饭后，为彦堂画荷一幅，其子小兴送桂花数枝来……

（8月24日）阴雨。星二。……晚饭后彦堂来谈，以所撰《殷历谱》将付印之抄叶来看，甚精密，传世之作也。余亦以《建武范考》与之商酌。

（11月6日）……又至彦堂处借书，拟续撰《金石志稿》。十时许，同彦堂下山……旋与彦堂赴市肆。

1945年4月30日，董作宾《殷历谱》完稿，王献唐专为此书题写内封面。

（5月31日）晴。星三。……闻彦堂生女，使人购鸡蛋为贺。……近来米价日涨，上月吃米合七百余元，本月五千一百五十三元矣。

李济，是中博院主任，住在山下张家祠堂，也与王献唐同龄，两人结谊，仍是山东古迹研究会与城子崖发掘。王献唐作为管理中英庚款董事会所聘"考古及艺术史组受协助人"，李济就是此计划的审读人。李济的父亲李权是晚清拔贡，曾为皇家管文物的官员，一辈子读书写字，尤好作诗填词。亦为王献唐与李家亲近的原因。

1943年（8月16日）……五时彦堂来，彼请济之之尊人晚饭，邀作陪。在座有孟真、方桂诸人。

1944年（8月17日）晴。星四。八时起。……济之之老太爷李郢客,后日为七十七岁寿辰,彦堂以其画像属点缀。晚饭后,至江边散步。回写小引于画像之后,备祝寿者题名。（11月6日）……午饭回,至济之处。二时许,还山。济之夫人赠菊花一束,今年首次见也。

1945年（1月16日）晴。星二。……午饭后,……济之、彦堂来。晚饭后,出散步。夕阳衔山,云霞焕采,极有画意。

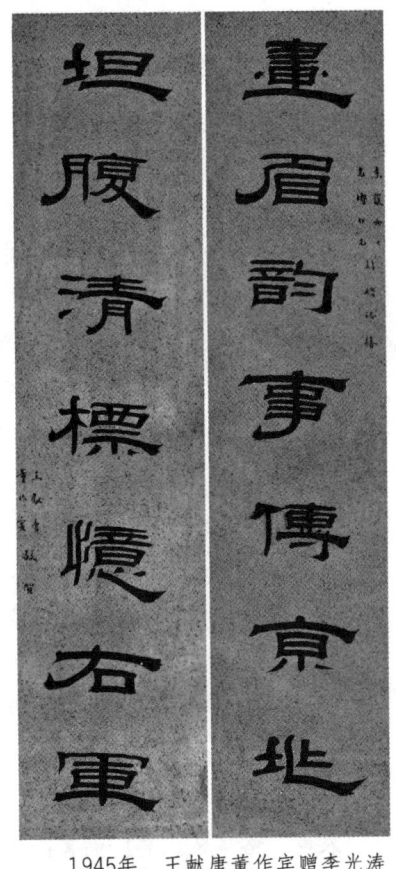

1945年,王献唐董作宾赠李光涛张素萱婚联（李幼萱供图）

栗峰王献唐门下,趋前问学的年轻学者,来得最殷勤的屈万里之外,还有山东老乡逯钦立、研究甲骨文的李孝定、长于田野考古的石璋如等。"得天下英才而教之",栗峰老人一乐也。

四、异乡休戚 家国恩仇

1943年9月14日,是王献唐在板栗坳过的第一个中秋节。

今日为旧历年中秋节,以酒肴约仲武、彦堂、翼鹏、贞一,至江边林树中小饮,十一时回。午饭后小睡。检阅《史林》。向晚彦堂以酒食约赏月,与裕玮往。饭后在大门外看月,清光照映,田水清澈,桂香时时沁人,心甚爽舒,异乡之乐境也。

王献唐在史语所办的单身职工合作社搭伙，初尚衣食无虞，但物价飞涨，亦甚堪忧。据《平乐印庐日记》——

（1944年2月2日）阴。星三。……午饭后，仲武来长谈。……合作社计算上月全月份油烟诸费共七百余元，物价真可骇人也。

（2月26日）晴。星六。七时许起。……偕仲武至李庄小饮，天气甚晴和也。在市中略购物品，已用去六百元。三时回山，小睡。接莘农电，裕华患肺炎甚重，在医治中。饭后心甚抑郁，出外散步。彦堂来。翼鹏送尤（游寿）女士茶花赋属题，略看一过。九时早睡。仍念念于裕华之病。

（2月29日）晴。星二。……彦堂由李庄回，言吴子馨[1]兄已死矣，业与孟真、济之诸人共去电吊挽。子馨治金文甲骨功诣精深，著述丰富，人亦刚健不挠，学行兼优，凤患肺疾。去岁在乐山晤谈，仍在武大授课，扶病不辍，曾劝其少息。彼言曰：在抗战之时，战士应死在疆场上，教授应死在讲坛上，竟不幸而言中。哀哉！哀哉！中国国学界又弱一个矣！

自闻其耗已哀痛不已，勉强修改《钱考》二条。及晚又接莘农电，裕华又死矣！电言：肺炎医治无效，已以万元葬之。余生四子，此子最为钟爱，今年在医专毕业，不意夭亡。去岁以来，亲友凋丧愈演越酷，天之厄人至于斯极！自问凤于佛法颇有领悟，一至实际，即无以自主。晚间未进饭，只饮酒数杯，感今怀昔，万念起落，忧能伤人，又何以自持耶？

王献唐有振华、裕华、国华、文华四子，次子裕华最得钟爱，毕业于成都华西协合大学医学院，不幸早逝。

---

[1] 吴其昌（1904~1944），字子馨，海宁硖石人。16岁考入无锡国学专修馆。1925年考入清华国学研究院，从王国维治甲骨文、金文及古史，先后任南开大学、清华大学讲师，武汉大学历史系教授。

（3月8日）"去年来李庄，今一星终矣。岁月如梭，而家族死散流亡，真不堪回首"。

（7月4日）晴。夜雨。星二。（前略）接振华函，言裕华之墓须加修用款，估价九千余元。

（7月6日）阴。星四。（前略）裕华殁后即葬万县山上，坟系土筑，雨水逐渐冲毁，势须以石重修，估工九千余元，一时无此财力，拟以旧收古代甲饰全部售于聚贤，得万元寄万修墓。昨致聚贤、莘农、振华各一函，即为此事。复重写聚贤函发出，父子一场，以此了之，可哀也已。

（10月11日）阴雨。星三（前略）接莘农函，裕华墓已修好，共享万五千元。聚贤之万元已汇去矣。

1945年（1月16日）晴。星二。八时许起。天气渐暖。……日前希伯赠酒二瓶，据云明代酒窖，其酿成在五十年前，饮之，果然醇美。今日孟真来，酌一杯去。济之饮之，回大称赞。思永又求。彦堂来酌半杯去。甚有趣。

五、丹青妙手 信笔点染

山村野趣，春华秋实，四时变异。这给饱受磨难的异乡人些许安慰。王献唐稍有余暇，即展纸挥毫，写字绘画。

1943年（8月15日）为叔岷[1]画菊一幅。
（9月3日）点缀《雪庐图》，画颇深厚，迩来之佳作也。
（9月6日）偶于筐中得小石，刻"栗峰"二字。
（9月8日）孟真来，明日即赴重，以为达生、炳南及鼎兄所作画，托其带交达生，并嘱达生代裱。
（9月13日）为李庄镇长作画一幅，颇不恶。所中某君有一西装为洗衣铺遗失，由镇长交涉赔款酬报，不受，言得余画一幅足矣。因辗转求作画事，甚可笑也。

---

[1] 王叔岷时为李庄史语所附属北大文科研究所研究生。

失主不受钱币，得一画足矣，足见斯人情操不俗，也足证王氏已名扬遐迩。

9月16日，孔德成致信王献唐——

献唐仁兄左右：

前上一函，谅已入阅。手教拜悉，嘱件自当送润海阁裱之。……弟明日进城访孟真，画当取来。……粟峰印甚佳，直逼周秦，苍朴古雅，令人爱不忍释。非老人之手笔，他人绝不能出此。……《雪庐图》及兄为弟所作画，当即付装池，而《雪庐图》恐将遍征题咏。……[1]

1944年（7月25日）八时起，为聚贤写《金文彷格》，因彼欲为学生印书帖，求人书各种字体，印为《彷格》出售，以金文属余也。……午饭后，写《彷格》毕，共三纸，即连彦堂书者，函致聚贤。

（8月24日）阴雨。星二。……午饭后为劳贞一作山水一幅，颇称意。

（2月28日）"接铎民[2]函，为传钵法师仿碑嘱余书之。寄赠灌县唐人书经残石拓本二纸，彼所藏也。"

（10月10—15日）写《传钵传》，隶书，颇小，极烦苦。

（10月16日）致铎民一函，将《传钵传》寄去。伊前寄来二百元为买纸画格之用，并寄还。

1945年（2月9日）为伯希题砖，拟三跋。

王献唐书画出名早，1937年即被山东省教育厅聘为"第二次全国美术展览会山东出品审查委员会委员"。他曾为齐鲁大学《国学汇编》与《齐大季刊》（1932）、《海岱画刊》、山东省教育厅编绘《山东

---

[1] 杜泽逊注解：《王献唐师友书札》，青岛出版社，2009，1873—1875。
[2] 朱铎民（1889～1985），名镜宙，法名宽镜，法号佛显。历任甘肃省府委员兼财政厅长、陕西财政厅长，亲历西安事变，亦为和平呼号。1940年因抗战入蜀，遂念隐遁，皈依佛门。有文才，成《咏峨堂佛学著述四种》。

省各县学区图》（1937）等书刊题签。
当年山东日照，老乡慕名，买纸求字，
以致"洛阳纸贵"。屈万里曾评价王献
唐"先生著书之暇，偶为七言绝句，清
逸隽永；善丹青，法唐宋，喜为花卉尤
喜作风荷，信笔点染，俨若弗弗飘风，
骤出腕一；书擅篆籀。篆书清婉，如其
诗；籀书则遒劲森严，妙得彝器款识刻
铸神韵。"[1]《中国美术家人名辞典》评
其"小品得宋人余韵，然非兴致，不轻
易落笔"[2]；所遇求字求画者，不知凡
几。

学者王献唐（采自网络）

秀才人情纸半张，那时书画少作商品，多是人情。

六、无愧乡邦 已乎献唐

1945年9月中旬，王献唐离开李庄到重庆，乘船返回南京，寓丁家桥丁惟汾宅。1947年后，王献唐脑疾日重，在北平医院做开颅手术后，10月返回济南，住经十路33号，续任山东省立图书馆馆长。因疾病缠身由罗复唐代理馆务。当年那批珍贵图书文物，历经播迁后，完好无损运回济南。此段经过，屈万里曾撰《载书播迁记》[3]，详述其间种种艰险历程。播迁十年，王献唐被誉为"齐鲁文脉的守望者"。而其代价惨重，本人数年重病。除次子裕华埋骨四川，长子振华一家也于1949年惨死于重庆渣滓洞，尸骨无存。王献唐曾有诗云：

孤鹤辽天百病侵，松门画梦已沉沉。
十年一瞥成桑海，惆怅王郎万劫心。[4]

---

[1] 王仲裕：《王献唐先生诗文书画集》，台湾：台中莲社，1998。
[2] 俞剑华主编：《中国美术家人名辞典》，上海人民美术出版社，1981，145。
[3] 王文刚撰稿，王运堂主编：《山东省图书馆志》，326。
[4] 李勇慧撰：《王献唐著述考》，山东教育出版社，2014，394。

1948年9月24日,济南解放,山东省立图书馆被济南军管会接收,王献唐去职,桌上灯火已在政治斗争和内战的寒风中摇曳。这年年底,考古学家李济离开大陆去台,据其子李光谟讲述:

> 父亲在家里不太说话,偶尔有朋友来,他们在客厅聊天。我在房间里总能飘来些只言片语。来家的有傅斯年、董作宾、郭宝钧等先生,大家都住在附近。……1948年9月共军打下济南后,傅先生来家,忧心忡忡跟父亲说:"听说没有?王献唐扫大街呢,扫大街。"父亲问:"可靠不可靠?"傅先生说:"不知道,反正好几个人这样说。"父亲本意不太想动,他自己就说:"我这一辈子搬了多少次家,不知道。但搞这一行,不搬也不行,否则这些东西损失了之后算谁的?"到台湾去,对于他来说是个不得已的选择,但是王献唐先生扫大街这件事情,在他们看来是件斯文扫地的事情。从那时起,我觉得他就有走的想法了。[1]

夏鼐日记:(1948年11月4日星期四)"下午屈翼鹏(屈万里)君来谈,知王献唐君仍在济南,曾遭抢一次,但身体尚安全。"[2]

屈万里随中央研究院到了台湾。1972年,屈万里以甲骨文、经学与版本目录学等卓越成就,膺选台北"中研院"院士;1973年1月出任台北"中研院"史语所第四任所长。王献唐卒于1960年11月15日,他能预知屈万里的学术走向,尽管他没看到那

1963年夏,屈万里摄于台北
(李前珍供图)

---

[1] 2005年9月1日岱峻寓所,李光谟讲述,作者记录,冯志整理。
[2] 夏鼐:《夏鼐日记》卷4,213。

一天。

1993年，远在台岛的孔德成为在青岛重新修建的王献唐墓撰表铭曰：

> 已乎献唐！往也者，人能论其短长；来也者，焉能前知其炎凉。下学上达，既无愧乎乡邦；固穷守约，又何让于古之贤良。已乎献唐！[1]

---

[1] 孔德成："王献唐先生墓表"，载《春秋》，1994（3）。

空谷出幽兰　深山闻俊鸟

2005年8月8日，一周过后就是日本战败宣布投降的60周年。我在邮箱里收到梁思成林徽因之子梁从诫（1932—2010）发来的电子邮件。他毕业于北大历史系，是著名的环保人士，发起组织中国首个民间环保组织"自然之友"，曾获"地球奖"、国际中国环境基金会授予的杰出成就奖等。73岁的梁先生曾在李庄过了6年。他在邮件中写道：

岱峻先生：

收到您寄赠的大作《发现李庄》，十分感谢。

我初步翻阅了涉及梁、林的那一段，感觉写得很好，好在它比较真切地再现了当时外省知识分子在李庄的生活状态和心态。为此，我个人很感激你。

我只想提醒你一点，李庄也曾为新中国培养过人才，当然这些人才与傅斯年、李济、梁思成等对中国文化事业的贡献不可同日而语。但我们这些"第二代"，包括李光谟、梁再冰、李文茂（李方桂的女儿，后在美国加州一大学任社会学教授）、董作宾的公子董小敏（现在台湾，曾回过李庄访问）、我本人等，都是在李庄上的小学或中学、大学，接受了最初的启蒙教育。我还记得我上的是李庄镇第一中心小学，我们有一位教自然课的女老师姓张，在她的课上，我第一次见到实验用的马德堡半球和聚电器。李庄小学的教学质量不低，我小学毕业后，父亲带我到重庆考中学，我同时考上了两个当时在后方最著名的中学——贵州花溪的清华中学和重庆沙坪坝的南开中学。当时南开考生两万多，只取二百五十名，我这个从偏远小镇上来的孩子居然考上了，也可反映出小地方小学的教学质量。

以上这些也都是回忆了。写在这里，供你参考。[1]

这封信犹如一颗种子，埋下了我一个念想，想一窥那些金枝玉叶在烈日风暴中如何绽放青春。六年时间，该是种子发芽到含苞欲放的季节。

战前的1930年代，中研院的孩子们（汤榕供图）

一、古镇有庠序

在李庄，不少人怀念那段战时岁月。当年的小学生吴传荣不胜感叹："那是李庄的黄金岁月啊，从读幼儿园到上大学，不用出镇一步，这在全国的小镇也许是独一无二的！"吴传荣有个同学，就是梁从诫。当然，除了学校教育，梁从诫和姐姐梁再冰还有不一样的家庭，他这样回忆母亲：

---

[1] 2005年8月8日，梁从诫致岱峻信。

她在病榻上读了大量的书。我和姐姐至今还能举出不少其时她读过的书名，这是因为她经常念书有感却找不到人攀谈，只好对着两只小牛弹她的琴。这时期，她读了很多俄罗斯作家的作品，我记得她非常喜欢屠格涅夫的《猎人笔记》，并且要求我也当成功课去读它（那时我只有十二岁），还要我们一句句地去体味屠格涅夫对天然景色的描写。《米开朗基罗传》因为是英文的，我们实在没法子读，她就读一章，给我们讲一章，特别详细地为我们描述了米开朗基罗为圣彼得教堂穹顶作画时的艰辛。……在她兴致好的时候，间或喜欢让姐姐和我坐在床前，轻轻地为我们朗读她旧日的诗、文，她的诗正本考究韵律，对仗"上口"，由她本身读出，那声音真是如歌。她也经常读古诗词，并讲给我们听。印象最深的，是她在教我读到杜甫和陆游的"剑外忽传收蓟北"、"家祭毋忘告乃翁"，以及"遥怜小儿女，未解忆长安"等名句时那种悲愤、忧闷的神情。[1]

那时，病榻上的母亲仿佛站立起来，声情并茂。梁再冰讲述：

在李庄时，林徽因从史语所借过几张劳伦斯·奥列弗的莎剧台词唱片，非常喜欢，常常模仿这位英国名演员的语调，大声地"耳语"："to be or not to be, that is the question！"于是父亲、弟弟和我就热烈鼓掌……她这位母亲，几乎从未给我们讲过小白兔、大灰狼之类的故事，除了给我们买大量的书要我们自己去读外，就是以她的作品和对文学的理解来代替稚气的童话，像对成人一样来陶冶我们幼小的心灵。[2]

一对小儿女是"一树一树的花开，是燕在梁间呢喃"，林徽因在给费慰梅的信中写道：

---

[1] 梁从诫：《师道师说 梁从诫卷》，东方出版社，2016，31—32。
[2] 丁言昭：《骄傲的女神林徽因》，上海书店出版社，2002，259。

再冰继承了思成的温和和我所具有的任何优点。她在学校里学习和交友成绩都非常出色。她容光焕发的笑容弥补了她承继自父母的缺少活力……另一方面，从诫现在已成长为一个晒得黝黑的乡村小伙子，脚上穿着草鞋。在和粗俗的本地同学打交道时口操地道的四川话。但他在家里倒是一个十足的小绅士，非常关心我的健康，专心致志地制作各种小玩意儿。[1]

这可是"自然之友"的"不忘初心"？

当年，十来岁的罗嘉骊，可能与梁家姐弟没有更多交集。他是社会所研究员罗尔纲之子，1941年春随父母从贵阳来到李庄。知识人最大的忧虑是孩子失学。1939年，宜宾城内的省立宜宾中学躲避空袭，疏散到镇南一华里的天井山东侧的张家大房子，并将隔冲的古庙文昌宫作为男生宿舍。罗嘉骊就近插读，据他回忆：

1937年秋逃难途中，赵元任、唐钺、李济和胡适家的孩子在湖南长沙铁佛东街唐生智的公馆。左起李凤徵、胡祖望、赵如兰、赵新那、唐艺兰、李鹤徵、李光谟、唐子杰、赵来思、赵小中（李光谟供图）

---

[1] [美]费慰梅著，曲莹璞、关超等译：《林徽因与梁思成———对探索中国建筑史的伴侣》，160。

宜中离门官田不过四五华里，但要翻过两三个小山坡，坡上都是旱田，没有小路，我上学都走田埂。除偶尔看见个别农民劳作外，连个人影也没有。所以我父亲让我住校，周末回社会所住两夜。

当时的条件确实非常艰苦。高中和初中各占了一座不太大的庙宇，相距二三百米，用竹子搭成许多大茅草棚，四面透风，这就是我们的教室、宿舍和饭堂。学生总有近千人吧，所以是相当拥挤的。老师中有不少住在宜宾，来校上课多有困难。印象中我在宜中近一年好像就没上过数学和史地课。晚上没有灯，大家就摆摆龙门阵打发时间，也有用功的同学，两三个人组合起来背语文教本《古文观止》。[1]

对人类苦难的怜悯，对人类共同命运的思考，这是不是后来的共和国外交家，那时就埋下的种子？

李济之子李光谟（1927-2013），那时也在读省立宜宾中学，1942年已是15岁的翩翩少年，春情萌动，爱上高一年级的一位女生。她父亲是宜宾城一茶叶商。"青青子衿，悠悠我心"，"一日不见，如三月兮"。上学放学，他们都结伴双飞。但两边家长都明白，这不过是晨光时分草叶上的两颗露珠。于是，李济夫妇断然将儿子转学到同济附中，以示隔离。出差重庆，李济还在信中委婉劝导稚子：

你对于人生经验想了解，是每一个在正常发展中的青年应有的现象，对于交朋友的见解也很可取。人类的前进，完全靠前辈的积存经验传与后人。后人以很短的时期把前辈全生的经验学到了，再加上他的新经验积在一起，再传到他的后辈，无论在学术上、道德上以及他生活上都适用。假如前辈认为他们的经验已是尽矣，不能复加，这种守旧的态度固然有害人类的进步，但是假如后辈以为世界的一切都可自决自行，对于前辈的经验全部抹杀，也是不会

---

[1] 罗嘉骥：《抗战中的李庄》，载《贵港日报》，2007年4月28日。

有进步的。……[1]

长辈的蜜糖，或许被晚辈视为砒霜。每一代人的人生经验，都很难移植。李光谟初恋刚一冒芽，就被掐断了，却与那位女士终身保持了友情，尽管不在同一个城市。

父母让儿子转学的决策没错，同济附中极可能是李庄乃至宜宾的最好中学。曾在此校教授国文的曹融南回忆：

> 走出李庄镇东门，是一条宽整的石板大道，通向乡郊。道侧耸立着一列高高的麻柳树，浓绿成荫，所以得名"麻柳坪"。走约半里光景，道北有条泥路通向近百米外的江边。这里有些竹林、农舍、菜圃、蔗田；道南则出现两座水泥与鹅卵石胶结成的石柱，有如门阙，左右并各附一段矮矮的石墙。这就是同济附中的校门，但没挂校牌。
>
> 那时同学入学后享有助学金，但数目不大，所以生活是艰苦的。伙食由各班轮流推人经管，虽精打细算，饭菜还是量少质差，仅能勉强饱腹。有时，上午的课正在进行，远处突传来猪叫声，同学们便都欣然色喜，因为这是今午"打牙祭"（餐有肉）的信号。用水由工人直接从江边挑来，饮用的则用明矾先加净化。同学浣洗衣服，就径去江边。好在，平时闲散，田野美景，江上清风，都不费一钱欣赏。[2]

那所学校出过的一位翻译家、作家周懋庸（1932—2014），也是笔者晚年的忘年交。她曾向笔者讲述：

> 同济附中在江边的麻柳坪，离镇上还有大约两里路。我们有时晚上出去，手中点一根竹篾做的火把照明。平时点灯用当地出的一种灯草加菜油，很招蚊虫。学生食堂，同学轮流当监厨和采买。

---

[1] 原信由李光谟提供。
[2] 曹融南："李庄的回响"，载《文汇报》，2007年6月15日。

生活清苦，人年轻也不觉得，学习都很努力，课余还出壁报，也有文艺演出。我是1945年秋进的附中，年纪小、个也小。曾在小歌剧中演一只猫，从此得了"小猫"的外号。女生不多，几个年级都在一个宿舍。梁思成先生的女儿梁再冰也在附中，但她不住校，和我最要好的祝希娟也不住校，因为她父亲是工学院教授，她母亲是职员，主管给学生发公费。她姐妹兄弟很多，她可能是老二。她家是江西人，但姐妹们都讲四川话。

祝希娟曾在电影《红色娘子军》中饰演主角吴琼花，是当年最红的影星。她父亲祝元青，是同济附设高级工业学校校长。她开始就读私立益德小学接受启蒙教育，后来读同济附中。据祝希娟讲，她在各种履历表中，都会填上："一九四三年至一九四六年，在四川宜宾李庄上学"。

同济附中的老师，还有台湾言情小说家琼瑶的父亲陈致平，应该教过周懋庸、祝希娟她们的国文。那时，琼瑶和龙凤胎弟弟随母亲袁行恕住在下游数十里之遥的泸县泸南中学，每逢假期，才会到李庄小住。

1940年代，社会所的孩子李庄石崖湾合影。右一徐义生长女徐璧云，右二宗井滔之女宗丕庄，后排高者为彭雨新大女彭一民，左二为梁方仲长子梁承邺，左一左三为彭小弟及梁小妹（董杰供图）

二、栗峰一群熊孩子

镇上就学条件简陋,但在山上史语所孩子眼中已然乐园。板栗坳离镇上有七八里地,山高路远。此地有一所栗峰小学,是张氏家族的私立小学,业务受南溪县教育局领导,创办人兼校长是乡绅张九一,人称张九爷。教师有罗筱藁、张素萱、张增基、黄婉秋等。校址设在柴门口张九一家的大院内。学生多是张氏子弟及附近农家孩子,几个年级加起来拢共有二三十人不等。

栗峰小学生源不饱和,但史语所迁来后,孩子越来越多。劳榦之子、美籍学者劳延炯在致笔者的信中写道:

> 在板栗坳史语所里同人的第二代,李(连春)家有很多小孩子,但年纪很小,名字都不记得了。记得的有:董(同龢)家有董无极、董无量,何(兹全)家有何芳川,全(汉昇)家有全任洪、全任重,岑(仲勉)家没有小孩,李(方桂)家有李文茂(林德)、李文采(培德),萧(纶徽)家有萧梅、萧长庚,潘(悫)家有潘木良、潘小江(小名),劳(榦)家有劳延煊、劳延炯、劳延静、劳延炳,向(达)家有向禹生、向燕生。逯(钦立)家当时还没有小孩,芮(逸夫)家有芮达生、芮榕生、芮碧生;此外杨(时逢)家有杨光驹、杨光楣。李(启生)家有李前明、李前鹏。王(叔岷)家有王国樱,董(作宾)家有董敏、董萍、董兴、董武、董乙,梁(思永)家有梁柏有。[1]

这些孩子多在5至12岁之间,入读栗峰小学,原本狭小的教室陡然间更加拥塞。教学质量本不能奢望,学费却内外有别,要求史语所的孩子额外多收费。校舍改造和设备添置诸方面,校方也对史语所提出苛刻条件。学校师资不敷,经费短缺,办得有一搭无一搭。就有一些研究人员自己在家教孩子,比如傅斯年太太俞大綵;也有史语所子弟逃学的现象。

---

[1] 2015年6月10日,劳延炯致岱峻信。

1940年春,昆明龙头村"中博苗艺展会"现场,从右至左:梁思成之子梁从诫、李方桂之女李文茂、钱端升之子钱大都、梁思永之女梁柏有、芮逸夫之子芮宝宝、庞薰琹之女庞涛、庞薰琹之子庞军、董作宾之子董敏(董敏供图)

李方桂徐樱夫妇与母亲及儿女林德、培德,在板栗坳柴门口生活了近三年。1943年秋,举家离开李庄而去成都燕京大学,其中一个原因即为孩子的教育问题考虑。

2015年3月28日,笔者陪美国新泽西州罗格斯大学教授李培德、徐燕生夫妇重访李庄。那天,大雨初霁,是乙未年头一场春雨。走在高石梯到板栗坳的山路上,老人逸兴飞扬。望着山下的长江,他记起曾坐船去宜宾理发的旧事,"是在城里理发铺,家长还带着搽洗剃刀的酒精"。他爷爷是进士、翰林,奶奶小藤花馆主李瑞韶是为清廷慈禧代笔的宫廷画师;他舅舅徐道邻是蒋的国防最高委员会参事、行政院政务处处长。他是真正的名门之后。

我们来到板栗坳戏楼台,这里是考古组整理甲骨文的办公地,附近是董作宾住地。李培德说,那时我六七岁,喜欢在石头上磨东西,曾用铁片磨过一把小刀,就在董敏的新裤子上试刀,割开很多小口子。董敏妈妈熊海平还找上家门理论。淘气的李培德也有对头,他怕向达的儿子向燕生、向禹生。他们的父亲向达参加西北考察不在李庄,兄弟俩有些放野。据时在李庄的任继愈回忆：

> 傅斯年在李庄的时候遇到向达的儿子和李方桂的儿子打架，一个五岁，一个八岁。五岁的打不过八岁的，李方桂的夫人就来找向达的夫人，两位夫人争得不可开交。这时候傅斯年经过看到了，对双方赔礼道歉，连说："你们两个消消气，都不要吵了，都怨我。"边说还边作揖。傅斯年处理这事看似"低三下四"，但他是为了尊重李方桂、向达两位专家，让他们安心研究，不为家庭琐事分心。[1]

但那架打输了一方是李培德，他被打掉两颗牙。为此李方桂夫人徐樱坚决要离开李庄。她对先生说，惹不起咱还躲不起？在史语所同人口中，这一场折子戏叫作"李徐樱大闹牌坊头，傅孟真长揖柴门口"。据说，徐樱甚至想好写一章小说回目标题。

2015年3月27日，李方桂之子李培德教授在李庄板栗坳柴门口旧居找到了儿时的感觉（岱峻拍摄）

---

[1] 李静："才性超逸 校雠大家——任继愈谈王叔岷"，载《中华读书报》，2007年8月22日。

那天，在镇上张家祠堂，李庄旅游部门的负责人潘成君央请李培德题字留念。他肯定几十年没摸过毛笔，推辞再三，问我写什么。我说，你离开那年好大，今年高寿几何？于是，他的题词是："八岁随家离李庄，八旬重觅旧时光"。白驹过隙，转瞬七十二年。

劳榦之子劳延煊（1934—2016）也在信中告诉我：

> 当年向达先生一家在柴门口短住，向先生自然整天治学，向夫人和两位公子却都不是省油灯。夫人与其他太太们时常口角，向燕生和向禹生二人，因为比别的小孩都大，经常欺负人，弟弟就被燕生打落了一个门牙，幸好是乳齿。总而言之，向家闹得整个大院都不得安宁。一次向太太与芮太太吵架，拿起晒衣裳的竹竿就把芮家的门栓打坏了。闹得很不成话。孟真先生无法（向毕竟是客人），于是请李伯母出来调停。伯母能言善道，终得和解。傅先生真的向伯母作了一个大揖。说实话，如此的一个大杂院，彼此口角在所难免，但从未发生过另一次与此类似的事件。在整整六年间，大家基本上都是和睦相处的。[1]

山间寂寂，大人们各有所为，只有虚空无聊陪伴孩子。一次，董同龢和王守京的儿子董嘎乙在家养病。"按照西医的嘱咐，要卧床静养。小人儿一整天一整天的躺在床上，大人都不在家，实在够受，于是他们想了个主意，给他一把剪刀几张纸，让他躺腻了就坐着剪纸玩。不想董嘎乙把纸剪完了，没的铰了，便铰起被面来，把床上的被子剪了许多大窟窿小眼睛，让人看了哭笑不得。"[2]

这群熊孩子的最大乐趣，是经大人许可成群结队到一里外的山坡上眺望长江，那是他们中一部分人的来路[3]，却是共同的归途。劳延炯在信中述：

---

[1] 2015年6月12日，劳延煊致笔者信。
[2] 郭良玉：《平庸人生》，201—202。
[3] 还有一些孩子，出生在李庄。

> 我知道来往南溪和宜宾每天都有一艘客船。最初是"长远",小孩们都会等着看。船一开过,一波波的浪送到岸边来,很是有趣。之后听说"长远"触礁沈没,有很多乘客丧命,就换了一艘"长宁"。"长宁"与"长远"大小相似,只是旁边带了一支木制的托船。除此之外,在长江水位上涨的时候还会看到一艘大一些的"长虹"。"长远"和"长宁"汽笛较尖,"长虹"汽笛粗壮。[1]

跟随大人乘船到宜宾玩耍的经历,几十年后劳延烜记忆犹新。

> 说起宜宾,我只去过一两次。我记忆里第一次看电影就在宜宾,片名是"月宫宝盒"。电影院里都坐藤椅,扶手处有一个圆孔,是放茶杯用的。有一晚父亲带我和延煊在石气灯下小摊上吃了一点卤牛肚,真是美味!那时当然很穷,吃得很不过瘾。[2]

1944年3月20日,在栗峰书院礼堂举办董作宾50岁寿庆作品展,孩子们也来凑热闹(董敏供图)

---

[1] 2015年6月11日,劳延烜致笔者信。
[2] 同上引。

三、大师办小学

眼看孩子渐次进入读书的适龄期，这是史语所当家人的最大焦虑。1944年6月17日，董同龢夫人王守京收到傅斯年一函手札："执事领米一事，近以本所稍有增益，执事所领当即改为领米实物一石。今晨会议谈及小学事，拟即改执事为fulltime（全职）之人员，薪水改为二百元。"清华大学高材生升等为全职小学教师，心思缜密的傅斯年想的是下一步棋。两天后，傅斯年致函板栗坳乡绅张建威："敝所子弟升学及为发展栗峰小学所订之合作办法，自七月起不再继续，敬请转达栗峰小学。"傅斯年此时胸有成竹。8月8日，董作宾通知史语所全体人员："为本所自办子弟小学事，谨定于本月十日在礼堂开会，务乞准时惠临。"[1]当日，大家议定，子弟小学办在牌坊头，刻不容缓，赶在秋季开学。

此际，史语所将人类学组的体质人类学部分由吴定良另组中研院"体质人类学研究所筹备处"，搬去镇上，空出牌坊头几间房子，正好用作教室，开了四个班。傅斯年兼子弟小学首任校长，延聘史语所家眷罗筱蕖、张素萱为专任教师，几位研究员的太太作兼任教师，如董作宾太太熊海平、萧伦徽太太、董同龢太太王守京、何兹全太太郭良玉以及俞大䌽等。兼课还请到所里几位研究人员，丁声树教国文，劳榦教历史，石璋如教地理。

何太太郭良玉回忆：

> 子弟小学的一、二、三年级设在牌坊头的大厅里，三个班一个教室，复式教学。四、五年级设在牌坊头左侧两间新屋里。每天上课下课，摇铃由罗筱蕖老师代。学校小，没另请工友，有时罗老师有事，指定一个学生代她摇铃。学生们听话认真，每次摇铃，准时无误。一次派到何芳川摇铃，他说："妈妈，明天摇铃的是我！"说时喜笑颜开，好像担任了个很光荣的任务。次日一早，他穿件洗得灰不灰、蓝不蓝的小大褂子，笑眯眯的，一本正经地摇起

---

[1] 台北"中研院"史语所档案：李 14-14-1，51-2-1，李 51-2-2。

铃来，一直从牌坊头摇到柴门口。"丁零丁零。"老师们，上课了！……董先生一家住在牌坊头，张锦云家隔壁。离课堂特别近，常常打了上课铃，董小妹才从后院出来。

  学校的生活，按部就班，上课下课，没什么特别的可记。可是史语所忽然请了一位徐大夫来，他和做护士的妻子到来后，就热闹起来了。……徐大夫没有孩子，可是他夫人很爱孩子，对孩子很耐心，很关怀。她要培养孩子们的清洁习惯，画了一张表，每天早课前，她到教室检查孩子的卫生：手脸干净不，指甲剪了没有，衣服洗过了没有，如果清洁，她就在表上学生的名字下面画个红星，中等的画个蓝圈，差的给打上个黑叉，并且说，过一段时间总结一回，发给手绢或铅笔作为奖励。儿子对这很上心。他每每催我为他洗干净衣服，鞋袜也刷洗干净。那时候，大人穷，儿子没有几件换洗衣服，两条自做的工装裤，一件洗得不灰不蓝的小大褂，冬天一件大人的衣服，絮上棉花改造的小棉大衣，自然也有三几件旧衬褂，一件夹背心。他所有的最好的一件，就是那红毛线上衣。[1]

1941年春，史语所的孩子们在板栗坳小学（董敏供图）

---

[1] 郭良玉：《平庸人生》，211。

劳延烔在信里告诉笔者：

> 在我一开始懂事时史语所就有个习惯，小孩们称呼大人都用"某先生""某太太"，而不用"某伯伯"等字眼。这不是不尊敬。听说这是赵元任太太杨步伟女士的建议，而大家都同意的规矩。那时史语所人员已不少，而年龄资格相差颇多，很难分辨叔伯之辈。为简单起见，直接就用"先生""太太"。董同龢太太（王守京女士）教数学，她是清华大学化学系毕业。除教我们之外，因为她的化学背景，也在史语所的医务室（设在田边上）兼管药务。在我们班上她教算术，四则杂题都是她教我们的（像我们学的"鸡兔同笼"之类的题目，用代数就完全失去意义了）。她的教学很严但人很开朗，她有一个很特殊的笑声，很远之外就可以辨认。我在约十年前还在美国加州东湾延静家见到她。

这位同事也出现在郭良玉笔下：

> 董同龢的太太王守京，矮矮胖胖的，肤色好看，白里透红，是清华大学化学系毕业生，在史语所的医务室工作，医务室是严格的坐班制，不像研究人员，有些伸缩性。王守京，人很和气，高去寻等叫她王大姐。
> ……王大姐除了在医务所工作，还兼任了子弟小学的算术教员。一天，儿子回来说："妈妈，今天上算术，王老师问董嘎乙：'一尺有多长，一丈有多长。'董嘎乙说反了，他比划着说一尺这么长（两臂一伸）一丈这么长（两个食指拉开一点距离）。董嘎乙说完了，董嘎乙不见了！"我忙问："他哪里去了？"儿子说："王老师一指头把他杵到位子下面去了！"[1]

所以要易子而教，清华大学的高材生就教不好自己的儿子董嘎乙。史语所子弟校红红火火地办起来了，但还是"私生子"，费尽周

---

[1] 郭良玉：《平庸人生》，201—202。

折，老是上不到"户籍"。1945年2月19日，四川省教育厅厅长郭有守回函傅斯年："贵所子弟小学仍应筹足基金，组设校董会，依据私立学校规程向所在地县政府呈请，核转本厅立案，祈饬主办人员查照为荷。"一言以蔽之得照章办理，不能越过当地教育主管。5月11日，史语所呈报南溪县政府："送由本所子弟小学校董事会填具'校董会立案呈报事项表'，至祈惠予立案。"5月31日，南溪回函："关于贵所设立子弟小学立案问题自当如嘱办理，已叮咛教育科提前赶办，对于校董会立案文件除敝府照准立案外并同时转报省府备案。"直至抗战胜利后，交涉仍在进行。9月29日傅斯年致函郭有守："敝所虽与一般私立小学立案条件未合，兹以情形特殊，务乞惠予令知南溪县政府不必按照一般私立小学之成例"。10月19日，四川省教育厅郭有守厅长回函："贵所子弟小学情形特殊可准立案，唯请速具校董会立案呈文于县府俟县府呈转到省再予批准。"[1]

孩子们不懂成人社会的繁文缛节，朗朗书声早已在山风中飘荡了两度春秋。傅斯年亲任史语所子弟校首届校长，继任董作宾，第三任芮逸夫，都经由傅斯年呈报中研院总办事处，院长鉴核。同时，"聘任罗筱蕖女士为书记，以管理子弟小学之事务"[2]。六十多年后，笔者采访了罗筱蕖：

> 我还是个二十来岁的女青年，什么都不懂。傅斯年叫我当教务长，从教务到工友的事都做。那时研究院几位太太，像董作宾太太熊海平、董同龢太太王守京、何兹全太太郭良玉、马学良太太何汝芬等，大都上过大学，修养很好。我常帮太太们顶课，谁家有点事先回家，我都去顶。我性格活泼，爱唱爱跳，与李方桂的女儿李文茂一起演过歌舞剧，剧情讲三个孩子在一家人户做客的笑话。孩子们都喜欢我，由孩子的关系，也熟悉了他们的母亲。俞大綵在家里请我吃过一顿饭。用当地新出的麦粉做了一个蛋糕，两三个菜，龙嫂做的。梁思永的女儿梁柏有读书一直读到抗战胜利。她梳个小辫，挺文静。我和

---

[1] 台北"中研院"史语所档案：李 51-1-3、51-1-15、16。
[2] 台北"中研院"史语所档案：李 5-1-37、5-1-38a。

1937年秋，赵元任家和李济家的女儿逃难时在长沙湘江边。从左到右：赵新那、李凤徵、李鹤徵、赵如兰；到1942年，赵家的女儿去了美国，李济的两个女儿都已病亡（李光谟供图）

逯钦立的第一封情书就是她转的。[1]

之前，梁思永李福曼夫妇带着女儿梁柏有逃难，从长沙撤往昆明，绕道越南海防时曾稍事停留。5岁的小柏有在商店看见一个模仿美国童星秀兰·邓波儿设计的洋娃娃，她在柜台前定定不走，磨着妈妈非要买。当时生活艰难，但梁思永一咬牙还是买了下来。这个洋娃娃在昆明陪伴小柏有度过一段欢乐时光。在李庄，一位富商女儿喜欢上这个洋娃娃。梁思永生病经济困难，夫人李福曼就以18元的价格，从女儿梁柏有手上抱给人家，梁柏有大哭了好久。2004年，笔者去北京，见到梁柏有，她向我讲起这个故事，还说：

当时我们在李庄就住羊街八号，分前院后院。院里有桂圆树花椒树。罗家住前院，我们家与刘叙杰家住后院，他家有两个儿子

---

[1] 2004年6月25日，宜宾上江北红丰路17号，罗筱蕖口述，岱峻专访。

两个女儿。我开始在李庄镇中心小学读书。后来我们上了板栗坳住茶花院。我读史语所子弟校。生活怎么苦我没感觉到，我跟董作宾伯伯的儿子董敏董兴一起玩。前些年董敏托我堂兄梁从诫从台湾带回一张照片，是当年板栗坳我们一群孩子的照片。还有一张父亲在病床上的照片，胡子很长，样子很憔悴。他让我在他床头背《史记》，背不出来，就自己去拿尺子打手心。[1]

提起董作宾和夫人熊海平，李庄糖厂退休干部张远甫既亲切又陌生，仿佛在说自家远亲：

当年在板栗坳，董作宾一家就佃租我家的老房子。我在李庄栗峰小学读书，董夫人教我数学。董夫人是北方人，个头高大，人很谦和。她的声音很好听，教书也好懂。也许是因为夫人的原因，董作宾也常常给我们上习字课。他教我们象形文字，教甲骨文。教了一阵，发现我们啥也不懂，气得直跺脚。早知道他是甲骨文学家，怎么也要学几个字。[2]

少年不识愁滋味，愁苦是日后品咂出的况味。董作宾之子董敏曾向我讲述：

跟我一样年龄的女孩子——萧会计萧纶徽的女儿萧梅，她讲两件好玩的事：她原来在李庄上小学，头上被传染上虱子。后来史语所才在板栗坳自己办子弟校。教师是研究

1939年，梁思永的女儿梁柏有于昆明
（梁柏有供图）

---

[1] 2004年9月11日下午北京，梁柏有讲述，岱峻专访。
[2] 2002年10月，李庄采访。

院的家属。董（同龢）太太王守京教我们数学，她是清华化学系毕业的。我们跟她学。后回南京转中央大学附属小学，考试时答案都对，方法不对，她教的是代数而不是算术，我们全得留一级。

有一张照片，中央研究院成立十三周年，栗峰书院大礼堂堆着他们搬来搬去的木箱，我们在那里捉迷藏，躲来躲去。板栗坳大桂花树下捆两根竹竿。父母鼓励我们爬竹竿。我们在乡下没玩的，就点一根香逮一个大螳螂，一群孩子围在那儿看，螳螂遇到火就以为遇到敌人了。突然一个大人打了一巴掌，打在芮老大（芮达生）身上，是傅伯伯吼他，不能这么虐待小动物！那么大的一个大人还有童心，别的大人哪会管小孩什么事。[1]

2005年9月3日，我在李庄见到董敏。他带来的一本当年他父亲为孩子们准备的纪念册，上面有一段东巴文，书写者是中博院李霖灿从丽江带过来的年轻东巴和才，再由李霖灿再译成汉文：

这篇文字是丽江阿时主住家的和才写的，拿来送给中央博物院的董小敏、董小兴、董小萍三位小朋友的。祝福你们长寿，就像"木里都子"一样，又能干又快捷；就像西番地方的红虎一样，愿你们比其他一切人都能干，你们兄弟团结起来使一切敌人的骨头都折断。从此以后愿你们福泽无穷，正如金沙江源流长远一样。

文末李霖灿有一段后记：

民国三十二年初冬，丽江和才君同我由云南来到四川，董彦堂先生看见了就请和先生写几行麽些文交给他的大公子、二公子和三小姐做个纪念，和先生依他们那边"多巴"经典中的祝福愿语写了几行，由我"半自由式"地译成汉文，颇不曲折达意。[2]

---

[1] 2005年9月2日晚上，宜宾酒都宾馆采访董敏。
[2] 影印件由董敏提供。

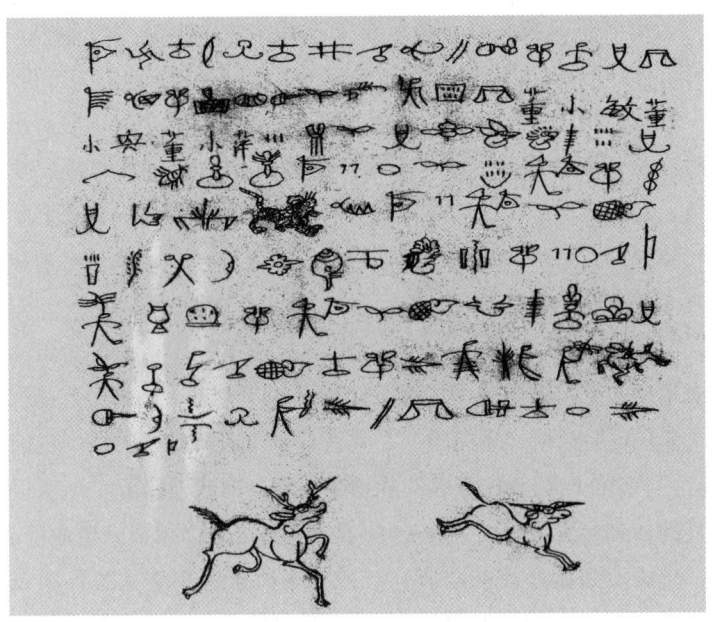

1943年初冬，和才按照东巴经祝福愿语题赠董作宾的孩子（董敏供图）

李庄永胜村农民张汉青曾与董敏一起上学、放学、打架——

> 董先生的娃儿叫董敏，和他爸一样，长一张马脸，凹眉抠眼的。董敏和我一起读过书。栗峰小学四个字，是他父亲董作宾写的甲骨文。董先生一次碰到我，在田里车水，他走过来，对我说，小小年纪，不要做这些事，要多读书。董敏1998年回来过，从高石梯一钻上来，我就把他认出了。我问他，老董，你还记得我不？他看了我一阵，没说话。我又说，民国32年，我们同道在栗峰小学读书，我叫张汉青。我们打过架，一起下河沟捉过泥鳅。[1]

牌坊头栀子花香，田边上荷花绽放，是骊歌唱响的时节。劳延炯曾致信笔者：

---

[1] 2002年10月10日李庄永胜村采访张汉青。

小学毕业典礼时,毕业生要在礼堂的台上唱《志愿歌》。歌谱是这样的:111-|6---|464-|1---|211-|3---|211-|4---|。歌词共四句,后两句说出自己的志愿。前两句是"我的志愿"要学某某。如果几个人的志愿相同,可一起唱;但如果一个人的志愿与别人都不同,就单独唱。我最佩服我班的潘木良,他那时候的志愿是海军,只有他一人。他站起来独唱,声音洪亮,真是了不起。[1]

潘木良的父亲潘悫是参加过殷墟发掘的"考古十兄弟",喜欢唱京戏,同事开玩笑喊他"潘白脸"。笔者对那个有舞台感的潘木良前辈颇感兴趣。不知他向往蓝色海疆的梦想是实现,抑或埋葬了?

直到1946年春末,劳延煊这一届小学毕业生仍领不到毕业证。4月17日,史语所致函南溪县政府:"兹将本所子弟小学立案各项表册附上,敬请查收,并祈仍以本所子弟小学情形特殊,学生人数未能足额转请省府特准立案。"9月23日,南溪县政府一封公函送达史语所,内容为"函请将本所子弟小学毕业生毕业证书加盖县印。"[2]这时距离他们告别李庄只剩下几天时间。

2015年9月23日在李庄,(左起)岱峻和董敏(董作宾之子)、梁柏有(梁思永之女)、李在中(李霖灿之子)参加海峡两岸学术交流会

---

[1] 2015年6月3日劳延煊致笔者信。
[2] 台北"中研院"史语所档案:李51-1-1,16-14-12。

四、一只丢失的小黑羊

2004年9月,李光谟领着笔者去到梁思永的女儿梁柏有家。她向我讲述她的故事:

> 1946年我随父母到重庆,在南开中学读了半年,回到北京,读教会中学贝满女中。高中毕业考上北京农业大学园艺系造园专业,这个专业后来并入北京林业大学园林学院。那时我最要好的一个朋友叫彭鸿远,是俞大缜的女儿,她的姨妈就是傅斯年伯伯的夫人俞大綵。北京农大的校长俞大绂是她六舅,但上北京农大与他往来不多。农大毕业,分到北京园林局搞规划设计。"文革"中受到冲击,一个堂妹因祖父梁启超的关系不能入党。我下放到海淀区绿化办公室,所幸是有事做,把全区的园林绿化规划都制作了。现在北京园林局任高级工程师。我先生是新加坡归侨,现在是北京市建筑设计院高工。一个女儿在做涉外会计。[1]

2015年,劳延煊在致笔者信中云:

> 和梁柏有等人相同,我也颇以毕业于史语所子弟小学为豪。李光宇(启生)先生家的女儿李前明和我跟梁柏有三人,都是子弟小学1945年的毕业生呢!二梁(梁从诫、梁柏有)有人说项,都进了南开。我虽考取清华中学,但读了一学期就返回李庄,读宪群中学。二战后读南京市立二中,赴台后读师大附中,旋即考取台大历史系,从姚从吾先生习辽金元史。出国后在哈佛研究生院读中国古代史,师从杨联陞、柯立夫(Francis W. Cleaves)两先生,并与柯师习蒙文。毕业后曾任教于华盛顿大学(University of Washington)、俄亥俄州立大学(Ohio State Univ.)将近四旬,亦曾在母校客座半年。莲生师曾云,在国外教书有点像开杂货铺:什么都要知道一点。这对我很有益处。现在虽与董敏"又老又病"一样,但

---

[1] 2004年9月11日下午,梁柏有讲述,岱峻专访。

不容青史尽成灰的志愿则一如往昔。[1]

劳延炯比哥哥小几岁，离开李庄回到南京才小学毕业。

我自中大附小毕业后考入市立三中，但没有读几星期，就毫无必要的被送到长沙乡下。后来辗转经由广州抵达台北，已较其他的人晚了半年。我毕业于台北建国中学。之后的学历是台湾大学化工学士，密西根大学（AnnArbor，MI）化工硕士，博士。先就职在duPont及Monsanto公司，任研究及资深工程师。三年后转任教于East Carolina University（Greenville，NC）的环境健康科学系，最后的职务是教授兼系主任，直至退休。我和延煊都是大学毕业预官役后来美求学，不是随父母出国的。[2]

2012年6月12日师生在北京重逢。左起劳延煊、罗筱蕖、逯弘捷、李光谟（劳延煊供图）

---

[1] 2015年6月8日、9日，劳延煊致笔者信。
[2] 2015年6月8日劳延炯致笔者信。

战争改变了这些名门之后的命运：烽火家国，跋涉万里，蛰居山乡，增添了生命的豪气，历练了性格的韧性，加深了对世相民瘼的体察和人类命运的同情。这些李庄板栗坳走出的学二代，堪称教育史的奇迹：何兹全之子何芳川，北大世界史教授兼北京大学副校长；劳榦之子劳延煊，哈佛大学博士、俄亥俄州立大学教授、蒙元史家；李方桂之子李培德，芝加哥大学博士、新泽西州大学亚洲文学史教授，女儿李林德，加州州立东湾大学人类学教授；王叔岷的女儿王国樱，新加坡国立大学、台湾大学文学教授等……名字可以开出一长列。

2015年4月，"八旬少年人"李培德及夫人徐燕生重访李庄后回到美国，把观感体悟与在美的姐姐李林德，童年伙伴劳延煊、劳延炯等分享。劳延煊在5月11日致李培德的信中写道——

培德、燕生如晤：

最近访客连连，加上看医生，稽复为歉。多谢报告及照片。看了以后，似乎又回到了魂牵梦萦的李庄。真是非常欣羡你们这次寻根之旅。另一方面，由于我在李庄度过了整整六年的岁月，对它的attachment（依恋）很深，印象也完美。因此，多年以前延炯要回李庄，我没有同行，是怕会把美好的印象损灭。……当年，张访琴先生与我还有一面之缘。有一次，他邀家父在他家餐会，我也跟去了。详情已不复忆及，但记得他是个慈祥的人，饭菜亦复可口。至今印象仍深的，是院内几株丹桂，馨香扑鼻。但比起牌坊头那棵硕大的金桂，却小得多了。……三年以前，在北京曾与光谟兄夫妇良晤。谈起当年往事和目前境况时，大家都不胜感慨唏嘘之至。正是"长沟流月去无声""剩水残山觅旧痕"，李庄的美好，只得在记忆中去追寻了。

李林德读了劳延煊的信后回复：

读了你回培德的信，才知你对李庄还这么情深。那里的确是我们童年很快乐的一段时间。国难慌慌，我们居然有一块安乐的园地度过童年，真是不堪回首。乡镇策划把李庄翻新重修，开辟古镇观光区，那才更可怕。我倒宁可看那老朽的'断垣低堁'。我因香港还有任务，提早打回，没有去李庄、成都等地。在中国时给李家打了个电话才得知光谟兄已归道山。也许你已经知道了。

2015年，宜宾打造李庄板栗坳的史语所陈列馆，董作宾之子、年届八十的董敏应邀帮助规划，指导工作，回李庄生活了三个多月。他把整日的光阴花在与人聊天，走街串巷，蹀躞徘徊上。他既称"又老又病"，为何不早点完事回台湾颐养天年。后来，他告诉我，他在板栗坳咏南山的竹林里养过一只小黑羊。那只羊养大喂肥后，家里急需用钱，把它牵到镇上卖了。父母拿出一点钱，给他买了一只小皮球。他用力狠狠把球踢到山下。他哭那只小黑羊，哭了很久很久。

烽火战乱，因缘聚会，这群名门之后聚在李庄，战后又随父母各自飘散，甚至有人终未再见。他们对李庄心心念念，莫非也与董敏一样，在李庄走失过一只小黑羊？

2005年9月3日在牌坊头台阶上，董敏和李庄永胜村的孩子们（岱峻拍摄）

五、要看新制度怎样诞生的

在李庄的学者二代中，李光谟年龄稍大，被视为"孩子王"，离开李庄那年，他已满19岁。2013年他去世后，劳延煊给我的信中写道：

昔年他是老大哥，领着我们这些小萝卜头子玩。有一回他在李庄江岸用放大镜折射日光，把一张纸点燃了，让我们佩服之至。后来到台湾，兵荒马乱，暂住台大医学院。但还没有机会相聚，他就回大陆了。时移世易，再见时已是在Columbus（美国俄亥俄州首府哥伦布市），他有亲戚在那儿。到2012再遇时，大嫂还把照片找出来看。我最后的印象是，他拄根手杖，身体较瘦，但精神、情绪均佳。在罗筱蕖老师公寓中，大家还尽兴地唱了《五月的鲜花》。此景如在目前，却已是"此情可待成追忆"了。[1]

董敏也向笔者讲述过，当年，从台湾回大陆的光谟大哥，被我们那一代视为大英雄。2004年，我结识了这位传奇人物，并成为他近十多年的忘年交，多次听过他讲自家的故事。

李济一家到达台湾，是1948年最后一个清晨。很快，李光谟就打定主意要回大陆，回忆彼时：

> 我在台湾前后一共住了55天。每天无所事事，看看书，到公园去走一走，心里很着急，又像逃难似的。我跟同济的同学写信，寄航空，一直保持联系。他们都劝我回上海。

1950年代，台北温州街李济寓所，门前即李济太太陈启华（李光谟供图）

---

[1] 2015年5月31日，劳延煊致笔者信。

父母原不同意我走。父亲给我想了很多办法进台大。那时台大日本人还在，傅斯年还没就任，"中研院"派了几个人去接台大校长都待不下去。台大的人看了我的履历，说可以接受。我在同济不已经四年级了吗？按台大规矩从外头插进来的得退两年，还须补一年日语。日本人办的"台湾帝国大学"我不上了。我成绩再不好，同济医学院前期都过了。一年的假期要到了，我打定主意回上海念书。台大医学院医生给我检查，说我心脏没问题，是神经性不是器质性的。

那时从基隆到上海每天有班船。晚上，母亲与过继我家的弟弟光周，一共五六个人送我到基隆码头，父亲没有来。当时也没有生离死别的感觉，因为那时蒋已辞职，李宗仁做代总统，两岸正在和谈，很多人还相信和谈能成功。1949年2月22日这一天，我记得很清楚，必须赶在这个时候。后来系主任说，你要不赶到二月底回来，就不是我的学生了。赶回上海老实说是为复学，不是参加革命。祖父死了我难过，女朋友吹了我伤心，学生运动很乏味，所以李敖骂我潜返大陆，信口雌黄，我根本不是潜返。

2月25日到上海，同学有几个来接我的，已记不得名字。回到上海，心情大变。觉得医学院恐怕不容易念下去了，学生运动耽误一年，又休学一年。于是不想读书，又积极投入学运，想干脆早点把蒋这班人轰走。我参加中共地下党外围组织——G读书会，在学生会担任点工作，还在上海电台做了一期节目，讲大学生学习问题，多是空话。一直到现在，我跟那位劝我回来的地下党同学还有联系，后来他做北京友谊医院院长多年，比我年长。[1]

那一年，李光谟22岁，李济53岁。那时的光谟，不理解父母，尤其对父亲有想法。

1949年4月20日以后，去台湾的人口受到限制，毛泽东、朱德发布了《向全国进军的命令》。父母很着急，一天一封信，一天一

---

[1] 2005年9月1日岱峻寓所，李光谟讲述，作者记录，冯志整理。

封电报地催我回家。特别是淮海战役到了后期，陈毅、邓小平部队已经结集长江边上，"划江而治"的梦想破灭了。父母天天拍电报，把飞机票买好了寄来。一般人根本买不着了。父亲找傅斯年，傅找陈诚，辗转托人给我买了一张飞机票。那时机票比十根金条还贵。[1]

四十五年后的1995年，李光谟从台湾父母遗物中找到母亲当时寄给自己那封信的底稿，全信如下：

光谟：

你到上海之前，你亲口答应我说，若是不能上学，你就要回台湾来的。就是能上学，到了暑假，你也一定要回来看我们的。现在上海已经不能上学了。你为什么不实行你答应我们的话？并且现在已快到暑假了，你留在上海是什么意思咧？你来信说，最好是在大学毕业，你记得我本来不想到台湾来的，你父亲说到台湾可以使你继续上学，把医学完，所以我才同意来。到台湾后，你不肯转学，三番五次非要回同济不可，因为那时可以上学，也就让你回上

2005年9月李庄长江边，李光谟在与作者细说流年

---

[1] 2005 年 9 月 1 日岱峻寓所，李光谟讲述，作者记录，冯志整理。

海，这总是在将就你呀！你回上海后，你父亲就预料上海的局面不久必有变化，大学也许不能维持，所以就打听到德国去留学的事。等到回信来了，写信去问你，你回信只谢谢你父亲的关切，并不肯考虑。你父亲为此心里非常难过。现在出洋留学的资格已不必需要大学毕业了（凌纯声先生从广东回来说的——原注）。台湾大学说可以买我们的书，你父亲打算把书卖了，凑路费送你出去。等你医学成了，你自然就完全独立，替社会服务。做父母的也就可完心愿了。你想我们都是五十多岁的人，只剩下你，你父亲的精神难免是不好，但看样子也是勉强在支持着，现在又在闹牙疼。我咧，一颗心只挂在你的身上，希望你务必马上回台湾同我们商量，动身时间给我们一个电报。

丁先生带来的表已经收到了。[1]

信是母亲口吻，父亲手迹。李光谟回信决绝：

我给他们写了最后一封信，告诉他们，我决定留下来，说我想看到一个新社会是怎样建立起来的，我们还会有相见的一天。那封航空信还可以顺利地送到台湾。后来有人告诉我，母亲收到信后大哭一场。父亲轻易不掉眼泪。我这个人，在他眼里也许不可救药了。[2]

就这样，李济夫妇唯一的亲骨肉从此离去，走上另一种人生。

离开两个月回来，学校读书的气氛已不是很浓，学生运动有声有色，且不是过去那种一般性的喊喊口号，搞搞游行。中共地下党工作做得很深入，有组织地学习呀，干什么的。那时乔石是同济的党总支书记。对于我，不知地下党同志怎么看，觉得这个人回来还是好的，但是得考验考验，因为你也去了一趟台湾嘛。地下党

---

[1] 原件由李光谟提供。
[2] 2005年9月1日岱峻寓所，李光谟讲述，作者记录，冯志整理。

这些老朋友对我还是很争取的，让我看一些书啊，跟我讲一些道理什么的。我担任了学生会负责人，参加了宋庆龄支持的人民保安队，护校、巡夜，维持社会秩序。每天都有人在离开这座城市，但是，更多的人在静静期待着解放。

在上海，父亲还有一些朋友。他大概是寄了一笔钱来，搁在一个朋友处，让他们照顾我，隔段时间给我一些钱。后来我想，当学生，还可以说得过去，但也不能老这样。于是，我就到了北京，考进华北大学学习俄文。这是革命学校，不用自己花钱，包干制。我没有遵从父亲望我学医的意愿，改学俄文，加入了中国共产党，服从组织安排，从事马克思主义哲学理论的翻译。和许多知识分子一样，经历过许多挫折和磨难，但我的生活、信仰和价值观都和共和国连在一起。[1]

李光谟1950年在北京铁狮子胡同1号（即原段祺瑞执政府，现为北京张自忠路3号）中国人民大学大门前（李光谟供图）

2009年，拙作《李济传》完稿后曾经李光谟审定，尤其是他的口述部分。据他称，自1950年离开台湾回到大陆后，再未见过父母，于是笔者也如是采录。2012年，台湾学者陈永发等著《家事、国事、天下事：许倬云先生一生回顾》一书在大陆出版，内中写道，许倬云回忆："济之师独子李光谟在1949年回到中国大陆以后，从此两人只能隔海相思。记得1960年他曾对我模糊提了一句：见过光谟了。那时台湾禁锢严密，

---

[1] 2005年9月1日岱峻寓所，李光谟讲述，作者记录，冯志整理。

我也理解到，有些事不宜说，不敢多问。"[1]

笔者第一次感觉此事蹊跷。很快，李光谟打来电话，向笔者解释，这事许倬云率先披露了。言下之意，有些对不住笔者，尤其对不起《李济传》读者。2016年，李光谟的著作《从清华园到史语所——李济治学生涯琐记》再版，书中首次披露那次与父母秘晤的全程。

> 船到码头，Y先生以夏鼐的同学、某大旅行社职员的身份接船，拜会李济夫妇，并以旅行社名义请他们登岸。他是来"晓之以理"的，同来的还有"考古所的N副所长"。
>
> 大陆方面提出三个分等次的方案：（一）留在大陆居住和工作；（二）或去北京及各地参观，往返自由；（三）或去广州与家人及考古界人士会面，往返自由。
>
> 三个方案都被拒绝，李济的理由是，若是回到内地不会有大的贡献，对国家、民族、文化反而不利；牵连的人太多，在台的亲友、学生必会遭大不幸；即便只是参观访问，回去也有极大风险。他对招待表示感谢，并说他的学生尹达和夏鼐"早就完全有资格担任所长了"。……
>
> Y、N两位的"说服"工作大约持续了两三天，未见成效，接着就把"动之以情"的任务交给我去执行了……
>
> 在珠海的一间会客室里，别离的两代人见了面。当时人们都退出去了，给了一个"单独"谈话的环境，但有一位女同志不时进来照看一下我的多病的母亲（非常感谢她！——原注）。我跟父母的谈话也只能说些家常。他们问的问题也只是更多地关心我们子女的情形。我那时很穷，是借了一套半新的西服到珠海去的，这方面他们也没多问什么。彼此间的话题更多地集中在两方的一些亲友的状况。大约一个多小时后，就招呼我们去进餐了，我们的"单独谈话"也就此中止了，"没有成果"。
>
> 这是一顿比较"丰盛"的饭。那时还在"困难时期"，我是

---

[1] 陈永发等：《家事、国事、天下事：许倬云先生一生回顾》，南京大学出版社，2012，353。

被"组织"从农场抽回来的。(当时我在乡下"搞"社会主义教育呢!——原注)我记得从农场出来时,还是"偷"了农场两个玉米啃着回城的。这场招待饭在我心目中是很丰盛的了,具体的印象是桌上摆着茅台酒一瓶。父亲大概也是多年不见真"茅台"了,他居然一下也喝了两小杯,还直夸说:"挺好!"

过边界线时,我直怕踩上那条被安保人员事先告诫多次的线;等我抬头一看时,两位老人已经过到"线"另一边的车旁了。我手里攥着的一串香蕉(本欲递给母亲途中用的——原注)也没交到她手中。从此以后,父母亲就再也没有和我见过面了。[1]

2013年12月,李光谟在京中寓所逝世,享年86岁。他的一生可分为两个阶段:退休前是中国人民大学教授,主要从事俄文翻译,四十余年来,翻译、校定、定稿近千万字,是我国从俄文版翻译过来的《马克思列宁主义哲学原理》三个版本的终审定稿者,科研成果有《普列汉诺夫哲学著作选集》《马克思列宁主义哲学辞典》等。退休后转而从事对父亲遗著的整理编校工作,著译有《李济学术文化随笔》《李济与清华》《李济张光直通信辑录》《李济考古学论文选集》《安阳》《锄头考古学家的足迹:李济治学生涯琐记》《从清华园到史语所》等书。两阶段人生可谓泾渭分明。笔者曾傻傻地向李光谟问过一个问题:青春无悔,还是有悔?他没有正面回答,只是说,在整理父亲的手稿时,我才知道学问家需要多么大的毅力和淡泊的人生态度。现在要想再做学问,时间已来不及了。

周懋庸的外公是板栗坳的乡绅张访琴。她与李光谟同为李庄

1950年代杨梅火车站仓库,跟随父母去了台湾的孩子(李前珍供图)

---

[1] 李光谟:《从清华园到史语所》(增订本),北京:商务印书馆,2016,373—376。

同济附中先后同学。其后读北大西语系，毕业后长期在中央编译局工作，主要翻译中东欧的国际共运著作，曾与李光谟同获"共和国资深翻译家"称号。因种种缘分，两位老人在京城互有走动，时通音问。2009年7月中旬，她在女儿刘雅陪同下，重返李庄，踏访栗峰山庄。8月1日，她在寄给我的信中写道：

> 我在板栗坳找到了我外公的下老房，邻近牌坊头，大门没有了，但正屋和东西厢房及后房居然在，很破败，农民都不住了。旁正起新屋。但一和我同年的老太，居然还认识一位最后住在此的我的堂姨妈，记得她叫端端。感慨之余，填词一阕《调寄 台城路》：
>
> 余生愿信家乡好，此番酷暑归去。青山环抱，七厦犹存，只残破无人住。名镇曾留，有俊才高士，英杰大儒。战火连天，山中自有安心处。贫病治学奇苦。到胜利东归，立碑留字。
>
> 我今独立，荒芜庭院，四顾茫然无主。儿时曾记，舅家喜宴，似闻笑语，晃如一梦，吟成断肠句。

李约瑟的李庄之行

1943年6月4日，李约瑟（Joseph Needham）在助手黄兴宗陪同下，来到长江边上的李庄。在烽火战乱中，他似乎发现了一个读书为乐、潜心学术的"桃花源"。李约瑟是中英科学合作馆馆长，还有一层身份，是中研院动植物研究所通信研究员。他胸前佩一枚中研院小徽章，使得见他的中国人感到亲切，尤其在中研院系统。他与同济大学生物学教授童第周是旧识，与中研院史语所所长傅斯年、社科所所长陶孟和等，一见如故。他认为："那里的学者是我迄今会面的人中最杰出的。"他与这群书生交流学术，发表演讲，怡然自得。当然，他也是有备而来，为写作《中国科学技术史》收集资料，请教专家，寻觅助手和合作者。这一目的有些隐而不张。

年轻的李约瑟博士（采自网络）

一、写一本旷古未见的中国书

1937年，剑桥大学教授李约瑟门下，有三位中国学生来投，是毕业于燕京大学的沈诗章、金陵大学的王应睐和金女大的鲁桂珍。李约瑟是一位生物化学家，37岁当选英国皇家学会会员，成名作《化学胚胎学》《生物化学与形态发生》。李约瑟尝言："他们施给我两个主要影响——第一，他们鼓励我学习他们的语文；第二，他们提出问题来，为

李约瑟的学生，后来的第二任妻子鲁桂珍（采自网络）

什么现代科学独独发生于欧洲。"[1]

已婚的李约瑟教授，对33岁的鲁桂珍一见钟情，来自中国南京的大家闺秀，颦笑言语间有一种东方魅力。就在他的实验室里，李约瑟学会第一个汉字"菸"，他一生最爱雪茄烟与甜食。他将与鲁桂珍的相爱与《圣经》中描绘圣保罗在去罗马的路上发生的那种信仰上的皈依（conversion）相提并论。[2]他与鲁桂珍合作发表的第一篇论文是《中国营养学史上的一个贡献》。自此，李约瑟开始追问，为什么在公元1世纪到5世纪的漫长岁月里，中国在科学技术方面比西方更为有效并遥遥领先，中国究竟有哪些科技成就及其贡献，为什么中国的传统科学一直处于原始的经验主义阶段，而没能自发地产生近代科学及随之而来的工业革命？他立志要写"一本过去西洋文献中旷古未见的关于中国文化中的科学、技术和医药的历史专书"[3]。

1942年秋，英国政府派遣一批专家学者赴中国访问考察，并给予人道主义援助。李约瑟与牛津大学希腊文教授E.R.多兹被选中。1943年2月，他们乘机飞越刚开通的"驼峰"航线，进入云南昆明。李约瑟随即访问了在昆明的西南联大与中央研究院的天文、化学和工程研究所。3月21日，李约瑟一行由昆明飞往重庆。受朱家骅聘请，李约瑟与E.R.多兹出任中央研究院通信研究员。李约瑟向教育部部长陈立夫表示，除担负中英文化交流工作之外，还有一个研究和写作中国古代科学技术的宏大计划。陈立夫大加赞赏，许诺政府全力支持，并赠给《汉书》《后汉书》各一部。

此时，正值中英关系蜜月期，中英签署新约，废除旧有不平等条约；国府外交部长宋子文出访英国，受到英女王接见；英国首相丘吉尔表示，日本必须无条件投降，否则英军绝不放下武器；英美两国决定把

---

[1] 刘宗华、李珂编著：《中外科学家发明家丛书——李约瑟》，中国国际广播出版社，1998，8。
[2] [英]李约瑟著，潘吉星主编：《李约瑟文集·序》，辽宁科学技术出版社，1986，1。
[3] 王钱国忠：《李约瑟传》，上海科学普及出版社，2007，46。

中国列为四强之一,并邀蒋介石参加开罗会议,等等。1943年初夏,在英国驻华大使薛穆爵士(Sir Horace Seymour,1885–1978)支持下,中英科学合作馆在重庆成立,李约瑟出任馆长。随后,他驾驶一辆车头两边插有中英两国国旗的吉普车,开始学术之旅。

5月初,李约瑟来到成都,考察了荟萃多国学术精英及国内一流学者的华西坝。5月25日,离开成都,他在日记中写道:"昨天,何文俊和我一起在成都购书。书单上的书都买齐了(例如,中国数学史、天文学史、道教史、炼丹术史等)。9大本书只花了477元(记得两人吃一顿丰盛的晚餐就要花100元以上)。"[1]二十多天的成都之旅,李约瑟找到一批关乎"中国科学技术史"的奇书秘籍。

1943年5月李约瑟(右二)、罗忠恕(右一)与何文俊夫妇合影(罗义蕴供图)

---

[1] [英]李约瑟、李大斐著,余廷明等译:《李约瑟游记》,贵州人民出版社,1999,30—32。

5月26日，李约瑟在助手黄兴宗陪同下，自成都九眼桥坐船顺岷江而下。抵达乐山，参观了中央工业专科学校、中央工业试验所木材实验室和五通桥永利公司化学工业综合中心等。他在这座千年古城待了一周左右，重点考察武汉大学。每接触一位受访者，他都会用小卡片记下此人姓名（包括别号）、外形特征、简历、职务、研究方向、业余爱好等。他结识了"具有剑桥气质的真菌学家和植物生理学家"、从事植物生理学和植物病理学教研工作的石声汉教授。离开乐山的下一个目标是宜宾下游的李庄，武汉大学校长王星拱特地安排石教授陪送一程。6月3日，李约瑟在给夫人李大斐的信中写道：

> 你可能不相信，我正在一条中国木船上顺流而下，从五通桥去李庄。这是由一位很有剑桥气质的真菌学家和植物生理学家石声汉安排的。他实际上正和我们一道旅行。开始还有一些别的旅客，多半是小商人，但他们已下船，实际只剩我们了。木船是一条运盐船，是五通桥的盐务官替我们安置的，我们曾向他借宿过两夜……穿过急滩相当激动人心，但一切顺利。船夫们像古埃及人一样，站在船的前半段划桨；船中部张有蓬，旅客们躺在地板上的铺盖里；船尾是船主的小室。二者之间是舵，舵手站在客舱后面像桥一样的踏板上。船主看上去像航海家辛巴德，很引人注目，穿着灰色长衫，头上扎着白色的四川"帕子"，还把妻子和吃奶的孩子带在船上。他的姓很特别，姓巫，是术士的意思。
>
> 方才运上来一大麻袋米。船上的厨子正在做晚饭，船主的妻子已经在舱口吃她自己的晚饭，船的前部支起一个天蓬给船员们过夜。风停了，石博士很着急，怕我们明天赶不及在宜宾上轮船了。我的秘书和亲密的合作者黄兴宗正在读我译的卢克莱修《物性论》新的校正译文。"[1]

那艘盐船，时而在峡谷中颠簸，时而在缓流中荡漾。李约瑟在船舱

---

[1] 石定枎：《用生命去创造：记我的父亲植物生理学家和农业历史学家石声汉》，西北农林科技大学出版社，2005，87。

中续写6月4日的日记：

今天上午，盐船到泥溪镇就没法再走了，因为船桅的支板昨夜弄坏了，一定要等着修理，所以我们只好转到一条小得多的船上。在这条小船上我们颠簸了一整天，所以现在还觉得摇摇晃晃，就像在独木舟上过了一天那样。我们早上五点半坐盐船出发，八点到泥溪，在甲板上吃完早餐，九点半再次起航。一路上穿过急滩和漩涡（我要说，它们对船的影响似乎出奇的小），天很冷，下着雨。正当我们想我们还挺顺利时，另一些船驶近了，又上来约6个小店主之类的人，船超载了。除急滩等等之外，还有一些土匪出没的地方也构成威胁，不过他们并未出现。[1]

1943年的李约瑟（采自网络）

二、李庄十日

6月4日夕阳薄暮时分，运盐船终于停靠在南溪县李庄码头，他们一下船就受到同济大学校长丁文渊、教务长薛祉镐等人的夹道欢迎，还行了英氏握手礼。随即，他们被领进坐落在镇中心禹王宫的同济校本部。

在中国式的轻型竹木结构并抹以灰膏的房舍和庙宇里，人们要比住在欧洲堡垒式的房屋里对天气更敏感。人们是在另一种情况中得到大海航行者的天气意识的。垂檐下清新湿润的和风透入有雕

---

[1] 石定枎：《用生命去创造：记我的父亲植物生理学家和农业历史学家石声汉》，西北农林科技大学出版社，2005，87。

花窗棂的窗户，窗上通常糊有纸（或曾经糊过纸）。庭园青苔不扫，石盆中小树盘曲，阳光直射庭墀。因而，在中国对怎样调节寒暑比在欧洲更加具有个人色彩——冬裘夏葛，还有仅能够一个人取暖的炭火盆。我喜欢这个方式。在李庄，我们受到原由德国人办的同济大学教授们的热烈欢迎。它的校本部在大禹王庙（即供奉中国第一位水利工程师禹的庙），庙的看台很漂亮，俯视着这里很宽的江面。到这里，石声汉就要和我们分手了，和他一道旅行成了最大的快乐。"[1]

2018年9月6日，我赶到李庄，参加中央电视台纪录片组《李约瑟》的拍摄。其实，他们已拍摄完毕，只需我再补几个镜头。导演滕玉虹女士与我一见如故，好像我是她等待的重要角色。那晚看了剧本后，我也不再生分，认为线条粗疏，比如李约瑟什么时候到的李庄，哪个地方下船，谁在码头上接，第二天、第三天，一直到第十天的行程，每天所经历的人事等，有些大而化之。这样要求拍纪录片可能苛刻了，他们的工作已经很细，比如专程去剑桥大学李约瑟研究所采访，还拿到一大叠当年李约瑟在李庄拍摄的照片。

摄制组让我辨识一张照片。滕导说他们先去武汉大学校史馆，那时武大在乐山，教室礼堂也都是在寺庙道观里。武大的老师说，是当年李约瑟在武大演讲时的场景，绝不会错。我一看不对，应该就在李庄禹王宫。我随他们去到禹王宫后殿祖师殿，现在这里叫慧光寺，柱础深浮雕保护得很好，是"哪吒闹海"一类戏剧人物，潮湿长了青苔。摄影师说来过多次，但与照片对不上。

当然不是这儿，我说，读过李约瑟日记，那天是6月6日，是国民政府定的第二个工程师节。古代工程师是治水患的大禹，据说那天是大禹生日。李约瑟演讲切入点很好，一下子让同济师生与古代工程师大禹找到了切入点。他为此很得意，一边讲一边还能看见外面扬子江翻动赭色浪涛的场景。那得去大殿的外面去找。我一下子看到一个巨大柱础，

---

[1] 石定枎：《用生命去创造：记我的父亲植物生理学家和农业历史学家石声汉》，西北农林科技大学出版社，2005，87。

1943年6月5日，李约瑟拍摄的同济大学学生在禹王宫校本部听课（滕玉虹供图）

我让摄影师找准一个角度。他把沉重的摄影机挪到走廊的西北方面，一下子与那张照片的角度重合，再把镜头拉近，柱础石雕与七十多年前一模一样，甚至有一处被利器划过的痕迹。摄影师太专业了，滕玉虹说，他是电影学院毕业的。从这个角度看过去，还原照片场景，原来禹王宫大殿北向完全开敞，现在砌了半截矮墙，墙上安装了窗户，难怪他们过去过来几十次就是找不到这个位置。导演、摄影师和我都有获得感。他们让我坐在当年学生的位置，然后拍下那个镜头，虽然我已经早过了同济大学学生父亲的年龄，但心里还是喜滋滋的，仿佛听李约瑟的讲演着迷。李约瑟日记如此叙述当时：

> 九点钟全体学生都集合好了，他们都很可爱。古庙的祭坛被用作讲坛，教师们坐在旁边。会议开始时首先唱国歌，随后读孙逸仙遗嘱，向他的遗像三鞠躬，然后副校长做介绍，其次是土木工程系主任倪博士讲话，最后我讲话。在听倪用中文讲话的同时，我仔细地看了屋顶上精致的镀金线刻（使人想起Thaxted萨克斯；请你告诉他们）。一幅画面展示大禹举手示意开坝，另一幅表现他跨过家门（传说他勤奋治水，十年中三次过家门而不入）。

……

在这里，同济的物理系和化学系艰难度日，因为如同武汉大学一样，他们的仪器大多在轰炸中和从东部运来途中受损，但工学院各系都欣欣向荣。该校有一座自己的发电厂，学生们花大量时间来组装和架设从下游运来的大量设备。[1]

生物化学家李约瑟特地到同济大学生物系，会晤"第一流的试验胚胎学家"童第周。1930年代童第周留学比利时，两人就认识。此次见面，他们用法语交谈，使气氛能抽离环境，进入物我两忘的状态。随后参观那简陋的试验室后，李约瑟感叹："真是奇迹，不可思议。"

6月7日，农历五月初五是中国人的端午节，纪念投江的古代爱国诗人屈原。早餐吃了粽子，到江边去看龙舟竞赛。黄兴宗注意到，李约瑟对粽子不怎么喜爱，而对龙舟极感兴趣。

2018年9月7日，由长江边顺高石梯见到这座石桥，就是当年李约瑟镜头下的精美石桥（岱峻拍摄）

---

[1] [英]李大斐，李约瑟著，余廷明等译：《李约瑟游记》，332。

下午，他们开始访问山上板栗坳的史语所。"沿着河边一条小路离城（镇），小路穿行于在热浪中闪亮的玉米地之间。过了不远以后，开始攀登一条壮观的石级小路进入山里。路上经过一座优美的石桥。"李约瑟这段日记很有画面感，当年他就在此地拍摄过一张照片。这正是纪录片组疏失了的场景。受到滕导器重，我也有了责任感，决定带他们去走沿江上山的"高石梯"，去拍摄那座石桥。

当年从李庄到板栗坳就这一条道，而今高等级公路已有好几条，于是这条陡峭的高石梯早就没人走，只有杂草自由生长。路上斜坡上，有刺梨开花，火棘挂果。李约瑟写过，黄兴宗向他介绍，刺梨和火棘，都可以食用，含淀粉果酸，维生素含量高。李约瑟说，那时英国也一样，因为战争水果缺乏，人们就用蔷薇果泡水。我带摄制组吃力地爬上高石梯快拢坡顶的地方，用一根木棍打倒一片杂草，那道桥一下子就显露出来。他们及时制止我的莽撞，要是迹印全新，拍摄场景就穿帮了。为情景还原，摄影师让我一遍一遍往山上爬，我已早过了李约瑟当年的年龄，也不像他那么壮硕。直到我大口大口喘粗气，导演终于说好。

"我们抵达那里时看见房屋都很隐蔽。有许多宽敞的大宅邸，中央研究院历史语言研究所、社会学研究所就设在这里。研究所分别由著名学者傅斯年博士和陶孟和博士领导，约有70位学者，因而是研究院两个最大的研究所。"[1]李约瑟或有意模糊，或记忆疏失，实际此处只是史语所。社会科学研究所在门官田，离此地还有十来里地。

如此时的炎暑，李约瑟兴致高昂。黄兴宗回忆："他简直不敢相信，周代、汉代青铜器，商代甲骨，刻满经文的竹简等。李约瑟只在书上读到过，如今却亲眼目睹了。"最让他兴奋的是，他抛出的中国科技史问题，在史语所引起"普遍的骚动"。他在给李大斐的信中写道："各学科研究人员奔走搜寻，发掘他们所想得起的有趣资料，例如：公元二世纪谈到鞭炮的段落；几次重大的爆破事件的记载；公元1076年禁止向鞑靼人出售火药的通令。也就是说，比人们所扬言的伯尔安·施瓦茨（Berthold Schwartz）的'原始发现'还要早二百年。"当晚，住在板栗坳桂花坳傅斯年家中。"傅斯年，山东人，约55岁，有点洋化，谈话

---

[1] ［英］李大斐，李约瑟著，余廷明等译：《李约瑟游记》，36。

很多而能引人入胜,微胖,具有一副令人不能忘记的面孔和形状奇怪的头,灰色的头发直竖上去。"信中提到傅太太俞大綵,说傅斯年"娶了著名将军曾国藩的一位孙女"[1]。"天气炎热,只能穿薄咔叽衬衣和短裤,即使这样还整天流汗不止,扇子成了必需品而不是奢侈品。""傅斯年在我的黑折扇上用贵重的银朱书写了一长段《道德经》,颇有道家风范。我现在得另买一把扇子,因为这扇子变得太珍贵了而不能作日常使用。"[2]

在板栗坳史语所,李约瑟遍览各种珍贵藏品,参观了战时中国最好的文科图书馆。6月9日,李约瑟以中央研究院通信研究员的身份,在牌坊头礼堂发表演讲。临下山时,"历史语言研究所所长傅斯年又送我一部善本的《天工开物》"。

6月10日上午,李约瑟来到月亮田上坝的营造学社,在给夫人的信中,详细记下感受见闻。"今天我们要去参观营造学社。该社由伟大的政治家和学者梁启超的一个儿子主持(你会记得有一次和你从苏格兰回来的火车上,我读过梁的书,并且给我留下了深刻的印象)。我们也要去参观疏散到这里的中央博物院。"[3]踩在上坝营造学社办公室嘎吱嘎吱的木地板上,他详细观看并询问他们的研究课题,目睹艰苦环境中研究人员的工作方式,在笔记本上写下:"如果战后中国政府真正大规模地从财政上支持研究和开发,二十年左右后,中国会成为主要的科学国家。中国人具有民主的幽默感和儒家高尚的社会理想。认为中国人会屈从于日本帝国主义侵略者的诱降是不可思议的。"[4]林徽因在给费慰梅的信里,如此描述当时:

> 李约瑟教授来过这里,受过煎鸭子的款待,已经离开。一开始人们喜欢彼此打赌,李教授在李庄逗留期间会不会笑一笑。我承认李庄不是一个特别使人兴奋的地方,但是作为一个中国早期科学的爱好者,又不辞辛劳在这样的战时来到中国,我们也有理由期待

---

[1] 有误,应为曾国藩的曾外孙女。
[2] [英]李大斐,李约瑟著,余廷明等译:《李约瑟游记》,37。
[3] 同上引。
[4] [英]李大斐,李约瑟著,余廷明等译:《李约瑟游记》,49。

他会浅浅一笑。最后，这位著名的教授在梁先生和梁夫人（她在床上坐起来）的陪同下谈话时终于笑出了声。他说他很高兴，梁夫人说英语还带有爱尔兰口音。我从前真不知道英国人这么喜欢爱尔兰人。[1]

爱尔兰是李约瑟生命中难忘的驿站，他在那里读完中学，说不定还有一段早恋。林徽因那带有爱尔兰口音的英语，莫非勾起了玫瑰色的回忆？

中博院就在营造学社的隔壁，抬腿就到，当日夏鼐日记详情记载：

赴上坝中博院，以今日此间招待李约瑟教授。曾昭燏君将中博院所收藏之长沙出土漆器，逐件取出给我看，讨论有否保守之方法。午刻李约瑟教授由营造学社来，引导之参观彭山出土之明器。午后再参观汉代车制及漆器，然后至张家祠堂参观欧西石器及周代铜器，至大厅用茶。李约瑟教授颇健谈，至傍晚始去。[2]

那时，中博院已拿到伤兵医院搬走后腾空的镇上江边的张家祠堂，但从上坝彻底搬完还得数月。此时的中博院文物分置两处，人员两边上班。

1943年6月13日李约瑟拍摄于张家祠堂中博院，左起李济、黄兴宗、曾昭燏、夏鼐（李在中供图）

---

[1] [美]费慰梅著，曲莹璞、关超等译：《梁思成与林徽因——对探索中国建筑史的伴侣》，158。
[2] 夏鼐：《夏鼐日记》，卷4，114。

6月13日，李约瑟到镇上张家祠堂中博院与李庄的朋友座谈，同时作告别演讲。那天来者踊跃。演讲之前，出现一个意外插曲，陶孟和与傅斯年捐弃前嫌，握手言欢。陶孟和和傅斯年都是"五四"人物，当年在北大，前者是后者的师辈。其时，社会所所长陶孟和已十分低调，常以"五十岁要知四十九年之非"告诫自己。史语所所长傅斯年依然雄强，讲起话来气势恢宏，曾当着众人的面说："陶孟和知道什么？"这次两人握手，或是为了维护"国家体面"。林徽因写道："后来在他访问的最后一天下午，在国立博物馆的院子里，当茶和小饼干端上来的时候，据说李教授甚至显得很活泼。这就是英国人爱好喝茶的证明。"

李约瑟在小镇李庄盘桓了整整十天，直到6月14日，才坐船到泸州。半个月后，董作宾收到李约瑟的致谢函，云"在历史语言研究所的拜访，收获丰盛"。那时，他已回到重庆，30日接受《中央时报》记者采访称："中国科学家在战前最乡僻而毫无科学便利的地方，从事实验室之建造与工作，表现了坚毅与英勇的决心，时时使余惊讶。假设英国的科学家亦不得不在苏格兰最荒野地带，去建造他们的科学，以打败轴心的暴虐，他们能否做得一样好，余诚无把握……以余八年与中国同事在实验工作上之经验，并以余到中国后目睹者而论，余深信中国科学家不怕和世界任何国的科学家相较。"[1]

傅斯年与李约瑟彼此信守然诺。1944年2月5日，李约瑟函傅斯年："著名胚胎学家Dr Walter Landauer询求有关中国古老人工孵蛋的历史资料，可否代向贵院研究员询问该方面的参考资料？敝人对于科技历史十分感兴趣，如承协助更为感激。请李济先生代携各书希已查收。"[2]8月29日，傅斯年致函李约瑟："所开各书为敝所所极需，祈能将该书惠予赠送。"[3]1945年2月23日，史语所图书室收到丘琼云函刘次箫转来的书籍，信中写道："兹由伦敦寄The Cambridge History of the British Empire（《大英帝国剑桥历史》）四册，系英国文化委员会欲奉赠李庄贵院历史语言所者，兹遣差奉上，请便中烦交傅斯年所长。"[4]也是李

---

[1] 《尼德汉谈"科学与政府"》，载《新华日报》，1943年7月1日。
[2] 台北"中研院"史语所档案：李10-10-8。
[3] 台北"中研院"史语所档案：李10-23-5。
[4] 台北"中研院"史语所档案：李10-10-14。

约瑟的回馈。

1946年2月底，李约瑟结束在中国的工作，将赴巴黎任联合国教科文组织（UNESCO）自然科学部主任职，2月27日，出席在重庆两路口国立中央研究院总部为他举办的欢送酒宴。心理所所长兼代理总干事汪敬熙与史语所所长兼北京大学代校长傅斯年分别致告别词。傅斯年说："与其说他看到我们的简陋，毋宁说他看到我们的坚忍；与其说他看到我们目前的落后，毋宁说他看到我们未来的希望。""他在华中间曾一度回国几个月，曾在伦敦和他地做了多次讲演，解说中国的学术界，引起了英国学界对中国的新感觉。先是他来中国之后，一面看，一面报告国内，在《自然》周刊上写了几篇叙述中国科学的事，中国的科学研究在外国有甚高权威的期刊上由甚高的权威者做系统的叙述，也是创见。去年秋天，他应苏联科学院纪念会之请，到了苏联，更为中国科学研究做一详细、实在，充富了解性的介绍。所以他回国以前已经替中国的学界作了优越诚信的代言人，不止一年了。""我们难得这样一个患难中的朋友，难得这样一个了解我们的朋友！庄子说'送君者皆自涯而返，君自此远矣。'3月7日，汪敬熙的《送李约瑟先生归国》以及傅斯年《送李约瑟博士返英国》这两篇告别词在重庆《大公报》全文发表。

1943年李约瑟（滕玉虹供图）

三、谨以本书献给——

1981年9月23日，八十一岁的李约瑟时隔35年后重新踏上中国土地。在上海做题为"《中国科学技术史》编写计划的缘起、进展与现状"学术演讲时，他这样开头："说到'缘起'，得从四川的一个小市镇李庄谈起。在抗日战争时期，中央研究院历史语言研究所迁到了那里。在傅斯年、陶孟和的主持下，我结识了一位正在研究火药史的年轻中国学者，他名叫王铃，号静宁。他成了我的第一位合作者。从1947年到1957年，他一共在剑桥住了近十年，协助我工作。""假如没有这样一位合作者的友谊，本著作即使能出版也将推迟很久，而且可能会出现比我们担心现在实际有的甚至更多的错误。"[1]

王铃，字静宁，原籍南京，毕业于南京中央大学历史系，原拟投考昆明西南联大研究生，因故败落。但他治中西交通史的几篇论文，给傅斯年留下很深印象，也因此获聘到史语所做助理研究员。史语所强者如林，那时的王铃还不显山不露水。

那天，在板栗坳李约瑟与王铃初一交谈，即断定这是可以栽培，值得信任的学术新人。王铃后来回忆，在"一所朴素农舍里，由于当时中央研究院史语所所长傅斯年的介绍，我认识了这位卓越的科学家——李约瑟。这次会面是我人生的转折点，因为我注定要在他的指导下，客寄剑桥工作十年"。[2]

史语所的青年学者王铃（采自网络）

李约瑟离开史语所后，王铃按计行事，刻意关注中国古代科技史。他依托史语所图书馆丰富典藏，着重收集古代中国关于火药火炮的资料，并以英文写成论文。

李约瑟造访李庄的一年后，也即1944年8月28日，王铃向傅斯年写信："家父病逝加以经济之负担，谨沥陈所有万不得已之苦衷，请求允予辞职。"10月3日，"去岁奉吾师命，搜集关于中国人发明火药资料，得成一文，刻闻尼德汉（李约瑟）博士将首途返国，甚望吾师能介绍此文于尼博士携英国较富学术性杂志发表。"11月10日，"因私人事件不得不离开研究所，回思两年来之爱护提携，将永受教诲惕励，今午趋谒，值午眠未扰，后日再来详禀。"王铃的离开，甚至可能去向，傅斯年心知肚明。12月14日，时在重庆开会的傅斯年在给董作宾信中提

---

[1] 李约瑟：《中国科学技术史》编写计划的缘起、进展与现状，载《中华文史论丛》，1982年第1辑。
[2] 王铃："我与李约瑟"，林湘北编：《穿越剑桥》，南方日报出版社，2003，122。

到:"王铃来此,弟劝之返,不返,劝之做译员,并允为之设法妥为安置,不做。昨天竟说出,他去美国新闻处做事(赚美金)!今日已陈院长将其革除矣。此事仍乞办一公事到院。彼之待遇,十二月份即不能领也。"王铃并非不愿作译员,他在12月25日致傅斯年的信中称:"充译员一事,吾师前首肯介绍于陈诚将军,晚甚愿往谒,俾时报效国家,不负吾师所望。"次日,王铃再函傅斯年:"陈诚将军处充译员之事,若吾师赞同生之志愿,可否赐一介绍信,敬候复示。"[1]

1945年4月19日,王铃函傅斯年:"拟参与自费留学考试并储蓄出国用费,盼能于下学期赴渝蓉等地教书,复旦大学可否恳吾师介绍于邓恭三先生,或该校史学系负责人?如无机缘,其他大学亦所乐就。"出于稳定团队之需,傅斯年不得不装出严惩不贷的样子,但他却并未拒绝推荐王铃那篇关于"中国人发明火药"的文章在英国发表,也会为王铃出国留学暗借东风。

王铃如脱缰的马,直接奔向李约瑟的牧场。1946年秋,他如愿以偿获得英国文化委员会旅行奖学金,赴英伦剑桥大学三一学院攻读数学史。1948年,李约瑟辞去联合国教科文组织的任职,返回剑桥大学,开始与王铃合作,全力撰写《中国科学技术史》。他们合作将近十年。王铃当年那篇关于火药火炮的论文,后来构成李约瑟《中国科学技术史·第七分册军事技术:火药的史诗》(1986)的重要部分。作为李约瑟的首位合作者,王铃参与这部多卷巨著前五卷的撰写,直到1957年因生计等问题离开英国,赴堪培拉澳大利亚国立大学高级研究所任研究教授为止。王铃留下的空白,由以李约瑟的中国学生、女友与未来的妻子鲁桂珍为代表的几位科学家共同完成。

1986年,李约瑟主编的《中国科学技术史》第五卷七分册"军事技术、火药的史诗"完稿时,李约瑟在"作者的话"中,

李约瑟与得力助手王铃(采自网络)

---

[1] 以上信件,皆引自台北"中研院"史语所档案。

特别提及四十三年前那个夏日的李庄板栗坳:"一天晚上,谈话话题转向了中国火药的历史,于是傅斯年亲手为我们从1044年的《武经总要》中,抄录出了有关火药成分的最早刻本上的一些段落,那时我们还没有《武经总要》一书……与火箭装置无二的火药发动机和蒸汽机,是从欧洲科学革命中涌现出的思想产物,但所有在这之前长达八个世纪的先期发展都一直是中国人完成的。"[1]

他在该书扉页上用不同的黑体字印着:

谨以本书献给
已故的傅斯年
杰出的历史学和哲学学者
战时在中国四川李庄的最友好的欢迎者
他曾在那里和我们共用一晚探讨中国火药的历史
俞大维
物理学家兵工署署长(1942—1946)
我常常在他的办公室与他共享他的"战地咖啡"
并在1984年我们愉快地重逢[2]

2016年商务印书馆出版的李约瑟的皇皇巨著新译本(采自网络)

---

[1] [英]李约瑟主编,《中国科学技术史》卷5 化学及相关技术,第7分册 火药的史诗,科学出版社、上海古籍出版社 2005年版。
[2] 同上引。

李约瑟这部巨著,遭到海外众多质询,也带来巨大声誉,尤其是在台海两岸,国人都在为祖先曾经的荣誉怡然自得。1953年8月,当时在李庄与李约瑟有过交道的李济,在台湾的杂志上发表《关于在中国如何推进科学思想的几个问题》:

> 读了毛子水先生在中国文化论集发表的《中国科学思想》,颇有所感,因草此文。毛先生的论文肯定了两件事:"(1)西欧近三四百年的科学,的确是我们古代的圣哲所不曾梦想到的"(《中国科学思想》,第67页);(2)他同意李约瑟的说法:"如果中国以往有西方那样的气候、地理、社会和经济的因素,近代科学定必发生于中国……"(同上书,第71页)我没有机会读到李约瑟的原文,不敢保证李氏原文的语气是否如译文给我们的印象。但我听过他在李庄讲过这一类的题目,他的大致的意见似乎是这样的。不过,在那时他来中国的使命,带有外交性质,故除了搜集他所需要的资料外,自然也要争取中国读书人的好感,所以说的话也必定捡取最好听的。至于他的内心里真实感觉如何,就无从揣测了。我个人的记忆,他似乎有些话没全说;不过,没说的话不一定是不好听的话。[1]

李济没有直言,而以曲笔转述罗素关于中国人好面子的印象:在北京教中国学生,也同在剑桥教英国学生一样,若有不用功者或作业不够标准的话,他总是尽责直率地教导他们。但中国学生的反应表现得忸怩不安,好像所受的教导伤了"面子"。在罗素看来,人与人相处,直道而行,也许要使精神紧张,人生乐趣减少;但若把诚意隐藏一部分以将就面子,岂不有伤追求真理的精神?讲面子与追求真理,有时是不相容的。进一步说,愈是讲究面子,愈不会对于追求真理发生兴趣;故重视面子的中国社会,就没产生真正的科学思想。因此,"最迫切的问题,

---

[1] 李济:"关于在中国如何推进科学思想的几个问题",李济:《李济文集》卷5,16。

1960年代，李济在史语所人类学标本室整理殷墟出土的人头骨（李光谟供图）

不是中国是否有过科学，而是在中国如何推进科学"。[1]

  2018年9月，参加对中央电视台纪录片《李约瑟》剧组拍摄，自以为最大的意义是转述了李济上述观点，不知这部影片播出时，还有没有那些不合时宜，有伤面子的话语？

---

[1] 李济：《李济文集》卷5，上海人民出版社，2006，16。

迁台前后

1948年9月，中研院代院长朱家骅邀请新当选的首届院士到首都南京参加第一次院士会议。此时，辽沈战役已经打响，有的当选院士是在炮火纷飞中从东北、华北坐船到达南京，一路上尽管担惊受怕，但多数人情绪还算稳定。

中研院于1928年6月9日在上海成立，隶属国民政府，首任院长蔡元培。总办事处在南京；设在那里的还有天文研究所、气象研究所、自然历史博物馆、社会科学研究所、历史语言研究所；设在上海的有物理研究所、化学研究所、工程研究所、地质研究所；设在北平的有心理研究所。截止于1948年9月，中研院组建了三届评议会，遴选了第二任院长人选，设立了自然科学与社会科学奖。1948年春，本着公平公开原则，经过评议员几轮投票，选出中研院首届院士，完成以院士为主体的国家科学院体制建设。

4月1日，中研院正式公布81位首届院士名单，多为国中望重之士。数理学组有微分几何开拓者苏步青，微分几何的奠基人陈省身，国际公认的数论权威华罗庚，在临床生化、免疫化学、营养学以及氨基酸等方面有重要贡献的吴宪，有机化学的微分析奠基人庄长恭，对于地质学和古生物学贡献卓越的李四光、翁文灏、杨锺健、黄汲清等，中国气

位于南京鸡鸣寺的中央研究院总办事处（李光谟供图）

象学与气候学的创始人竺可桢、中国最有名的桥梁专家茅以升、研究制碱堪称世界一流的化学工程师侯德榜等；生物学组有我国药理学研究的创始人、以研究麻黄素闻名的陈克恢、体质人类学家吴定良、生物学家童第周等；人文组有胡适、陈垣、冯友兰、金岳霖、汤用彤、郭沫若、萧公权、钱端升等。其中史语所入选的有史学家陈寅恪、傅斯年，语言学家李方桂、赵元任，考古学家李济、董作宾、梁思永等。梁思永的二哥、建筑史家梁思成同时入选。有人这样评价当时的中研院："生物组接近世界最高水平，数理组与世界顶尖水平不相上下，人文组几乎达到世界一流水平。"

一、盛会闻惊雷

1948年9月23日，值秋分时节，阴雨蒙蒙，秋风萧瑟，初现凉意。上午10时，"国立中央研究院成立二十周年纪念会暨第一次院士会议"在南京鸡鸣寺中研院礼堂举行。81位首届院士中有51位出席，他们佩戴着由人文组院士梁思成设计的"国立中央研究院院士"正方形合金徽章，携带由书法家沈尹默书写的当选证书，寒暄着鱼贯入场。身披黑色大氅的蒋介石赶来主持典礼，台上贵宾有张伯苓、贾景德、吴鼎昌、刘哲、顾毓琇、何应钦、石志泉、吴贻芳、曾琦、周鸿经等。会场布置简朴，未摆鲜花，天气较阴，亦未开灯。此次民国史上最重要的科学盛会，颇有些"美人迟暮"的况味。当日，共产党军队包围了济南，正在发起攻城战役。出席会议的正式代表未必知晓，但台上要员多半心知肚明。

大会主席、中央研究院代院长朱家骅宣布开幕。"蒋总统"训词后即退席。朱家骅在致开幕词时强调："我们治学的人，当本着'正其谊不谋其利，明其道不计其功'的一贯精神，孜孜矻矻地工作，总期对国家学术暨人类幸福有所献替。"

院士代表翁文灏、张元济和胡适相继发言。83岁的张元济为实现教育救国的梦想，大半生主持商务印书馆，被誉为清末民初"中国出版第一人"。他对硝烟弥漫的国共内战忧心忡忡，认为阻碍了建设与学术之发展。他说："倘若再打下去，别的不用说，我恐怕这个中央研究院，

1948年中央研究院部分首届院士合影（李光谟供图）

免不了要关门。"[1]这番话令在场者相顾失色。胡适为调节气氛，发言语调温婉。大意是，不是我们挂方牌子作院士，只坐享其成；或者下半世纪也靠自己成绩吃饭，而不继续工作。中央研究院不是学术界的养老院，所以一方面要鼓励后一辈。我们可以够得上作模范，继续工作，才不致使院士制度失败。第二，多收徒弟。今天我们院士中，年纪最轻的有两位算学家，也是四十岁的人了。我想我们这一点经验方法已经成熟，可以鼓励后一代。再即希望以后二十年，二百年，本院这种精神发扬光大起来。愿互相勉励。胡适所说的年轻算学家一位是37岁的陈省身，一位是39岁的华罗庚。

当晚，举行宴会。据史语所考古组石璋如回忆：

---

[1] 张元济：《张元济诗文》，商务印书馆，1986，227—228。

从总办事处到地质研究所前头的空旷处，桌子一路排开，放上酒跟点心，夜里灯火通明，称作游园会。刚开始的时候人很多，爱去哪桌吃、喝酒都可以，可是天候不巧，打了响雷下起阵雨，大家就集中到总办事处的讲演大厅去……[1]

那道惊雷是个不祥之兆，形势很快急转直下。

二、沧茫去乡情 相见渺无期

　　首届院士会议开幕次日，山东济南为共产党军队所攻克，国民党军队溃不成军，防线退到淮海地区。朱家骅早已预感下一步战局，长江天堑难恃，宁、沪抑或不保，于是考虑再度将中研院搬迁到安全地区。初定目标有广州、桂林、重庆和台北四地。此前，他曾以中研院代院长兼教育部长身份"视察台湾教育"，确定了以台湾大学为基地，策应、安排由内地迁台的研究院所和专家教授等策略。

　　1948年11月，淮海战役胜败已判，南京岌岌可危。朱家骅出面，在南京鸡鸣寺一号中研院总办事处召开"在京人员谈话会"。中研院总干事兼物理所所长萨本栋主持会议，在宁七个研究所的负责人姜立夫、陈省身、张钰哲、俞建章、罗宗洛、赵九章、陶孟和、傅斯年等与会。最后定下几项紧急措施：

　　一是立即停止南京九华山中研院数学、化学和物理三个研究所的基建工程，将建材木料改钉木箱以备搬迁之需；二是各所尽快征询同人意见，眷属可自行疏散，或于十日内迁往上海，可能出国者尽量襄助其成；三是南京地区文物、图书、仪器、文卷先集中上海，由安全小组封存，再伺机南运；四是搬迁经费，一个月前国民政府实行金圆券改革，提拨了400万圆供中研院使用，决定以此作搬迁经费。随即，朱家骅以教育部部长之名义，任命史语所所长傅斯年兼任台湾大学校长。

　　九华山物理所工地，寄托着国民党政府建立核科学的梦想。1946年年初，美国宣布将在太平洋比基尼岛试爆原子弹。朱家骅派中央大学物

---

[1] 陈存恭、陈仲玉、任玉德：《石璋如先生访问记录》，302。

理系教授赵忠尧作为观察员前往参观。赵忠尧曾是清华大学物理系主任叶企孙的助手，后在美国加州理工学院获得博士学位，抗战中回国，任中央大学物理系主任。赵忠尧观摩比基尼群岛原子弹试验后，又去美国访问一些核物理实验室，了解核物理实验的新进展。

1948年院士选举告一段落后，总干事兼物理所所长萨本栋急于赴美考察原子能，寻求技术奥援。但不久国民党政府江河日下，萨本栋也在1949年1月31日以胃癌撒手人寰。留在美国的赵忠尧决定不去台湾。其间，台湾大学校长傅斯年曾发急电催迫："望兄来台共事，以防不测。"赵忠尧回电："我回大陆之意已决！"[1]后来他返回新成立的中华人民共和国，成了中共核弹研究的领军人物。这也等于国民党拱手相送胜利者的一份厚礼。

1948年年底，国内战争焦点逼近长江，国民政府机关单位纷纷南迁。中研院植物研究所院士李先闻率家人先行离去。行前，他与同人告别，亲朋故旧大都劝他不要走，认为国民党失去政权只是改朝换代，共产党来了也同样要从事科学研究，没有必要千辛万苦地离开。其实，他的走是为了去台湾研究热带植物，他在台试验推广甘蔗的新品种已有数年，被台湾人誉为"甘蔗之神"。

"独树临秋水，孤城上暮鸦"。1936年董作宾拍摄的明孝陵翁仲甬道（董敏供图）

---

[1] 许志敏、彭继超主编：《时代精英录》，军事科学出版社，1990，197。

11月，故宫博物院理事会理事长翁文灏在南京私宅召开谈话会，商讨文物去向。与会者有故宫博物院和中博院理事朱家骅、傅斯年、李济、徐森玉、杭立武等人。会议做出挑选精品文物运台的决议，初定600箱，后扩大挑选范围，选出文物共3824箱，其中北平故宫博物院2972箱，中博院852箱，还有中央图书馆及北平图书馆的善本图书和外交部条约档案等。与会者还提出利用此便，将史语所和数学所的图书、文物和仪器一并迁移到台湾，包括殷墟出土的甲骨文和青铜器、居延汉简、宋代以来的善本书、明清内阁大库档案、拓片7万纸、民间文学逾万册，中西文图书约15万册，装了两千多箱。所有挑选物资，分三批陆续运往台湾。

天地玄黄，举棋不定。但弱小的生命个体无法摆脱历史大潮的席卷。11月15日下午，傅斯年主持召开史语所所务会，"谓院方态度，不阻止也不鼓励同人及眷属避难离京。至于迁都问题，须由最高当局决定。又谓万一南京陷落，中研院中人为共党所欲得而甘心者，仅有两个半，即朱院长、傅本人，至于萨总干事仅能算半个。故傅云不能留在南京，以免落入共党之手。中研院即在共党之中亦必存在。惟史语所与社会所必须改组，语言及考古尚可仍旧，历史组必另派一唯物史观者来主持工作云云。"[1]

傅斯年一度心灰意冷。陈槃回忆：

> 自三十七年冬，首都告警，群情惶急，不知所以为计。一日，师召集同人会议，惨然曰："研究所生命，恐遂如此告终矣。余之精力遂消亡，且宿疾未愈，虽欲再将研究所迁至适当地区，使国家学术中心维持得以不坠，然余竟不克荷此繁剧矣。今当筹商遣散。虽然如此，诸先生之工作，斯年仍愿尽其最大努力，妥为介绍安置。"
>
> 同人此时，以学术自由之环境已受威胁，于多年生命所寄托之研究所，亦不胜其依恋可惜。一时满座情绪，至严肃悲哀，有热

---

[1] 夏鼐：《夏鼐日记》卷4，215。

泪为之盈眶者。

师于是不觉大感动,毅然曰:"诸先生之贞志乃尔,则斯年之残年何足惜,当力命以付诸先生之望耳。"

本所迁移之议,于是遂决。[1]

刚从美国讲学归来的董作宾(字彦堂),初以为撤往西南地区,但当听到史语所甲骨即将运台,"就决定不去后方,要随研究院一起去台湾",[2]临行时遇见同乡老友魏辉廷,还私下表示,自己其实不愿意跟着跑的,只因这批文物太熟悉,前后经营二十年了,从南京运到重庆,又从重庆运回南京,现在又往台湾运,"责无旁贷呵!自己离不开他们,到那里安排妥当就回来。"[3]

1948年1月12日南京中研院礼堂的最后一次演讲(李前珍供图)

---

[1] 引自岳玉玺、李泉、马亮宽著:《傅斯年:大气磅礴的一代学人》,291。
[2] 陈存恭、陈仲玉、任育德:《石璋如先生访问记录》,317—318。
[3] 政协南阳市委员会文史资料委员编:《南阳文史资料》第1辑,1985,70。

离开大陆前夕，史语所历史组青年学者王叔岷写下感受：

> 史语所连同故宫博物院、南京博物院、中央图书馆珍贵文物搬运上船，由下关出发，驶往台湾，茫茫沧海，碧鸥绕樯翔舞，久久不去。去乡之情，情何以堪！因思孔子乘桴浮于海事，占此绝句：
> 急遽传桴满载行，千年文物系儒生。
> 碧鸥何事随樯舞，沧沧茫茫去乡情！[1]

中博院李霖灿携眷将随运文物的舰船去台湾。当初在丽江，李霖灿结识了正在白地学习东巴的青年和才。两人一见如故，和才答应作为李霖灿的助手，放下手中的一切，离开老母和家乡，跟随他到了李庄，抗战胜利后，又随中博院回到南京。此刻，"寒夜泪别天涯客，此后相见渺无期"，李霖灿写道：

> 和才对去不去台湾陷入了苦恼。李霖灿对和才说：借用咱们麽些人谚语，牛头怎能藏在怀里呢？咱们同生死共患难了这么久，真的是跟亲兄弟一样，只是这回局势变动，关系实在重大，我却不能代你做主，因为要渡洋过海非同寻常。我只能这样说，跟我去台湾，我相信"中央博物院"会继续有个位置给你的，如果情况真不如预期，我这样说，我有一碗饭，你就有半碗饭。你自己还是多想想做个重要的决定吧！
>
> 和才想了几天后，对李霖灿先生说：我决定不去台湾，我是生长在山坳子里的人，山路再远，爬我都可以爬回家去，隔了海水我就没办法了，只好和你家在此分手各奔东西了。于是，这一对共生死同患难的异族兄弟，在一个寒风凛冽、冰雪纷飞的冬日，在南京下关火车站洒泪痛别：
>
> "路警在逐车关闭铁门了，和才从窗口伸出手来摇摆。我明知此一别，再也难相逢，忍不住眼泪滴下，口中却与和才同时喊出

---

[1] 王叔岷：《慕庐忆往：王叔岷回忆录》，中华书局，2007。

了四个字：后会有期！"[1]

1948年12月下旬，国民党海军派"中鼎号"装载首批文物去台湾，押运员有故宫庄尚严，中博院谭旦冏、周凤森、麦志诚，中央图书馆王省吾、昌彼得，史语所芮逸夫、董同龢、李光宇、劳榦，外交部余毅远等，各机关自带工友一人。押运员多有眷属，借住船上水手房。特派员李济，在庄尚严笔下"地位超然"。

中央图书馆馆长蒋复璁述，在迁台物资装船后，又传来几天前在海峡海浪打沉一条船的消息，许多老友劝李济不要跟船走，李回答说，物在人在，免得子孙千年唾骂。至于轮船何时成行，"最后目的何在？所乘何船？当局始终秘不宣布，非待行前廿四小时内不能知之。"[2]

21日，杭立武、傅斯年、徐鸿宝、蒋复璁等登上"中鼎号"，"发现舱中有中央社等其他机关预装之箱已将及半，而箱上满搭乘客，男女老少，形形色色，不下四五百人。箱上虽有铁板隔绝，然铁板原有孔洞，烟灰火柴、大小粪便、呕吐饭食，均可漏入文物箱上，与事先所接洽者大相径庭。""经往海军总部交涉，请将其非六机关之箱与人员撤出。桂（永清）总司令亦来船查看，会商结果：非六机关之箱，因亦奉最高当局命令，且非危险性物品，可以装载外，其非六机关之押运人员一律撤出。舱中除押运员外，不准其他人员入内，秩序始能维持。然箱件之杂乱堆放、不问轻重、不问大小之状况，因时间所限，已无法改装。"[3]

22日，"中鼎号"自南京下关起锚，当晚停泊南通江心。"时局紧张，虽在舟中，亦行戒严。廿三晚停泊黄浦江口。廿四日放洋。廿

1948年年底，中鼎号将驶往台湾（采自网络）

---

[1] 李在中：《朵云封事》，北京出版社，2018，148。
[2] 故宫博物院故宫学研究所徐婉玲选辑：《故宫文物迁台史料选辑》，载《民国档案》2015年4期。
[3] 同上引。

五晚经台湾海峡,风浪极大。马达一边发生障碍,左右摇摆,箱件互相震撞,员工站立不稳,无法补救。""中鼎原为运输舰,舱口及舱内通风管均皆漏水。一路风浪特大,巨浪打来,覆没甲板,致舱中多处入水。"[1]26日上午,"中鼎号"始抵基隆。28日卸船,一千箱即刻转运至十六节火车车厢,当夜启行,29日凌晨抵杨梅。途中大雨,每节车皮渗漏。据庄尚严致马衡的信中所写,"共计受水之箱廿六箱,兹另列表报告。因库房堆积皆满,且无架安顿,天又连阴不晴,无法逐箱启晒,曾将最严重之箱启视,见内部尚未湿及书画本幅,差堪告慰。"[2]

运载第二、三批文物图书资料的军舰"海沪轮"和"昆仑舰",分别于1949年1月6日和1月29日由南京起航,均在三天后抵基隆港。所有文物全部运入台湾糖业公司台中糖厂存藏。史语所单独行动,文物图书暂存杨梅车站不动,按照傅斯年计划将全所移至台北。

史语所迁台,傅斯年还留在北平,参与"平津学术教育界知名人士抢救计划"。蒋介石指定此事由傅斯年、陈雪屏、蒋经国三人共同负责。当时他们商定,要接走的学者分四类:各院校馆所的行政负责人、因政治关系必须离开者、中研院院士、在学术上有贡献者。

史语所秘书那廉君回忆当时:

> 1948年末,北平局势紧张,孟真先生那时在南京,千方百计联络接出尚在北平的一些学人。他努力的对象包括当时的交通部长俞大维先生,青年部长陈雪屏先生以及其他有关单位和个人。而替他办事的,却只有我一个人,因为那时候史语所同人早已到了台湾……
>
> 我跟孟真先生东奔西跑。他整天地跑教育部、国防部、交通部、青年部,其辛劳情形除非实际参与其事者,无法加以想象。有时候跑到中午,赶不及回去吃饭,照例的是在新街口"三六九"各吃一笼包子,孟真先生心事重重,彼此对坐闷吃,默默无语。一直

---

[1] 故宫博物院故宫学研究所徐婉玲选辑:《故宫文物迁台史料选辑》,载《民国档案》2015年4期。

[2] 同上引。

1946年胡适及儿子祖望与傅斯年（台北"中研院"史语所供图）

到最后一批飞机从北平飞到了南京，我们招待这些学人住在史语所的大楼里面，这才松了一口气。被接出北平城的有钱思亮、陈寅恪、毛子水、英千里等人，多数是知名学者。[1]

胡适是蒋介石拟定的抢救名单的第一人。1948年初，蒋即派专人飞抵北平劝其南下。胡适以忙着筹备北大五十周年校庆为由，迟迟不肯动身。此后，蒋介石多次亲自打电报催促，最后关头，胡适才逃出北平。12月17日，在南京的中研院礼堂，胡适出席北大同学会主办的五十周年校庆大会。会上，胡适失声痛哭，自责不已。次日《申报》报道："胡氏之报告，一再说明渠如一逃兵，不能与多灾多难之学校同度艰难。……且称'乃一不名誉之逃兵'。声泪俱下，与会者几同声一哭。……旋复由朱家骅、狄膺致词后，即至隔室痛饮佳酿，据校友会报告。所储佳酿共计百斤，但愿狂饮，不欲剩余……"[2]

"种桑长江边，三年望当采。枝条始欲茂，忽值山河改。"（陶渊明《拟古》句）1949年元旦之夜，南京城一派死寂。胡适与傅斯年相守

---

[1] 岳玉玺、李泉、马亮宽：《傅斯年：大气磅礴的一代学人》，292。
[2] 《北大又面临灾难 胡适自认"逃兵"在京校友校庆会中沉痛致词》，载《申报》1948年12月18日。

度岁，置酒对饮，瞻念前途，潸然垂泪。1月5日，陈诚就任台湾省主席，即致电傅斯年，要他迅速赴任，接手台大，"共负巨艰"。离开南京的那个寒夜，胡适、傅斯年夫妇在前，那廉君随后，相继走出史语所红门，众人心事重重默然无语，工友老裴低声说，等着你们快些回来！

三、时局如此　谁走死路

得知文物图书运台的消息后，陶孟和率同人在1949年3月6日的《大公报》上发表署名文章《搬回古物图书》，理由有三：一是运输方式简陋，第一批是登陆艇，第二批是散装船，且没有保险，不能保证文物安全；二是运达目的地选择不当，台湾气候湿润，白蚁丛生，且因大量人员拥入，仓库不足，大量装有文物和图书的木箱用作床铺、桌椅，更加剧文物图书的损毁；三是最根本的反对理由，"我们不承认任何人可以随意决定搬运并处置这些古物与图书，我们相信这些古物与图书决不是属于任何个人，任何党派，就是政府也不能对它们要求所有权。它们是属于国家的，属于整个民族的，属于一切的人民的"[1]。据朱家桢转述，巫宝三曾经对他说，《搬回古物》发表前，巫宝三等要求共同署名，陶孟和不允许。他说，朱家骅是我的学生，我发表文章反对，他不能把我怎么样，你们署名，他就有了整人的口实。陶孟和的妻妹沈性元回忆："他看到蒋政权的倒行逆施，腐朽无能，毅然接受中共地下党对他的引导

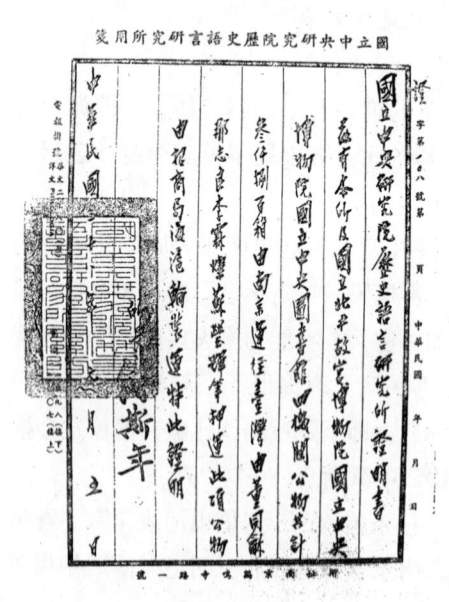

傅斯年签发的史语所押运文物赴台证明

---

[1] 陶孟和："搬回古物图书"，载《大公报》，1949年3月6日。

和帮助，思想有了很大转变，认识到共产党深入人心，必能取得最后胜利。"[1]

选择弃暗投明的郭宝钧，也坚决反对文物运台，他后来在正式出版的考古报告这样写道："……反动派已密谋逃窜，将古物、记录、正稿、图版等，皆劫运往台湾……我相信在不远时期，定能将这批宝贵遗物，重运归来。"[2]

被列为学人抢救重要人物的史学大家陈寅恪，被誉为"教授的教授"。自1928年中研院史语所成立之始，就一直担任该所历史组主任，他与所长傅斯年同窗数载，谊兼亲友。但他离开北平后先到上海，后留在广州，也就没有继续南下。据朱家骅讲，陈寅恪属于重点"抢救"院士的对象，"本院曾一再坚劝，请其先行赴台"，但"先生重诺守约，不愿临危离校"，结果留在了大陆[3]。个中原因，其长女陈流求在接受笔者访问时说：

> 1949年父亲不随国民党去台湾，有人说是受了我的影响，那是不真实的。我父亲怎么会听一个小孩子说什么呢。当时清华学生宿舍是四个人住一个寝室。有两个室友是地下党员，是外语系二年级的，其中一个叫王金凤，穿着讲究，家里是宜兴的资本家。另外一个是我一个远房亲戚聂姐姐（聂崇厚），聂姐姐的曾祖母是曾国藩的女儿。她们为什么要叫我住进她们寝室？一是我读一年级，不同系，关系单纯；二是我们家本在清华，不会在寝室堆放东西，而她们大包小包的已把寝室塞满；三是我和聂姐姐与三青团没有关系，不会告密。其实，我在这个寝室也只住了几个月，就到了上海。
>
> 父母从清华到南方，需要我陪，我送他们到上海，正好清华梅贻琦校长也在。我从小就想当医生，协和医学院读不成了，梅校

---

[1] 中国人民政协北京委员会文史资料研究委员会编，《工商经济史料丛刊》第3辑，文史资料出版社1984年版，第11页。

[2] 郭宝钧：《山彪镇与琉璃阁·引言》，北京：科学出版社，1959，1。

[3] 朱家骅：《报告事项》，台北：朱家骅档案，转引自"中央研究院"院史编纂委员会：《追求卓越——"中央研究院"八十年》。

长写了一纸证明，就在上海插读医学院。父母也不反对。上海医学院是我舅舅读过的。在去不去台湾的问题上，不像八姑父傅斯年先生那样坚决。因父亲已双目失明。去台湾他也不能做什么事了。当然对国民党政府也失望。对共产党也没有什么惧怕。他想在大陆如果有助教，还可以上课。[1]

"弃暗投明"，是中研院社会所所长陶孟和的公开表态。他有社会主义倾向，所主持的社会所，有中共地下党的活动，如陈伯敏即是中共党员。陶孟和主张留守南京，坚决反对迁台。1948年12月9日，朱家骅主持临时院务会议时，陶孟和汇报说，社会所以"全所人员多一票"的结果决定不迁。朱家骅以"出席人员中包括助理研究员不符合规定"为借口，否定陶的意见。陶孟和与之针锋相对，批评朱家骅推翻社会所多数人不同意搬迁的决定，是置多数人的意志和权利于不顾的专制思想。朱家骅下令陶孟和率社会所迁桂林。陶孟和置之不理，既不组织迁桂林，也不做迁上海的准备。他以患心脏病为由，单身住在研究所办公室主持所务。

1949年1月，中研院将宁、沪各研究所的人员、仪器、图书等集中在上海祁齐路在君馆等候搬迁。此时，蒋介石下野，由李宗仁代总统，国共重启"和谈"，不少人抱有"划江而治"的幻想。朱家骅商请各所一起撤退。当时除社会所明确反对外，其他各所领导层基本同意撤退。不过，地点选择不是台湾，有的决定迁重庆，有的准备迁桂林，还有十分之一不到的研究员行管员及其家人40余户，集中在上海观望时局。

4月20日，"国共和谈"破裂，据次日《申报》报道，政府职员凡是不愿南迁广州而留在南京的，每人发疏散费金圆券500万元；自动向指定地点疏散，交通工具自找的，发疏散费300万元；愿意随政府南迁的，交通工具统筹办理，发给疏散费30万元。4月24日，朱家骅召集中研院院务会议。会上，与会成员同意迁台，但很快生变。就在朱家骅南下广州期间，在上海集中的中研院各所主意全变，除史语所和数学所外，所有的研究所都拒绝迁台。

---

[1] 陈流求口述，岱峻专访，2004年6月17日成都青石桥某单位宿舍。

地质所所长李四光与朱家骅关系融洽，同是地质所创办人。1948年2月，李四光出席在伦敦召开的第18届国际地质学会，偕夫人许淑彬赴英，会后去挪威奥斯陆接受奥斯陆大学授予的哲学博士学位。朱家骅要求地质所南迁广州，地质所代所长俞建章以国民党部区部书记之身，服从此决定。但研究员许杰、赵金科等密拟"反对搬迁誓约"，签字者11人，并密报在英国的李四光所长。1949年1月末，李四光给俞建章发来专电，认为搬迁"只好任有志者前往；若为地质所同人避乱似无多大意义，我个人绝不赞成"。4月初，李四光收到周恩来委托出席布拉格"维护世界和平大会"的郭沫若签署的邀请函，请他"早日归国"。[1]他遂有了底气。

气象研究所所长竺可桢曾亲自主持在南京北极阁营建气象学研究基地，培养了一支精干的研究队伍，积极参与国际学术交流，着力推进国家气象事业建设。继地质学和生物学之后，气象学成为迅速实现本土化和体制化的代表性学科。竺可桢自1935年起担任中研院评议会评议员，1948年当选院士。除了任职中研院，还兼任浙江大学校长。去留选择，他毫不犹豫与学校和志业相连。1949年1月8日的《申报》曾报道过一篇记者对他的访谈：

> 我于是动问他对于万一应变的方案，他说："我们没有因着时局紧张停过课。我们定一月中旬起大考，考后放寒假三星期，功课不及格的须补考，大概要两星期。则优良学生可获三星期的休息，功课不及格的学生仅有一星期的休息，学校根本不打算搬，教育部没有指示，搬学校不是件易事。"[2]

蒋经国"奉父命"曾专程邀请竺可桢"前来台湾"[3]。而竺可桢在1949年5月26日的日记中写："国民党之失，乃国民党之所自取。在民国二十五六年蒋介石为国人众望所归，但十年来刚愎自私，包揽，放纵

---

[1] 马胜云、马兰编著：《李四光年谱》，地质出版社，1999，180—181。
[2] 《申报》1949年1月14日。
[3] 浙江大学校友总会电教新闻中心编：《竺可桢诞辰百周年纪念文集》，浙江大学出版社，1990，44。

贪污，卒致身败名裂，不亦可惜乎？余谓唐明皇开元、天宝二个时期截然不同。有一杨国忠已足以偾事，何况如杨国忠者尚不止一人乎。"[1] 接到傅斯年自台北来电，"嘱赴台大"时，竺可桢立刻婉言谢绝。[2]

学人结谊于同气相投，学术互助，风雨同舟；分手于现实考量，道路抉择之歧异。天地间的政治让人无所逃遁，海峡永隔势如参商。史语所迁去台湾，有少半数的人留在大陆，如语言学家丁声树、马学良、周祖谟，考古学家梁思永、夏鼐、郭宝钧，历史学家岑仲勉、邓广铭、张政烺、杨志玖、逯钦立等，其中不乏傅斯年的至爱亲朋。

傅乐焕是傅斯年一手栽培的侄子。自1932年考进北大就在伯父身边。北大期间，他写出《宋辽交聘史研究》《论今存宋人使辽的几种记载》《宋辽高梁河战争记疑》《宋朝对外失败的原因》等论文。内举不避亲，1936年傅乐焕考进史语所，从1939年的助理员到1943年升为副研究员，也为伯父争了面子。1942年以前，傅乐焕的主要精力在修订大学撰写的长达十万余字的论文《宋辽聘使表稿》，纠正了前贤及日本学者的许多错误，"对了解辽的疆域和地理极有参考价值"。1942年，他发表了论文《辽代四时捺钵考》，以辽帝春山、秋水等行迹为主线，对有关地名进行了全面考察，这篇文章的问世，对了解辽代的疆域和地理状况具有重大价值。由于这两项研究成果在历史研究中的突出地位和贡献，傅乐焕荣获中研院颁发的"杨铨学术奖"。

1947年，在伯父傅斯年资助下，他赴英国伦敦大学亚非学院进修。以往与伯父通信，他只谈学问、家事和所务，不涉政治。1948年4月3

1940年代的傅乐焕（石磊供图）

---

[1] 竺可桢：《竺可桢全集》卷11，上海科技教育出版社，2004，447。
[2] 中国社会科学院近代史研究所民国史研究室编著，《一九四〇年代的中国》（下）社会科学文献出版社，2009，1040—1041。

日，他在给傅斯年的信中说："昨间接闻人言，我叔近在美常做演讲，协助政府。在美部分左倾学生，颇为失望。今日政府之颓局，全他们自己造成，不值得为之过分分神也。"[1]7月20日，傅斯年致函李济等，提出"本所副研究员傅乐焕请求在英延长一年，继续支领薪津；又助理研究员张琨亦请求在美继续研究一年，支七成薪津，如荷同意，敬乞签字于后，以便提请院务会议讨论。"[2]1949年7月2日，傅乐焕在给伯父傅斯年的信中写道："拟略多留一时期，约明春间返国，侄在所中薪水，闻萧先生尝托总处在广州转成美金，已函请萧先生将该款设法寄来，敬请见面提醒他一下。"[3]10月28日，傅乐焕给已去台的妹妹傅乐涓写信："……如能找到事先做着，如有宿舍，应即迁往，不应再多累大叔。"[4]从信上看，他已下定与伯父断绝感情联系的决心。

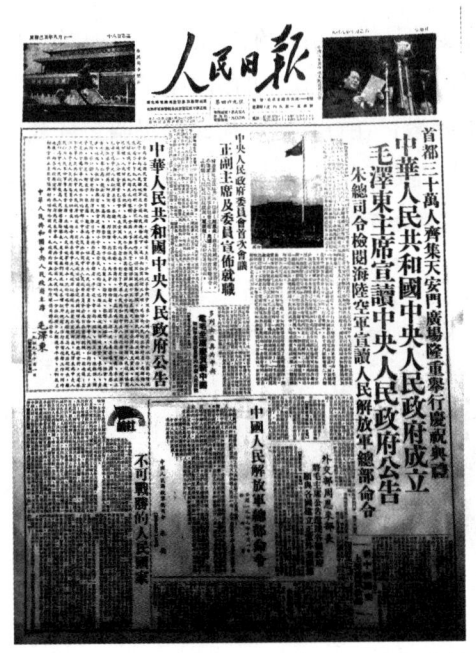

1949年10月2日《人民日报》头版

---

[1] 杜正胜、王汎森主编：《新学术之路："中央研究院"历史语言研究所七十周年纪念文集》，819。

[2] 台北"中研院"史语所档案：京28-13-10。

[3] 台北"中研院"史语所档案：台2-75。

[4] 台北"中研院"史语所档案：台2-88、92。

弟子邓广铭回忆：

　　他（傅斯年）1949年初去台湾，做了台湾大学校长。此后便经常以朱家骅的名义给北大郑天挺先生打电报，号召北大教授到台湾大学去任教，有时也指名道姓，说要某某人去。记得点过张政烺先生的名，也点过我的名。当时郑先生问我去不去，我说："要论和傅先生的师生关系，我应该响应他的号召，到台湾去。不过，傅先生与蒋介石关系密切，所以跟他去。我与蒋介石没有什么关系，不愿跟他到那孤岛上去。"[1]

语言学者丁声树的书箱已先运到台湾，但夫人反对也就没有渡海。[2]

考古学者夏鼐是傅斯年最倚重的人，自1947年即代理史语所所务。1948年3月21日，他在致傅斯年的信中称："现下不比李庄，在李庄生活虽苦，尚无刺激，在首都则一切政治黑暗，皆映入目中，亦使人生反感也。"[3]大陆易帜前夕，夏鼐屡屡得到赴台的函电，他的抉择是："时局已如此，谁还走死路。"[4]

1949年2月南京，国民党军准备乘船撤退（采自网络）

1949年12月10日，人民解放军的炮火已威胁到成都机场，蒋介石匆遽之间乘专机离开。同天稍早，朱家骅率行政院官员飞离成都抵达台湾，继续以行政院副院长身份代理"中研院"院长。随国民党政府到台的"中研

---

[1] 王富仁、石兴泽编：《谔谔之士——名人笔下的傅斯年 傅斯年笔下的名人》，上海：东方出版中心，1999，194。
[2] 杜正胜、王汎森主编：《新学术之路："中央研究院"历史语言研究所七十周年纪念文集》，487。
[3] 《古今论衡》2010年第21期。
[4] 夏鼐：《夏鼐日记》卷4，238。

院"院士有凌鸿勋、林可胜、傅斯年、董作宾、李济、王世杰、吴稚晖、朱家骅、李先闻等9位，另外陈省身、李书华、赵元任、汪敬熙、胡适、吴大猷等12人去了美国，其余五十多位院士留在大陆。中研院全院共有五百多人，除了总办事处、史语所和数学所三个单位共五十余人赴台外，其余各所全都留在大陆。史语所原有研究人员41位，仅20位去台（另有2位赴美），留下19位；数学所原有研究和行政人员18位，去台的仅4位研究人员和1位行政人员，所长姜立夫完成播迁任务后，坚辞所长之职，返回大陆在广州任教职。

四、服务新政权　建设新中国

1949年4月23日清晨，共产党军队开进南京城。第二天，华东军区司令员陈毅带着一个警卫员，专程到社会所办公室拜访陶孟和。陈毅以前曾是陶的读者，渡江之前又见陶在报上发表国宝不应南迁等文章，愿为新政权服务的态度令陈毅满意。见面后陶孟和始知来者身份。两人谈话内容未见报道。

6月9日，是国立中央研究院成立21周年。留在大陆迎接新生的一批研究人员在上海举办最后一次纪念会。会议因等候军管会贵宾光临，推迟至九点以后开始。走进会场的是一身戎装的陈毅司令员及其随从。会议正式开始，竺可桢发言，报告中研院历史，述及蔡元培、丁文江、杨杏佛的筚路蓝缕之功，讲了大约半个小时，颇有些山高水远的意味。

接着，陈毅司令员做了一个多小时的报告。其后，宣传部冯定讲了贯彻陈毅报告的意见。陈毅与冯定讲话要点见竺可桢日记："述理论对于革命之重要。谓共产党之成功，由于知识高于国民党。述共产党之虚心采纳，谓批评不妨严，而希望不能过大。谓民主之要义在于少数服从多数，而多数要尊

1948的中研院总部（石磊供图）

重少数之意见。其言极为合理。""（冯定讲）马列主义为世界理论最高原则。谓无产阶级主观的意见比资产阶级客观的意见更为客观，言颇费解。"[1]

6月17日，中研院被军管会正式接管。翌日的中研院联谊会，请民主人士施复亮来讲演知识分子改造。三个月后，竺可桢、陶孟和、吴有训等联名写信给旅居海外的赵元任等学者，告诉他们上海解放四个月来，"于人民政府领导下，各方面奋力建设均获相当进展"，动员他们回来参加新中国建设。[2]

9月27日，中国人民政治协商会议第一届全体会议通过《中华人民共和国中央人民政府组织法》，规定在政务院之下设"科学院"，为负责组织全国科学工作的行政部门。11月1日，中国科学院（以下简称"中科院"）在北京成立。首任院长郭沫若，副院长陈伯达，另外三位副院长分别是原中研院地质所所长李四光、社会所所长陶孟和、气象所所长竺可桢。中研院各研究所与北平研究院各研究所、中国地理研究所等单位，被整合进新成立的中科院下设的地理学、物理学、化学、生物学、哲学、社会学等领域的15个研究单位。原中研院的研究所所长分别就任中科院部分研究所所长，如赵九章为地球物理所所长，吴学周任物理化学所所长，周仁任冶金陶瓷所所长，罗宗洛任植物生理所所长，王家楫任水生生物所所长，冯德培任生理生化所所长……

李四光还在英国。1949年12月，一位朋友打电话告诉他，国民党政府驻英大使已接到密令，要他公开发表声明拒绝接受职务，否则将被扣留。李四光当机立断，只身离开伦敦来到法国。两星期后，夫人许淑彬接到李四光来信，说已到瑞士与德国交界的巴塞尔。夫妇二人在巴塞尔买了从意大利开往香港的船票，秘密启程回国。1950年4月中旬莅临上海，中科院华东办事处各研究所人员召开了欢迎李四光的座谈会。本埠报纸报道：

---

[1] 竺可桢：《竺可桢全集》卷11，456—457。
[2] 竺可桢：《竺可桢全集》卷11，328。

下午，全体人员举行简单的欢迎会，由李亚农主席主持，他说："我们中国科学院同人，每天都在热烈盼望李副院长回国。李副院长经过种种困难，尤其是国民党反动派深恐他回国增加人民的力量，不惜勾结英帝国主义阻挠，但仍阻止不住李副院长投向祖国的热情。这是值得敬佩的。相信他回国后对国家社会一定会有更大的贡献。"

李四光副院长报告了旅外观感后，并分析了科学工作者的思想，认为"为学术而学术""中学为体、西学为用"等都是过去错误的观点，唯有为全人类谋幸福才是科学家正确的道路，他的演说给大家极大的启示。[1]

史语所及中博院迁台后，留在大陆的一些研究人员如失群的孤雁，与那些踌躇满志欲一展鸿图的同事相比，不能没有隐忧。

1949年10月，王振铎（字天木）连续给文化部副部长兼国家文物局局长郑振铎写了两封长信。不知他们此前有过何种交际。在忐忑的期待中王振铎收到复信。郑振铎在信中写道：

天木兄：

连得两长信，我悉一切。关于中央博物馆事，我们的意见，都以为应该维持现状，即使暂时不能大加扩充，也绝对地不会缩小也。陶孟和先生今日南下，已将此意托他向曾小姐（昭燏）传达。我也许不久南下，不过，日期未能确定耳。

我现在暂时负责文物局，局分三处，一图书馆处，二博物馆处，三古物处。不仅办理行政的事务，也盼望能有学术研究的工作。也曾和孟和先生说过，托他代为邀请兄北上，在局里任事。不知兄意如何？兄对古物事业素有经验和热忱，深盼能来此合作也。我国从前的博物馆，除"中博"有新的气象外，余皆死气沉沉之古董陈列室耳。深望兄能来此，大家振作一番也。兄意以为如何？我不想把许多行政工作加在兄的身上，但望能作些领导的计划和专门

---

[1]《欢迎李四光归国抵沪 科学院华东办事处盛会》，载《申报》1950年4月11日。

1949年6月29日中博院新生纪念。右起一排李诚贤、□□□、曾昭燏、王英（军代表）、□□□（军代表）、萧温（军代表）、□□□、曹志宏、□□□、□□□；二排陈炽、王宜容、宋伯胤、尹焕章、王天木、□□□、张正祥、梅晓春、□□□、□□□；三排□□□、董启炎、赵乡珊、沈运生等（李在中供图并说明）

的技术上的主持者。也请夏作铭（即夏鼐）兄来，由他主持古物处。兄能代为劝驾否？他现在杭州浙大教书。盼能即日复我一信。

匆致，顺颂近好。

十月三十日 振铎拜启[1]

郑振铎对中博院的近期打算和远期设想过于乐观。1950年3月9日，中博院奉令改名"国立南京博物院"，暂由文化部文物事业管理局领导。留守中博院的曾昭燏被任命为南京博物院副院长。4个月后，南京博物院改由华东文化部领导，改属华东大区博物馆，三年后改属江苏省文化局。

尚在家乡温州"以观待变"的夏鼐，收到老同事高去寻从台北来的一封信，称："考古组已垮台，中国考古之学，不绝如缕，今日继续起衰者，则舍兄其谁。"他也收到王振铎代转郑振铎的邀请信，他回信写道：

天木吾兄大鉴：

十月廿四日手示敬悉。文汇报的南京通讯，弟已闻及，将梁三先生（梁思永——作者注）的大名写成"世镕"，未免可笑。

西谛先生（郑振铎——作者注）近有信来，说正忙着筹备文物局事，并且说到已请兄允帮忙，辅导各博物馆的事业，谅已有信致尊处，未悉吾兄已作何决定。西谛先生邀约弟去"古物处长"，弟已去函婉辞。

前日小女来信，谓复旦与同济相邻近，得嫂夫人就近照拂，甚为感谢。

尊函谓本月中旬可能来上海一行，弟因想及一事。弟去冬离京时，曾将零碎东西存放在史语所，其中有黄箱子一只，盛些不重要的中文书籍，但现在教书，也有些用得着，当时仅有半箱的书，因以破棉胎放在上面，塞满一箱。丁梧梓兄（丁声树）离京前曾有信给我，说这些私人物品现由谢振林兄保管，吾兄如果携带方便，

---

[1] 木南、李强整理：《郑振铎、夏鼐、苏秉琦关于筹备文物局致王天木的信札五通》，载《中国博物馆》2000年3期。

可否将这箱子带来上海，放在乍浦路和平博物馆，以便弟自己或派小女提取。但如果不方便的话，则不必携带。弟早晚要到南京一次，将来再设法好了。又运费开销多少，请不要客气示知，以便奉还。否则弟不敢烦劳老兄了。

曾公寄来展览"社会发展史"说明书，已经收到，但修订本尚未到，俟到后再写回售，请顺便告诉他一声。此致撰安。

弟夏鼐敬上 十月四日[1]

疑虑观望与期待，是这批人共持的态度。但不久，他们相继获得新生。1949年12月15日，新上任的中科院副院长竺可桢在日记中写道：

星期四 北京 ……九点至院。今日看前中研究院历史资料整理处，因梁思永卧病，故由郭宝钧报告内部情形。到研究员郭宝钧、丁声树二人，助理研究员孙德宜，助理傅婧、赖家庆。缘南京历史所搬赴台湾后，大部人员如傅孟真、李济之与董彦堂均去台北。南京所留人员则来京，尚有傅乐焕（辽史）在美国，张琨（语言）在美国，夏鼐在浙江大学，王明（历史）则于今日甫到京，故历史、语言、考古、民族四部门因资料迁至台北，研究工作甚难进行。历史方面无研究员指导，赖家庆系助理。语言方面丁声树过去研究湖北、四川方面，但资料均移台，川、滇稿子已写好亦不在身边，现研究六朝唐人训话语言习惯。考古方面郭宝钧前曾帮同发掘安阳，下年度希望春季能前往，并于秋季至甘肃作史前发掘，及东西文化交通史及中原原始文化在河南之发掘。每次发掘需三万斤小米，合九万斤。民族方面完全停顿云云。关于图书整理，人文科学方面二十余万册，近代科学方〔面〕八万余册，目录可于一、二月间编就。

印刷有九种稿件交与商务，有六种已付印，但未出版，其中已抽出李闯王等不合时代之论文二篇，尚有一千万字之稿待印云

---

[1] 木南、李强整理：《郑振铎、夏鼐、苏秉琦关于筹备文物局致王天木的信札五通》，载《中国博物馆》2000年3期。

1950年代初，梁思永（拄杖黑衣者）与中国科学院考古所同人（梁柏有供图）

云。十二点散。[1]

1950年7月，夏鼐来到北京，入职中科院考古研究所（简称中科院考古所）。此前，他多次表示不想当官，只想搞业务。新任考古所副所长梁思永在信中写道："考古所之发展，大部须依靠兄之努力，有此名义，可有若干便利，兄绝不可谦逊，更万不可言辞。"[2]

7月29日，前史语所代理所长、现中科院考古所副所长夏鼐出差南京，重访鸡鸣寺路原中研院故地，现已是中科院办事处。他找到谢振林，会晤旧识张珏哲、赵九章、吴磊伯、傅承义、吕炯等。然后偕谢君踏上史语所旧址。夏鼐写道：

> 门上招牌已经卸下，放在贮藏室中。匾阴跋语末段云："三十五年除治芜秽，修葺户壁，一新屋宇，其年十月研究所自南

---

[1] 竺可桢：《竺可桢全集》卷11，上海科技教育出版社，2006，590。
[2] 夏鼐：《夏鼐日记》卷4，305。

溪复员，三十六年三月上此嶇，集开成石经字，用祈永无播迁。"读罢不禁感慨系之，想不到三十七年即又播迁，孤踞海外，将来不知又作何归宿。所址现改归地质所及气象所借用，惟四楼及活动屋二幢仍贮藏史语所公私物件。剩余出版品颇多，中西文日报合订本、日文书籍等亦数千册。所中墙壁已多剥落，照相房为两所借用，后面库房改为工场，从前堆置陶片箱之席棚，现仅剩陶片两大堆，皆安阳出土物也。余私人所存之物，仅剩书箱及网篮，另有二皮箱（一系零星杂物如台灯等，一系十余年来所保存了私人信札及留欧所购明信片等）已经遗失，其中一箱为十余年来友人来信，失之殊为可惜。[1]

夏鼐领命考古所副所长时，梁思永曾应允："所中一切事情都由我与郑先生管好了，我只希望你带一班小伙计们在外面多跑跑。"[2]履职一周，夏鼐就率队前往河南辉县。那次考古发掘，首次在安阳以外发现了早于殷墟的商代遗迹。次年春，他又风尘仆仆前往河南中、西部地区调查发掘，证实了渑池县仰韶村遗址不仅有仰韶文化遗存，而且有龙山文化遗存，确认郑州二里岗是一处早于安阳殷墟的重要商代遗址。1951年10月，马不停蹄的夏鼐又赶到长沙，正当他俯下身子，潜心田野工作之时，接到所里催促返京的电文。

陶孟和被中央人民政府任命为中科院副院长，建院之初，根据分工分管社会、历史、考古和语言四个研究所，兼任联络局局长。在他的建议下，自己长期主持的原中研院社会所于1952年由南京迁北京，不久社会学即被取缔。1953年中国科学院

陶孟和在中科院大会上发言（采自网络）

---

[1] 夏鼐：《夏鼐日记》卷4，313。
[2] 夏鼐：《夏鼐日记》卷5，83。

社会所改名为经济研究所。后来，中国科学院领导分工调整，陶孟和分管编辑出版及图书馆工作。时任中科院院长郭沫若学术秘书的赵俪生，晚年在《篱槿堂自述》中写道：

> 我是院长、副院长学习小组组长，曾亲眼看见他（郭沫若）拍着桌子训斥吴有训和陶孟和。吴有火性，不服，跳起脚来同他吵；陶则安安稳稳地承受这种凌辱，其状甚惨。于立群当时并不是科学院人员，但也搬了一把椅子坐在郭老背后帮腔，说三道四……[1]

针对"旧中国的考古发掘"，郭沫若写了一篇名为《蜥蜴的残梦》的杂文。赵俪生写道：

> 另一场冲突是为了我请他写的一篇文章，题目是《蜥蜴的残梦》，文中不点名地骂了董作宾和郭宝钧，说这样的人只好到台湾去"殉葬"。这一下，我们犯难了，董是去了台湾，骂他"殉葬"关系不大，可郭还在考古所任研究员，这样骂合适吗？我就问能否改一下？郭沫若很不客气地说："你们嫌不好，给我拿回来，别的报刊会要的！"没有别的办法，"原样照登"就是了。[2]

考古所副所长夏鼐在1952年8月2日的日记中，记下思想改造运动中群众对他提的意见：
　　（1）政治思想不够明确，在本所内缺乏思想领导、政治领导，也缺乏主人态度，工作被动，与世无争，只做事务性工作；
　　（2）本所在午门展览，夏所长直接领导布置，费了几万斤小米，但为什么要展览，为谁展览，都不够明确，能不能达到为人民服务的目的，应该详细检讨，从这上面即可以看到政治水平及服务的方向；

---

[1] 赵俪生：《篱槿堂自述》，上海古籍出版社，1999。
[2] 同上引。

（3）技术观点很重，对考古学的人没有团结，对后进的人也不重视培植训练（最近的考古训练班，听说夏所长又要请假回家）；

（4）做着所长，常觉得自己是研究员兼所长，无论在院领导的面前，郑、梁二所长的面前，以及群众面前，都是束手束脚，不知思想有什么顾虑，应该好好检讨。[1]

这些意见，应属"热水洗澡"，尽管水温略高。但他最大的烦恼是持续不断的政治运动，他在1952年年末"总结"，本年"我只写了四篇小文章"。[2]

1948年8月赴英访学的王崇武，对傅斯年颇有积怨。1950年8月，当他接到史语所萧纶徽以傅的名义邀其到台湾大学任教的信函及聘书，立即退回聘书，并在日记中写："阅毕极愤。傅之搬台湾，纯有自私自利为目的，同人何辜？遭此劫运！回忆两年以前，傅君仗蒋介石势，自北美返国，大放谬词。其时吾极深厌之，与决绝。岂有在其落水后而与同流者乎？因亟复一信以驳之。气愤极深，而措词极硬。复经大改，仍不软。"[3]次年5月，王崇武回到北京。

1940年代的王崇武（石磊供图）

1951年，傅斯年的侄子傅乐焕以论文《捺钵与斡鲁朵》获得伦敦大学博士学位，很快就从英国直接回到红旗下的北京。他早已与伯父傅斯

---

[1] 夏鼐：《夏鼐日记》卷4，498。
[2] 夏鼐：《夏鼐日记》卷4，526—528。
[3] 张德信，王崇武，刘启林主编：《当代中国社会科学名家》，社会科学文献出版社，1989，478。

年断绝关系。笔者听傅斯年的高足何兹全介绍，1951年，他曾与傅乐焕一起到四川搞土改，何到的南充，傅去了宜宾。估计不会去李庄，但揣摩傅乐焕重走旧路的心情难以轻松。1952年傅乐焕调任中央民族学院历史系教授，兼中科院历史研究所研究员和学术委员。他与史学大师陈垣的侄女结婚，育有三个女儿。在相对安静的书斋生活中，傅乐焕埋头治史，先后参加并领导对满族、达斡尔族的民族识别工作和调查研究。但他无力挣脱傅斯年带给他的"纸枷锁"，于1966年一个暴戾的夏夜结束了生命。

五、江山如此 痛切招魂

离开大陆迁台之初，每个人都有一段不堪回首的往事。史语所考古组研究员石璋如回忆：

> 民国三十八年阳历二月，刚过完农历新年，史语所搬到杨梅。中博院到台湾之初，先租了铁路局在杨梅的仓库，中博院搬往台中之后，将原先使用的铁路局仓库让给我们。我们租下为铁路局所有、较高大的平房——仓库，作为堆放箱子的地方；民间所有、较低矮的平房——米仓作为办公兼单身同人的宿舍。在米仓附近还有厨房，也同时在旁边设了饭厅。公家在米仓附近，与大成路、旧镇公所一带租了一批房，再加上原先的公家宿舍，作为从南京来的公务人员的宿舍。[1]

米仓宿舍楼，楼下老乡做生意，楼上住公务员。还有人如办事员王志维等就租住堆杂物的号房。曾有一个慈善救济团来到杨梅，预备帮助史语所改善住宿条件，准备拍照。有人认为已到了这步田地，还有什么好照的。高去寻在给夏鼐的信中写道："终日苦痛（已非苦闷），焦急如待决之囚，两鬓顿成斑白，皆台湾之行所铸造成者也。"[2]

---

[1] 陈存恭、陈仲玉、任玉德：《石璋如先生访问记录》，319—320。
[2] 夏鼐：《夏鼐日记》卷4，249。

1950年代初，史语所同人在台北杨梅仓库前。右起杨时逢、陈槃、芮逸夫、李××、李济、李霖灿、胡适、萧纶徽、朱家骅、×××、李光宇、董作宾、劳榦（劳延煊供图）

1949年10月30日和11月1日，随史语所渡海到台湾的李庄青年刘渊临两托事务员萧纶徽："兹拟每月汇寄赡养费银圆十元，于发薪时由尊处扣交台北总处，划拨重庆总处，转汇宜宾。""弟请周法高先生带款，托陈万才君代购银圆十枚，交尊处办理。但请转达总处，汇款最好汇宜宾，不过汇票请寄李庄。"[1] 11月11日，萧纶徽函罗传宓："敝所书记刘渊临先生之家属居住李庄，其赡养费无法汇出，故拟由渝转去，兹由邮局汇上银元拾圆，附汇票一纸，请由重庆取款代为转汇宜宾。"汇款不知能否收到，那是儿子能尽的最后一次孝心。两个月后，台海两地音信隔绝，犹如云泥。

---

[1] 台北"中研院"史语所档案：台2-111，2-112，台2-113。

屈万里继配费海瑾回忆夫君往事：家藏有一幅李姓先生所赠"馈米图"，题图诗云："天涯老去益相亲，厨冷日长怜我贫。侵晓叩关分禄米，忘他同是断炊人？"其旁加注云："己丑岁，随孔圣公来台，遭陈蔡之厄，经旬不举火，箧藏罍质皆空；翼兄先期至，然断赞亦数月矣！所胜者，瓮中尚储米数斗耳，既见予饥，忘己之饥，竟全举以赠，白骨而肉，盛德无以报也。"[1]李某人1949年渡海来台，遭遇孔子陈蔡绝粮的窘境，十多天揭不开锅。屈家存粮虽不足，但馈赠米面，舍己厚人。

于锦绣是随史语所到台湾后，第一个失去饭碗的人。他系中央政治大学毕业，抗战胜利之时来到李庄，当书记员，顶替离去的书记员杜良弼。当年史语所人类学组研究员芮逸夫和事务员萧纶徽，曾向代所长董作宾写信力荐："于君学历高，学业优，延补杜君之缺，殊属委屈，承嘱考试成绩亦佳，至于事务室方面似可不必再试，敬乞裁决。"[2]于锦绣被分到史语所人类学组，曾随芮逸夫深入猓[3]区调查，写成《大小凉山猓罗的社会阶层》一文。

1949年2月1日，于锦绣接到史语所解聘书："顷奉傅所长面告台端已在遣散之列，自本年二月份起即停止支薪，兹列台端应得之一月份薪及遣散费，款到请查收，再本院总办事处如前有款汇奉，即在此次汇款中扣还，并希查照。"[4]

1949年1月20日，傅斯年赴台湾大学就校长职，仍兼任史语所所长。出掌台大，

1949年傅斯年在台大校长室（台北"中研院"史语所供图）

---

[1] 王运堂等主编；山东省图书馆、鱼台县政协编：《屈万里书信集纪念文集》，齐鲁书社，2002，236—237。
[2] 台北"中研院"史语所档案：李6-1-16。
[3] 猓，今彝族之旧称，由箴称"猡猡"演变，也写罗罗、倮猓等。
[4] 台北"中研院"史语所档案：台2-2。

即广延教授、增建校舍、充实图书、奖励研究，奠定学术根基。不久，台湾发生学生运动，当局大肆逮捕学生，史称"四六"事件。傅斯年十分愤慨，亲自到国民党情治部门交涉，甚至直达最高当局，要求没有确凿证据不能随便到台大捕人，即使有确凿证据要逮捕台大师生也须经本校长批准。当时，国民党政府丢失大陆，退守孤岛，风声鹤唳，要求各机关学校实行联保制度，也要求台大师生履行手续。傅斯年挺杖而出：凡是在台湾大学任教和服务的教职员每个人都思想纯正，我可以个人作保。若有问题，愿负全部责任。结果台湾大学破例没有实行联保制度。

1949年7月11日，有人在台北《民族报》发表《寄傅斯年先生的一封公开信——论反共教育与自由主义》，指控傅斯年出任台湾大学校长后，将自由主义作风带到台湾，在学术自由的掩护下，所聘教授中，有共党分子和亲共分子，以致学校成为政治上的特区，院系成为共产党细菌的温床，赤焰高涨。傅斯年在发表的《傅斯年校长的声明》和《傅斯年校长再一声明》中明确表示，"学校不兼警察任务"，"我不是警察，也不兼办特工"。他的最后一次讲话，在重申自己的办学原则和育人理想之后，情绪激昂地说："对于那些资质好、肯用功的学生，仅仅因为没有钱而不能就学的青年，我们是万分同情的，我不能把他们摈弃于校门之外。"[1]

妻子俞大綵回忆丈夫：

> 孟真最爱才，想要发掘高才生，加以鼓励，举行全校作文比赛，颁发奖金，他亲自出题阅卷，看到好文章，便约作者面谈。
>
> 一日，他回家，非常兴奋地告诉我，他看到一篇好文章，约作者面谈，极为激赏他的文才；但该生家境贫寒，又患深度近视，问他何以不戴眼镜，该生默然不答。
>
> 孟真去世后不多日，卫生署刘瑞恒先生来我家，交来眼镜一副，说是孟真托他在香港为某生配的。我接过眼镜，泪湿衣襟。刘先生临行时，我才记起问他需款若干，他连连摇着双手说："不用

---

[1] 于衡："以身殉职的傅斯年"，载台湾《革命人物志》第十三期。

了,孟真早已付给我了。"……[1]

1950年1月23日,傅斯年在台湾大学贴出公告"致台大同事同学",全文如下:

诸位同事先生及同学:

近日校外校内传言斯年将去国,将辞职,同事同学频来问讯,敬声明如下:

一、我之身体虽坏(久患血压高),然久病之后转不以为念。绝无于此困难之时,舍同事同学他去之理。

二、去年中华教育文化基金董事会以在美开会,须国内去人方足法定人数,故曾来电约去,期为2月8日。斯年以为此时去开会,必有谣言。明知有此一行,或可为台大募几许钱,然权衡轻重,仍不去,故当时立即电复不去(来往信件均在陈秘书渝生处,愿看者可自由取阅)。

三、半年多,校外攻击斯年者,实不无人,彼等深以不能以台大为其殖民地为憾。然彼等原不知大学为何物,故如遂其志,实陷本校于崩溃。鉴于一年来同事同学对斯年之好意,值此困难之时,决不辞职,决不迁就,决倍加努力,为学校之进步而奋斗(下次校刊中登出此事有关文件)。[2]

1950年12月20日下午,傅斯年列席省议会第五次会议。参议员郭国基咨询台大问题,包括教育部门从大陆运到台湾保存在台湾大学的教育器材的失盗和放宽台大招生尺度等问题。傅斯年激动地表示:"奖学金制度,不应废止,对于那些资质好、肯用功的学生,仅仅因为没有钱而不能就学的青年,我们是万分同情的,我不能把他们摒弃于校门之外。"[3]傅斯年受此刺激,情绪失控,引起脑溢血突发,倒在议会大

---

[1] 聊城师范学院历史系、聊城地区政协工委、山东省政协文史委合编:《傅斯年》,319。
[2] 欧阳哲生编:《傅斯年全集》卷7,376。
[3] 于衡:"以身殉职的傅斯年",载台湾《革命人物志》第十三期。

厅，经抢救无效，当晚去世。

一代学人，玉碎山倾。12月31日，"傅斯年先生追悼大会"在台湾大学法学院礼堂举行。礼堂正中，悬挂"国失师表"的挽幛。台湾大学敬献的挽联是：

早开风气，是一代宗师，吾道非欤？浮海说三千弟子；
忍看铭旌，正满天云物，斯人去也。哀鸿况百万苍生。

史语所的挽联是：

廿二载远瞩高瞻，深谋长虑，学术方基，忍看一瞑；
五百年名世奇才，闳中肆外，江山如此，痛切招魂。

1950年12月下旬，傅斯年灵堂，陈诚祭拜（李在中供图）

史语所历史组代理主任陈槃的挽联是：

　　万千卷谁付撑肠，伦流归望，报国唯忠，当时海上乘桴，留得乾坤正气。
　　廿三载亲从受业，植援殷勤，仰止不暇，今日礼堂掩泪，来招河岳英灵。

钱穆的挽联是：

　　文章一世人何在？
　　风义千秋史必存！

是日，蒋中正亲临致祭，后在日记中写："九时半，到傅斯年校长追悼会致祭，一见其遗像甚感悲伤，情感之于人如此也。"

寓居美国的胡适写信慰问俞大綵：

　　自从孟真的不幸消息证实以后，我天天想写信给你，总写不成！十月廿一日我发了一短电给你。……孟真的天才，真是朋友之中最杰出的，他的记忆力最强，而不妨碍他的判断力之过人。他能做第一流的学术研究，同时又最能办事，他办的四件大事：一是广州大学的文学院（最早期），二是中央研究院史语所，三是北大的复员时期，四是台大，都有最大成绩。这样的Combination世界稀有。我每想起国内领袖人才的缺乏，想起世界人才的缺乏，不能不想到孟真的胆大心细，能做领袖，又能细心周密地办事，真不可及！
　　孟真待我实在太好了！他的学业根基比我深厚，读的中国古书比我多得多，但他写信给我总自称学生，三十年如一日。我们见面时也'抬杠子'，也常辩论。但若有人攻击我，孟真一定挺身出来替我辩护。[1]

---

[1] 聊城师范学院历史系、聊城地区政协工委、山东省政协文史委合编：《傅斯年》，244。

台湾大学为纪念傅校长开创台大一代风气的功绩，按照美国弗吉尼亚大学为杰弗逊（Thomas Jefferson）专门在园内建造陵墓的成例，在台大实验植物园内划出一块地建造罗马式纪念亭，亭中砌长方形墓一座，按中国传统，墓前立无字方尖碑一座，另设纪念亭，花园绿植，有喷水池搭配，形成独特景观。1951年12月20日，傅氏逝世一周年忌辰，举行安葬仪式。典礼由继任校长钱思亮主持，俞大綵亲手将傅斯年的骨灰安置在大理石墓椁中。现场有二千余人观礼，气氛庄严肃穆。自此，此处被称为"傅园"，墓亭定名"斯年堂"，兵工署捐赠一座纪念钟，钟上铸有傅斯年提出的"敦品励学，爱国爱人"八字校训。后来，这座钟架设在行政大楼前的水池和椰林大道之间，名为"傅钟"，成为台大精神的象征。

留在大陆岭南大学的故友姻亲陈寅恪听闻傅斯年离世，写了一首题为《霜红龛集望海诗云："一灯续日月，不寐照烦恼，不生不死间，如何为怀抱"感题其后》的诗，诗曰：

1951年12月台湾大学傅园落成典礼，正面一排朱家骅，二排右起凌纯声、王叔岷、李济之、董作宾、罗铜壁、劳榦、芮逸夫、陈槃、高去寻、萧纶徽、全汉昇、李光宇；三排右起石璋如、杨时逢、董同龢（李在中供图）

1949年11月迁台的"故宫博物院"、"中博院"等单位员工在台中糖厂的中山堂前合影（李在中供图）

> 不生不死最堪伤，犹说扶余海外王。
> 同入兴亡烦恼梦，霜红一枕已沧桑。[1]

《霜红龛集》是清初傅青主的诗文集，陈寅恪借以暗喻傅斯年。他将此诗分赠故旧门生，以寄哀思。

夏鼐是傅斯年培养和指定的史语所所长接班人，得知傅斯年死讯已是十天之后，他那时正在河南辉县进行中国科学院考古研究所成立后的首次考古发掘，他在12月30日的日记中写道："晚间阅27日上海《大公报》香港通讯，知傅孟真先生已于20日以中风卒于台北，年55岁。"竺可桢日记12月22日记："阅《参考消息》知，傅孟真于星期二下午列席台湾省参议会，报告台大状况，皆即患脑充血，于晚11点20余分去世，年55岁。孟真为人专断，才大而私心太重，解放前将史语所全移台湾，并影响数学所，实研究院之罪人也。"[2]

---

[1] 陈寅恪著，陈美延编：《陈寅恪集·诗集》，生活·读书·新知三联书店，2001，74。
[2] 竺可桢：《竺可桢全集》卷12，242。

彼时，国民党当局朝不保夕，无遑他顾。"中研院"一部分研究员被吸纳到台湾大学，要想领得一份兼职的薪水，得教若干课程。搞研究的大都口讷，为了生计，也只好"君子动手又动口"。史语所初在桃园县南部小镇杨梅镇火车站通运公司的一座仓库里，一待就是五六年。库房窗户小，闷热不通风。从李庄运回南京，从南京运来台湾的文物古董多不能开箱。图书资料也派不上用场。

两岸文化脐带断了，以往在大陆所从事的研究题材及资料难以再得，如何就地寻找新的研究题材，成为每一位研究人员面临的共同问题。从后来的结果看，有人开创新局，更多人抱残守缺，虚度光阴。

傅斯年去世后，董作宾正式出任史语所所长职，1953年10月19日接到台湾省保安司令部函询："为匪区出版之《太平天国革命文物图录》有何参考必要？敬请查照惠复。"[1]收到他的答复和解释后，台湾省保安司令部仍于10月28日呈报国防部参谋总长周一级上将："检获由香港寄台大历史语言研究所董作宾，匪区出版之《太平天国革命文物图录》二本，应否准予放行，请鉴核。"[2]几行文字，犹如晃动的刀光剑影。台大学生张春树回忆当年：

> 我在台大读书四年，最大的苦事就是进图书馆借书。台大图书馆对可借可看之书刊均因政治因素严加控制，任何学人在大陆，其著作全不能看，凡有其文之学报或文集均不易看到；台大师长之著作如为早年发表，或与大陆学者之著作同在一处也都不能看到。[3]

董作宾年近六旬，对甲骨文的研究正值鼎盛时期，而此时一家食口众多，入不敷出，他的大部分精力得用来维持全家人最低的生活水准。他办《大陆》杂志，在台湾大学教书。1958年离开史语所去香港的新亚书院。这未必是他真心想做的工作。1963年11月23日，董作宾在台北病逝。

江心月冷，山高林寒。1957年4月3日台北，"中研院"代院长朱家

---

[1] 台北"中研院"史语所档案：北 16–7。
[2] 台北"中研院"史语所档案：北 16–9。
[3] 杜正胜、王汎森主编：《新学术之路："中央研究院"历史语言研究所七十周年纪念文集》，975。

骅在第三届评议会第一次会议的开幕词及院务报告中,总结回顾了搬迁失败的原因:

> 当时币值日日下泻,无法保证计划运用,达于极点。然经多方奔走设法,各机关若肯帮忙,尚不至陷于全无办法之处境。乃和谈之议,既鉴于已往西迁八年播徙所受之艰苦,复困到台后之同人,生活起居亦十分困难,安土重迁,自难免存观望之念,不立即设法启程。诏料军事(形势),急转直下,京沪相继告陷,本人之一切努力,至此悉成虚掷。[1]

这段话说得隐曲,实际上是不敢正视人心向背的真实历史。

1949,是一个重要的时间节点,似一柄历史长剑,切割了中研院厚重的过去,划出了一道汹涌澎湃的台湾海峡。分置在两岸的原中研院同人,各自都会有一段泥泞。走出那段岁月,才会有一个新的开始。

(本文资料出处 李扬编著《"国立中央研究院"史》、台北"中研院"编写《追求卓越——"中央研究院"八十年》。)

---

[1] 李扬编著:《"国立中央研究院"史》,中国科学院图书情报工作杂志社,1998。

图书在版编目（CIP）数据

一张中国大书桌 / 岱峻著. -- 成都：四川人民出版社，2023.6
（发现李庄）
ISBN 978-7-220-12894-3

Ⅰ.①一… Ⅱ.①岱… Ⅲ.①乡镇—地方史—史料—宜宾 Ⅳ.①K297.15

中国版本图书馆CIP数据核字(2022)第209037号

发现李庄（第二卷）
YIZHANG ZHONGGUO DASHUZHUO
一 张 中 国 大 书 桌
岱 峻 著

出 版 人	黄立新
责任编辑	王 雪
宣传推广	王其进
封面设计	张 科
内文设计	经典记忆 戴雨虹
责任印制	祝 健
出版发行	四川人民出版社（成都三色路238号）
网 址	http://www.scpph.com
E-mail	scrmcbs@sina.com
新浪微博	@四川人民出版社
微信公众号	四川人民出版社
发行部业务电话	（028）86361653 86361656
防盗版举报电话	（028）86361653
制 版	四川省经典记忆文化传播有限公司
印 刷	成都东江印务有限公司
成品尺寸	160mm×240mm
印 张	29
字 数	446千
版 次	2023年6月第1版
印 次	2023年6月第1次印刷
书 号	ISBN 978-7-220-12894-3
定 价	124.00元

■ 版权所有·侵权必究
本书若出现印装质量问题，请与我社发行部联系调换
电话：（028）86361656